Inga Michler

Internationaler Standortwettbewerb um Unternehmensgründer

GABLER EDITION WISSENSCHAFT

Entrepreneurship

Herausgegeben von
Professor Dr. Malte Brettel, RWTH Aachen,
Professor Dr. Lambert T. Koch, Universität Wuppertal,
Professor Dr. Tobias Kollmann, Universität Kiel,
Professor Dr. Peter Witt, Wissenschaftliche Hochschule für Unternehmensführung (WHU), Vallendar

„Entrepreneurship" ist ein noch relativ junger Forschungszweig, der jedoch in Wissenschaft und Praxis stetig an Bedeutung gewinnt. Denn Unternehmensgründungen und deren Promotoren nehmen für die wirtschaftliche Entwicklung einen zentralen Stellenwert ein, so dass es nur folgerichtig ist, dem auch in Forschung und Lehre Rechnung zu tragen.

Die Schriftenreihe bietet ein Forum für wissenschaftliche Beiträge zur Entrepreneurship-Thematik. Ziel ist der Transfer von aktuellen Forschungsergebnissen und deren Diskussion aus der Wissenschaft in die Unternehmenspraxis.

Inga Michler

Internationaler Standortwettbewerb um Unternehmensgründer

Die Rolle des Staates bei der Entwicklung von Clustern der Informations- und Biotechnologie in Deutschland und den USA

Mit einem Geleitwort von Prof. Dr. Lambert T. Koch

Deutscher Universitäts-Verlag

Bibliografische Information Der Deutschen Bibliothek
Die Deutsche Bibliothek verzeichnet diese Publikation in der Deutschen Nationalbibliografie; detaillierte bibliografische Daten sind im Internet über <http://dnb.ddb.de> abrufbar.

Dissertation Bergische Universität Wuppertal, 2004

1. Auflage September 2005

Lektorat: Brigitte Siegel / Nicole Schweitzer

Der Deutsche Universitäts-Verlag ist ein Unternehmen von
Springer Science+Business Media.
www.duv.de

Umschlaggestaltung: Regine Zimmer, Dipl.-Designerin, Frankfurt/Main
Druck und Buchbinder: Rosch-Buch, Scheßlitz
Gedruckt auf säurefreiem und chlorfrei gebleichtem Papier
Printed in Germany

ISBN 3-8350-0099-3

Geleitwort

In der vorliegenden Arbeit greift Inga Michler ein sozioökonomisches Phänomen von hoher Aktualität und Bedeutung auf. Das weitere thematische Umfeld, in dem sie sich bewegt, ist die Entstehung und Entwicklung von Clustern im Kontext sekundärer und tertiärer Arbeitsteiligkeit in Wirtschaftssystemen. Unter anderem P. Krugman hat in den neunziger Jahren im von ihm formulierten „Standort-Paradoxon" behandelt, was auch im Kunstwort der „Glokalisierung" zum Ausdruck kommt: Während die Raumüberwindungskosten im heutigen Informationszeitalter weiter massiv abnehmen, was prinzipiell die Möglichkeiten einer distanzüberbrückenden Arbeitsteiligkeit revolutionär ausweitet (Globalisierung), erhöht sich in bestimmten Branchen und Regionen die Relevanz von Unternehmensagglomerationen sogar noch (Lokalisierung). Ganz offenbar gibt es Faktoren, die vor allem im Umfeld der Wissensvernetzung zu suchen sind, welche das Phänomen der Clusterbildung geradezu zu einem Markenzeichen moderner, erfolgreicher Standorte im internationalen Wettbewerb werden lassen.

Frau Michler, die diese Zusammenhänge zum Anker ihrer Argumentation macht, konzentriert sich dabei besonders auf High-Tech-Cluster. In deren Rahmen sind in der Mehrzahl F&E-intensive kleine und mittlere Unternehmen aktiv, die vielfach eng mit Universitäten und ähnlichen Institutionen kooperieren. Ausgehend hiervon fragt die Autorin nach dem Zusammenhang zwischen Politik einerseits und der Entstehung von regionalen Ballungszentren in Zukunftstechnologien andererseits. Sie setzt es sich zum Ziel, namentlich zur Beantwortung der folgenden Fragen beizutragen: Reicht es aus politischer Sicht aus, gute Rahmenbedingungen für Gründer und junge High-Tech-Firmen zu schaffen? Oder sollten die öffentlichen Entscheidungsträger darüber hinaus durch gezielte Förderung eingreifen? Was sind die Vor- und Nachteile verschiedener Politikmaßnahmen und welche Alternativen sind denkbar? Aus einer Kombination vorzugsweise volkswirtschaftlicher Analyse einerseits sowie der empirischen Untersuchung von bekannteren und weniger bekannten High-Tech-Clustern andererseits leitet Frau Michler entlang dieser Fragestellungen eine Reihe wissenschaftlich fundierter Handlungsempfehlungen an die Politik ab.

Das Resultat ist ein äußerst anregendes Werk, das in seinem theoretischen Teil einen gelungenen Überblick über relevante Argumentationsstränge geben kann. Gekonnt werden diese miteinander verknüpft, woraus ein schlüssiges Konzept zur Einschätzung real existierender Versuche der politischen Initiierung und Gestaltung von High-Tech-Clustern entsteht. Die verständliche Sprache, derer sich die Autorin bedient, macht das Buch auch für Interessierte über den reinen Expertenkreis hinaus lesenswert. Nicht zuletzt deshalb wünsche ich ihm alle Beachtung, die es verdient.

Prof. Dr. Lambert T. Koch

Vorwort

Es ist mir ein Anliegen, denjenigen Menschen, die an der Realisierung dieser Arbeit mitgewirkt haben, herzlich zu danken.

Mein ganz besonderer Dank gilt meinem Doktorvater, Herrn Professor Lambert T. Koch. Er gewährte mir großen wissenschaftlichen Freiraum und gab der Promotion in zahlreichen konstruktiv-kritschen Gesprächen wesentliche Impulse. Nur durch sein Engagement, seine Ermunterung und sein stets promptes Feedback war es mir möglich, die Arbeit in einem angemessenen Zeitraum zu verfassen.

Herrn Professor Hans Frambach gebührt mein Dank für die freundliche Übernahme der Zweitkorrektur.

Eine besonderer Dank geht an dieser Stelle an meine Eltern, Uta und Dr. Wolfram Michler. Sie haben meine gesamte Ausbildung mit einem unerschütterlichen Glauben an mich begleitet. Von Herzen Danke ich auch meinem Bruder, Phillip Michler, der mir bei allen technischen Fragen rund um diese Arbeit zur Seite stand.

Einen wesentlichen Beitrag zum Entstehen dieser Arbeit schließlich hat mein Mann, Dr. Stefan Weniger, geleistet. Danken möchte ich ihm nicht nur für die Hilfe bei der orthographischen Überarbeitung des Textes. Von Herzen danke ich ihm auch für den Rückhalt und die Unterstützung während der Zeit der Promotion. Er war mir ein steter Quell der Kraft und des Ansporns.

Und nicht zuletzt geht ein großes Dankeschön an unsere beiden Söhne, Finn und Felix. Sie haben alle Tage durch ihr Lächeln bereichert und mich in den meisten Nächten dank ihres gesegneten Schlafes neue Kraft schöpfen lassen.

Inga Michler

Inhaltsverzeichnis

Seite

Inhaltsverzeichnis IX
Abbildungsverzeichnis XV
Tabellenverzeichnis XIX
Abkürzungsverzeichnis XXI

0. Einleitung

0.1 Problemstellung und Zielsetzung 1
0.2 Begriffe 1
0.3 Gang der Untersuchung 3
0.4 Methode 4

I. Theorie

1. Gründer als Motor des wirtschaftlichen Wandels 6

1.1 Wirtschaftswachstum und Wandel als Ziele der Wirtschaftspolitik 7

1.2 Wandel durch technischen Fortschritt und Gründer bei Schumpeter 8

1.3 Wandel durch technischen Fortschritt und Gründer in der Wachstumstheorie 9
1.3.1 Bei Solow 9
1.3.2 Bei Romer 11

1.4 Wandel durch technischen Fortschritt und Gründer in evolutorischer Perspektive 14
1.4.1 Wettbewerb versus Gleichgewicht 14
1.4.2 Kreativer Wandel statt Wachstumsmodelle 15
1.4.3 Folgen für die Politik 18
1.4.3.1 Postulat der Flexibilität 18
1.4.3.2 Rolle der Institutionen 19

1.5 Jüngste Basisinnovationen in der Informations- und Biotechnologie 20

1.6 Die Schlüsselrolle von kleinen Firmen 22

2. Standortwettbewerb um Gründer in Zeiten der Globalisierung 25

2.1 Der Wettbewerb um Gründer verschärft sich 25

2.2 Klassische Faktoren im Standortwettbewerb 26
2.2.1 Bei Weber 26
2.2.2 In Porters Diamant 28
2.2.3 In sogenannten Standortfaktorenkatalogen 30

2.3 Spezielle Faktoren im Standortwettbewerb um Gründer 32
2.3.1 Van de Vens Infrastruktur für Entrepreneurship 32
2.3.2 Ein Standortfaktorenkatalog für Hightech-Gründer 34
2.3.2.1 Verfügbarkeit von Humankapital 35
2.3.2.2 Universitäten und Forschungseinrichtungen 36
2.3.2.3 Große Unternehmen 38
2.3.2.4 Risikokapital 39
2.3.2.5 Staatliche Förderung 41
2.3.2.6 Weiche Faktoren 41
2.3.2.7 Netzwerke 44

3. Regionen als Konkurrenten im Standortwettbewerb 46

3.1 Regionen in Zeiten der Globalisierung – Nähe zählt 46

3.2 Begriffsabgrenzungen 48
3.2.1 Der Begriff der Innovations-Cluster 48
3.2.2 Arten von Clustern 51

3.3 Kooperationsformen in Clustern 53
3.3.1 Regionale Netzwerke 53
3.3.2 Lernende Regionen 56

3.4 Die Rolle von Clustern im Standortwettbewerb 57
3.4.1 Cluster als Produktivitätsmotor 58
3.4.1.1 Zugang zu Informationen und Wissen 58
3.4.1.2 Zugang zu Spezial-Inputs und Arbeitskräften 61
3.4.1.3 Komplementär-Effekte zwischen Cluster-Teilnehmern 62
3.4.1.4 Zugang zu Institutionen und öffentlichen Gütern 62
3.4.1.5 Größerer Leistungsanreiz durch Vergleichbarkeit 63
3.4.2 Cluster als Motor für Innovationen 63
3.4.2.1 Vorteile bei der Transmission von Wissen 64
3.4.2.2 Vorteile bei anderen Input-Faktoren 66
3.4.3 Cluster als Motor für Unternehmensgründungen 67
3.4.4 Besondere Vorteile für kleine Firmen 67
3.4.5 Kosten der Clusterbildung – der Nutzen überwiegt 69

3.5 Evolution von Clustern 69
3.5.1 Ein integrierter Erklärungsansatz 70
3.5.2 Entstehung von Clustern 71
3.5.2.1 Der Zufallsfaktor 72
3.5.2.2 Günstige Angebotsbedingungen 73
3.5.2.3 Lokale Nachfrage 74
3.5.2.4 Positive Rückkopplungseffekte 75
3.5.3 Entwicklung von Clustern 79
3.5.3.1 Allgemeine Rahmenbedingungen 79
3.5.3.2 Kumulative Prozesse 80
3.5.3.3 Die Lebenszyklus-Hypothese 81
3.5.3.4 Der Idealtypus des „mutierenden Innovations-Clusters“ 83
3.5.4 Fall von Clustern 84
3.5.4.1 Exogene Gründe 85
3.5.4.2 Endogene Gründe 85

4. Die Rolle des Staates im Wettbewerb der Regionen um Gründer 88

4.1 Die Wachstumstheorie als Begründung für Staatsaktivität 89
4.1.1 Agglomerationseffekte 89
4.1.2 Pfadabhängigkeiten, Lock-in und „Evolutionsversagen" 91
4.1.3 Mögliche Konsequenzen für die Politik 93

4.2 Staatseingriffe in den Wettbewerb der Regionen 95
4.2.1 Ordnungspolitik versus Prozesspolitik 95
4.2.2 Direkte versus indirekte Staatshilfen 96
4.2.3 Indirekte Staatshilfen für Unternehmensgründer 97
4.2.3.1 Der Staat setzt den Wettbewerbsrahmen 97
4.2.3.2 Der Staat ermöglicht stete Anpassung 99
4.2.3.3 Exkurs: Förderung von Forschung und Lehre 100
4.2.4 Direkte Staatshilfen für Unternehmensgründer 101
4.2.4.1 Der Staat als Ratgeber und Netzwerker 102
4.2.4.2 Exkurs: Gründerberatung an Universitäten 103
4.2.4.3 Der Staat als Anbieter spezieller Infrastruktur 103
4.2.4.4 Der Staat als Kapitalgeber 104

4.3 Gefahren von direkten Staatseingriffen in den Wettbewerb der Regionen 106
4.3.1 Wissensmängel 108
4.3.2 Eigeninteresse von Politikern 110
4.3.3 Time Lags 111
4.3.4 Rent-seeking 111
4.3.5 Negativauslese 113
4.3.6 Moral Hazard 114
4.3.7 Mitnahmeeffekte 115

5. Zwischenfazit 116

II. Empirie

6. Vorgehen 119
6.1 Methode 119
6.2 Arbeitshypothese und Operationalisierung 120

7. Entwicklung der Region 122
7.1 Abgrenzung 122
7.1.1 Das Silicon Valley 122
7.1.2 Die Region München 123
7.1.3 Die Region Berlin / Brandenburg 124

7.2 BIP-Wachstum 125
7.2.1 Silicon Valley 126
7.2.2 München 129
7.2.3 Berlin / Brandenburg 130

7.3 Zahl der Gründer insgesamt 132
7.3.1 Silicon Valley 132
7.3.2 München 134
7.3.3 Berlin / Brandenburg 137

7.4 Gründer speziell im Bereich IKT und Biotechnologie 140
7.4.1 Silicon Valley 141
7.4.2 München 144
7.4.3 Berlin / Brandenburg 147

7.5 Art des Clusters 150
7.5.1 Entstehung und Entwicklung 150
7.5.1.1 Silicon Valley 150
7.5.1.2 München 154
7.5.1.3 Berlin / Brandenburg 156
7.5.2 Zwischenfazit: Könnte es sich um ein mutierendes Innovations-Custer handeln? 159
7.5.2.1 Silicon Valley 159
7.5.2.2 München 162
7.5.2.3 Berlin / Brandenburg 163

8. Ausgewählte Faktoren im Standortwettbewerb 165
8.1 Verfügbarkeit von qualifiziertem Personal 165
8.1.1 Silicon Valley 166
8.1.2 München 168
8.1.3 Berlin / Brandenburg 169

8.2 Universitäten und Forschungseinrichtungen 170
8.2.1 Grundlagen 170
8.2.1.1 Die Forschungslandschaft in den USA 171
8.2.1.2 Die Forschungslandschaft in Deutschland 174

8.2.2 Forschungsstätten der Region 178
8.2.2.1 Silicon Valley 178
8.2.2.2 München 180
8.2.2.3 Berlin / Brandenburg 181

8.2.3 Finanzmittel 183
8.2.3.1 Silicon Valley 183
8.2.3.2 München 186
8.2.3.3 Berlin / Brandenburg 187

8.2.4 Spezielle Gründerförderung 189
8.2.4.1 Silicon Valley 190
8.2.4.2 München 192
8.2.4.3 Berlin / Brandenburg 195

8.3 Große Unternehmen als Magneten und Auftraggeber 197
8.3.1 Silicon Valley 197
8.3.2 München 198
8.3.3 Berlin / Brandenburg 200

8.4 Risikokapital 201
8.4.1 Silicon Valley 201
8.4.2 München 204
8.4.3 Berlin / Brandenburg 205

8.5 Weiche Faktoren 206
8.5.1 Silicon Valley 206
8.5.2 München 207
8.5.3 Berlin / Brandenburg 208

8.6 Netzwerke 209
8.6.1 Silicon Valley 209
8.6.2 München 211
8.6.3 Berlin / Brandenburg 213

9. Die Rolle des Staates im Wettbewerb um Gründer 216
9.1 Indirekte Förderung von Gründern über Hilfen für Forschung und Lehre 216
9.1.1 Silicon Valley 217
9.1.2 München 219
9.1.3 Berlin / Brandenburg 221

9.2 Direkte Förderung von Gründern 222
9.2.1 Der Staat als Ratgeber und Netzwerker 223
9.2.1.1 Silicon Valley 223
9.2.1.2 München 225
9.2.1.3 Berlin / Brandenburg 227

9.2.2 Der Staat als Anbieter spezieller Infrastruktur 229
9.2.2.1 Silicon Valley 230
9.2.2.2 München 233
9.2.2.3 Berlin / Brandenburg 235

9.2.3 Der Staat als Kapitalgeber 239
9.2.3.1 Silicon Valley 239
9.2.3.2 München 243
9.2.3.3 Berlin / Brandenburg 249

10. Zusammenfassung der Ergebnisse und Fazit 254
10.1 Silicon Valley 254
10.2 München 257
10.3 Berlin / Brandenburg 259
10.4 Fazit 262

III. Empfehlungen 263

Anhang 269

Literaturverzeichnis 277

Abbildungsverzeichnis

		Seite
Abbildung 1:	Katalog von Standortfaktoren	31
Abbildung 2:	Ein Standortfaktorenkatalog für Hightech-Gründer	35
Abbildung 3:	Kontinuum der harten und weichen Standortfaktoren	43
Abbildung 4:	Modell der lokalen wirtschaftlichen Aktivität	78
Abbildung 5:	Das Silicon Valley	123
Abbildung 6:	Die Region München	124
Abbildung 7:	Berlin und Umland – engerer Verflechtungsraum	125
Abbildung 8:	Reales Wirtschaftswachstum in Kalifornien (GSP) und den USA (GDP) 1987 bis 2001 (chained 1996 dollars)	127
Abbildung 9:	Reales Pro-Kopf-Einkommen in Kalifornien und den USA 1986 bis 2001 in Dollar	128
Abbildung 10:	Reales Pro-Kopf-Einkommen in den vier Counties des Silicon Valley 1986 bis 2001 in Dollar	128
Abbildung 11:	Reales BIP-Wachstum der Region München 1992 bis 2001 in Prozent	129
Abbildung 12:	Reales Pro-Kopf-Einkommen der Region München 1991 bis 2001 in Euro	130
Abbildung 13:	Reales BIP-Wachstum in Berlin, Brandenburg und Berlin / Brandenburg 1992 bis 2002 in Prozent	131
Abbildung 14:	Reales Pro-Kopf-Einkommen in Berlin, Brandenburg und Berlin / Brandenburg 1991 bis 2002 in Euro	131
Abbildung 15:	Firmen im Silicon Valley im Januar 2001 nach Gründungsjahr	133
Abbildung 16:	Zahl der Betriebsgründungen, -aufgaben und Netto-neugründungen in der Region München 1997 bis 2002 nach offizieller Statistik	135
Abbildung 17:	Zahl der Unternehmensgründungen in der Region München 1990 bis 2001 nach ZEW-Gründungspanel	136

Abbildung 18:	Zahl der Betriebsgründungen, -aufgaben und Netto-neugründungen in Berlin 1997 bis 2002 nach offizieller Statistik	138
Abbildung 19:	Zahl der Betriebsgründungen, -aufgaben und Netto-neugründungen in Brandenburg 1997 bis 2002 nach offizieller Statistik	138
Abbildung 20:	Zahl der Unternehmensgründungen in Berlin und Umland 1990 bis 2001 nach ZEW-Gründungspanel	139
Abbildung 21:	High-Tech-Startups im Silicon Valley 1990 bis 2000	142
Abbildung 22:	Zahl der Unternehmensgründungen in der IKT-Branche in der Region München 1990 bis 2001	145
Abbildung 23:	Zahl der Gründungen von reinen Biotechnologie-Firmen in der Region München (PLZ 80-82 und 85) in den Jahren 1995 bis 2003	146
Abbildung 24:	Zahl der Unternehmensgründungen in der IKT-Branche in Berlin und Umland 1990 bis 2001	148
Abbildung 25:	Zahl der Gründungen von reinen Biotechnologie-Firmen in Berlin / Brandenburg (PLZ 10-14) in den Jahren 1995 bis 2003	149
Abbildung 26:	Anteile an der Finanzierung und Durchführung der Forschung und Entwicklung in den USA im Jahr 2000 in Prozent	171
Abbildung 27:	Anteile an der Finanzierung und Durchführung der Forschung und Entwicklung in Deutschland im Jahr 2000 in Prozent	175
Abbildung 28:	VC-Investitionen im Silicon Valley in den Jahren 1995 bis 2003 in Mio. Dollar	203
Abbildung 29:	Zahl der VC-Deals im Silicon Valley in den Jahren 1995 bis 2003	204
Abbildung 30:	VC-Investitionen in Deutschland in den Jahren 1996 bis 2003 in Mio. Euro	205
Abbildung 31:	Die Ergebnisse der empirischen Untersuchung im Überblick	254

Anhang 5:	Absolute Zahl der Biotech-KMUs in der Region München in den Jahren 1996 bis 2002	274
	Beschäftigte in Münchner Biotech-KMUs in den Jahren 1996 bis 2002	274
Anhang 6:	Biotech-Unternehmen in Berlin-Brandenburg in den Jahren 1996 bis 2002	275
	Beschäftigte in Biotech-Unternehmen in Berlin / Brandenburg in den Jahren 1996 bis 2002	275

Tabellenverzeichnis

		Seite
Tabelle 1:	High-Tech-Startups im Silicon Valley nach Industriezweigen 1990 bis 2000	141
Tabelle 2:	Wissenschaftler an Universitäten und für die Hochtechnologie bedeutenden öffentlichen Forschungseinrichtungen im Silicon Valley	179
Tabelle 3:	Wissenschaftler an Universitäten und für die Hochtechnologie bedeutenden öffentlichen Forschungseinrichtungen in der Region München	180
Tabelle 4:	Wissenschaftler an Universitäten und für die Hochtechnologie bedeutenden öffentlichen Forschungseinrichtungen in Berlin / Brandenburg	181
Tabelle 5:	FuE-Ausgaben der Universitäten und nationalen Forschungsstätten im Silicon Valley im Jahr 2001	184
Tabelle 6:	FuE Ausgaben von öffentlichen Forschungseinrichtungen und Hochschulen in der Region München im Jahr 2001	186
Tabelle 7:	FuE Ausgaben von öffentlichen Forschungseinrichtungen und Hochschulen in der Region Berlin im Jahr 2001	188
Tabelle 8:	Gründerförderung an ausgewählten Universitäten im Silicon Valley	191
Tabelle 9:	Gründerförderung an den Universitäten in München	194
Tabelle 10:	Gründerförderung an den Berliner Universitäten	196
Tabelle 11:	Große High-Tech-Arbeitgeber im Silicon Valley	198
Tabelle 12:	Große High-Tech-Arbeitgeber in der Region München	199
Tabelle 13:	Große High-Tech-Arbeitgeber in Berlin / Brandenburg	200
Tabelle 14:	Staatliche Förderung von FuE an Universitäten und Nationalen Forschungsstätten im Silicon Valley im Jahr 2001 in 1.000 Dollar	218
Tabelle 15:	Staatliche Förderung von FuE an ausgewählten Hochschulen in München im Jahr 2001 in 1.000 Euro	220

Tabelle 16:	Staatliche Förderung von FuE an ausgewählten Hochschulen in Berlin / Brandenburg im Jahr 2001 in 1.000 Euro	221
Tabelle 17:	Öffentlich geförderte High-Tech-Gründerzentren im Silicon Valley	232
Tabelle 18:	Öffentlich geförderte High-Tech-Gründerzentren in der Region München	235
Tabelle 19:	Öffentlich geförderte High-Tech-Gründerzentren in der Region Berlin / Brandenburg	236
Tabelle 20:	Über die SBA abgesicherte Darlehen in für High-Tech-Gründer relevanten Programmen im Silicon Valley im Jahr 2003	240
Tabelle 21:	DtA / KfW-Darlehn über für High-Tech-Gründer relevante Programme in der Stadt München im Jahr 2003	245
Tabelle 22:	tbg-Beteiligungsprogramme an jungen High-Tech-Firmen in der Region Müchen (PLZ 80-82 und 85) im Jahr 2003	246
Tabelle 23:	DtA / KfW-Darlehn über für High-Tech-Gründer relevante Programme in Berlin im Jahr 2003	250
Tabelle 24:	tbg-Beteiligungsprogramme an jungen High-Tech-Firmen in der Region Berlin/Brandenburg (PLZ 10-14) im Jahr 2003	250
Anhang 2:	Absolutes Wachstum des Bruttoinlandsprodukts in Der Region München (Region 14) in den Jahren 1991 bis 2001	270
Anhang 3:	Grunddaten: Zahl der Einwohner und Erwerbstätigen In den drei Regionen im Jahr 2001	271
Anhang 4:	ZEW-Gründerpannel: IKT-Gründungen in den Regionen Berlin und München in den Jahren 1990 bis 2001	272

Abkürzungsverzeichnis

BBB	Bürgschaftsbank zu Berlin-Brandenburg
BLS	Bureau of Labor Statistics
BMBF	Bundesministerium für Bildung und Forschung
D & B	Dun & Bradstreet, Wirtschaftsauskunftei
DFG	Deutsche Forschungsgemeinschaft
DtA	Deutsche Ausgleichsbank
EFRE	Europäischer Fonds für Regionale Entwicklung
ERP	European Recovery Program
EVR	Engerer Verflechtungsraum (= Berlin und sein Umland in der Abgrenzung der Statistiker)
F&E	Forschung und Entwicklung
FFRDCs	federally funded research and development centers = US-Forschungsinstitute, von der Bundesregierung finanziert
GA	Gemeinschaftsaufgabe zur Verbesserung der regionalen Wirtschaftsstruktur
GEM	Global Entrepreneurship Monitor (Studie)
GPT	general purpose technology, zu deutsch: Basisinnovation
IBB	Investitionsbank Berlin
IKT	Informations- und Kommunikationstechnologie
ILB	Investitionsbank des Landes Brandenburg
IMD	International Institute for Management Development
IPO	Initial Public Offering – Börsengang
IT	Informationstechnologie
KfW	Kreditanstalt für Wiederaufbau
KMU	Kleine und Mittlere Unternehmen
LfStaD	Bayerisches Landesamt für Statistik und Datenverarbeitung
MBG	Mittelständische Beteiligungsgesellschaft Berlin-Brandenburg GmbH
MIT	Massachusetts Institute of Technology
NBER	National Bureau of Economic Research
NETS	National Establishment Time-Series, eine Firmendatenbank
NÖG	Neue Ökonomische Geographie
NPÖ	Neue Politische Ökonomie

NSF	National Science Foundation
NSI	national system of innovation
OECD	Organisation for Economic Co-Operation and Development
O.V.	Ohne Verfasser
PC	Personal Computer
PLZ	Postleitzahlen
PPI	Progressive Policy Institute in Washington
PPIC	Public Policy Instiute of California
REM	Regionaler Entrepreneurship Monitor (Studie)
SBA	Small Business Administration
SBIDB	US Small Business Administration´s Innovation Data Base
SIC	Standard Industrial Classification US-Wirtschaftszweigabgrenzung
SIEPR	Stanford Institute for Economic Policy Research
Stmwvt	Bayerisches Staatsministerium für Wirtschaft, Verkehr und Technologie
tbg	Technologie-Beteiligungs-Gesellschaft
TGZ	Technologie- und Gründerzentren
TSB	Technologiestiftung Innovationszentrum Berlin
VC	Venture Capital, zu deutsch: Risikokapital
WTO	World Trade Organisation – Welthandelsorganisation
ZEW	Zentrum für Europäische Wirtschaftsforschung in Mannheim

0. Einleitung

0.1 Problemstellung und Zielsetzung

Der Titel der Promotion heißt „Internationaler Standortwettbewerb um Unternehmensgründer – Die Rolle des Staates bei der Entwicklung von Clustern der Informations- und Biotechnologie in Deutschland und den USA".

Es geht um die Frage, ob und wie die deutsche Politik die Entstehung von regionalen Ballungszentren von Gründern in Zukunftstechnologien – sogenannte High-Tech-Cluster – fördern kann. Populär ausgedrückt: Ist ein Silicon Valley bei uns reproduzierbar? Und was sollte der Staat dafür tun, beziehungsweise unterlassen? Reicht es, für Unternehmensgründer gute Rahmenbedingungen zu schaffen? Oder sollte die Politik darüber hinaus durch gezielte Förderung von Entrepreneuren eingreifen? Was sind die Vor- und Nachteile verschiedener Politikmaßnahmen und welche Alternativen sind denkbar?

Ziel ist es, konkrete, wissenschaftlich fundierte Handlungsempfehlungen an die Politik zu geben. Diese sollen durch die Kombination von volkswirtschaftlicher Analyse einerseits und die Untersuchung der Entwicklung einzelner High-Tech-Regionen in der Praxis andererseits besonderes Gewicht bekommen.

0.2 Begriffe

Informations- und Kommunikationstechnologie (IKT)

Der Wirtschaftszweig der Informations- und Kommunikationstechnologie (IKT) – auf englisch: Information- and Communicationstechnologie (ICT) – wird in dieser Arbeit grundsätzlich gemäß der Definition der OECD von 1998 abgegrenzt (vgl. **Anhang 1**). Danach umfasst die IKT alle Unternehmen im produzierenden Gewerbe und im Dienstleistungsbereich, die sich mit der elektronischen Generierung, Übermittlung und Aufbereitung von Daten und Informationen befassen. Hierzu zählen u.a. die Hersteller von Computern, Kabeln, Telefonen, Fernsehern und elektronischen Bauteilen sowie Großhändler[1], Vermieter und Beratungsfirmen aus diesem Bereich.

Auf diese OECD-Definition greift u.a. das ZEW für seinen Gründungsreport zurück. Auch die ersten Vorschläge des Statistischen Bundesamtes für eine zeitgemäße Wirtschaftszweig-

[1] Das ZEW bezieht auch die Einzelhändler von Computern etc. mit ein.

abgrenzung der Informationstechnologie gehen in diese Richtung.[2] In den verschiedenen Studien, die in den empirischen Teil dieser Arbeit einfließen, wird es aber immer wieder Abweichungen geben, auf die dann gesondert hingewiesen wird.

Biotechnologie

Für den Sektor der Biotechnologie gibt es noch keine einheitliche Wirtschaftszweigabgrenzung – weder von der OECD[3] noch vom Statistischen Bundesamt[4]. Für das Tätigkeitsfeld der Biotechnologie, auf dem sich die in der Statistik noch nicht näher abgegrenzten Unternehmen tummeln müssten, hat die OECD allerdings eine provisorische Definition verfasst, die für diese Arbeit richtungsweisend sein soll. Danach ist Biotechnologie: "The application of Science & Technology to living organisms as well as parts, products and models thereof, to alter living or non-living materials for the production of knowledge, goods and services."[5]. Es geht um innovative Methoden, Verfahren oder Produkte, die die Nutzung von lebenden Organismen oder ihrer zellulären und subzellulären Bestandteile beinhalten. Eingeschlossen ist die kommerzielle Umsetzung von Erkenntnissen der Biochemie, Molekularbiologie, Virologie, Immunologie, Mikrobiologie, Zellbiologie sowie der Umwelt- und Verfahrenstechnik.

An diese Definition der OECD lehnen sich sowohl ATKearney als auch Ernst & Young an, die aufschlussreiche Studien über die deutsche Biotechnologie verfasst haben.[6] Zur Biotechnologie hinzugezählt werden zum Teil auch solche Produkte und Verfahren, die nicht im engeren Sinne „bio"-technologisch sind, jedoch wichtige Bausteine in der Wertschöpfungskette der Biotech-Industrie darstellen - zum Beispiel die Bioinformatik.[7]

Hochtechnologie (High-Tech-Industries)

Der Begriff der Hochtechnologie (High-Tech-Industries) wird in dieser Arbeit als Oberbegriff gebraucht, unter den neben der IKT und der Biotechnologie auch andere hochtechnisierte Wirtschaftszweige wie die Rüstungs- und Luftfahrtindustrie, die Pharmaindustrie und Teile der Umweltindustrie fallen. Diesen erweiterten Begriff legen einige wichtige Studien über das

---

[2] Die Diskussion über eine zeitgemäße Wirtschaftszweigabgrenzung im Amt hat gerade erst begonnen. Bisher liegen erst einzelne, noch unvollständige Vorschläge von verschiedenen Arbeitsgruppen vor. Vgl. Statistisches Bundesamt 2000, S. 2ff. Dieses wird vom Amt als erster Anhaltspunkt für eine mögliche Abgrenzung der IKT und Biotechnologie versendet.
[3] Vgl. OECD 2002.
[4] Vgl. Statistisches Bundesamt 2000, S. 1f.
[5] Vgl. OECD-Website: www.oecd.org
[6] Vgl. ATKearney, S. 18; Ernst & Young 2002, S. 110.
[7] Vgl. Ernst & Young 2002, S. 110.

Silicon Valley zugrunde.[8] Auf die jeweils genaue Abgrenzung wird im empirischen Teil vor Ort hingewiesen.

0.3 Gang der Untersuchung

Im ersten Block werden die volkswirtschaftlichen Theorien zu Wirtschaftswachstum, Standortqualitäten, Clusterbildung und Staatseingriffen speziell auf ihre Relevanz für Unternehmensgründer und Innovationen hin untersucht. Ziel ist es, aus dieser Kombination neue Erkenntnisse über die Entstehung und Entwicklung von Gründerregionen zu gewinnen.

Der **Theorieteil** ist in vier Oberkapitel untergliedert. Zunächst wird die Rolle von Gründern als Motor von technischem Fortschritt und Wirtschaftswachstum beleuchtet. Es wird untersucht, warum gerade Biotech- und Hightechgründer eine wichtige Rolle für die Wirtschaftsentwicklung der kommenden Jahrzehnte spielen könnten. Dabei werden die Wachstumstheorien speziell auf ihre Aussagen zu Gründern hin abgeklopft. Dies ist deswegen von Bedeutung, weil Politiker diese Theorien immer wieder heran ziehen, um ihren Ruf nach mehr Staat zu begründen.

Kapitel 2 befasst sich mit den Faktoren, die den internationalen Standortwettbewerb um Unternehmensgründer bestimmen. Aus den gängigen Faktoren der Standorttheorie werden dazu jene heraus gefiltert, die speziell für Entrepreneure relevant sind.

Kapitel 3 beleuchtet einen speziellen Standortfaktor genauer: Die geographische Nähe zu Geschäftspartnern und Konkurrenten in so genannten Clustern. Denn trotz Internet und Video-Konferenzen ist ein funktionierendes Netzwerk in der Region für Gründer wichtiger denn je. Welche Vorteile hat es für Firmen, sich in ein regionales Ballungszentrum zu integrieren? Warum bringen bestimmte Cluster besonders viele Gründer hervor? An welchen Standorten entstehen solche Cluster, und welche Faktoren bestimmen ihre Entwicklung?

Kapitel 4 untersucht die Rolle des Staates im Wettbewerb um Gründer. Hier werden die gängigen Begründungen für verstärkte Staatsaktivität bei der Förderung von Gründern hinterfragt. Muss die Politik zur Förderung von Innovationen und Entrepreneuren tatsächlich, wie es einige Theoretiker fordern, in Wirtschaftsprozesse eingreifen, oder reicht es, gute Rahmenbedingungen für Unternehmer zu schaffen? Um eine Antwort auf diese zentrale Frage

---

[8] Vgl. PPIC 2003.

zu finden, wird zunächst untersucht, welche Möglichkeiten für Interventionen es überhaupt gibt. Dann werden die Erfolgschancen solcher Eingriffe abgewogen und, unter Zuhilfenahme der Public-Choice-Theorie, mögliche Gefahren und Fehlsteuerungen aufgezeigt.

Im **empirischen Teil** der Arbeit wird die konkrete Entwicklung einzelner Gründerregionen untersucht. Als Benchmark dient dabei das Silicon Valley in Kalifornien. Handelt es sich tatsächlich um ein innovatives Gründer-Cluster? Welche Faktoren machen den Erfolg der Regionen aus? Und welche Rolle haben dabei politische Entscheidungen auf Bundes- und regionaler Ebene gespielt?

Diese Beobachtungen werden mit den deutschen Gründer-Regionen München und Berlin/Brandenburg verglichen. Diese beiden Regionen scheinen ob ihrer unterschiedlichen Geschichte besonders interessant. So ist München, womöglich dank einer frühen und konsistenten Förderpolitik der bayrischen Staatsregierung, seit Jahrzehnten Anziehungspunkt für Gründer der Hoch- und Biotechnologie. Berlin / Brandenburg dagegen versucht sich erst seit der Wende mit einer Reihe von wenig koordinierten Fördermaßnahmen als Gründerzentrum zu etablieren. Welche Faktoren waren entscheidend für den Erfolg bzw. Misserfolg der Regionen? Wie hat die Politik die Chancen der beiden Zentren befördert? Wo stand sie der Entwicklung eher im Wege?

Im **normativen Teil** schließlich werden Schlüsse aus den obigen Beobachtungen gezogen und konkrete Empfehlungen an die Politik formuliert. Was muss geschehen, damit in Deutschland international konkurrenzfähige Gründer-Cluster in den Zukunftstechnologien entstehen und gedeihen?

0.4 Methode

Was die Methode betrifft so richtet sich diese Arbeit am Konzept des methologischen Individualismus aus.[9] Danach sind die handelnden Subjekte Individuen mit eigenen Präferenzen und Nutzenfunktionen nicht aber Kollektivpersönlichkeiten. Statt des Aggregats der Firma steht stets der Entrepreneur im Mittelpunkt. Selbst wenn es der Untersuchungsgegenstand wie im Fall der Innovations-Cluster erfordert, auf einer höheren Aggregationsebene zu argumentieren, bleibt im Blick, dass sich jedes Ballungszentrum auf den Standort- und Investitionsentscheidungen von einzelnen Individuen gründet.

---

[9] Diese Konzept ist erstmals bei Schumpeter 1908, S. 88ff erwähnt. Ergänzungen liefert Weber 1921.

Damit wird gleichzeitig eine Geschichtsauffassung unterstellt, die den handelnden Menschen Gestaltungsmöglichkeiten einräumt und sie nicht machtlos historischen Determinismen unterwirft. Wirtschaftlicher Wandel wird als evolutorischer Prozess verstanden, der sich aus einer endlosen Kette räumlich und zeitlich interdependenter Handlungen einzelner Individuen ergibt.[10] Geschichte ist somit nicht das Resultat menschlichen Entwurfs, sondern wird im Hayekschen Sinne von den kreativen Handlungen der einzelnen Individuen bestimmt.[11] Entscheidender Motor für den Wandel ist die menschliche Kreativität. Diese kann einerseits zu überraschenden, neuen Problemlösungen führen und ist daher nicht prognostizierbar. Andererseits spielt sie sich nicht im luftleeren Raum ab, sondern ist endogen evolutorisch, ist also von der Vergangenheit und dem gegenwärtigen Umfeld beeinflusst.

Für die Wirtschaftstheorie ergibt sich daraus ein bescheidenerer, im Popperschen Sinne relativierter Anspruch. Eine Theorie gilt immer nur vorläufig – so lange bis sie falsifiziert wird, weil sie an der jeweiligen Erfahrungswelt scheitert.[12] Auch die Wirtschaftspolitik kann deshalb niemals auf endgültige Erkenntnisse bauen. Sie muss prinzipiell offen sein für Korrekturen.[13] „Eine institutionelle Ordnung, die nach ihrem Inkrafttreten keiner Berichtigungen mehr bedarf, ist in einer evolutorischen Welt nicht denkbar."[14]

Im konkreten Vorgehen der Autorin spiegeln sich diese Erkenntnisse wie folgt: Aus den verschiedenen Überlegungen des Theorieteils wird zunächst ein normatives Zwischenfazit gezogen. Dieses wird mit der analytischen Methode des pattern matching[15] an den ausgewählten Fallstudien der Empirie verifiziert. Hält die aus der Theorie gewonnene Logik den konkreten in der Empirie beobachteten Mustern stand? Falls ja, werden daraus konkrete Empfehlungen an die Politik abgeleitet, die so lange gelten sollen, bis die Theorie falsifiziert wird, weil sie an einer sich ändernden Erfahrungswelt scheitert.

[10] Vgl. Hesse 1987, S. 210ff.
[11] Vgl. Hayek 1970, S. 22 f., zit. nach Koch 1996, S. 48.
[12] Vgl. Popper 1971, S. 15.
[13] Vgl. Koch 1996, S. 119ff.
[14] Koch 1996, S. 124. Vgl. auch Nelson 1995, S. 80ff sowie Hayek, F. 1988.
[15] Vgl. Yin 2003, S. 116ff.

I. Theorie

1. Gründer als Motor des wirtschaftlichen Wandels

In diesem ersten Kapitel wird der Zusammenhang zwischen Unternehmensgründern in Zukunftstechnologien, dem technischen Fortschritt und der Entwicklung der gesamten Volkswirtschaft aufgezeigt. Dieser Zusammenhang ist für die vorliegende Arbeit deshalb wichtig, weil Politiker ihn immer wieder bemühen, um staatliche Eingriffe zur Förderung von Gründern zu begründen.

In **Kapitel 1.1** werden zunächst Wachstum und Wandel als Ziele der Wirtschaftspolitik umrissen. **Kapitel 1.2** beschreibt die Rolle von technischem Fortschritt und Gründern bei Schumpeter. Auf ihn berufen sich sowohl die neuen Wachstumstheoretiker um Romer als auch Evolutionsökonomen.

In **Kapitel 1.3** gibt die Autorin einen Aufriss zweier grundlegender Denkschulen der Wachstumstheorie – der von Solow begründeten neoklassischen Wachstumstheorie und der von Romer geprägten neuen Wachstumstheorie. Während die Neoklassiker um Solow den technischen Fortschritt noch als exogene Größe modellieren, wird dieser erst in der neueren Wachstumstheorie – wie in Ansätzen bereits bei Schumpeter – wieder Teil des Systems und damit durch gezieltes Handeln oder Unterlassen der Wirtschaftspolitik beeinflussbar.

Kapitel 1.4 ist dem evolutionsökonomischen Ansatz zur Erklärung von Wandel und Wirtschaftswachstum gewidmet. Statt technischen Fortschritt in ein Gleichgewichtssystem zu pressen, wird hier Platz geschaffen für Kreativität und Überraschungen aber auch für historische Pfade. In **Kapitel 1.4.3** werden erste Empfehlungen an die Wirtschaftspolitik aufgezeigt, die sich aus diesen Erkenntnissen ergeben.

Kapitel 1.5 stellt heraus, warum gerade Firmen der Informations- und Biotechnologie eine wichtige Rolle für die Wirtschaftsentwicklung der kommenden Jahrzehnte spielen könnten. **Kapitel 1.6** beschreibt die Schlüsselrolle von kleinen Firmen und legt dar, warum sie Untersuchungsgegenstand dieser Arbeit sein müssen.

Damit wird in diesem ersten Kapitel kurz und bündig das Spannungsfeld zwischen den Aktivitäten einzelner innovativer Gründer, dem Wandel der Volkswirtschaft als Ganzem und den aus unterschiedlichen Theorien darüber abgeleiteten Forderungen an die Politik aufgezeigt, in dem sich diese Arbeit bewegt.

1.1 Wirtschaftswachstum und Wandel als Ziele der Wirtschaftspolitik

Wachstum, definiert als die langfristige Zunahme des realen Inlandsprodukts einer Volkswirtschaft, drängt sich als Ziel der Wirtschaftspolitik geradezu auf.[16] Es ermöglicht eine Verbesserung des Lebensstandards für die Bevölkerung, schafft Verteilungsspielräume, erhöht die Staatseinnahmen und erleichtert den Abbau der Arbeitslosigkeit. Kein Wunder, dass Wirtschaftswachstum gemeinhin als ein wichtiger Indikator für die Leistungsfähigkeit ganzer Volkswirtschaften herangezogen wird und Politiker allerorts ihre Entscheidungen daran ausrichten.

Umso erstaunlicher ist es, dass die Wirtschaftstheorie die einzelnen Quellen des Wachstums bis heute nur ansatzweise ergründen und modellieren kann. Das Wirtschaftswachstum, so schreibt der „Economist" bleibt trotz aller Erklärungsversuche auch Experten ein Rätsel. „Economic growth is notoriously the blackest of the many black boxes in economics."[17]

Sicher ist allerdings so viel: Der technische Wandel spielt für das Wachstum von Volkswirtschaften eine, ja sogar die zentrale Rolle. Angestoßen wird dieser Wandel, wie in den folgenden Kapiteln erläutert wird, besonders von findigen Unternehmern. Spezielle Aufmerksamkeit muss dabei Firmengründern gelten, die durch ein hohes Maß an Flexibilität und Innovationskraft immer neue Geschäftschancen und Marktnischen erkennen und damit die Wirtschaft als Ganzes entscheidend voran treiben.

Einen speziellen Blickwinkel auf den so zentralen technischen Wandel wirft die evolutorische Ökonomik. Sie stellt Neuheit und Wandel ins Zentrum ihrer Analyse und betrachtet die Prozesse dieses Wandels, anstatt wie die Standardökonomik in Gleichgewichtsmodellen Endzustände zu erfassen.[18] Mit dieser prozessorientierten Perspektive überschreitet die evolutorische Ökonomik die von bisherigen Theorien erreichten Grenzen der Modellierbarkeit von Wachstum und Entwicklung. Und sie eröffnet neue Perspektiven für die Politikberatung.

---

[16] Vgl. Siebert 2000, S. 403 ff.
[17] O.V. 1999, S. 1 in der Internet-Version.
[18] Vgl. Bünstorf 2002 , S. 18.

1.2 Wandel durch technischen Fortschritt und Gründer bei Schumpeter

Joseph Schumpeter[19] war der erste Ökonom, der besondere Aufmerksamkeit auf den kreativen Unternehmer richtete. Dieser bereitet durch Innovationen den Boden für immer neue Wellen des Wirtschaftsaufschwungs. Firmen, die mit dem technischen Fortschritt nicht mithalten können, drängt er aus dem Markt. Durch einen Prozess der schöpferischen Zerstörung unterzieht sich so die gesamte Wirtschaft einer Erneuerungskur.

Schumpeters Unternehmer treibt den technischen Fortschritt in der Hoffnung auf Pioniergewinne voran. Er investiert in die Forschung, weil er weiß, dass ihm ein Durchbruch für eine bestimmte Zeit eine Monopolposition beschert. Er wird so lange Monopolrenten abschöpfen können, bis jemand ein ähnliches oder gar besseres Produkt entwickelt.[20]

Mit seiner These der Pioniergewinne wagt Schumpeter einen radikalen Bruch mit der klassischen Wirtschaftstheorie. Laut bis dahin führenden Denkern wie Ricardo[21] darf es Monopole in einer funktionierenden Wirtschaftsordnung nicht geben. In Ricardos Modellen des perfekten Wettbewerbs konkurriert eine große Zahl von kleinen Firmen miteinander. Keine von ihnen kann den Preis einer Ware bestimmen. Jede muss sich dem jeweiligen Gleichgewichtspreis auf dem Markt anpassen.

Bei Schumpeter nun gelingt es besonders findigen Unternehmern, für bestimmte Zeit in die Rolle des Preissetzers zu schlüpfen. Bemerkenswert ist, dass Schumpeter den technischen Fortschritt in seinen späten Werken nicht mehr als von außen gegebenen, sondern als endogenen, im kapitalistischen Wirtschaftssystem selbst generierten Faktor begreift. „Schumpeters Weltanschauung is one in which science and technology, normally so far from the world of phenomena examined by the neo-classical ecocomics of his own time, are in reality highly endogenous to the capitalist world."[22] Technischer Fortschritt ist für den späten Schumpeter die direkte Konsequenz aus unternehmerischer Initiative. Seiner Meinung nach machen die „bürgerlichen Ökonomen" seiner Zeit den Fehler, „to list as independent factors science and technology, whereas Marx´s sociology enabled him to see that these as well as ‚progress´ in such fields as education and hygiene were just as much the products of the

---

[19] Vgl. Schumpeter 1942.
[20] Vgl. Aghion / Howitt 1998, S. 53 ff. und S. 79.
[21] Vgl. Ricardo 1988 (Erstausgabe: 1817).
[22] Rosenberg 2000, S. 12.

bourgeois class culture - hence, ultimately, of the business class - as was the business performance itself."[23] [24]

Auch in einem zweiten, zentralen Punkt seiner Theorie weist Schumpeter weit über den Stand der Wissenschaft zu seiner Zeit hinaus: Für seine Theorie der Innovationszyklen ist ein Gleichgewichtszustand weder zentral noch erforderlich.[25] Im Zentrum des Interesses seiner Entwicklungstheorie steht vielmehr der Prozess des Wandels. Die Schlüsselfiguren des Systems, die Pionierunternehmer, sorgen durch ihre permanenten Neuerungen dafür, dass sich die kapitalistischen Märkte stets im Ungleichgewicht befinden.[26] „Der Kapitalismus ist also von Natur aus eine Form oder Methode der ökonomischen Veränderung und ist nicht nur nie stationär, sondern kann es auch nie sein."[27] Unter wirtschaftlicher Entwicklung versteht Schumpeter die Durchsetzung neuer Handlungsmöglichkeiten oder neuer Faktorkombinationen. Den Quell der Entwicklung sieht er somit nicht im statischen Gleichgewicht, sondern im fortwährenden Prozess der schöpferischen Zerstörung – im Wandel eben.[28]

An diesem dynamischen Blickwinkel setzt die evolutorische Theorie an und entwickelt Schumpeters Gedanken weiter. Ihre Erkenntnisse werden in **Kapitel 1.4** näher erläutert.

1.3 Wandel durch technischen Fortschritt und Gründer in der Wachstumstheorie

1.3.1 Bei Solow

Auch Solow hat zumindest geahnt, welche herausragende Rolle Unternehmer für das Wirtschaftswachstum spielen könnten. In seiner Nobelpreisrede aus dem Jahr 1987 findet sich eine bemerkenswerte Stelle: „[R]apid technical progress and high investment could both be

[23] Schumpeter 1949, S. 210, zit. nach Rosenberg 2000 S. 11. Denselben Fehler hatte Schumpeter noch in seinem vielbeachteten Werk „Business Cycles" aus dem Jahr 1939 gemacht. Vgl. Schumpeter 1939.

[24] Eine Schwachstelle in seinem Werk aber hat Schumpeter nach Ansicht von Rosenberg nicht ausgemerzt: Er hat zu viel Gewicht auf den Unternehmer mit der Basisinnovation gelegt und jene Unternehmer, die Ideen fortentwickeln oder kopieren, zu wenig beachtet. Sie waren in seinen Augen bloße Imitatoren. „Schumpeter was fond of speaking of ‚mere imitators', because in his view all they needed to do is to follow in the footsteps of the entrepreneurs who have led the way, and whose earlier activities have resolved all the big uncertainties." (Rosenberg 2000, S. 62) Das aber wird dem komplexen technischen Fortschritt in der Volkswirtschaft nicht gerecht. Es mag Ökonomen bis heute sogar zu übersteigerten Erwartungen auf eine schnelle Wachstumswirkung von Innovationen – wie etwa in der Computer- oder Biotechnologie, die Thema von **Abschnitt 1.5** sein sollen – verleitet haben. „[T]is oversimplification, together with Schumpeter's vast influence, may have had at least something to do with the recent widespread disappointment that the impact of major new technologies has not yet shown up more conspicuously in measures of productivity improvement." (Rosenberg 2000, S. 61).

[25] Vgl. Schaaf 2000, S.173.

[26] Vgl. Burmeister 1996, S. 31.

[27] Schumpeter 1993, S. 136.

[28] Vgl. Kahmann 2000, S. 21.

the result of some third factor, like the presence of conditions that encourage entrepreneurial activity. High investment and fast technical progress will then go together."[29] Der technische Fortschritt, der nach verschiedenen empirischen Untersuchungen der entscheidende Faktor für das Wachstum einer Volkswirtschaft ist[30], könnte also durchaus ein Ergebnis von wirtschaftspolitischen Rahmenbedingungen sein. Dabei greift Solow ganz bestimmte Bedingungen heraus: diejenigen, die das Unternehmertum stärken.

Solche Rahmenbedingungen aber ließen sich theoretisch durchaus als endogene Variablen in ein Wachstumsmodell aufnehmen. Diesen Schritt ist Solow in seinen Modellen allerdings nicht gegangen. Darin findet sich der technische Fortschritt lediglich als exogene Größe. Richtungsweisende Innovationen fallen bei Solow also quasi vom Himmel.[31]

Ausgangspunkt für Solows Wachstumstheorie, die auch als neoklassische Wachstumstheorie bekannt wurde, ist die sogenannte Produktionsfunktion. Danach hängt der Output einer Volkswirtschaft direkt von der eingesetzten Menge an Kapital und Arbeit ab. Beide Produktionsfaktoren stehen in folgendem Verhältnis zueinander: Verdoppelt man die Menge an Kapital und Arbeit, verdoppelt sich auch der Output. Hier gilt die Annahme der konstanten Skalenerträge. Anders, wenn man nur einen der beiden Produktionsfaktoren aufstockt. Dann greift das Gesetz des abnehmenden Grenzertrags.[32]

Diese auf den ersten Blick plausiblen Annahmen haben allerdings einen entscheidenden Schönheitsfehler: Sie halten den empirischen Beobachtungen der realen Welt nicht Stand. In den Industrieländern steigt der Kapitalstock seit Jahrzehnten schneller als das Arbeitsangebot. Der Grenzertrag für Investitionen ist aber ist nicht etwa gefallen, sondern im Vergleich zum Beginn des 20. Jahrhunderts stetig gestiegen.[33]

Auf diesen scheinbaren Widerspruch hat Solows Theorie eine Antwort: Den technischen Fortschritt. Die durch ihn ausgelöste Produktivitätssteigerung mache den abnehmenden Grenzertrag des Kapitals mehr als wett. Überhaupt, so Solow, gingen technischer Fortschritt und ein steigender Kapitalstock meist Hand in Hand. „That is what I called ‚embodiment', the fact that much technological progress, maybe most of it, could find its way into actual

[29] Solow 2000, S. xxiv.
[30] Vgl. etwa Denison 1995.
[31] Vgl. o.V. 1992, S. 18.
[32] Vgl. Solow 2000, S. 53 ff.
[33] Vgl.: o.V. 1992, S. 18.

production only with the use of new and different capital equipment.“[34] Daraus leitet Solow bereits die allgemeine Empfehlung an die Wirtschaftspolitik ab, Investitionen zu fördern. „A policy to increase investment would thus lead not only to higher capital intensity, which might not matter much, but also to a faster transfer of new technology into actual production, which would.“[35]

Solows Argument, dass ein großer Teil des technischen Fortschritts bei seiner Implementierung in neuem Kapital verkörpert sei, ist plausibel. Es kann aber nicht darüber hinweg täuschen, dass in seinem Modell die Frage, wie es überhaupt zu diesem technischen Fortschritt kommt, offen bleibt. Statistisch gesehen ist der technische Fortschritt in der neoklassischen Theorie lediglich ein zufällig, von außen gegebenes Residuum. Dieser exogenen Variable werden all jene Wachstumseffekte zugeschrieben, die sich nicht durch die beiden endogen Größen Kapital und Arbeit erklären lassen. Empirischen Studien zufolge entfallen aber nur weniger als 50 Prozent des Wirtschaftswachstums auf die beiden endogenen Größen.[36] „The neoclassical theory can [thus] explain only half of what it purports to explain.“[37]

Dieses Manko hat auch Solow selbst erkannt. Natürlich sei es für jeden Ökonomen äußerst unbefriedigend, sich zur Erklärung des Wirtschaftswachstums entscheidend auf eine exogene Größe berufen zu müssen. Dies umso mehr, als jedem einleuchte, dass ein Teil des technischen Fortschritts selbstverständlich endogen, weil durch eine Reihe von ökonomischen Anreizen motiviert sei. Für eine realitätsnahe Modellierung reiche diese Erkenntnis aber leider nicht aus. „[U]nless you have a reasonable and productive theory of endogenous technological progress, a theory of innovation, in other words, it is not worthwhile spending much time on it. A theory in this sense has to be systematic; it is not good enough to observe that new technological developments can sometimes or often be understood, after the fact, as a response to economic incentives.“[38]

1.3.2 Bei Romer

Paul Romer, ein Schüler des späteren Nobelpreisträgers Lucas, machte sich Anfang der 80er Jahre an der University of Chicago daran, dieses Manko zu beheben. Im Jahr 1983

[34] Solow 2000, S. xxiii.
[35] Solow 2000, S. xxiii.
[36] Vgl. etwa Denison 1995 oder Solow 2000.
[37] O.V. 1992, S. 17.
[38] Solow 2000, S. 122.

veröffentlichte Romer seine viel beachtete Doktor-Arbeit mit dem Titel „Dynamic Competitive Equilibria with Externalities, Increasing Returns and Unbounded Growth".[39] Heute gilt Romer als einer der führenden Vertreter der neuen Wachstumstheorie.

Zu den bisherigen Produktionsfaktoren Kapital und Arbeit fügen die Theoretiker um Romer einen neuen, zentralen Faktor hinzu: das Wissen. Dessen Bedeutung hatte der spätere Nobelpreisträger Schultz bereits in der Nachkriegszeit erkannt. Er führte die rasche Erholung von Deutschland und Japan vor allem auf den Faktor Humankapital zurück. Zwar sei in beiden Ländern ein Großteil des physischen Kapitalstocks zerstört, das Kapital in den Köpfen von Managern und Arbeitern aber sei erhalten geblieben und trage jetzt den Aufschwung.[40] Auf den Spuren von Lucas[41] nimmt sich Romer diesem besonderen Produktionsfaktor im Detail an und modelliert ihn als wichtiges Element in der Produktionsfunktion.[42]

Das Wissen, so Romer, ermögliche es den Menschen, bisherige, knappe Ressourcen auf immer neue Art zu kombinieren und so zusätzliche Werte zu schaffen. Eingänglich vergleicht er den Wachstumsprozess einer Volkswirtschaft mit den Vorgängen in einer guten Küche: „If economic growth could be achieved only by doing more and more of the same kind of cooking, we would eventually run out of raw materials and suffer from unacceptable levels of pollution and nuissance. Human history teaches us, however, that economic growth springs from better recipes, not just from more cooking."[43] Die Möglichkeiten neuer, immer effizienterer Faktorkombinationen seien dabei quasi unbegrenzt.

Wissen hat damit eine Eigenschaft, die ganz neue Perspektiven im Wachstumsprozess eröffnet: Es ist kein knappes Gut[44] und wird, nicht zuletzt dank der jüngsten Fortschritte in der Informationstechnologie, zusehends billiger. Wo Wissen im Spiel ist verliert das Gesetz des abnehmenden Ertragszuwachses seine Bedeutung. Laut Romer ergeben sich in einem Modell mit Wissen, Ideen und technischem Fortschritt als eigenem Faktor in der

[39] Vgl. Romer 1983.
[40] Vgl. Schultz 1961, zit. nach Scherer 1999, S. 32-33.
[41] Vgl.: R. Lucas 1988.
[42] Weiterführende Modelle liefern Aghion/Howitt 1999.
[43] Romer 1993, zit. nach Ausdruck von Romers Web-Page: www.stanford.edu/~promer/
[44] Vgl. Romer 1990.

Produktionsfunktion vielmehr steigende Ertragszuwächse.[45] Wissen erzeugt mehr Wissen und erweitert somit die Grenzen des Wachstums.[46]

Dabei unterscheidet Romer zwischen dem Wissenspool einer Gesellschaft und demjenigen Wissen, das sich in Innovationen einzelner Firmen manifestiert. Beide Arten von Wissen befruchten sich gegenseitig. „The more human capital an economy possesses, the more productivity-enhancing new products it can develop and the more the design knowledge stock is enhanced, permitting sustained economic growth in a virtuous spiral."[47] Während der Wissenspool aber ein öffentliches Gut ist, gilt beim angewandten Wissen einzelner Firmen für eine gewisse Zeit das Ausschlussprinzip. Unternehmen lassen sich ihren erarbeiteten Vorsprung patentieren, um eine Zeit lang Monopolrenten abschöpfen zu können.[48] Damit hat Romer - wie vor ihm bereits Schumpeter – die Grenzen der klassischen Wirtschaftstheorie verlassen. Auch bei Romer herrscht kein perfekter Wettbewerb. Einzelne, innovative Firmen sind keine Preisnehmer, sondern können die Preise für ihr Produkt vorübergehend selbst festsetzen.

Auch von Solows Wachstumsmodell grenzt sich Romer klar ab. Der große Verdienst Solows sei es gewesen, sowohl in seiner theoretischen als auch in seiner empirischen Arbeit, die Aufmerksamkeit auf den technischen Fortschritt zu lenken. Seine Schwäche aber liege darin, dass er den technischen Fortschritt als öffentliches Gut betrachtet habe. Hier liefere die endogene Wachstumstheorie die entscheidende Korrektur: „What endogenous growth theory is all about is that it took technology and reclassified it, not as a public good, but as a good which is subject to private control."[49]

Daraus aber ergeben sich neue Aufgaben für die Politik. „I wanted to capture the fact that private individuals and firms made intentional investments in the production of new technologies"[50], sagt Romer. Wenn aber private Firmen und Firmengründer bewusst an der Entwicklung neuer Technologien Teil haben und der technische Fortschritt nicht wie bei Solow vom Himmel fällt, dann spielen politische Anreize für potentielle Innovatoren plötzlich

---

[45] Vgl. Romer 1999, zit. nach Ausdruck von Romers Web-Page: www.stanford.edu/~promer/

[46] Bode 1998 hat Romers Wachstumstheorie empirisch überprüft und findet sie in der Entwicklung von 75 westdeutschen Regionen in den Jahren 1976-1992 bestätigt. Er testet und bestätigt unter anderem die Hypothese, dass die Wachstumsrate des Pro-Kopf-Einkommens in einer Region umso höher ist, je größer die Zahl bzw. Dichte an Forschern in der Region und je höher die lokale Wissensdiffusion ist.

[47] Scherer 1999, S. 35.

[48] Vgl. Romer 1990.

[49] Romer 1999.

eine zentrale Rolle. Die wichtigste Aufgabe der Wirtschaftspolitik wird es, ein institutionelles Umfeld zu schaffen, das den technologischen Wandel optimal unterstützt.[51] [52]

Dabei hat Romer nicht nur die Erfinder von neuen Technologien selbst im Blick. Eine zentrale Rolle spielen bei ihm auch all diejenigen Unternehmer und Gründer, die neue Techniken imitieren, weiterentwickeln und zur Marktreife bringen. „People tend [...] to underestimate the enormous gulf that separates the discovery of abstract principles from their effective application."[53] Die Politik müsse daher ein Umfeld schaffen, das den einzelnen Wirtschaftssubjekten einerseits Anreiz zu Innovationen bietet und andererseits eine rasche Verbreitung dieser Neuerungen ermöglicht. Die Frage, welche Instrumente der Politik dafür zur Verfügung stehen, soll Thema von **Kapitel 4.2** sein.

1.4. Wandel durch technischen Fortschritt und Gründer in evolutorischer Perspektive

1.4.1 Wettbewerb versus Gleichgewicht

Evolutionstheoretiker äußern berechtigte Kritik an der Wachstumstheorie, die sowohl Solows als auch Romers Modell im Kern trifft: Beide versuchen, die Entwicklung einer Volkswirtschaft in ein Gleichgewichtssystem zu pressen. „Wettbewerb ist aber ein offener Prozess"[54], der sich nicht deterministisch modellieren lässt. Es herrscht immer Ungewissheit - über den Ausgang einer technischen oder organisatorischen Innovation, darüber, welche Idee, welche Technik, welcher Unternehmer sich am Markt durchsetzen und welche Auswirkungen dies auf die gesamte Volkswirtschaft hat.[55]

Für Metcalfe ist Kapitalismus und Gleichgewicht denn auch ein Widerspruch in sich.[56] Aufgabe der Märkte sei es ja gerade, die Wirtschaft im Ungleichgewicht zu halten und dadurch ständigen Wandel in geordneten Bahnen zu ermöglichen.[57]

Metcalfe greift auf ein Postulat von Schumpeter zurück.[58] Danach zeichnet sich der Kapitalismus gerade durch seine Fähigkeit aus, sich selbst von innen heraus zu

---

[50] Romer 1999.
[51] Romer 1994, zit. nach Ausdruck von: www.stanford.edu/~promer/; vgl. auch Stough 2001, S. 17-48.
[52] Eine zentrale Rolle spielen Institutionen, die den Wandel optimal unterstützen auch in der evolutorischen Theorie, die in **Kapitel 1.4** näher beleuchtet wird.
[53] Romer 1994, zit. nach Ausdruck von: www.stanford.edu/~promer/
[54] Dunn 2002, S. 88.
[55] Vgl. Dunn 2002, S. 88 sowie Morgenstern 1972, S. 1164.
[56] Vgl. Metcalfe 2002, S. 4ff.
[57] Vgl. Metcalfe 2002, S. 8.
[58] Ähnlich argumentiert Ebner 2002, S. 611-663.

transformieren. Motor für diese Transformation ist der Unternehmer, der durch seine Innovationen für stetes Ungleichgewicht sorgt. Unternehmertum in wirtschaftlichem Gleichgewicht sei ausgeschlossen, der Zustand des Gleichgewichts für eine Volkswirtschaft nichts anderes als der totale Stillstand. „In equilibrium time passes but nothing happens."[59]

Dank innovativer Unternehmer und innovativer Konsumenten[60] ist solch ein Stillstand unmöglich. Metcalfe spricht vom „restless capitalism", bei dem der Anstieg des Wissens zu stetem Ungleichgewicht führt.[61] Wie Popper betont, zeichnet sich Wissen ja gerade dadurch aus, dass eine Idee auf unvorhersehbare Weise zur nächsten führt und es bei der Kombination von Ideen schier unendliche Möglichkeiten gibt.[62] Weder der bestehende „Ideenvorrat" noch die Kombinationsmöglichkeiten für neue Ideen ließen sich in eine Produktionsfunktion pressen. Ein Gleichgewichtsmodell scheide daher schon allein aus praktischen Erwägungen aus.[63]

1.4.2 Kreativer Wandel statt Wachstumsmodelle

Bereits Hesse hat die Bedeutung der menschlichen Kreativität als Motor des technischen Fortschritts betont.[64] Er grenzt die evolutorische Perspektive von Wandel und Wachstum vor allem von der bis dahin dominierenden neoklassischen Wachstumstheorie ab. Dort sei der technische Fortschritt als Verschiebung der Produktionsfunktion in einem Mengendiagramm darstellbar, also eine wundersame Vermehrung der Produktionsmöglichkeiten. Durch dieses Wunder würden die Naturgesetze aufgehoben und „es wird möglich, immer mehr mit immer weniger und schließlich fast Alles mit fast Nichts zu produzieren"[65]. Um den technischen Fortschritt „erstens ökonomisch korrekt und zweitens mit den bekannten Naturgesetzen vereinbar"[66] zu erklären, greift Hesse auf zwei Konzepte zurück, die auch im „Wissen" von Romer (**vgl. Kapitel 1.3.2**) impliziert sind: Information und die menschliche Kreativität. „Diese Kreativität schöpft nicht Substanz, sondern Kombinationsmöglichkeiten."[67] Sie

---

[59] Metcalfe 2002, S. 7.
[60] Während Schumpeter die Konsumenten noch als passiv im Innovationsprozess betrachtet hat, spricht Metcalfe ihnen durchaus eine sehr aktive Rolle zu. Einerseits wirkten sie im Austausch mit den Produzenten an der Verbesserung von Innovationen mit. Andererseits fänden sie oft neue und überraschende Anwendungsmöglichkeiten für bereits bestehende Produkte. Vgl. Metcalfe 2002, S. 9.
[61] Vgl. Metcalfe 2002, S. 4.
[62] Vgl. Popper 1996.
[63] Vgl. Metcalfe 2002, S. 10.
[64] Vgl. Hesse 1987, S. 219ff.
[65] Hesse 1987, S. 217.
[66] Hesse 1987, S. 219.
[67] Hesse 1987, S. 222.

verändert Informationen im Produktionsprozess und macht es dadurch möglich, mit gegebenen Energie- und Materiemengen größeren Output zu erzielen.

Falsch wäre es aber, dieses Wissen, wie es die Theoretiker um Romer tun[68], als stets wachsendes Aktivum einer Volkswirtschaft zu betrachten. Vielmehr wird Wissen, etwa solches, das Unternehmer für die Entwicklung, Produktion und den Absatz von Gütern und Dienstleistungen brauchen, produziert, durch Wettbewerb und Neuerungen mit der Zeit zum Teil auch wieder entwertet. Kerber spricht vom falliblen[69] und pragmatischen[70] Wissen. Durch imitierende und innovative Konkurrenten seien „die Wettbewerber ständig gezwungen, nach neuem, besseren Wissen über den erfolgreichen Einsatz ihrer Aktionsparameter zu suchen und diesbezüglich neue Hypothesen zu kreieren und auszuprobieren bzw. schnell genug von anderen zu lernen."[71] Das jeweils aktuelle Wissen verliert an Wert, wenn sich etwa durch Innovationen oder Präferenzwandel die Umstände ändern. Ergebnis ist ein „offener (nicht-endender) evolutorischer Prozess der Wissensschaffung"[72].

Eine weitere Abgrenzung von der endogenen Wachstumstheorie liefert Nelson.[73] In den Gleichungssystemen der endogenen Wachstumstheorie sei kein Platz für Unsicherheiten und Überraschungen. Diese aber zeichneten, wie alle seriösen Wissenschaftler bestätigten, den Prozess des technischen Fortschritts aus. Romers Ansatz sei damit genauso „mechanisch" und damit realitätsfern wie die neoklassischen Wachstumstheorien vor ihm.[74]

In seinem grundlegenden evolutorischen Modell legt Nelson den Fokus auf einzelne Firmen.[75] Diese betrachtet er als Inkubatoren und Träger von Technologien. Der Erfolg der Firmen hängt von ihren Gewohnheiten und Fertigkeiten (Nelson spricht von „routines") ab – speziell den Produktionsprozessen, dem Investitionsgebaren und den Forschungs- und Entwicklungsaktivitäten. Eine erfolgreiche technologische Innovation steigert die Gewinne und führt zu Kapitalbildung und Wachstum einer Firma. Produktivere Technologien setzen sich über zwei Mechanismen gegenüber weniger produktiven durch: Firmen die produktivere Technologien benutzen wachsen; und produktivere Technologien werden von Firmen

---

[68] Die Rede ist immer wieder vom „knowledge stock" einer Volkswirtschaft. Vgl. etwa Scherer 1999, S. 35.
[69] Vgl. etwa Kerber 1997, S. 49.
[70] Vgl. Kerber 1997, S. 56.
[71] Kerber 1997, S. 55.
[72] Budzinski 2000, S. 166.
[73] Vgl. Nelson 1995, S. 68ff.
[74] Vgl. Nelson 1995, S. 68.
[75] Vgl. Nelson 1995, S. 68ff.

adaptiert, die bisher weniger produktive verwendet haben.[76] So sei der technische Fortschritt ohne ein krückenhaftes, sich stets verschiebendes „Gleichgewicht“ (moving equilibrium) zu erklären.

Zwar deckt sich Nelsons Aggregat der „Firma“ nicht mit dem eingangs aufgestellten Postulat des methologischen Individualismus. Ersetzte man aber „die Firma“ durch „den Entrepreneur“ und das „Wachstum der Firma“ durch den „Erfolg des Entrepreneurs“, ergebe sich eine für den Untersuchungsgegenstand dieser Arbeit durchaus interessante Argumentationslinie.

Dabei ist es sinnvoll, die innovativen Unternehmensgründer ins Zentrum der Betrachtung zu stellen. Ihnen attestiert Koch „eine zentrale wohlstandsrelevante Wirkung“[77]. Sie versprechen nicht nur wohlstandserhöhende Arbeitsmarkt- und Kapitaleffekte. Sie erhöhen, nicht zuletzt durch den in **Kapitel 1.2** beschriebenen Prozess der schöpferischen Zerstörung, die Anpassungsfähigkeit der gesamten volkswirtschaftlichen Strukturen. Damit ermöglichen sie fortwährenden Wandel, der den Erfolg von Volkswirtschaften in einer globalisierten Welt bestimmt.[78]

In der evolutorischen Perspektive ist Platz für Kreativität und Überraschungen[79]. Diese bewegen sich aber nicht in luftleerem Raum, sondern spielen sich im historischen Kontext ab. Individuen und Organisationen lernen auf Grundlage ihrer bisherigen Erfahrungen, geben teils adaptierte, teils innovative Antworten auf sich ändernde Problemstellungen.[80] Hesse definiert den wirtschaftlichen Wandel daher als „endlose Kette räumlich und zeitlich interdependenter Handlungen, die situationslogisch erklärbar sind und selbst wieder – zusammen mit Nicht-Handlungen – die Antecedensbedingungen für die nächste Handlung hervorbringen.“[81]

Das Wirtschaftswachstum muss in einem solchen Rahmen nach Ansicht von Arndt nicht in einer separaten Theorie erklärt werden. „Der evolutorischen Theorie (..) ist das ‚Wachstum‘

[76] Vgl. Nelson 1995, S. 71.
[77] Vgl. Koch 2001, S. 30 f.
[78] Vgl. Koch 2001, S. 30 f.
[79] „Die kreative Theorie beruht auf der Erkenntnis, dass die schöpferischen Akte, durch die sich Angebot und Nachfrage entwickeln, singuläre resp. spontane Entscheidungen sind, die unregelmäßig auftreten und von unterschiedlichen ökonomischen Wirkungen begleitet werden“, schreibt Arndt 1994, S. 33.
[80] Die Pfadabhängigkeiten, die sich daraus für die Entwicklung ganzer Regionen und Volkswirtschaften ergeben, werden in **Kapitel 3.5 und Kapitel 4** näher diskutiert.

als Folge des Entwicklungswettbewerbs immanent", schreibt Arndt. „Eine besondere Wachstumstheorie erweist sich dann als überflüssig." [82] Nelson benutzt allerdings dennoch den Begriff der evolutorischen Wachstumstheorie (evolutionary growth theory)[83], wobei er Wirtschaftswachstum wie oben beschrieben mit sich verändernden „routines" erklärt.

1.4.3 Folgen für die Politik

1.4.3.1 Postulat der Flexibilität

Für die Politik ergibt sich in evolutorischer Perspektive vor allem das Postulat der Flexibilität: „Da in einer evolutorischen Umwelt der Wirtschaftsprozess immerzu neue, unerwartete Ergebnisse hervorbringen kann, müssen ständig entsprechend flexible, innovative politische Antworten möglich sein; evolutorische Wirtschaftspolitik muss mithin grundsätzlich offen sein für Planrevisionen."[84] Dabei sollte die Politik „den Handlungsspielraum der Wirtschaftssubjekte so groß wie möglich belassen, um die Wahrscheinlichkeit kreativer Anpassungsleistungen bzw. Innovationen im privatwirtschaftlichen Bereich so hoch wie möglich zu halten"[85].

Auf dem Feld der Forschungs- und Entwicklungspolitik, einem für den technischen Fortschritt zentralen Bereich, empfiehlt Koch die strikte Neutralität politischer Förderung. „Da es konstitutiv für Innovationen ist, dass ihre Konsequenzen ex ante unbekannt sind, erscheint es als systeminkonform, bei der Innovationsförderung einseitig Schwerpunkte zu setzen und F&E-Aktivitäten gezielt zu subventionieren." Hilpert fordert eine „experimentelle Technologiepolitik", damit sich ganze High-Tech-Regionen erfolgreich entfalten können.[86] Angesichts einer Vielzahl von Akteuren und Zielsetzungen, unterschiedlichen Steuerungsmechanismen und latenten Vernetzungen seien regionaltechnologische Systeme so komplex, dass bereits einfache Ursache-Wirkungs-Interventionen unmöglich seien. Es bedürfe daher „der iterativen Steuerung von innen, einer prozessualen Evaluation", sprich: eines „Trail-and-error-Prozesses", bei dem man aus Fehlern lernen und sofort darauf reagieren kann.[87]

---

[81] Hesse 1987, S. 210.
[82] Arndt 1994, S. 34
[83] Vgl. Nelson 2002.
[84] Koch 1996, S. 130.
[85] Koch 1996, S. 131.
[86] Vgl. Hilpert 2001, S. 83.
[87] Vgl. Hilpert 2001, S. 83.

1.4.3.2 Rolle der Institutionen

Damit ein solcher „Trail-and-error-Prozess“ ablaufen kann, ist der institutionelle Rahmen von zentraler Bedeutung. Dieser Rahmen, der in den **Kapiteln 2 und 4** eine wichtige Rolle spielt, soll an dieser Stelle mit seinen wichtigsten Eigenschaften umrissen werden.

Institutionen werden in dieser Arbeit in Anlehnung an Douglass North definiert und um eine evolutorische Perspektive erweitert.[88] Für North sind Institutionen „the rules of the game in a society or, more formally, (..) the humanly devised contraints that shape human interaction“[89]. Diese beinhalten sowohl informelle Restriktionen wie Tabus, Traditionen und Bräuche sowie Verhaltenskodexe, als auch formelle Regeln wie Verfassungen, Gesetze und Eigentumsrechte.[90] North macht eine klare und sinnvolle Unterscheidung zwischen den Institutionen und den Organisationen in einer Gesellschaft.[91] Organisationen sind etwa Parteien, Parlamente oder Regulierungsbehörden in der Politik; Firmen, Gewerkschaften und Arbeitgeberverbände in der Wirtschaft oder Schulen und Universitäten im Bildungsbereich. Sie sind die „Spieler“ in der Gesellschaft – die Institutionen die „Spielregeln“.

Spezielles Anliegen von North und anderen Vertretern der Neuen Institutionenökonomik ist es, Institutionen und ihre Veränderung als Ergebnis eines Institutionenwettbewerbs, also endogen, zu erklären.[92] Eine Triebfeder für die Entstehung und Entwicklung von Institutionen ist danach der Versuch, Transaktionskosten[93] zu minimieren. Institutionen werden als Restriktionen und Anreizsystem betrachtet, die bestimmte Handlungen der Gesellschaftsmitglieder mit Kosten belegen, andere verbilligen. Sie schränken so die Erwartungen über das mögliche Verhalten von Individuen ein, reduzieren dadurch Komplexität und Unsicherheit menschlicher Handlungen und bringen Ordnung in menschliche Interaktionen.[94]

Mikroökonomisch läßt sich die Verhaltenswirkung von Institutionen somit als Nebenbedingung oder Restriktion bei der Nutzenmaximierung von Akteuren modellieren. Die

[88] Auch North selbst hat nach Ansicht von Nelson bei der Betrachtung der Entstehung und Veränderung von Institutionen mehr und mehr eine evolutorische Perspektive eingenommen. Vgl. Nelson 2002, S. 19.
[89] North 1990, S. 3.
[90] Vgl. North 1991, S. 97.
[91] Vgl. North 1990, S. 4ff.
[92] Vgl. Schlicht 1993, S. 96.
[93] Der Begriff der Transaktionskosten geht auf Commons 1931 und Coase 1937 zurück. Einen Überblick über gängige Transaktionskostenansätze gibt Williamson 1989.
[94] Vgl. Richter / Furubotn 1996, S. 7.

Präferenzen der Individuen werden dabei als konstant und exogen vorgegeben betrachtet.[95] Hier setzt die berechtigte Kritik von Evolutionsökonomen an. Sie argumentieren, dass die Präferenzen und Vorlieben eben auch von den jeweiligen Institutionen beeinflusst würden.[96] Dieser Ansicht wird in dieser Arbeit gefolgt. Es wird davon ausgegangen, dass Institutionen und Präferenzen in einem systematischen Wechselspiel zueinander stehen.[97]

So könnten beispielsweise gründerfreundliche Steuer- oder Kündigungsgesetze das Gründungsklima in einem Land positiv beeinflussen und auf längere Sicht dazu führen, dass sich die Präferenzen einiger Akteure von abhängiger Erwerbsarbeit hin zur Selbständigkeit verschieben. Steigt aber der Anteil der Selbständigen, wächst das Gewicht ihrer Lobby. Dies wiederum wird Rückwirkungen auf die Entwicklung der Institutionen haben. Es könnten sich somit positive Rückkopplungen[98] ergeben, die langfristige Pfadabhängigkeiten[99] begründen.

Die Folgen eines evolutorischen Theorieansatzes für die Politik seien an dieser Stelle nur grob skizziert. Sie werden in **Kapitel 4** näher thematisiert.

1.5 Jüngste Basisinnovationen in der Informations- und Biotechnologie

Nikolei Kondratieff hat als erster beobachtet, dass einzelne technische Neuerungen lange Perioden wirtschaftlichen Aufschwungs begründen können. Er beschrieb im Jahr 1926 verschiedene Basisinnovationen, die mit ihren Folgeinvestitionen 50 bis 60 Jahre lange Zyklen in der Wirtschaftsgeschichte angestoßen hatten.[100] Solche Zyklen sind bis heute als Kondratieff-Zyklen bekannt. Als entscheidende Basisinnovationen benannte Kondratieff etwa die Erfindung von Dampfmaschine und mechanischem Webstuhl im späten 18. Jahrhundert, die Entwicklung neuer Schmelztechniken für die Stahlproduktion in der Mitte des 19. Jahrhunderts oder die Erfindung von Auto, elektrischem Licht und neuen Chemikalien zum Beginn des 20. Jahrhunderts.

Welches aber sind Innovationen, die – vergleichbar mit den Fortschritten in der Öl- und Chemieindustrie oder der industriellen Massenproduktion von Verbrauchsgütern (vgl. Ford-Fließbänder) nach dem Zweiten Weltkrieg – im neuen Jahrtausend einen neuen, kräftigen

[95] Vgl. Güllner 2000, S. 25ff.
[96] Vgl. etwa Eggertsson 1998, S. 670f; Hodgson 1993, S. 8.
[97] Den Versuch, dieses Wechselspiel im Detail zu beschreiben unternimmt Kubon-Gilke 1997.
[98] Auf welche Weise solche positiven Rückkopplungseffekte, die auch durch politische Eingriffe ausgelöst werden können, bei der Entstehung von Clustern wirken, wird in **Kap. 3.5.2.4** beschrieben.
[99] Das Konzept der Pfadabhängigkeiten wird in **Kap. 4.1** näher erläutert.
[100] Vgl.: Kondratieff 1926.

Wachstumszyklus anschieben könnten? Sicher ist nach Ansicht von Lipsey nur so viel: Wir werden in den kommenden Jahren noch eine Reihe von Überraschungen erleben. Es liege in der Natur von bahnbrechenden Neuerungen, dass ihre ganze Tragweite oft lange verkannt werde. So sei etwa die Dampfenergie bereits fast ein Jahrhundert lang benutzt worden, um Wasser aus Minen oder in Speicher zu pumpen, bevor sie im 19. Jahrhundert für die Fabriken entdeckt wurde. „Thus, if the past is any guide, we can be pretty sure that there is some small, ineffective-looking technology that is undergoing its early stages of development but which will surprise us all by becoming one of the 21st century's influential GPTs."[101] [102]

Darüber, in welchen Bereichen die wichtigsten Basisinnovationen für einen neuen Wachstumszyklus zu erwarten sind, sind sich Wissenschaftler überraschend einig: Genannt werden neben der Informations- und Kommunikationstechnologie immer wieder auch die Bio- und die Nannotechnologie.[103] Am weitesten voran geschritten ist bisher die Revolution in der Informations- und Kommunikationstechnologie. Die Entwicklung immer leistungsfähiger Computer, immer anwendungsfreundlicherer Software und die Verbreitung des Internets haben die Generierung und Verarbeitung von Informationen schneller und billiger gemacht.[104]

Ob sich nach den aktuellen Konjunktureinbrüchen in den kommenden Jahren tatsächlich ein höherer Wachstumspfad für die Volkswirtschaften der Industrieländer abzeichnet, bleibt abzuwarten. Wahrscheinlich ist aber, dass ein neuer Kondratieff-Zyklus gleich von einer ganzen Reihe von Neuerungen getragen wird. Die Informationstechnologie, die schon weite Teile der Wirtschaft erfasst und bereits in den vergangenen Jahren flinken, innovativen Unternehmensgründern viele Chancen geboten hat, könnte dabei eine Vorreiterrolle spielen. Hier zeichnete sich zur Jahrtausendwende mit einer Reihe von Start-up-Pleiten und –Übernahmen bereits eine erste Konsolidierungsphase ab. In der Bio- und Nannotechnologie dagegen steht ein großer Entwicklungsschub, der die gesamte Volkswirtschaft erfassen wird,

---

[101] Lipsey 1999, S. 43.
[102] Als GPT (general purpose technology) bezeichnet Lipsey Basisinnovationen, die sich dadurch auszeichnen, dass sie nach und nach weite Bereiche der Wirtschaft erfassen und in vielen Feldern Folgeinnovationen (complementarities) nach sich ziehen. Ergebnis des Prozesses ist ein Anstieg der Produktivität der gesamten Volkswirtschaft. Vlg. Lipsey / Bekar / Carlaw 1998.
[103] Vgl. etwa Lipsey 1999, o.V. 1999, Blinder 2000.
[104] Die Kosten für die Informationsverarbeitung machen in einer entwickelten Volkswirtschaft immerhin rund 50 Prozent des Bruttoinlandsprodukts aus.

aller Wahrscheinlichkeit noch bevor. Hier schlummern für findige Entrepreneure in den kommenden Jahren noch besonders viele Chancen.[105]

1.6 Die Schlüsselrolle von kleinen Firmen

In großen Umbruchphasen, die von neuen Technologien getragen werden, spielen kleine und junge Firmen, nicht etwa alteingesessene Konzerne, eine zentrale Rolle. „Small firms apparently play a key role in the process of technological change as well as in the dynamic process by which industries evolve."[106] Zu diesem Ergebnis kommen Acs / Audretsch aufgrund verschiedener empirischer Untersuchungen.[107] Sie widerlegen damit die landläufige Meinung, dass bei zunehmender Technisierung nur noch große Firmen die nötigen Mittel für Forschung und Entwicklung aufbringen könnten und die Kraft hätten, sich auf immer größeren Märkten durchzusetzen. So prophezeite Karl Marx bereits im „Kapital" von 1867, dass am Ende des wirtschaftlichen Transformationsprozesses nur einige wenige „Kapitalmagnaten" übrig bleiben würden.[108] Auch Schumpeter hat die Rolle kleiner Firmen beim technischen Fortschritt noch unterschätzt.[109] Er sah die kleinen Firmen gegenüber der mit mehr Kapital ausgestatteten Innovationskraft von Großunternehmen an den Rand gedrängt.[110]

Nach Ansicht von Acs / Audretsch ist heute oft das Gegenteil der Fall.[111] Zwar seien kleine Firmen, dort definiert als Unternehmen mit weniger als 500 Mitarbeitern, nicht per se innovativer als Große. Sie hätten aber besonders in wissensintensiven Industrien einen entscheidenden Vorteil: Ihnen gelinge es oft besser, hochqualifizierte Arbeitskräfte zu gewinnen und diese dann auch zu innovativen Höchstleistungen zu motivieren. Große Konzerne dagegen hätten in kapitalintensiven Industrien die Nase vorn.[112]

Die jüngsten Umbrüche in der Informations- und Telekommunikationsindustrie haben Humankapital gegenüber Investitionen als Produktionsfaktor deutlich aufgewertet. Die Kosten der Informationsbeschaffung sind drastisch gesunken. Entscheidend ist in vielen Branchen, etwa bei IT-Dienstleistern oder Software-Programmierern, wie Informationen

---

[105] Vgl. Lipsey 1999, S. 43.
[106] Acs / Audretsch 1990, S. 154.
[107] Vgl. etwa Acs / Audretsch 1990, Acs / Audretsch 1994, Audretsch 2000.
[108] Vgl. Marx / Engels 1968, S. 640-677. Erstveröffentlichung: 1867.
[109] Vgl. Sylos-Labini 1992, S. 58f; Kahmann 2000, S. 19ff.
[110] Vgl. Schumpeter 1942, S. 84. Zit. nach Sylos-Labini 1992, S. 58.
[111] Zu einem ähnlichen Ergebnis kommt Kirchhoff 1994.
[112] Vgl. Acs / Audretsch 1990, S. 147ff.

ausgewertet und genutzt werden – was also qualifizierte Mitarbeiter daraus machen. Große Unternehmenseinheiten können da sogar hinderlich sein.

Die alten Argumente für eine stärkere Innovationskraft von großen Firmen spielen in diesem Umfeld eine immer geringere Rolle.[113] So hatte Schumpeter noch 1950 Großunternehmen als „the most powerful engine of progress" bezeichnet.[114] In der ökonomischen Literatur finden sich seitdem vier Kernargumente für einen Innovationsvorsprung der Großen.[115] Erstens könnten oft nur sie sich die teuren Forschungs- und Entwicklungsaktivitäten leisten.[116] Zweitens lohne eine Innovation nur, wenn man die entsprechende Marktmacht habe, auch eine Zeit von ihr zu profitieren.[117] Drittens könnten Großunternehmen das Risiko von Forschungs- und Entwicklungsinvestitionen minimieren, indem sie ihre Ressourcen auf eine Reihe von Projekten verteilten.[118] Und viertens könnten sie im Marketing und Vertrieb Skalenerträge erzielen, die ihnen bei einem tatsächlichen Innovationserfolg größere Profitmargen ermöglichten.[119]

In der von Informations- und Telekommunikationstechniken gestützten Wissensökonomie gewinnen nun andere Argumente immer stärker an Gewicht. So haben kleine und junge Firmen meist innovationsfreundlichere Managementstrukturen. „One important strength is that they are less bureaucratic, without layers of ‚abominable no-men´ who block daring ventures in a more highly structured organization."[120] Solche unbürokratischen Strukturen begünstigen nicht nur Innovationen von innen heraus, sie ziehen auch kreative Köpfe von außen an. „Thus, a number of small-firm ventures have benefited from the exodus of researchers who felt thwarted by the managerial restraints in a larger firm."[121] Zudem gilt eine Erkenntnis von Phillips aus dem Jahr 1965 noch heute[122]: Gerade die kleinen Firmen stellen Innovationen ins Zentrum ihrer Wettbewerbsstrategie. Große dagegen neigen noch immer dazu, erfolgreiche Forscher zu belohnen, indem sie sie ins Management befördern.

---

[113] Vgl.: Acs / Audretsch 1990, S. 39 f.
[114] Vgl.: Schumpeter 1942, zit. nach Scherer 1980, S. 408.
[115] Vgl.: Acs/Audretsch, 1990, S. 39 f.
[116] Vgl. etwa Galbraith 1956 und Galbraith 1957.
[117] Vgl. etwa Kamien / Schwartz 1975.
[118] Vgl. etwa: Nelson 1959, S. 297-306.
[119] Vgl. etwa Scherer 1980.
[120] Scherer 1988, S. 4, zit. nach Acs / Audretsch 1990, S. 40.
[121] Acs / Audretsch 1990, S. 40.
[122] Vgl.: Phillips 1965, S. 37-58.

Auch eine Argumentation von Evolutionstheoretikern unterstreicht die Bedeutung von kleinen Firmen besonders in den jungen Industrien der Informations- und Biotechnologie.[123] Danach sind neue Branchen gerade in ihren früheren Entwicklungsphasen durch kleine, flexible Firmen gekennzeichnet, die durch wissensintensive Produkte relativ leicht in den neuen Markt eintreten können. Erst in einer späteren Phase steigt die Kapitalintensität der Produktionsprozesse, der Markteintritt für junge Firmen wird teurer und größere, etabliertere Firmen spielen eine wichtigere Rolle.[124]

Im weiteren Verlauf der Arbeit soll das Augenmerk auf den kleinen Firmen liegen. Die Autorin konzentriert sich dabei auf jüngere Neugründungen in den Bereichen der Informations- und Telekommunikationstechnologie sowie der Bio- und der Nannotechnologie. Wie oben beschrieben sind gerade in diesen Branchen die größten Innovationsschübe der kommenden Jahrzehnte zu erwarten.

---

[123] Vgl. Nelson 1995, S. 76.

[124] Das Konzept der Lebenszyklen ganzer Industrien wird in **Kap. 3.5.3** näher erläutert.

2. Standortwettbewerb um Gründer in Zeiten der Globalisierung

2.1 Der Wettbewerb um Gründer verschärft sich

Im Zeitalter der Globalisierung steigt durch den Abbau von Handelshemmnissen[125] und durch das Drängen neuer Länder in die internationale Arbeitsteilung[126] der weltweite Wettbewerb auf den Gütermärkten. Gleichzeitig, und das ist für diese Arbeit von besonderer Relevanz, intensiviert sich aber auch der Wettbewerb auf den Faktormärkten. So ist die Weltwirtschaft durch eine immer größere Mobilität des Faktors Kapital gekennzeichnet. Die Direktinvestitionen haben in den letzten zwei Jahrzehnten dreimal so stark zugenommen wie der Weltexport, der wiederum doppelt so kräftig wie die Produktion gewachsen ist.[127] Aber auch das technische Wissen und speziell die hochqualifizierten Arbeitskräfte sind deutlich mobiler geworden.

Mit dieser Mobilität der Produktionsfaktoren hat ein neuer Erklärungsansatz der internationalen Arbeitsteilung an Bedeutung gewonnen: das wie es Siebert nennt „Paradigma des Standortwettbewerbs". „Dabei geht es nicht darum, dass Unternehmen mit ihren Produkten auf den Gütermärkten der Welt im Wettbewerb stehen und dort wirtschaftlich um Marktanteile streiten, sondern dass Staaten oder Regierungen auf den internationalen Faktormärkten um die mobilen Produktionsfaktoren konkurrieren, also um das mobile Kapital, um das mobile technische Wissen und um die mobilen hochqualifizierten Arbeitskräfte."[128]

Besonders groß ist diese Konkurrenz – auf nationaler aber auch auf regionaler Ebene – um Unternehmensgründer in Wachstumsbranchen. Diese sind, wie in **Kapitel 1** gezeigt, für die Wandlungsfähigkeit und das Wirtschaftswachstum ganzer Volkswirtschaften besonders relevant. Sie sind in ihrer Standortentscheidung aber womöglich auch besonders ortsungebunden. Schließlich haben Gründer noch keine „sunk costs" in Büros oder Produktionsstätten und können sich bei der Wahl ihres Standorts ganz nach den für sie relevanten Faktoren richten. Welche genau das sind, wird in den folgenden Abschnitten untersucht.

---

[125] Die Welthandelsorganisation WTO hat seit dem zweiten Weltkrieg in acht Handelsrunden tarifäre und nicht tarifäre Handelshemmnisse drastisch reduziert. So sind etwa die Zölle der USA auf unter fünf Prozent des Niveaus vor 50 Jahren gesunken. Vgl. Siebert 2001, S. 40.

[126] Man denke nur an die Marktöffnung der ehemaligen Ostblockstaaten oder den Beitritt Chinas zur WTO Ende 2001.

[127] Vgl. Siebert 2001, S. 49.

[128] Siebert 2001, S. 49.

2.2 Klassische Faktoren im Standortwettbewerb

Ziel dieses Abschnittes soll und kann es nicht sein, einen umfassenden Überblick über bisherige Standorttheorien und die daraus abgeleiteten Standortfaktoren zu geben.[129] Vielmehr sollen anhand von drei ausgewählten Beispielen verschiedene Blickwinkel auf die Standortentscheidungen von Unternehmen gerichtet werden. Am Ende jedes Beispiels wird der mögliche Einfluss von Politik und Institutionen auf die genannten Standortfaktoren herausgestellt. Ziel ist es, den Blick für die Vielzahl von Faktoren und den möglichen Staatseinfluss auf diese zu schärfen, bevor im folgenden Abschnitt einige wenige Faktoren herausgearbeitet werden, die für innovative Unternehmensgründer von besonderer Relevanz sind.

2.2.1 Bei Weber

Alfred Weber[130] hat als erster systematisch eine Standorttheorie für Industriebetriebe dargestellt.[131] [132] Er war es auch, der den Begriff des Standortfaktors prägte. Einen Standortfaktor definiert Weber als „einen seiner Art nach scharf abgegrenzten Vorteil, der für eine wirtschaftliche Tätigkeit dann eintritt, wenn sie sich an einem bestimmten Ort oder auch generell an Plätzen bestimmter Art vollzieht“[133]. Die Standortwahl von Industriebetrieben beruht, unter von Weber getroffenen vereinfachenden Annahmen[134], auf genau drei Faktoren: Transportkosten, Arbeitskosten und Agglomerationswirkungen.

Bei den Transportkosten unterscheidet Weber zwischen zwei Materialarten und zwei daraus folgenden Wirkungsprinzipien. Einerseits nennt er Materialien, die bei der Produktion einen Teil ihres Gewichts verlieren. Je größer der Gewichtsverlust, desto näher liegt der Produktionsstandort am Fundort.[135] Andererseits können bei der Produktion Materialien nötig sein, die überall verfügbar und an keinen Standort gebunden sind. Gibt es solche Ubiquitäten,

---

[129] Vgl. etwa Schätzl 2001.

[130] Vgl. Weber 1909.

[131] Die Bedeutung Webers als Pionier der Industriestandortlehre wird immer wieder betont. Vgl. etwa Greenhut 1993, S. 647 oder Wöhe 1996, S. 446.

[132] Vor ihm hatte sich v. Thünen bereits mit Standorten für die Landwirtschaft beschäftigt und dabei die Transportentfernung v.a. zum Abnehmer im Blick gehabt. (Vgl. von Thünen, 1875.) In Webers Theorie fehlt diese Nachfragekomponente allerdings.

[133] Weber 1909, S. 16.

[134] So ist die räumliche Verteilung der Arbeitskräfte bekannt und gegeben. Die Arbeitskräfte sind immobil, die Lohnhöhe ist konstant, aber räumlich differenziert und bei einer gegebenen Lohnhöhe sind die Arbeitskräfte unbegrenzt verfügbar. Das Transportsystem ist einheitlich und die Transportkosten sind eine Funktion von Gewicht und Entfernung. Die Standorte der Rohmaterialien sind bekannt und gegeben. Die räumliche Verteilung des Konsums ist bekannt und gegeben. Und es wird Homogenität des wirtschaftlichen, politischen und kulturellen Systems unterstellt. Vgl. Weber 1909.

[135] So lässt sich beispielsweise die Entstehung von Industriegebieten rund um Kohleförderstätten wie etwa dem Rheinland erklären. Vgl. Müller 1977, S. 456.

erhält der Ort des Konsums bei der Bestimmung des Standorts ein stärkeres Gewicht. Ziel des Unternehmers ist es also immer, unnötige Transportkosten zu vermeiden.

Er wird den Standort seiner Produktion allerdings unter Umständen vom Standort der minimalen Transportkosten hin zu einem Standort mit niedrigeren Arbeitskosten verlagern. Dies tut er, wenn die „Arbeitskostenersparnis den erhöhten Transportkostenaufwand übersteigt“[136].

Neben den Arbeitskosten können im System Webers auch Agglomerationsfaktoren eine Entfernung des industriellen Standorts vom Punkt der niedrigsten Transportkosten bewirken. Durch räumliche Konzentration mehrerer Betriebe an einem Standort entstehen Agglomerationsvorteile[137]. Als Ursache dieser externen Skalenerträge sieht Weber allein die Arbeitsteilung[138], da er gegebene Outputnachfrage und vollkommene Information unterstellt.[139] Agglomerationsnachteile ergeben sich bei ihm durch höhere Bodenrenten und daraus resultierenden höheren Kosten, etwa für Betriebsgrundstücke, Lagerstätten aber auch Arbeitskräfte, die mit ihrem Lohn einen Ausgleich für die höhere Grundrente erhalten.[140] Ist der Saldo der Agglomerationseffekte positiv und übersteigt wiederum denjenigen der Transportkostennachteile, erfolgt eine räumliche Ballung von Betrieben.

Zwar haben Teile von Webers Theorie noch heute Gültigkeit, doch vernachlässigt er über seine Kostenbetrachtung die Absatzseite des Standortproblems.[141] Dienstleistungs-, darunter speziell die Handelsbetriebe, können durch ihre Standortwahl nicht nur die Kosten, sondern entscheidend auch den Absatz ihrer Produkte beeinflussen.[142] Dieser Aspekt bleibt bei Weber genauso ausgeklammert wie die unterschiedliche Ausstattung verschiedener Regionen mit Humankapital, der direkte und indirekte Einfluss des Staates auf die Standortqualität oder die so genannten weichen Standortfaktoren. Unberücksichtigt bleiben auch etwaige Interdependenzen und Rückkopplungen zwischen den verschiedenen Standortfaktoren. In den nächsten beiden Abschnitten werden deshalb erweiterte Standortmodelle vorgestellt.

---

[136] Vgl. Schätzl 2001, S. 43.
[137] Vgl. Weber 1909, S. 125ff.
[138] Vgl. Störmann 1993, S. 80.
[139] Agglomerationsvorteile aufgrund eines großen und spezialisierten Arbeitskräfteangebots oder gar Wissens-Spillovers in einer Region, die in **Kapitel 3** dieser Arbeit ins Zentrum der Betrachtung rücken, kommen bei Weber noch nicht vor.
[140] Überfüllungseffekte im Transportwesen kommen bei Weber noch nicht vor.
[141] Vgl. Wöhe 1996, S. 447 oder Greenhut 1993, S. 647.

2.2.2 In Porters Diamant

Michael Porter hat die bestimmenden Standortfaktoren eines Landes[143] in seinem „Diamond of National Advantage" dargestellt.[144] Danach bewegt sich die Wettbewerbsfähigkeit einer Nation im Spannungsfeld von vier Determinanten: den Faktorbedingungen, den Nachfragebedingungen, den verwandten Industrien sowie der Strategie, Struktur und Konkurrenz von Unternehmen. Die einzelnen Faktoren sollen im Folgenden kurz dargestellt und jeweils auf den möglichen Einfluss des Staates abgeklopft werden.

Die Faktorbedingungen (Factor Conditions) eines Landes sind laut Porter nicht etwa nur gegeben und ererbt[145], sondern zum größten und wichtigsten Teil hausgemacht.[146] Ursprüngliche Faktoren, wie die Zahl der Arbeitskräfte oder die lokalen Rohstoffvorkommen, verlieren in wissensintensiven Industrien zunehmend an Bedeutung. An ihre Stelle treten spezielle, auf die Bedürfnisse einer bestimmten Sparte zugeschnittene Faktoren wie hochspezialisierte Arbeitskräfte, wissenschaftliche Institute oder die Verfügbarkeit von Risikokapital für eine bestimmte Industrie. Diese Faktoren werden von der jeweiligen Nation oder Region selbst kreiert und stetig verbessert. Aufgabe des Staates könnte es sein, ein gutes Netz von Schulen, Universitäten und Forschungsstätten zur Verfügung zu stellen. Solche generellen Anstrengungen zur Faktorverbesserung allein generieren laut Porter aber nur selten echte Wettbewerbsvorteile.[147] Wichtig sei immer eine direkte Verbindung zu der jeweiligen Industrie, und letztlich seien Investitionen von Privatfirmen am effektivsten.

Die Nachfragebedingungen (Demand Conditions) spielen in Porters Diamant die zweite wichtige Rolle. Über anspruchsvolle Abnehmer im Heimatland könnten Firmen ein frühes und klares Bild von den sich stets entwickelnden Bedürfnissen der Käufer bekommen.[148] So würden Firmen gezwungen, innovativ zu sein. Ein solcher Zwang zu Innovationen könne auch von einem speziellen politischen Wertegerüst und dem jeweiligen Geschmack der Konsumenten im Land ausgehen. Falls sich diese Werte und Geschmäcker, wie im Fall von

---

[142] Der bei Weber gefundene Standort ist daher u.U. kostenminimierend, nicht jedoch gewinnmaximierend.
[143] Diese Faktoren lassen sich auch auf einzelne Regionen übertragen, die im Blickpunkt dieser Arbeit stehen und in **Kapitel 3** im Detail beleuchtet werden.
[144] Vgl. Porter 1998c, S. 166-195.
[145] Die klassische Ökonomie beruht noch auf eben dieser Annahme. So nutzt bei Adam Smith jedes Land in der internationalen Arbeitsteilung diejenigen Faktoren, mit denen es am besten ausgestattet ist. (Vgl. Smith 1838.)
[146] Vgl. Porter 1998c, S. 172f.
[147] Vgl. Porter 1998c, S. 186.
[148] Vgl. Porter 1998c, S. 174f.

Umweltschutzstandards aus nordischen Ländern[149] oder Fast-Food-Ketten aus den USA, global verbreiteten, könne das Pionierland einen internationalen Wettbewerbsvorteil erringen. Bei diesem Export von Werten und Geschmäckern spielen die Medien, die Ausbildung von Fremden im eigenen Land, die Aktivitäten der eigenen Bürger und Firmen im Ausland sowie der Einfluß der Politik eine Rolle. Letzterer ist allerdings als untergeordnet zu bewerten, weil die Politik kaum vorher wissen kann, welche Werte und Geschmäcker sich tatsächlich als exportfähig erweisen.

Drittens richtet Porter das Augenmerk auf verwandte und unterstützende Industrien (Related and Supporting Industries) im Land, die international wettbewerbsfähig sind. Diese versorgen die heimischen Firmen mit kosteneffektiven Inputs und, wichtiger als das, mit Innovationen und Produktverbesserungen.[150] „Suppliers and end-users located near each other can take advantage of short lines of communication, quick and constant flow of information, and an ongoing exchange of ideas and innovations."[151] Mit diesen Worten beschreibt Porter typische positive Cluster-Effekte, sprich: Vorteile regionaler Ballung, die in **Kapitel 3** dieser Arbeit im Detail analysiert werden. Die mögliche Rolle des Staates im Regionenwettbewerb wird in **Kapitel 4** separat behandelt.

Vierter und letzter Baustein in Porters Diamant ist die Strategie, Struktur und Konkurrenz von Firmen im Land. Diese werden von den jeweiligen Institutionen, also den Gesetzen, Standesregeln, Sitten und Gebräuchen und Wertesystemen geprägt. Hauptaugenmerk richtet Porter auf die inländische Konkurrenz[152] (domestic rivaly), die er als wichtigste Komponente seines Diamanten bezeichnet. Von ihr geht entscheidender Druck zu Innovationen und Produktverbesserungen aus, was alle anderen Bausteine des Diamanten kräftig stimuliert.[153] Die Wettbewerbssituation in einem Land hängt natürlich entscheidend von der jeweiligen Gesetzgebung und Subventionspraxis ab, unterliegt also direktem Einfluss des Staates. Dabei erweist es sich als äußerst kontraproduktiv, einzelne Firmen – Porter spricht von vermeidlichen „national champions" – durch direkte Staatshilfen oder Markteintrittsbarrieren

[149] Bei der Windkraft etwa waren einige dänische Firmen führend. Als weiteres Beispiel für Wettbewerbsvorteile durch den Export von Werten und Gebräuchen nennt Porter die Industrie rund um behindertengerechtes Leben in Schweden sowie das Kreditkarten-Geschäft in den USA. Vgl. Porter 1998c, S. 175.
[150] Vgl. Porter 1998c, S. 176-178.
[151] Porter 1989c, S. 176.
[152] Diese Konkurrenz auf regionaler Ebene wird als spezieller positiver Cluster-Effekt in **Kapitel 3** eine wichtige Rolle spielen.
[153] Vgl. Porter 1998c, S. 180f.

für die Konkurrenz zu schützen. Im internationalen Vergleich seien diese nationalen Vorzeigefirmen[154] meist nicht wettbewerbsfähig.

Porter hat mit seinem Diamanten schon vor Jahrzehnten[155] ein operables Schema geschaffen, in das sich bis heute unterschiedlichste Faktoren, die bei der Standortwahl von Unternehmen eine Rolle spielen, einordnen lassen. Ihm ist eine Verbindung zwischen einer gesamtwirtschaftlichen und einzelwirtschaftlichen Betrachtungsweise mit firmenspezifischen Faktoren gelungen.[156] Dabei hat er, anders als viele Theorien vor und nach ihm, einen vernetzten Ansatz geschaffen, der Interdependenzen zwischen den verschiedenen Sandortfaktoren aufzeigen kann.[157] So lassen sich zwischen seinen vier Determinanten der Standortwahl komplexe Wechselbeziehungen darstellen, die zu selbstverstärkenden Prozessen innerhalb des Gesamtsystems führen können.[158] Etwas vernachlässigt hat Porter allerdings die Rolle des Staates bei der Schaffung von Wettbewerbsvorteilen in einzelnen Ländern oder Regionen. Diese wird bei ihm nur indirekt berücksichtigt, kommt aber beispielsweise in Form von direkten Subventionen nicht vor.[159]

2.2.3 In sogenannten Standortfaktorenkatalogen

Eine äußerst pragmatische Herangehensweise an das Problem der Standortentscheidung von Unternehmen, die sich sowohl für die Wahl zwischen Nationen als auch zwischen Regionen in einem Land eignet, stellt die einfache Auflistung verschiedener Standortfaktoren in sogenannten Standortfaktorenkatalogen dar. Dabei wird in der Literatur eine Reihe von unterschiedlichen Kategorisierungen gewählt. Bea / Dichtl / Schweitzer unterscheiden zwischen beschaffungsorientierten, fertigungsorientierten, absatzorientierten und staatlich festgelegten Standortfaktoren.[160] Wöhe nennt material- bzw. rohstofforientierte, arbeitsorientierte, abgabenorientierte, verkehrs- und energieorientierte, umweltorientierte und absatzorientierte Standortfaktoren.[161] Gablers Wirtschaftslexikon wiederum unterteilt in beschaffungsseitige, produktionsbezogene und absatzseitige Standortfaktoren.[162]

---

[154] Als Beispiele nennt Porter die ehemals monopolistischen Telefonriesen sowie die nationalen Luft- und Raumfahrtfirmen.
[155] Die erste Ausgabe von „On Competition" datiert auf 1979.
[156] Vgl. Henzler 1993, S. 11; Schnurrenberger 2000, S. 23f.
[157] Vgl. Fernau 1997, S. 92f; Schnurrenberger 2000, S. 24.
[158] Vgl. Porter 1998c, S. 182ff.
[159] Manschwetus ergänzt deshalb Porters Determinanten u.a. um „etatistische Potentiale". Vgl. Manschwetus 1995, S. 110-216. Die Darstellung seines Modells würde den Rahmen dieser Arbeit jedoch sprengen.
[160] Vgl. Bea / Dichtl / Schweitzer 1997, S. 424-426.
[161] Vgl. Wöhe 1996, S. 449-456.

Nach Einschätzung von Fallgatter sind Standortfaktorenkataloge „immer nur so gut, wie sie den Blick für möglichst viele Facetten standortbezogener Wirkungen schärfen“[163]. Einen recht umfassenden Überblick über mögliche Standortfaktoren liefert der folgende Katalog:

Abbildung 1: Katalog von Standortfaktoren

1.	**Beschaffungsorientierte Standortfaktoren** • Grundstücke (Beschaffenheit, Anschaffungspreis bzw. Miethöhe, Erweiterungsmöglichkeiten) • Roh-, Hilfs- und Betriebsstoffe (Preise, Transportkosten, Verfügbarkeit) • Energie (Verfügbarkeit, Energiekosten) • Verkehr (Verkehrsinfrastruktur wie z. B. Autobahnanschluss, Nähe zum Flughafen, Transportkosten) • Kapital (z.B.: Verfügbarkeit von Risikokapital, Bankkredite)
2.	**Arbeitsorientierte Standortfaktoren** • Lohn- und Gehaltsniveau, Gehaltsstrukturen • Qualifikationsniveau • Ansehen eines Standorts aufgrund von Lebensqualität und Freizeitwert der Region (sog. weiche Standortfaktoren)
3.	**Fertigungsorientierte Standortfaktoren** • Natürliche Gegebenheiten (Beschaffenheit des Bodens, Klima) • Technische Gegebenheiten (räumliche Nähe zu kooperationsbereiten Unternehmen, Informationstechnische Infrastruktur, z. B. Zugang zu Breitbandnetzen)
4.	**Absatzorientierte Standortfaktoren** • Absatzpotenzial (Bevölkerungsstruktur, Kaufkraft, Konkurrenz, Herkunftsgoodwill - wenn ein Standort wegen der Qualität seiner Produkte ein hohes Image genießt, z. B. Messer aus Solingen) • Kontakte zu Abnehmern (Unternehmen, die dort produzieren wo der Kunde wohnt, sind näher an den Kundenwünschen; z. B. Mercedes-Benz- und BMW-Werke in den USA) • Verkehr (Verkehrsanbindung, Transportkosten) • Absatzkontakte (z.B. Messen, Kontakte zu Werbeagenturen oder Großhändlern)
5.	**Vom Staat direkt festgelegte Standortfaktoren** • Steuerdifferenzen (z.B. unterschiedliche Gewerbesteuersätze in den Gemeinden, Ermessensspielraum bei Abschreibungssätzen, internationales Steuergefälle, Steuervergünstigungen an bestimmten Standorten) • Grenzüberschreitende Regelungen (Zölle, Außenhandelsgesetze) • Wirtschaftsordnung (z.B. Wettbewerbsgesetze, Mitbestimmung) sowie Risiken einer Änderung der Wirtschaftsordnung aufgrund politischer Instabilität (z. B. Beschränkungen des Kapitalverkehrs, Enteignungen) • Staatliche Auflagen (z.B. im Umweltschutz oder der Gentechnik) • Staatliche Hilfen (Förderprogramme mit Investitionshilfen für strukturschwache Regionen, Existenzgründungshilfen, Förderung von Forschungs- und Entwicklungsvorhaben)

Quelle: In Anlehnung an Bea/Dichtel/Schweizer 1997, S. 424-426; Wöhe 1996, S. 449-456; Fallgatter 2001, S 226.

Ein solcher Standortfaktorenkatalog lässt sich beliebig ergänzen, einzelne Faktoren können durch Gewichtung zueinander ins Verhältnis gesetzt werden[164] und es lassen sich zur

[162] Vgl. Gabler Wirtschaftslexikon 1988, S. 1662f.
[163] Fallgatter 2001, S. 226.

Bewertung konkreter Standorte Standort-Rankings erstellen[165]. Der Katalog ist daher zur Analyse von verschiedenen Standorten ein sehr operables Instrument. Aus theoretischer Sicht problematisch ist jedoch, dass die einzelnen Faktoren linear nebeneinander gestellt werden, ohne etwaige Interdependenzen zwischen den Standortfaktoren explizit zu berücksichtigen.[166] Diese Interdependenzen des Systems sind aber, wie speziell in **Kapitel 3** vertieft wird, ein zentrales Merkmal des regionalen Standortwettbewerbs. Bei der Diskussion der einzelnen im Katalog aufgelisteten Standortfaktoren müssen Interdependenzen und Rückkopplungen daher separat aufgezeigt werden, was im Spezialkatalog in **Abschnitt 2.3.2** auch geschehen soll.

2.3 Spezielle Faktoren im Standortwettbewerb um Gründer

In den folgenden Abschnitten sollen jene Standortfaktoren herausgestellt werden, die speziell für Unternehmensgründer relevant sind. Dazu wird zunächst Van de Vens Infrastruktur für Entrepreneurship vorgestellt und dann ein eigener, fokussierter Standortfaktorenkatalog erarbeitet.

2.3.1 Van de Vens Infrasturktur für Entrepreneurship

Eine interessante Kategorisierung für diejenigen Standortfaktoren, die speziell den Wettbewerb um innovationsorientierte Unternehmensgründer bestimmen, liefert Van de Ven.[167] In seinen „Components of an industrial infrastructure for entrepreneurship" unterteilt er in institutionelles Arrangement (Institutional arrangement), Ressourcen-Ausstattung (Ressource endowments) und Eigentumsfunktionen (Proprietary functions). Letztere stellen die Basis der Infrastruktur für Gründer dar. Sie beinhalten die Möglichkeiten von Unternehmen, öffentliches Wissen über eigene Forschung und Entwicklung, ihre Organisationsstruktur, ihre Verbindungen zu Zulieferern und Abnehmern etc. in firmeneigenes, kommerzialisierbares Wissen zu verwandeln.[168]

Van de Ven nennt drei Arten von Ressourcen, die die Entwicklung von fast jeder Technologie und Industrie entscheidend mitbestimmen[169]: die Grundlagenforschung, die Finanzmechanismen sowie ein Pool von kompetentem Humankapital. Die Grundlagenforschung (basic scientific or technological research) bereitet zunächst den Boden für technische Innovationen

---

164 Vgl. Dichtl / Schawilye 1997, S. 70ff.
165 Vgl. etwa IMD 2001.
166 Vgl. Schnurrenberger 2000, S. 22.
167 Vgl. Van de Ven 1995, S. 42ff.
168 Vgl. auch Van de Ven / Garud 1989, S. 206f.
169 Vgl. Van de Ven 1995, S. 44.

und macht die kommerzielle Entwicklung in den meisten Industrien erst möglich. Sie ist in der Regel sehr teuer, ihre Erkenntnisse aber verbreiten sich schnell, was dazu führt, dass Firmen sich lieber auf fremde - in der Regel staatliche - Quellen dieses Wissens verlassen, als selbst in die Forschung zu investieren.[170] Bei der Umwandlung von grundlegenden Erkenntnissen in kommerzielle Anwendungen spielt nach Ansicht von Van de Ven privates Risikokapital die zentrale Rolle. Dieses Venture Capital kann entweder innerhalb einer Firma oder über den Kapitalmarkt zur Verfügung gestellt werden. Die Qualität des Humankapital-Pools schließlich hängt von einer Reihe von Faktoren ab. Van de Ven nennt etwa die Weiterbildung in Firmen, die Qualität von Schulen und Universitäten, die Durchlässigkeit des Arbeitsmarkts zwischen Forschungsinstituten und Firmen sowie Wissens-Transfers innerhalb von Industrien durch Konferenzen oder informelle Netzwerke.[171]

Zum institutionellen Arrangement[172], das die Gründung von Unternehmen in neuen Industrien beeinflusst, zählt Van de Ven neben allgemeinen Gesetzen und Normen einer Gesellschaft speziell die Wettbewerbspolitik und das Patentsystem.[173] So könnten gemeinsame Forschungsprojekte, falls diese von den Wettbewerbsbehörden erlaubt würden, die Verbreitung von Innovationen beschleunigen.[174] Gleichzeitig sei es notwendig, Innovatoren über das Patentsystem eine zeitweise Monopolstellung zu garantieren, damit diese überhaupt in Neuerungen investierten.[175] Wichtig für die Verbreitung von Neuerungen und auch Teil des institutionellen Arrangements sind nach Van de Ven vertrauensbildende Maßnahmen und technische Standards[176]. Nur wenn es gelinge, den Konsumenten etwa durch Garantien, Qualitätssiegel etc. die Unsicherheit über neue, hochtechnisierte Produkte zu nehmen, könnten sich diese verbreiten.

Die oben beschriebenen drei Komponenten einer industriellen Infrastruktur wirken allerdings nicht nur in eine Richtung, sondern sind über ein System von Rückkopplungen miteinander verbunden.[177] Anstatt „Rahmenbedingungen" zu betrachten, die von außen gegeben sind und das Verhalten von potenziellen Entrepreneuren beeinflussen, haben die Unternehmer mit der

---

[170] Vgl. etwa Nelson 1982, Freeman 1986.
[171] Diese Wissens-Spillovers spielen in **Kapitel 3**, das den Standortfaktor geographische Nähe genauer beleuchtet, eine zentrale Rolle.
[172] Zur Rolle von Institutionen für technischen Fortschritt und Gründer siehe auch **Kapitel 1.4.3.2**.
[173] Vgl. Van de Ven 1995, S. 45.
[174] Vgl. Teece 1987.
[175] Vgl. auch Nelson 1982.
[176] Zur Festlegung von technischen Standards und der möglichen Rolle des Staates vgl. Besen / Saloner 1989 und Tushman / Rosenkopf 1990.
[177] Vgl. Van de Ven 1995, S. 47ff.; Van de Ven 1989, S. 202ff.

Zeit selbst Einfluss auf das System. „While this community infrastructure facilitates and constrains entrepreneurs, it is the latter who construct and change the infrastructure.“[178] Die Subsysteme interagieren miteinander und beeinflussen sich gegenseitig.

So öffnet Van de Veens Beitrag die Augen für Interdependenzen im System, die in **Kapitel 3** speziell unter dem Gesichtspunkt von Agglomerationen näher beleuchtet werden.

2.3.2 Ein Standortfaktorenkatalog für Hightech-Gründer

Selbstverständlich spielen alle in den vorangegangenen Abschnitten aufgelisteten Standortfaktoren auch für High-Tech-Entrepreneure eine Rolle. In diesem Abschnitt sollen nun jene Faktoren behandelt werden, die für Gründer in der Hoch- und Biotechnologie von ganz besonderem Interesse sind. Dabei hat die Autorin eine pragmatische Auswahl getroffen: Herausgestellt werden jene Faktoren, die von den Gründern selbst genannt werden und die aus theoretischen Erwägungen heraus wichtig erscheinen.

Aus Gründen der Operationalität wird die Form eines Standortfaktorenkatalogs gewählt. Im folgenden Katalog wird zunächst der jeweilige Standortfaktor erläutert und seine besondere Bedeutung für High-Tech-Gründer begründet. Anschließend werden mögliche Systeminterdependenzen gesondert aufgezeigt, bevor der Einfluss des Staates auf den jeweiligen Standortfaktor herausgearbeitet wird.

Konkret handelt es sich um die Faktoren Verfügbarkeit von Humankapital, Universitäten und Forschungseinrichtungen, Große Unternehmen, Risikokapital, Staatliche Förderung, Weiche Faktoren und Netzwerke. Einen ersten Überblick über das Geflecht der Faktoren, deren Interdependenzen und mögliche Einflüsse des Staates liefert **Abbildung 2**.

---

[178] Van de Ven 1995, S. 58.

Abbildung 2: Ein Standortfaktorenkatalog für Hightech-Gründer

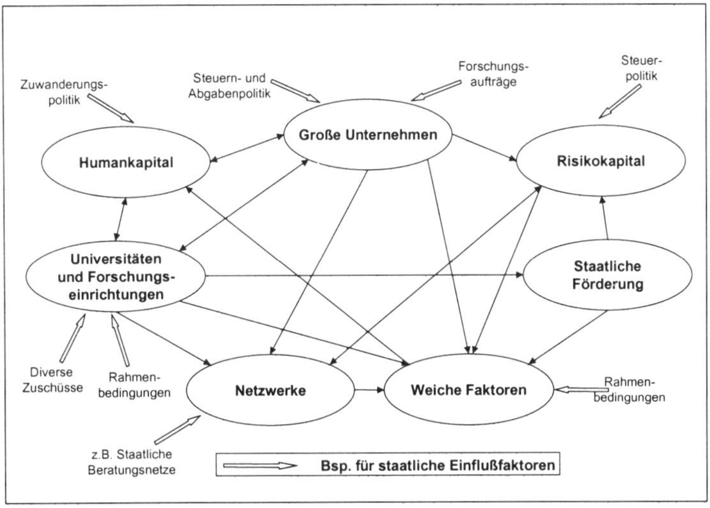

Quelle: Eigene Darstellung.

2.3.2.1 Verfügbarkeit von Humankapital

Ein überragender Standortfaktor, der von High-Tech-Entrepreneuren in Umfragen immer wieder mit hoher Priorität genannt wird[179], ist die Verfügbarkeit von qualifiziertem Humankapital. Wissen ist für die Jungunternehmen in der Bio- und Informationstechnologie der wichtigste Produktionsfaktor – die Qualität der Mitarbeiter somit ihr zentrales Asset (vgl. auch **Kapitel 1.3.2 und 3.4.1.2**). Dabei geht es nicht nur darum, die Positionen von Spitzenmanagern und hoch dotierten Forschern zu besetzen. Engpässe ergeben sich in den Unternehmen häufig auch im Mittelbau – etwa bei bezahlbarem kaufmännischem Personal oder bei chemischen und technischen Assistenten.[180]

Vom Standortfaktor Humankapital ergeben sich klare Interdependenzen zu anderen hier aufgelisteten Standortfaktoren. So erhöhen Universitäten und Forschungseinrichtungen das Reservoir an gut ausgebildeten Arbeitskräften in der Region. Gleichzeitig befruchten hochqualifizierte Mitarbeiter in der Region etwa über Gastbeiträge und andere Kooperationen

[179] Vgl. etwa ATKearney ohne Datum, S. 9; Bain 2001, S. 6f.; Bleibst / Lautenschläger 2002, S. 18; Ernst & Young 2002, S. 99; Joint Venture 2000, S. 6ff. Siehe auch **Kapital 8.1**.
[180] Vgl. Ernst & Young 2002, S. 99; ATKearney ohne Datum, S. 9.

Forschung und Lehre, was zu positiven Rückkopplungen führt. Ein umfangreicher Pool an Humankapital ist zudem Magnet für große Unternehmen, die nach neuen Standorten für ihre Forschungs- und Entwicklungsabteilungen oder gar Zentralen suchen. Haben sich erst Großunternehmen in einer Region niedergelassen, zieht das wiederum qualifiziertes Humankapital an, von dem auch Gründer und Jungunternehmen profitieren können. Nicht zuletzt gibt es eine klare Verbindung zwischen den weichen Standortfaktoren und dem Humankapital in einer Region. Denn gerade hochqualifizierte Mitarbeiter, die zwischen mehreren Jobangeboten wählen können, lassen sich bei ihrer Wahl auch von Faktoren wie etwa dem Freizeitwert oder dem Image einer Region leiten.

Der Staat nimmt über eine Reihe von Stellschrauben auf den Standortfaktor Humankapital Einfluss. So bestimmt nicht zuletzt die Steuer- und Abgabenpolitik, wie attraktiv eine Region für qualifizierte Arbeitskräfte ist. Eine wichtige Rolle spielt auch die Zuwanderungs- und Einbürgerungspolitik. So haben Emigranten v.a. aus Asien sowohl als Mitarbeiter als auch als Firmengründer in den letzten Jahrzehnten einen entscheidenden Beitrag zum Wirtschaftswachstum des Silicon Valley geleistet.[181] In Deutschland hat die Bundesregierung mit ihrer Green-Card-Initiative im Jahr 2000 immerhin einen Anlauf zur internationalen Öffnung des Arbeitsmarkts für Spitzenkräfte gemacht. Zentralen Einfluss auf das Humankapital eines Landes haben zudem das jeweilige Bildungssystem sowie die Höhe der Staatsausgaben für Bildung und Forschung.

2.3.2.2 Universitäten und Forschungseinrichtungen

Ein weiterer wichtiger Standortfaktor für Gründer, der in direktem Zusammenhang zum qualifizierten Humankapital steht, ist die Nähe zu Universitäten und renommierten außeruniversitären Forschungsinstituten. Dass diese Nähe die Standortwahl von Unternehmern tatsächlich positiv beeinflusst, zeigt eine Reihe von empirischen Studien.[182] Dies ist aufgrund von theoretischen Überlegungen auch nur konsequent. Schließlich ist Humankapital für wissensintensive Branchen der wichtigste Produktionsfaktor.[183] Absolventen von Universitäten und renommierte Forscher an privaten oder öffentlichen

---

[181] Vgl. Saxenian 2002.

[182] So zeigen Engel / Fier den Einfluss besonders von Universitäten mit einschlägigen Instituten und Studienrichtungen für die Standortwahl von High-Tech-Startups in Ostdeutschland. (Vgl. Engel / Fier 2001.) Fritsch zeigt für Sachsen, dass mehr als 60 Prozent der Kooperationspartner von Forschungseinrichtungen einen Standort in der jeweiligen Region gewählt haben. (Vgl. Fritsch 1999, S. 169.) Gemeinsam mit Lukas zeigt er, dass staatliche Forschungseinrichtungen eine Region als Firmenstandort deutlich attraktiver machen können. (Vgl. Fritsch / Lukas 2001.)

Instituten, die sich womöglich abwerben ließen, bilden ein willkommenes Reservoir an Arbeitskräften. Hinzu kommt, dass sich aus der Nähe zu Universitäten und Forschungsinstituten messbare Wissens-Spillovers für einzelne Firmen ergeben[184], die das Wachstum einer ganzen Region ankurbeln können.[185] Außerdem bietet sich die Möglichkeit, einzelne Forschungs- und Entwicklungsaktivitäten an nahegelegene Institute outzusourcen. Und nicht zuletzt können Universitäten und Forschungseinrichtungen selbst die Geburtsstätte von neuen Firmen sein, die sich als Spin-offs am Markt etablieren.[186]

Vom Standortfaktor Universitäten und Forschungseinrichtungen ergibt sich eine Reihe von Interdependenzen zu anderen hier aufgelisteten Standortfaktoren. So fördern Universitäten speziell über eigene Alumni-Organisationen aber auch etwa über offene Diskussionsreihen die Netzwerkbildung in der Region. Sie gelten zudem als Bereicherung für das „Klima" einer Region – Universitätsstädte verfügen häufig über ein besonders attraktives Kultur- und Freizeitangebot, was unter der Kategorie „weiche Faktoren" die Standortwahl von Gründern positiv beeinflusst. Hinzu kommt, dass Universitäten und renommierte Forschungsstätten oft Anziehungspunkt für direkte Staatshilfen wie etwa geförderte Gründerlehrstühle oder öffentliche Business-Plan-Wettbewerbe sind.

Der Staat nimmt auf den Standortfaktor Universitäten und Forschungseinrichtungen über zweierlei Hebel Einfluss. Einerseits zahlt er direkte Zuschüsse zu Forschung und Lehre. Andererseits setzt er die entscheidenden Rahmenbedingungen für den Betrieb. In welchem Umfang ist die Akquisition von Drittmitteln erlaubt? Dürfen Professoren sich parallel privatwirtschaftlich engagieren? Wie wird ihre Leistung kontrolliert? Welche Freiheitsgrade gibt es bei der Erstellung von Lehrplänen? Welche Auflagen (etwa der Ethik oder des Umweltschutzes) hat die Forschung? In **Kapitel 4** wird von theoretischer Seite diskutiert, welche direkten und indirekten Staatseinflüsse fruchtbar sein könnten. Im **empirischen Teil** soll dies an konkreten Beispiel-Regionen überprüft werden.

---

[183] Zur Bedeutung des Wissens für das Wachstum der gesamten Volkswirtschaft vgl. **Kapitel 1.3.2**. Humankapital als Produktivitätsfaktor in Clustern wird in **Kapitel 3.4.1.2** vertieft.

[184] Wissens-Spillovers werden in den **Kapiteln 3.4.1.1** und **3.4.2.1** speziell beleuchtet.

[185] Vgl. etwa Bode 1998.

[186] Nach einer Studie des ZEW waren in den Jahren 1996 bis 2000 in Deutschland mehr als zehn Prozent aller Gründungen in forschungs- und wissensintensiven Branchen (6.800 von 64.400) Spin-offs aus Universitäten und Forschungseinrichtungen. Vgl. Egeln / Gottschalk / Rammer / Spielkamp 2003 , S. 10.

2.3.2.3 Große Unternehmen

Prosperierende, große Unternehmen erweisen sich in der Praxis oft als Magnet für florierende regionale Cluster.[187] Die Theorie spricht auch von so genannten Narben-und-Speichen-Clustern (hub-and-spoke-cluster), bei denen sich ein Kreis von Satelliten- oder Speichen-Firmen um ein Großunternehmen in einer Region ansiedelt.[188] Für eine Reihe von Zulieferern und firmennahen Dienstleistern ergeben sich aus dieser Konstellation sichere Aufträge. Zudem steigt die Attraktivität der Region für hochspezialisierte Arbeitskräfte. Sie haben, wenn sie bei einer kleineren Firma anheuern, noch einen starken Ausweich-Arbeitgeber und minimieren ihr Umzugsrisiko, selbst wenn sie ihren ersten Job verlieren sollten. Schließlich erwachsen aus Großunternehmen häufig eine Reihe von Spin-offs. Diese Ausgründungen können vom Großunternehmen selbst oder von einzelnen Mitarbeitern initiiert sein und verfügen oft über enge Verbindungen zu ihrer Ursprungsfirma.[189]

Vom Standortfaktor große Unternehmen ergeben sich unter anderem Interdependenzen zu den Universitäten und Forschungseinrichtungen in der Region. Auch Großunternehmen profitieren von dem dort ausgebildeten Humankapital. Häufig beteiligen sie sich über Stiftungslehrstühle oder Spenden selbst an Lehre und Forschung, was zu positiven Rückkopplungen führt. So stärken Großunternehmen die Universitäten, das zieht besonders gute Studenten in die Region, was zusammen mit einer besonders guten Ausbildung zu einem besonders guten Pool an Humankapital führt, was wiederum die Großunternehmen[190] stärkt. Zudem besteht ein enger Zusammenhang zwischen Großunternehmen und dem verfügbaren Risikokapital in einer Region. Häufig unterhalten große Firmen eigene Venture-Capital-Arme. So können sie interessante Forschungsprojekte, die womöglich nicht exakt in ihr eigenes Portfolio passen, outsourcen und sich gleichzeitig Einfluss auf den Gang der Forschung und Nutzungsrechte an den Ergebnissen sichern.[191] Zudem lassen sich mit begrenztem Kapitaleinsatz frühzeitig neue Geschäftsfelder erschließen und strategische Positionen aufbauen.[192] Über Gründungen mit Hilfe von Corporate Venture Capital wird letztlich nicht nur das Großunternehmen selbst, sondern das Wachstum der gesamten Region gestärkt. Auf den Standortfaktor Netzwerke in der Region schließlich haben große

---

[187] So war, wie in der **Empirie** näher untersucht werden soll, die Firma Siemens möglicherweise ein Dreh- und Angelpunkt bei der Entstehung des High-Tech-Clusters um München. Im Silicon Valley spielte der Erfolg von Intel womöglich eine ähnliche Schlüsselrolle.

[188] Vgl. etwa Dunning 2000, S. 24 f., siehe auch **Kapitel 3.2.2**.

[189] Vgl. etwa Reiß 2000, S. 11ff.

[190] sowie seine Partner und Konkurrenten – wobei Konkurrenz für einzelne Firmen überlebenswichtig ist. Auch hier gibt es positive Rückkopplungen (vgl. **Kapitel 2.2.2** Baustein vier in Porters Diamant oder **Kapitel 3.4.1.5**).

[191] Vgl. etwa Schween 1996, S. 80ff.

Unternehmen über eine Reihe von Hebeln Einfluss. Sie knüpfen enge Netze zu Zulieferern und Kunden[193], halten im Idealfall engen Kontakt zu Spin-offs ihrer ehemaligen Mitarbeiter[194] und knüpfen neue Netze rund um ihre Corporate-Venture-Aktivitäten.

Der Staat nimmt auf die Ansiedlung und Entwicklung von Großunternehmen in einer Region über eine Reihe von Hebeln Einfluss. Zu nennen sind all jene Faktoren, die bereits im Katalog in Abschnitt 2.2.3 unter Punkt 5. aufgelistet sind – darunter speziell die Steuer- und Abgabenpolitik sowie Forschungsauflagen.

2.3.2.4 Risikokapital

Venture Capital (VC) soll in dieser Arbeit in der engeren Definition von Nathusisus verstanden werden. Es handelt sich um „Mittel zur Finanzierung junger, schnellwachsender Unternehmen im frühen Entwicklungsstadium sowie Mittel zur Finanzierung von etablierten, kleinen bis mittleren Unternehmen an wesentlichen Stufen einer Neuorientierung ihrer Unternehmensentwicklung (..). Es geht bei VC um die Bereitstellung von externem Eigenkapital als minderheitlich gehaltenes, mithaftendes Beteiligungskapital (...) für nicht börsennotierte Unternehmen, die sich noch in einer Phase geringer Erträge bei gleichzeitig erkennbar großem Entwicklungs-Potenzial befinden."[195]

Die Vergabe von solchem, gerade für kapitalintensive Gründungen in der Hoch- und Biotechnologie lebenswichtigen Risikokapital ist in der Praxis oft stark an eine Wirtschaftsregion gebunden. Dies gilt v.a. für die USA, wo die lokale Verfügbarkeit von Risikokapital von Gründern in Umfragen immer wieder als wichtiger Standortfaktor genannt wird.[196] So brauchen Firmen im Silicon Valley nach einer Studie des PPIC im Durchschnitt nur 11,6 Monate – fünf Monate weniger als im amerikanischen Mittel – für ihre erste Finanzierungsrunde.[197] Business Angels, Risikokapitalgesellschaften und Corporate Venture Fonds haben in der Region ihre Netzwerke geknüpft, haben sich auf bestimmte Geschäftsfelder spezialisiert, kennen den Markt und die Teilnehmer und minimieren so ihr eigenes Risiko.

---

[192] Vgl. Daniels / Leker / Seeliger 2002, S. 310.
[193] Nach Ansicht von Park kann der Erfolg ganzer Narben-Speichen-Cluster von solcher Netzwerkbildung abhängen. Vgl. Park 1996. Stenke hat am Beispiel Siemens in München gezeigt, wie Großkonzerne Zulieferer und Dienstleister bewußt an für sie strategisch wichtige Standorte binden. Vgl. Stenke 2002.
[194] Um die Firma Intel beispielsweise ist ein enges Old-Boys-Network entstanden. **Vgl. Empirie**.
[195] Nathusius 2001, S. 179f.
[196] Vgl. Joint Venture 2000, S. 7.
[197] Vgl. Zhang 2003, S. v.

Für die Bundesrepublik – einem kleineren Land mit kürzeren Wegen - scheint diese Ortsgebundenheit des Risikokapitals weniger zu gelten. So kommt eine Studie des ZEW zu dem Schluss, dass die lokale Verfügbarkeit von Risikokapital nicht zu einer signifikanten Erhöhung der Zahl VC-finanzierter Unternehmen in der Region führt.[198] Mit Blick auf das gesamte Land – nicht unterteilt in einzelne Regionen – ergibt sich allerdings ein anderes Bild: Die Entstehung des Neuen Marktes an der Frankfurter Börse hat Ende der 90er Jahre einen wahren Gründerboom ausgelöst.[199] Mit dem neuen Segment[200] hatte sich ab 1997 ein attraktiver Exitweg für Beteiligungsfinanzierungen eröffnet.

Interdependenzen vom Standortfaktor Risikokapital ergeben sich besonders zu den Standortfaktoren große Unternehmen und Netzwerke. Große Unternehmen unterhalten, wie bereits erwähnt, oft eigene VC-Arme, so dass Gründern in ihrem direkten Umfeld die Akquise von Risikokapital häufig leichter fällt als anderen. Dabei sind alle Gruppen von Risikokapitalgebern, von Business Angels über VC-Gesellschaften bis hin zu Corporate-Venture-Armen, extrem netzwerkfördernd. Neben dem Kapital sind gerade die Kontakte - zu anderen Gründerfirmen, zu firmennahen Dienstleistern wie Anwälten und Werbeagenturen, zu potenziellen Kunden und Zulieferern usw. - das zweitwichtigste Asset, dass die VC-Geber in ihre Beteiligungsfirmen einbringen (**vgl. Kapitel 8.4 und 8.6**). So entstehen rund um die Kapitalgeber oft dichte Netzwerke.

Der Staat nimmt vor allem über die Steuerpolitik Einfluss auf das Risikokapital in einem Land.[201] Dabei ist neben der allgemeinen Kapital- und Einkommensbesteuerung vor allem die steuerliche Behandlung von Firmenbeteiligungen wichtig.[202] So hatten beispielsweise die Pläne von Bundesfinanzminister Eichel, bereits Beteiligungsverkäufe von einem Prozent (vorher zehn Prozent) an einem Unternehmen bei Privatpersonen voll der Einkommensteuer zu unterwerfen, laute Proteste in der deutschen Business-Angel-Szene ausgelöst.[203]

[198] Vgl. Engel 2002, S. 25ff.
[199] Vgl. Güllmann 2000, S. 125ff.
[200] Der Neue Markt wurde am 31.3. 2003 nach monate- und jahrelangen heftigen Kurseinbrüchen eingestellt und vor allem aus Image-Gründen durch den so genannten TechDax ersetzt.
[201] Eine modelltheoretische Untersuchung zur Kapital– versus Lohnbesteuerung liefern Keuschnigg / Nielsen 2000.
[202] Einen guten Überblick über die steuerlichen Rahmenbedingungen für innovative Seed- und Startup-Unternehmen und deren private Risikokapitalgeber in Deutschland gibt Güllmann 2000, S. 205-238.

2.3.2.5 Staatliche Förderung

Um die Menschen zur verstärkten Gründung von Unternehmen zu motivieren, bieten Bund, Länder und Gemeinden (bzw. in den USA Bundesstaat, Nationalstaaten und Gemeinden) eine Reihe von Hilfen für Existenzgründer an. Sie reichen von direkten Kapitalzuschüssen[204] und verbilligten Krediten[205], über Beratungsleistungen[206] und günstigem Büroraum in so genannten Gründerzentren bis hin zur Einbindung in staatlich initiierte Gründernetzwerke[207]. Wie stark der Faktor staatliche Förderung tatsächlich Einfluss auf die Standortwahl und den nachhaltigen Erfolg von Gründern hat, soll in **Kapitel 9** empirisch untersucht werden. Im **Kapitel 4.3** werden zunächst mögliche Probleme, wie etwa das Rent-Seeking oder die Adverse Selection, aus theoretischer Sicht aufgezeigt, die sich aus der Staatsaktivität ergeben können.

Mögliche Interdependenzen können zwischen der staatlichen Förderung und den weichen Standortfaktoren entstehen. So könnte eine Gründer-Kampagne der Regierung das Image von Entrepreneuren im Land bzw. in einer Region aufpolieren und so das Gründerklima positiv beeinflussen. Wahrscheinlich sind zudem Rückwirkungen der staatlichen Förderung auf die Aktivitäten privater Risikofinanziers. Diese können durch großzügige staatliche Kredite einen Teil ihres eigenen Risikos externalisieren und dürften risikofreudiger und womöglich auch weniger engagiert bei ihren einzelnen Beteiligungen werden.[208] Theoretisch denkbar ist aber auch, dass VC-Investitionen in neue Technologien durch Staatshilfen erst angeschoben und danach zum Selbstläufer werden.[209]

2.3.2.6 Weiche Faktoren

Die weichen Standortfaktoren sind in den 80er und 90er Jahren zu einem Modebegriff geworden. Bis heute werden sie von Politikern und Unternehmern häufig zitiert. Grabow / Henkel / Hollbach-Grömig haben ihre tatsächliche Bedeutung für die Standortentscheidungen von deutschen Unternehmen untersucht und herausgefunden, dass sie für kleine und für FuE-

---

[203] Vgl. Michler, 30.6.2000. Inzwischen hat die Regierung von diesen Plänen Abstand genommen.
[204] Solche Zuschüsse werden etwa im Rahmen von Businessplan-Wettbewerben vergeben, die für Deutschland von Harms / Schmengler 2003 im Vergleich dargestellt sind. Vgl. auch **Kapitel 9.2.1**.
[205] Einen Überblick über eine Reihe von Darlehns- und Beteiligungskapitalprogrammen der Deutschen Ausgleichsbank (DtA) – inzwischen mit der KfW fusioniert - die der kapitalkräftigste Träger der Gründungsförderung in Deutschland war, gibt Struck 2001. Aktuellere Informationen vgl. **Kapitel 9.2.3**.
[206] Vorbildlich zentralisiert und organisiert sind solche Beratungsleistungen etwa von der BioM AG bei München, die im Auftrag der Landesregierung Gründer nach Martinsried locken soll (Vgl. **Kapitel 9.2.2.2**).
[207] Ein solches Netzwerk wurde vom BMWA etwa rund um den Gründerwettbewerb Mulitmedia initiiert. Vgl. www.gruenderwettbewerb.de
[208] Vgl. Schertler 2000, S. 19.
[209] Vgl. Schertler 2000, S. 19f.

intensive Betriebe – somit für die in dieser Arbeit untersuchten High-Tech-Gründer - eine besonders wichtige Rolle spielen.[210] Grund dafür ist nicht zuletzt, dass qualifiziertes Humankapital häufig ein Engpassfaktor ist und sich vielgesuchte Ingenieure, Programmierer oder Forscher bei ihrer Entscheidung für einen Job auch von der Attraktivität der jeweiligen Region leiten lassen.

Grabow / Henkel / Hollbach-Grömig definieren weiche Standortfaktoren wie folgt: Diese „haben für die Betriebs- oder Unternehmenstätigkeit direkte Auswirkungen, sind aber schwer messbar, oder es werden im Regelfall Fakten durch Einschätzungen überlagert oder ersetzt, oder [sie] haben für die Betriebs- oder Unternehmenstätigkeit keine oder nur wenig direkte Auswirkungen, sind aber für die Beschäftigten oder Entscheider relevant."[211] Die Abgrenzung zu den harten Standortfaktoren ist danach nicht scharf, sondern hängt vom jeweiligen Standpunkt des Betrachters ab und lässt sich als Kontinuum darstellen (**vgl. Abbildung 3**). Grundsätzlich lässt sich zwischen weichen unternehmensbezogenen und weichen personenbezogenen Faktoren unterscheiden.[212] Die Ersten haben unmittelbaren Einfluss auf die Unternehmenstätigkeit. Zu ihnen gehören etwa das Verhalten von Politikern und öffentlicher Verwaltung gegenüber dem Unternehmen, die Mentalität der Arbeitnehmer, das Wirtschaftsklima oder das Image einer Region. Die Zweiten drücken sich über persönliche Präferenzen von Entscheidern und Beschäftigten aus und werden etwa durch Landschafts- und Stadtqualitäten, das Wohnumfeld, Bildungsmöglichkeiten oder das Kulturangebot beeinflusst.

In ihrer Untersuchung stellen Grabow / Henkel / Hollbach-Grömig Unternehmensgründer nicht gesondert heraus. Sie unterscheiden allerdings nach Betriebsgröße und nach der FuE-Bezogenheit des jeweiligen Geschäfts[213] - was hier als Näherung an die in dieser Arbeit untersuchten High-Tech-Gründer betrachtet wird. In kleinen Betrieben haben danach subjektive Präferenzen von wichtigen Mitarbeitern ein besonderes Gewicht bei der Standortwahl.[214] FuE-Betriebe bzw. –Abteilungen halten die weichen Standortfaktoren im Vergleich zu Produktions- und Montagebetrieben oder Unternehmenszentralen für am wichtigsten.[215]

---

[210] Vgl. Grabow / Henckel / Hollbach-Grömig 1995, S. 296ff. u. S. 289f.
[211] Grabow / Henckel / Hollbach-Grömig 1995, S. 64.
[212] Vgl. Grabow / Henckel / Hollbach-Grömig 1995, S. 67.
[213] Ihre Daten fußen auf einer Umfrage bei ca. 2.000 Unternehmen im Herbst 1993.
[214] Vgl. Grabow / Henkel / Hollbach-Grömig 1995, S. 300.
[215] Vgl. Grabow / Henkel / Hollbach-Grömig 1995, S. 289.

Abbildung 3: Kontinuum der harten und weichen Standortfaktoren

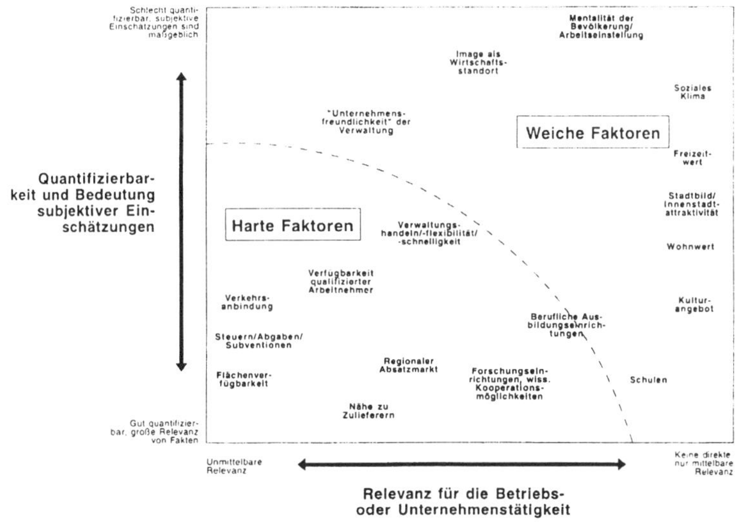

Quelle: Grabow / Henckel / Hollbach-Grömig 1995, S. 65.

Zwischen den weichen und den genannten harten Standortfaktoren ergibt sich eine ganze Reihe von Interdependenzen, die zum Teil bereits erwähnt wurden. So sorgen Universitäten nicht nur für qualifizierten Nachwuchs, sondern bestimmen auch das „Klima" einer Stadt oder Region. Das gleiche gilt für aktive Netzwerke sowie engagierte VCs und Großunternehmen. Durch deren Einfluss auf die Politik sind zusätzliche positive Rückkopplungen etwa auf die Unternehmensfreundlichkeit der Verwaltungen und das Ansehen von Unternehmern in der Region möglich.

Welche weichen Standortfaktoren auf die drei Untersuchungsregionen dieser Arbeit konkreten Einfluss hatten und haben wird in **Kapitel 2.4 der Empirie** näher untersucht. An dieser Stelle sei nur ein Beispiel aus dem Silicon Valley genannt: Die Offenheit der Menschen in der Region gegenüber dem Wandel – sei er technischer oder gesellschaftlicher Natur – wird immer wieder als bestimmend für das Wirtschaftsklima in der Region und als wichtiger Standortfaktor für Startups genannt.[216] Dabei steht die Wandelfreundlichkeit als weicher Standortfaktor nicht allein, sondern hat wiederum direkten Einfluss auf einzelne harte

Standortfaktoren wie etwa die Mobilität der Arbeitskräfte oder die Verfügbarkeit von Risikokapital.

2.3.2.7 Netzwerke

Aus den unter den oben genannten Standortfaktoren beschriebenen Interdependenzen geht bereits hervor, dass eine Reihe von unterschiedlichen Netzwerken die Qualität eines Standortes erhöhen kann. Genannt wurden Alumni-Netzwerke, die die Arbeitsplatzsuche bzw. die Rekrutierung von Personal erleichtern, Netzwerke von Zulieferern und Abnehmern, die den Produktionsprozess effizienter machen, Netzwerke um Risikokapitalgeber oder staatliche Beratungsnetze, die Gründern Zugang zu Experten verschaffen usw. Der theoretische Beitrag solcher Netzwerkaktivitäten zur Entwicklung von Regionen wird in **Kapitel 3.3** näher beleuchtet. An dieser Stelle soll eine einfache Kategorisierung für die verschiedenen Typen von Netzwerken vorgeschlagen werden, die der Vielfalt von solchen Netzen in der Praxis gerecht wird. Dazu wird zwischen fünf verschiedenen Merkmalen von Netzwerken unterschieden:

- projektbezogen (z.B. gemeinsame Forschungsprojekte) / ohne Projekt (z.B. Kontaktbörsen)
- formell (mit festgelegten Regeln) / informelle Treffs
- mit einem führenden Mitglied (z.B. um ein großes Unternehmen oder einen VC) / mit gleichstarken Mitgliedern
- staatlich (z.B. Ansiedlungsgesellschaften) / privat
- offen / geschlossen (z.B. nur Absolventen einer Universität, nur Business Angels mit einem bestimmten Mindestvermögen)

Mit dieser Kategorisierung lassen sich die verschiedensten Netzwerktypen erfassen und einordnen. So handelt es sich etwa bei der Alumni-Vereinigung der Stanford University in Palo Alto / Kalifornien um ein privates, geschlossenes, wenig formalisiertes Netzwerk, mit gleichstarken Mitgliedern, die nicht an einem gemeinsamen Projekt arbeiten.

Wie viele der oben genannten Standortfaktoren entfaltet auch der Faktor Netzwerke durch geographische Nähe der einzelnen Akteure besondere Kraft. Über den direkten Kontakt ergeben sich lokale Wechselwirkungen mit positiven Rückkopplungen und sich selbst

[216] Vgl. etwa Saxenian 1994, S. X.

verstärkenden Dynamiken. Im folgenden **Kapitel 3** wird der Standortfaktor Nähe eingehend und gesondert beleuchtet.

3. Regionen als Konkurrenten im Standortwettbewerb

Im vorausgehenden Kapitel wurde untersucht, welche Faktoren für Unternehmensgründer bei der Wahl ihres Firmenstandortes besonders relevant sind. In diesem Kapitel wird der Standortfaktor geographische Nähe zu Geschäftspartnern und Konkurrenten speziell beleuchtet. Es gilt herauszuarbeiten, warum sich Unternehmen einzelner Industriezweige an einigen, wenigen Standorten ballen und warum bestimmte Regionen besonders viele Entrepreneure hervor bringen. Spezielles Augenmerk ist dabei wiederum auf Unternehmensgründer in den besonders innovativen Wirtschaftszweigen der Hoch- und Biotechnologie gerichtet.

In einem ersten Unterkapitel wird das scheinbare Paradox zwischen fortschreitender Globalisierung und der zunehmenden Bedeutung von Regionen thematisiert. Warum ist auch und gerade in Zeiten von Internet, Video-Konferenzen, Telefonen und Fax-Maschinen geographische Nähe wichtig? **Kapitel 3.2** liefert die notwendigen Begriffsabgrenzungen. Was genau sind Cluster und welche Arten und Organisationsformen von Clustern gibt es? **Kapitel 3.3** richtet den Blick auf die Koordinationsmechanismen innerhalb von Clustern. In **Kapitel 3.4** wird untersucht, warum Cluster im Standortwettbewerb eine zentrale Rolle spielen. Welche Vorteile kann es für Firmen haben, sich in ein regionales Ballungszentrum zu integrieren? **Kapitel 3.5** zeigt auf, warum Cluster an einem bestimmten Standort entstehen, welche Faktoren ihre Entwicklung beeinflussen und welche Umstände ihren Abstieg einleiten können.

3.1 Regionen in Zeiten der Globalisierung – Nähe zählt

Angesichts des Übergangs in die Informationsgesellschaft haben Wissenschaftler bereits „The death of distance“[217] oder gar „The end of geography“[218] prophezeit. In der Standortentscheidung von Unternehmen spielt die direkte Nachbarschaft aber immer noch eine wichtige, wenn nicht gar wachsende Rolle. Den scheinbaren Widerspruch zwischen fortschreitender Globalisierung und der zunehmenden Bedeutung von kleinen geographischen Einheiten für die einzelnen Wirtschaftssubjekte hat Porter mit dem Begriff „The Location Paradox“ umschrieben.[219] Danach verliert die traditionelle Rolle des Firmenstandortes angesichts neuer Kommunikationstechnologien sowie schneller und günstiger Transportmöglichkeiten zwar an Bedeutung. „Resources, capital, and other inputs can be

---

217 Vgl. Cairncross 1997.
218 Vgl. O'Brian, 1992.
219 Vgl. Porter 1998a, S. 237f.

efficiently sourced in global markets. Firms can access immobile inputs via corporate networks. They need no longer locate near large markets.“[220] Paradoxerweise aber seien bleibende Wettbewerbsvorteile in der globalen Wirtschaft oft stark an die Region gebunden („heavily local“). „[They arise] from concentrations of highly specialized skills and knowledge, institutions, rivals, related businesses, and sophisticated customers in a particular nation or region.“[221] Während Standard-Inputs für den Produktionsprozess an vielen Orten der Welt verfügbar seien, komme es bei einzelnen, zentralen Faktoren entscheidend auf die räumliche Nähe an.

Den wichtigsten dieser Faktoren nennt Audretsch[222]: Das Wissen. Während die Transmission von puren Information, wie dem Stand des Dax in Frankfurt, angesichts der Telekommunikationsrevolution immer billiger werde, stiegen die Grenzkosten der Übermittlung von Wissen mit der Entfernung. Die Übertragung von Wissen in regionalen Ballungszentren (Wissens-Spillovers) wird in **Kapitel 3.4** näher thematisiert.

Wie wichtig Nähe auch in Zeiten der Globalisierung ist, zeigt nicht zuletzt eine Reihe von Studien. Krugman hat in seinen viel beachteten Lectures über „Geography and trade“ aus dem Jahr 1991 die standortbezogenen Gini-Koeffizienten (locational Gini coefficients) für eine Reihe von US-Industrien berechnet.[223] Dazu hat er den Anteil einer Region am nationalen Arbeitskräfteaufkommen zu ihrem Anteil an Beschäftigten in einer bestimmten Industrie ins Verhältnis gesetzt. Ergebnis ist, dass die meisten Industrien in den USA geographisch sehr konzentriert sind. Das Silicon Valley oder die Route 128 allerdings finden sich in Krugmans Aufstellungen nicht wieder. Das liege nicht etwa daran, dass Hochtechnologie in den USA nicht geographisch konzentriert sei. Vielmehr fehlten zur Messung dieser neueren Phänomene die statistischen Daten. So benutze das US Bureau of the Census teils überholte Industrie-Klassifikationen. Neue und aufstrebende Industrien, wie etwa Software, Hardware oder Netzwerktechniken seien in „sinnlosen Aggregaten“ versteckt.

Ebenfalls mit Gini-Koeffizenten arbeitet Dohse.[224] Er zeigt anhand von Zahlen über Patentanmeldungen in Deutschland aus dem Jahr 1998, dass die regionale Konzentration von Innovationen in neuen Industriezweigen besonders hoch ist. Zwar bcklagt auch er Mängel in

---

[220] Porter 1998a, S. 236.
[221] Porter 1998a, S. 237.
[222] Vgl. Audretsch 2000, S. 68.
[223] Vgl. Krugman 1991, S. 55ff.
[224] Dohse 2000, S. 19ff.

der Industriestatistik, die es schwierig machten einzelne, besonders interessante High-Tech-Branchen klar zu identifizieren. Auffällig sei jedoch eine besonders hohe „räumliche Patentkonzentration" in den so genannten „Life Sciences". „Zum anderen fällt auf, dass die Bereiche mit unterdurchschnittlicher Konzentrationsneigung [...] allesamt eher traditionelle Bereiche mit geringer technologischer und industrieller Dynamik sind."[225]

Zu einem ähnlichen Ergebnis kommen Audretsch / Feldmann. Auch sie stellen fest, dass „the propensity of innovative acitvity to cluster geographically tends to be greater in industries where new economic knowledge plays a more important role" [226]. Besonders groß sei die Tendenz zur geographischen Ballung bei Biotechnologie-Firmen, deren Wissenschaftler speziell auf den Austausch von „neuem Wissen" angewiesen seien.[227]

In einer wissensintensiven Wirtschaft also müssen Globalisierung und die steigende Bedeutung von Regionen kein Widerspruch sein. Im Gegenteil: Globalisierung und „Lokalisierung" (Localisation) sind nach Ansicht von Dunning zwei Seiten derselben Medaille.[228] Auch Howells ist der Meinung, dass die fortschreitende Globalisierung und die Entwicklung neuer Wachstumsbranchen die Bedeutung von Regionen aller Voraussicht nach eher stärken wird, als sie zu schwächen. Mit ihm können wir festhalten: „[I]t is likely that the impact of globalisation will not entail a direct erosion of regional systems of innovation, indeed it is likley to deepen regional differentiation in terms of innovation and economic growth. Competition between regions will be heightened as they become more open economies and innovation systems."[229]

3.2 Begriffsabgrenzungen

3.2.1 Der Begriff des Innovations-Clusters

Für das Phänomen der regionalen Ballung von Wirtschaftsaktivitäten haben Wirtschaftswissenschaftler und –geographen in den vergangenen Jahren einen neuen Begriff geprägt: Sie sprechen von Clustern. Eine hilfreiche Definition liefert Porter: „Clusters are geographic concentrations of interconnected companies, specialized suppliers, service providers, firms in related industries, and associated institutions (for example, universities,

[225] Dohse 2000, S. 20.
[226] Audretsch / Feldmann 1996a, zit. nach Audretsch 2000.
[227] Vgl. dazu auch die Studien von L. Zucker / M. Darby / J. Armstrong 1994.
[228] Vgl. Dunning 2000, S. 21.
[229] Howells 1999, S. 87.

standards agencies, and trade associations) in particular fields that compete but also cooperate."[230]

Guinet[231] definiert Cluster als „networks of interdependent firms, knowledge-producing institutions (universities, research institutes, technology-providing firms), bridging institutions (e.g. providers of technical or consultancy services) and customers, linked in a value–added creating production chain".

Beide Cluster-Definitionen beziehen sich auf regionale Ballungen sämtlicher Industriezweige. In dieser Arbeit soll jedoch der Schwerpunkt auf innovativen Unternehmen liegen. Es geht um die Frage, welche Regionen sich warum als besonders attraktiv für Unternehmensgründer in Zukunftstechnologien erweisen.

Ein spezielles Gewicht auf Innovationen hat bereits in den 80er Jahren Freeman mit seinem Begriff des nationalen Innovationssystems (national system of innovation NSI) gelegt. Ein solches System umfasse ein Netzwerk von Institutionen[232] im öffentlichen und privaten Sektor, dessen Aktivitäten und Interaktionen neue Technologien initiieren, importieren und verbreiten.[233] [234] Nach Ansicht von Howells lässt sich dieser Ansatz problemlos auf die regionale Ebene übertragen.[235] Mit dem Konzept der regionalen Innovationssysteme arbeiten auch Cooke, Braczyk und Heidenreich.[236] Solche Systeme kollektiver Ordnung basierten auf Vertrauen, Reziprozität und gegenseitigem Vorteil der Akteure im regionalen Innovationsprozess. Die Regionen selbst werden als Orte kollektiven technologischen Lernens verstanden (vgl. **Kapitel 3.2.2**), und technologische Kompetenz wird als ein in der Region entwickeltes und verwurzeltes „asset" angesehen.[237]

Als letzter Baustein für eine auf den Untersuchungsgegenstand dieser Arbeit zugeschnittene Cluster-Definition soll die Abgrenzung von Brenner / Fornahl dienen: „Von lokalen industriellen Clustern sprechen wir, falls eine räumliche Konzentration branchenspezifischer

---

230 Porter 1998a, S. 198.
231 Guinet 2001, S. 3. Guinet ist bei der OECD in Paris für Wissenschafts- und Technologiepolitik zuständig.
232 Nach dem in **Kapitel 1.4.3.2** eingeführten Institutionenbegriff von North müsste es hier besser Organisationen heißen, denn gemeint sind nicht die Spielregeln einer Gesellschaft, die miteinander interagieren, sondern die Spieler.
233 Freeman 1987, S. 1.
234 Zum Begriff des nationalen Innovationssystems vgl. auch Lundvall 1992 oder Nelson 1993.
235 Vgl. Howells 1999, S. 67.
236 Vgl. Braczyk / Cooke / Heidenreich 1998.
237 Vgl. Dohse 2000, S. 15.

Aktivitäten vorliegt, die durch lokale Wechselwirkungen zwischen den Firmen und deren Umfeld verursacht wird. Diese Wechselwirkungen müssen dabei derart sein, dass es zu einer positiven Rückkopplung kommt."[238] Brenner / Fornahl geben dem Cluster-Begriff eine evolutorische Dimension. Sie legen den Schwerpunkt auf lokale Wechselwirkungen und positive Rückkopplungen[239], die einen endogenen Entwicklungsprozess anstoßen.

Aus den Cluster-Definitionen von Porter, Guinet und Brenner / Fornahl sowie den regionalen Innovationssystemen von Howells, Cooke etc. lässt sich ein Begriff ableiten, der Grundlage für die folgenden Ausführungen sein soll: Der Begriff des Innovations-Clusters. Seine Definition umfasst folgende Elemente:

- Eine geographische Konzentration
- von Firmen (im produzierenden Gewerbe, in der Forschung, als Dienstleister und Zulieferer) und
- öffentlichen und privaten Organisationen (Universitäten, Forschungsinstituten, staatliche Förderagenturen, private Netzwerkclubs etc.),
- die bei der Initiation und Verbreitung neuer Technologien kooperieren,
- aber auch miteinander in Konkurrenz stehen,
- wobei es zu lokalen Wechselwirkungen mit positiven Rückkopplungen kommt.

Wichtig ist neben der evolutorischen Perspektive mit ihren positiven Rückkopplungen vor allem der scheinbare Widerspruch von Kooperation und Konkurrenz. Einerseits sind eine Reihe von Unternehmen in Innovations-Clustern in einem dichten Netzwerk miteinander verbunden. Besonders kleine und junge Firmen konzentrieren sich zunächst häufig auf spezielle Güter und Dienstleistungen, die sie benachbarten Firmen anbieten. Zudem sind gerade sie auf einen regen Austausch von Informationen in formellen und informellen Zirkeln angewiesen, um ihr Geschäft nach den Bedürfnissen des erst entstehenden Marktes auszurichten. Andererseits sind besonders die aufstrebenden Gründer-Firmen für viele ihrer Geschäfts- und Gesprächspartner potenzielle Konkurrenten. Auf den jungen, stark wachsenden Märkten sind die Positionen noch nicht verteilt. Hier bieten sich für flinke Entrepreneure besondere Chancen.

---

[238] Brenner / Fornahl 2001, S. 622. Vgl. auch Brenner 2000, S. 5 und Brenner 2001, S. 3.

3.2.2 Arten von Clustern

In der Praxis existieren unterschiedlichste Arten von Clustern, die sich nach einer Reihe von Kriterien kategorisieren lassen. Interessante Unterscheidungsansätze, die für den **empirischen Teil** dieser Arbeit nützlich sind, liefern etwa Enright und Dunning.

Enright unterscheidet bestehende Cluster nach ihrer „Dimension“.[240] Er hat elf Faktoren herausgearbeitet, um Cluster zu charakterisieren. Erstens spielten die *geographischen Ausmaße* eine Rolle – also die Frage, ob sich der Aktionskreis über Stadt-, Provinz- oder sogar Staatsgrenzen hinweg erstrecke. Zweitens sei die *Dichte* eines Clusters wichtig – wie viele Firmen mit welchen Umsätzen und Marktanteilen sind aktiv? Drittens zähle die *Breite* – wie viele horizontal verwandte Industrien sind involviert? Als vierten Faktor nennt Enright die *Tiefe* eines Clusters – wie viele vertikal integrierte Industrien sind aktiv, wie viele Stufen der Angebotskette abgedeckt? Fünftens gehe es um die *Aktivitätsbasis* (activity base) – welche Stufen der Wertschöpfungskette werden von Firmen innerhalb des Clusters abgedeckt. Sechstens unterscheidet Enright Cluster nach der *geographischen Reichweite ihrer Verkäufe;* siebtens nach *der Stärke der Wettbewerbsposition* – haben die Firmen in der Region in ihrer Industrie die nationale oder gar die Weltmarktführerschaft? Achtens sei die jeweilige *Entwicklungsstufe* entscheidend – handelt es sich um ein wachsendes, stagnierendes oder schrumpfendes Ballungszentrum? Neuntens zähle *der Grad an technologischer Aktivität* des Clusters und zehntens, wichtiger noch, die *Innovationskapazität* – sind die Firmen im Cluster in der Lage, durch immer neue Innovationen ihren Wettbewerbsvorteil in einer Industrie zu sichern? Als elften Faktor schließlich nennt Enright die *Eigentümerstruktur* – gehören die Firmen im Cluster vorwiegend Unternehmern aus der Region oder haben sie fremde Eigentümer, etwa multinationale Konzerne?

Viele von Enrights Faktoren werden sich im Fortgang dieser Arbeit bei der genauen Betrachtung ausgewählter Cluster wiederfinden. Eine weitere, nützliche Kategorisierung liefert Dunning.[241] Er nennt verschiedene Arten von Clustern, die im Folgenden in leicht abgeänderter Form wiedergegeben werden.

---

[239] Vgl. hierzu im Detail: **Kap. 3.5.2.4.**
[240] Vgl. Enright 2001, S. 3-4.
[241] Vgl. Dunning 2000, S. 24 f.

1. Narben-und-Speichen-Cluster (hub-and-spoke-cluster)

Hier siedelt sich ein Kreis von Satelliten- oder Speichen-Firmen um ein Großunternehmen in einer Region an. Als ein Beispiel nennt Dunning neben dem Boeing-Cluster um Seattle die Firma Jenoptik in Jena, um die herum eine Reihe von Elektronik-Firmen entstanden sind. Der Erfolg solcher Cluster hänge entscheidend davon ab, ob es dem Großunternehmen gelinge, unter Zulieferern und Kunden ein Netzwerk zu schaffen, von dem alle Beteiligten profitieren können.[242]

2. Cluster um natürliche Ressourcen

   Marshall war der erste, der diese Art von Firmenkonzentrationen beschrieb.[243] Unternehmen aus ähnlichen Geschäftsfeldern siedeln sich nahe beieinander an, um von positiven externen Effekten (external economies) wie natürlichen Ressourcen oder Transportwegen zu profitieren. Der größte Vorteil in der Clusterbildung liegt dabei für die Firmen in der Reduzierung der entfernungsbedingten Transaktionskosten.[244]

3. Wissensbasierte Cluster

   Auch hier produzieren die involvierten Firmen ähnliche Güter und Dienstleistungen. Der Nutzen der räumlichen Konzentration liegt für sie aber nicht in der Reduktion der entfernungsbedingten Transaktionskosten, sondern in der Teilhabe am kollektiven Wissen. Hier spielt der Austausch von Wissen in gemeinsamen Forschungslabors, in Netzwerkclubs oder an den Universitäten der Region eine zentrale Rolle.

4. Cluster um subventionierte Forschungseinrichtungen

   Hier entstehen Firmenkonzentrationen um staatlich geförderte Forschungseinrichtungen von ganzen Industriezweigen wie der Raumfahrt oder des Militärs. Als Beispielregionen nennt Dunning Farnborough und Aldershot in Südostengland, Colorado Springs in den USA und San José dos Campos in Brasilien, wo sich um öffentlich subventionierte Institutionen eine Reihe von Subunternehmern angesiedelt hat. Eine zentrale Rolle bei der Clusterbildung könnten auch staatlich finanzierte Universitäten wie etwa in den amerikanischen Städten Durham, Chapel Hill, Ann Arbor, Austin oder Madison haben.[245]

---

[242] Vgl. dazu auch Park 1996.
[243] Vgl. Marshall 1890, S. 374ff.
[244] Vgl. Dunning 2000, S. 24.
[245] Markusen / Gray 1999 haben die Clusterbildung um Universitäten in New Jersey näher untersucht.

5. Sonderhandelszonen in Entwicklungsländern

   Regierungen von Entwicklungsländern locken internationale Konzerne häufig mit Steuererleichterungen und anderen Anreizen in spezielle Sonderhandelszonen. Ihre Hoffnung ist, dass die Firmen, die auf günstige Arbeitskräfte und gute Exportmöglichkeiten setzen, andere Firmen ins Land locken und der lokalen Wirtschaft einen entscheidenden Schwung geben.[246]

Für den Fortgang der Untersuchung werden vor allem die Cluster-Typen eins, drei und vier von Bedeutung sein.

3.3 Kooperationsformen in Clustern

Wie in den obigen Begriffsabgrenzungen bereits angeklungen ist, ist es vor allem die Interaktion der Teilnehmer, die die Stärke eines Clusters ausmacht. Im Folgenden sollen deshalb zwei Konzepte beschrieben werden, die diese internen Koordinationsmechanismen bestimmen. Zunächst wird das Zusammenwirken der Akteure in regionalen Netzwerken beleuchtet. Danach wird knapp das weiter reichende Konzept der Lernenden Region vorgestellt.

3.3.1 Regionale Netzwerke

In **Kapitel 2.3.2.7** wurden bereits einige konkrete Beispiele für regionale Netzwerke genannt, die die Standortentscheidung von Gründern beeinflussen können. An dieser Stelle soll die Bedeutung von Netzwerken für die Entwicklung von Gründerregionen theoretisch untermauert werden.

Der Begriff der Netzwerke hat in den vergangenen Jahren in die verschiedensten wissenschaftlichen Disziplinen Einzug erhalten.[247] Dies hat zu einer fast unüberschaubaren Fülle von Definitionen und Abgrenzungen geführt, deren Behandlung hier wenig zielführend wäre und den Rahmen dieser Arbeit bei weitem sprengen würde. An dieser Stelle soll daher ein Netzwerkbegriff gewählt werden, der für den vorliegenden Untersuchungsgegenstand besonders nützlich erscheint: Derjenige des **Innovationsnetzwerks**. Dieses definieren Maillat / Crevoisier / Lecoq wie folgt: „It is an evolutive mode of organizing innovation processes –

---

[246] Vgl. dazu auch McIntyre / Narula / Trevino 1996.

[247] Allein in den Wirtschaftswissenschaften reichen sie von der Neuen Institutionenökonomik, über die Industrieökonomik, Organisationsökonomik, Industrial Marketing and Purchase, Organisationssoziologie, Spieltheorie, Ressource Dependency Theorie, Population Ecology, soziologische Institutionentheorie bis hin zu Social Network Approaches. Zu verschiedenen Literaturquellen vgl. Güllner 2000, S. 48f.

rather than one structured hierarchically or on market mechanisms – which permits continuous development of collective learning processes based on new, synergetic combinations of know-how contributed by the various partners.“[248]

Diese Definition beinhaltet vier verschiedene Dimensionen und soll durch eine fünfte, die regionale Dimension[249], ergänzt werden. Die **erste**, die wirtschaftliche **Dimension** geht auf Williamson[250] zurück und beschreibt Netzwerke als hybride[251] Organisationsform, die die Dualität von Markt und Hierarchie überwindet.[252] (In der oben genannten Definition spiegelt sich diese Dimension in der Zeile ... „a (..) mode of organizing innovation processes - rather than one structured hierachically or on market mechanisms“.) Aufgrund von Transaktionskosten-Argumenten und dem Wunsch nach Risiko-Teilung entstehen Netzwerke als dritte Alternative[253] zu reinen Marktlösungen und der Produktion in einer hierarchisch organisierten Unternehmung.[254]

Die **zweite**, die historische **Dimension** („an evolutive mode of organizing (...) continuous development“) beschreibt Netzwerke als System von langfristigen Beziehungen zwischen verschiedenen Spielern, das auf Regeln des Vertrauens, gegenseitiger Anerkennung, Reziprozität und Priorität beruht.[255] Ein Netzwerk wird als Mittel zur Organisation von Transaktionen gesehen, die sich mit der Zeit entwickeln. „Therefore it [the network] does not stand still but evolves.“[256]

Die **dritte**, die kognitive **Dimension** („collective learning processes“) betont kollektive Lernprozesse in einem Netzwerk.[257] In der Netzwerk-Organisation ist das kollektive Wissen danach größer als die Summe des individuellen Wissens der einzelnen Teilnehmer.[258]

---

248 Maillat / Crevoisier /Lecoq 1994, S. 34.
249 Diese wird in den Überlegungen von Maillat / Crevoisier / Lecoq zwar immer wieder betont, ist aber nicht explizit in ihre Definition aufgenommen.
250 Vgl. Williamson 1975.
251 Aus dem Lateinischen (hybrida = Mischling, Bastard) für gemischt, von zweierlei Herkunft, aus Verschiedenem zusammengesetzt.
252 Vgl. auch Güllner 2000, S. 54f.
253 Vgl. auch Powell 1996, S. 213ff.
254 Vgl. Karlsson / Westin 1994, S. 4.
255 Vgl. Maillat / Crevoisier / Lecoq 1994, S. 34.
256 Maillat / Crevoisier / Lecoq 1994, S. 34.
257 Kollektive Lernprozesse speziell auf regionaler Ebene als Konzept der Lernenden Region werden im **Kapitel 3.3.2** vertieft.
258 Vgl. Guilhon / Gianfaldoni 1990, S. 97ff.

Die **vierte**, die normative **Dimension** („mode of organizing processes“, „partners“) hebt auf unterschiedliche Regelsysteme ab, die jedes Netzwerk auszeichnen. Diese legen die Verpflichtungen und Restriktionen jedes Mitglieds fest und bilden eine gemeinsame Arbeitsgrundlage.[259]

Die Bildung von Innovationsnetzwerken hat, das beschreiben auch Maillat / Crevoisier / Lecoq[260], zudem eine starke regionale Komponente. Diese soll hier als **fünfte Dimension** in der Definition ergänzt werden. Ein Innovationsnetzwerk ist danach meist tief in einer Region verankert. Die einzelnen Akteure haben langfristige Beziehungen aufgebaut und vertrauen einander. Es gibt einen regen Wissensaustausch[261] und selbst wenn einzelne Firmen Konkurs gehen, bleiben viele Individuen mit ihrem Wissen der Region, als Entrepreneure mit neuen Firmen oder als Mitarbeiter bereits etablierter Firmen, erhalten. „Thus it is the intermingled play of individuals, firms and institutions which allows the fabric of activities in a region to be renewed.“[262] Auch Porter konstatiert, dass „a cluster´s advantages rely heavily on linkages and connections among individuals and groups.“[263]

Was die Architektur eines oben definierten Innovations-Netzwerkes betrifft, so unterscheiden Maillat / Crevoisier / Lecoq zwischen drei verschiedenen Netzwerk-Typen[264], die hier kurz erwähnt sein sollen. In einem Innovations-Netzwerk mit einer „leader Firm“ hat ein führendes Unternehmen eine Art Monopol über das Innovationsprojekt. Es bestimmt Ziel und Gang des Projekts und bindet die Partner über mehr oder weniger formale Verträge an sich, so dass eine recht hierarchische Netzwerkstruktur entsteht. In einem Innovations-Netzwerk mit einer Narben-Firma oder einer Gruppe von Narben-Firmen (Hub Firm or Hub Group of Firms) dagegen ist die Kontrolle der Zulieferer weniger strikt. Anstelle einer Arbeitsteilung tritt die Teilung der Verantwortung, wobei die Zulieferer ihre Module des Projekts allein in der Hand haben. Der letzte Netzwerktyp, das Kompakte Innovations-Neztwerk, ist nicht zentral koordiniert, sondern hat eher Werkstattcharakter. Eine Reihe von Partnern arbeitet gemeinsam an einem Projekt, ohne dass die Arbeitsteilung oder der Ausgang vorher genau festgelegt worden wären – vergleichbar mit einem improvisierenden Orchester ohne Dirigenten.[265] Es

---

[259] Mit Netzwerken aus vertragstheoretischer Perspektive beschäftigt sich im Detail Güllner 2000.
[260] Vgl. Maillat / Crevoisier / Lecoq 1994, S. 52.
[261] Die Bedeutung von geographischer Nähe für Wissens-Spillovers wird in den **Kapiteln 3.4.1.1** und **3.4.2.1** erläutert.
[262] Maillat / Crevoisier / Lecoq 1994, S. 52.
[263] Porter 1998a, S. 240.
[264] Vgl. Maillat / Crevoisier / Lecoq 1994, S.40-51.
[265] Vgl. Maillat / Crevoisier / Lecoq 1994, S. 48.

gibt lediglich gemeinsame Grundregeln, die es jedem ermöglichen, sein Wissen und seine Kreativität optimal einzubringen.

Es fällt auf, dass die verschiedenen Netzwerk-Typen von Maillat / Crevoisier / Lecoq sich immer um ein spezielles, gemeinsames Projekt gruppieren. Diese unbedingte Projekt-bezogenheit ist allerdings nicht Teil der obigen Definition eines Innovations-Netzwerkes und soll auch in dieser Arbeit nicht gelten. Vielmehr sind, wie bereits **in Kapitel 2.3.2.7** beschrieben, auch Netzwerke von Interesse, die zunächst lose Zusammenschlüsse des Wissensaustausches darstellen. Auch solche Netzwerke können über Wissens-Spillovers (vgl. **Kapitel 3.4.1.1** und **3.4.2.1**) oder als Börse für potentielle Mitarbeiter und Partner (vgl. **Kapitel 3.4.1.2** und **3.4.2.2**) einen entscheidenden Beitrag zur Innovationskraft einer Region leisten.

3.3.2 Lernende Regionen

Weiter noch als der Begriff von regionalen Netzwerken greift das Konzept der Lernenden Region. Dieses wird in der Wissenschaft derzeit von vielen Denkrichtungen herangezogen[266] und ist bisher wenig klar umrissen.[267] Es wäre für diese Arbeit wenig zielführend, in die Abgrenzungsdiskussion einzusteigen. Statt dessen sollen lediglich einige Dreh- und Angelpunkte des Konzepts vorgestellt werden, die die Wichtigkeit der Interaktion und der Koordination der Handelnden Wirtschaftssubjekte in einer Region unterstreichen.

Eine Lernende Region soll hier verstanden werden als „Handlungsrahmen, der es den Akteuren erleichtert, sich veränderten Bedingungen lernend und kreativ, auch innovativ, vor allem aber schnell und flexibel anzupassen“[268]. Die Region wird somit als „System lokaler Akteure zur optimalen Bewältigung des Strukturwandels mittels vernetzter Lernprozesse“[269] betrachtet.

---

[266] So beschreibt etwa Asheim die Lernende Region als Nachfolger des traditionellen regionalökonomischen Konzepts der „industrial districts“ (vgl. Asheim 1996). Butzin dagegen sieht eine enge Verbindung zum Konzept der „Kreativen Milieus“ (vgl. Butzin 2000). Fürst wiederum sieht eine Verschmelzung des Netzwerk- und des Milieuansatzes. So stünden bei der Lernenden Region zwar Netzwerke von Akteuren im Vordergrund. Deren Leistungsfähigkeit werde aber von regionsspezifischen Rahmenbedingungen gestützt. Vgl. Fürst 2001, S. 83. Hassink sieht die größte Nähe zum Konzept des regionalen Innovationssystems (zum Begriff siehe auch **Kap. 3.2.1**). Hier sei eine klare Abgrenzung fast unmöglich. Vgl. Hassink 2001, S. 224.
[267] Vgl. Hassink 2001, Nijkamp 2000, S. 49.
[268] Fürst 2001, S. 72.
[269] Hilpert 2001, S. 78.

In der Diskussion um Lernende Regionen spielen eine Reihe von Schlüsselbegriffen eine wichtige Rolle: Das „stillschweigende Wissen“ (tacit knowledge), das sich kaum über Distanz vermitteln lässt und deswegen die regionale Ballung forciert[270]; die Netzwerkarchitekturen[271], die den regionalen Wissensaustausch fördern; der Prozess der Selbstorganisation, der Ordnungen entstehen lässt, die weder von außen, noch von Autoritäten im System vorgegeben werden[272]; die Pfadabhängigkeiten, die eine Region an historisch gewachsene Strukturen binden[273].

All diese Begriffe und die daraus abgeleiteten Politikempfehlungen sind im klangvollen Konzept der Lernenden Region allerdings noch äußerst vage gefasst und theoretisch schlecht untermauert. Hassink spricht von einem „fuzzy concept“[274], dem es noch an konzeptioneller Klarheit fehle. Anders beim Cluster-Ansatz, auf dem diese Arbeit aufbaut: „..policy actors applying the cluster concept are more concerned about defining the concept than their counterparts using the *learning region concept.* The latter seems to be much more an undefined buzzword in the regional development industry.“[275]

Basis für die Untersuchung der folgenden Kapitel soll deshalb der Cluster-Ansatz sein, der um eine Reihe von Denkanstößen, darunter den in der evolutorischen Theorie wichtigen Ansatz der dezentralen Selbststeuerung, ergänzt und erweitert wird. Aus dem Konzept der Lernenden Regionen sei hier pauschal nur so viel festgehalten: Die Kooperation der einzelnen Akteure spielt für die Entwicklung von Regionen eine zentrale Rolle. Diese lässt sich durch die Politik unter Umständen unterstützen aber keinesfalls steuern. Denn bei einer Region handelt es sich um ein komplexes System, in dem selbstgesteuerte Lernprozesse ablaufen.[276]

3.4 Die Rolle von Clustern im Standortwettbewerb

In den folgenden Abschnitten soll gezeigt werden, warum geographische Nähe zu Konkurrenten und Geschäftspartnern für Gründer in der High-Tech-Branche besonders wichtig ist. Dazu wird zunächst der Einfluss von Ballung auf die Produktivität von Firmen im Allgemeinen untersucht. Daraufhin wird die besondere Rolle von Clustern als Motor für

---

[270] Vgl. Fürst 2001, S. 74ff, Hassink 2001, S. 221; mehr zu der Bedeutung von „tacit knowledge“ in **Kapitel 3.4.1.1**.
[271] Vgl. Fürst 2001, S. 76, mehr zu Netzwerken in **Kapitel 2.3.2.7** und **Kapitel 3.3.1**.
[272] Vgl. Hilpert 2001, S. 78. Das Prinzip der Selbstorganisation wird in **Kapitel 3.5.2.4** vertieft.
[273] Vgl. etwa Fürst 2001, S. 73, Hassink 2001, S. 221. Das Thema Pfadabhängigkeit wird in **Kapitel 4.1.2** mittels des wissenschaftlich bereits ausgereifteren Ansatzes der Evolutionstheorie untersucht.
[274] Vgl. Hassink 2001.
[275] Vgl. Lagendijk / Cornford 2000, zit. nach Hassink 2001, S. 223.

Innovationen und Unternehmensgründungen sowie ihre Bedeutung speziell für kleine Firmen heraus gearbeitet. Dies ist gerade für die Hightech- und Biotech-Industrie relevant, weil Gründer und kleine Firmen wie bereits in **Kapitel 1** diskutiert für das Wachstum dieser Branchen und damit für die Produktivitätsentwicklung der gesamten Volkswirtschaft eine Schlüsselrolle spielen.

3.4.1 Cluster als Produktivitätsmotor

In Anlehnung an Michael E. Porter[277] lassen sich fünf verschiedene Faktoren aufzeigen, die zu einer höheren Produktivität von Firmen in regionalen Ballungszentren führen. Dies sind der Zugang zu Informationen und Wissen, der Zugang zu Spezial-Inputs und Arbeitskräften, Komplementär-Effekte zwischen Cluster-Teilnehmern, der Zugang zu Institutionen und öffentlichen Gütern und ein größerer Leistungsanreiz durch Vergleichbarkeit.

3.4.1.1 Zugang zu Informationen und Wissen

Den für wissensintensive Firmen der Hochtechnologie entscheidenden und deshalb für diese Arbeit zentralen Produktivitätsfaktor der Clusterbildung erwähnt Porter als einen unter vielen: den Zugang zu Informationen und Wissen. Er weist darauf hin, dass sich Informationen über den Markt für spezielle Produkte, die genauen Bedürfnisse der Abnehmer und neue Produktionstechnologien bei Firmen und Institutionen innerhalb eines Clusters ballen.[278] Dadurch werde die Produktivität der einzelnen Cluster-Mitglieder gesteigert. Im Folgenden soll dieser Faktor näher betrachtet und dabei speziell sogenannte Wissens-Spillovers beleuchtet werden, die sich als positive externe Effekte aus der Clusterbildung ergeben können.

Eine sinnvolle Unterscheidung zwischen Informationen und Wissen macht Audretsch.[279] Anders als die pure Information, etwa über den jüngsten Stand des Goldpreises an der New Yorker Börse oder den Kurs des Yen im Londoner Devisenhandel, lasse sich Wissen nicht leicht kodifizieren und habe nicht überall dieselbe Bedeutung. „By contrast, knowledge is vague, difficult to codify, and often only serendipitously recognized."[280] Der spezielle Kontext, der pure Informationen zu für innovative Unternehmen nützlichem Wissen macht, lässt sich oft nicht über die Distanz vermitteln. Hier zählt der informelle Austausch zwischen

---

[276] Vgl. Fürst 2001, Hassink 2001, Hilpert 2001.
[277] Porter 1998a, S. 214-220.
[278] Vgl. Porter 1998a, S. 216/217.
[279] Vgl. Audretsch 2000, S. 68.
[280] Audretsch 2000, S. 68.

Kreativen, die physische Präsenz der einzelnen potenziellen Ideengeber - also die geographische Nähe. Von Hipple spricht in diesem Zusammenhang von „sticky knowledge", das sich am besten via „face-to-face interaction" übertragen lasse.[281] Audretsch formuliert es so[282]: Die Grenzkosten der Transmission von Informationen gehen angesichts der Telekommunikationsrevolution gegen null. Die Grenzkosten der Übermittlung von Wissen dagegen steigen mit der Entfernung.

Dabei ist das Wissen, das sich in einer Region ballt, für die einzelnen Cluster-Teilnehmer oft ohne zusätzliche Kosten zugänglich. Schließlich, so hatte Arrow bereits im Jahr 1962 betont, handelt es sich bei dem so wichtigen „stillschweigenden Wissen" (tacit knowledge) um ein öffentliches Gut (non-rival in nature).[283] Dieses könne von seiner ursprünglichen Anwendung leicht auf neue Anwendungen überspringen. Die einzelnen Firmen in einem Cluster erleben durch solche Wissens-Spillovers eine Produktivitätssteigerung ohne zusätzlichen Aufwand.

Noch 1991 kritisierte allerdings Krugman, der Verweis auf Wissens-Spillovers in regionalen Ballungszentren sei zwar sehr modern. Die Spillovers seien aber nicht statistisch messbar und eigneten sich daher nicht für die wissenschaftliche Diskussion.[284] Seitdem hat sich eine Reihe von Wissenschaftlern mit der theoretischen Erklärung, der Messung und Modellierung von regionalen Wissens-Spillovers befasst.

Audretsch beschreibt zwei zentrale Mechanismen, die zu solchen Spillovers führen.[285] Einerseits gelingt es Firmen, sich neue Technologien und Ideen anzueignen, die auf Wissen beruhen, das in anderen Firmen oder Institutionen entwickelt wurde.[286] Andererseits wandert Wissen mit einzelnen Agenten, etwa Wissenschaftlern und Ingenieuren, zu der für diese Individuen rentabelsten Verwendung. Diesen zweiten Mechanismus hat Hirschman bereits 1970 als einen zentralen Auslöser für die Gründung neuer Firmen beschrieben[287]: Falls ein „Wissens-Arbeiter" mit seinen Ideen in seiner bisherigen Organisation auf taube Ohren stößt und die Loyalität gering genug ist, wird er die Firma oder Universität verlassen, an der das Wissen erarbeitet wurde, und eine neue Firma gründen. Audretsch / Stephan haben dies

---

[281] Vgl. Von Hipple 1994.
[282] Vgl. Audretsch 2000, S. 68.
[283] Vgl. K. Arrow 1962, zit. nach Audretsch 2000, S. 68.
[284] Vgl. Krugman 1991, S. 52/53.
[285] Vgl. Audretsch 2000, S. 67.
[286] Vgl. hierzu etwa Cohen / Levinthal 1989.
[287] Vgl. Hirschman 1970.

anhand von 60 jungen Biotech-Firmen überprüft. [288] Sie kommen zu dem Ergebnis, dass der Wunsch von Wissenschaftlern, sich den monetären Wert ihres Wissens auch anzueignen, ein zentraler Auslöser für die Gründern neuer Firmen ist.

Einen weiteren Anhaltspunkt für die Existenz lokaler Wissens-Spillovers liefern Jaffe / Trajtenberg / Henderson.[289] Sie untersuchen die Zitate von Patentanmeldungen in den USA – bei jeder Patentanmeldung werden bereits vergebene Patente zitiert, um ihnen gegenüber Exklusivrechte abzugrenzen. Das Wissen aus zitierten Patenten sehen sie als Vorwissen für das neue Patent an und überprüfen, welche Rolle geographische Nähe dabei spielt. Danach sind die Patentanmeldungen in den USA stark konzentriert, selbst wenn man diejenige Konzentration heraus rechnet, die aufgrund der regionalen Wirtschaftsstruktur zu erwarten war.[290] Dies ist nach Ansicht der Autoren ein klares Indiz für die Existenz von Wissens-Spillovers.

Zucker u.a.[291] untersuchen Wissens-Spillovers in Kaliforniens Biotechnologie und kommen zu dem Ergebnis, dass Unternehmen, die Kontakte zu herausragenden Wissenschaftlern an Universitäten vor Ort unterhalten, deutlich innovativer sind als andere (zu Clustern als Motor von Innovationen vgl. auch **Kapitel 3.4.2**). Bode schlägt ein mathematisches Modell zur Messung von Wissens-Spillovers vor und füttert es mit Daten wie der Zahl der Wissenschaftler, der Zahl der Patentanmeldungen und dem Anteil der Beschäftigung in kleinen und großen Firmen in westdeutschen Regionen.[292] Danach ergeben sich aus der Zahl der Wissenschaftler in der Region, nicht aber aus der Zahl der früheren Patente, Pfadabhängigkeiten[293] für die Entwicklung eines Clusters.[294]

---

[288] Vgl. Audretsch /Stephan 1999.

[289] Vgl. Jaffe / Trajtenberg / Henderson 1993.

[290] So ist es allein schon deshalb besonders wahrscheinlich, dass ein Anmelder eines Mikroelektronik-Patents im Silicon Valley ein älteres Patent aus der gleichen Region zitiert, weil es dort besonders viele Unternehmen der Mikorelektronik gibt. Solche allein strukturelle Ursachen für Spillovers wollen Jaffe / Trajtenberg /Henderson bei ihrer Untersuchung ausschließen.

[291] Vgl. Zucker / Darby / Brewer 1994, Zucker / Darby /Armstrong 1994.

[292] Vgl. Bode 2001.

[293] Das Konzept der Pfadabhängigkeiten wird in **Kapitel 4.1** näher erläutert.

[294] Aus Platzgründen soll es hier bei der Erwähnung dieser einzelnen, exemplarischen Studien bleiben. Weitere Details liefern etwa Audretsch / Feldman 1996a, Echeverri-Carroll / Brennan 1999, Fischer 1999 oder Beal / Gimeno 2001.

3.4.1.2 Zugang zu Spezial-Inputs und Arbeitskräften

Bereits Marshall hat den Zugang zu Spezial-Inputs und Arbeitskräften als einen der wichtigsten Gründe für die Agglomeration von Wirtschaftsaktivitäten beschrieben.[295] Nach Ansicht von Porter macht eben dieser Zugang zu Bauteilen, Maschinen, Dienstleistungen und Angestellten die aktive Einbindung in ein Cluster zu einer sehr effizienten Organisationsform, die der vertikalen Integration, formellen Allianzen oder dem „Import" von Inputs aus geographisch entfernten Regionen überlegen ist.[296]

Dies hat eine ganze Reihe von Gründen: Durch die Beschaffung von Inputs von nahen statt von entfernten Geschäftspartnern („local" versus „distant" outsourcing) sinken die Transaktionskosten. Der etwaige Transport von Komponenten wird billiger, das Risiko von Verspätungen und damit die Notwendigkeit zur eigenen Lagerhaltung sinkt. Die Zulieferer aus dem eigenen Cluster unterliegen zudem einer stärkeren sozialen Kontrolle. Weil sich die Firmen im Cluster über ihre Erfahrungen austauschen, haben Preistreiber und unzuverlässige Geschäftspartner keine Chance. Hinzu kommt, dass die räumliche Nähe die Kommunikation unter den Geschäftspartnern erleichtert. Schnelle Reparaturen und die laufende Betreuung von Kunden werden einfacher. Für den Wettbewerbsvorteil von Firmen in einem regionalen Zentrum ist daher die Breite und Tiefe des Clusters oft entscheidender als die eigene Größe.[297]

Selbst beim Bezug von Inputs aus entfernten Regionen hätten Cluster-Mitglieder Vorteile. Potenzielle Zulieferer würden sich durch einen besonders harten Preiskampf um diesen attraktiven Markt bemühen und effiziente Vertriebswege aufbauen.

Informelle Beziehungen von Firmen innerhalb eines Clusters sind nach Ansicht von Porter meist formellen Allianzen und der vertikalen Integration vorzuziehen. Allianzen beschränkten häufig unnötig die Flexibilität. Die vertikale Integration, also die Ausdehnung des eigenen Geschäfts auf weitere Stufen im Produktionsprozess, binde Kraft des Managements, die besser auf die eigenen Kernkompetenzen verwandt würde.[298]

Besondere Vorteile bietet ein Cluster für die Rekrutierung von speziell ausgebildeten und erfahrenen Arbeitskräften. Einerseits ist in einem Cluster bereits ein Pool von solchen Spezialisten vorhanden. Andererseits ist für externe Arbeitskräfte der Zuzug in ein

[295] Vgl. Marshall 1890, S. 374ff.
[296] Vgl. Porter 1998a, S. 214.
[297] Vgl. Porter 1998a, S. 215.

aufstrebendes Ballungszentrum besonders attraktiv. Hier bieten sich ihnen Chancen, die das Risiko, dass bei einem Job-Verlust ein erneuter Umzug nötig wird, reduzieren.[299]

3.4.1.3 Komplementär-Effekte zwischen Cluster-Teilnehmern

Ein weiterer Grund für die produktivitätssteigernde Wirkung von regionaler Ballung ist, dass sich die Aktivitäten der einzelnen Cluster-Mitglieder oft positiv ergänzen.[300] So lebt etwa eine Touristenregion nicht nur von der Qualität ihrer primären Attraktion (einer historischen Sehenswürdigkeit oder schöner Strände). Vielmehr zählen auch die Qualität von Hotels, Restaurants und Einkaufsmöglichkeiten sowie die Verkehrsanbindung. Hier profitieren die lokalen Geschäftsleute gegenseitig voneinander.

Solche Komplementär-Effekte („complementarities") ergeben sich für verschiedene Industrien in einer Reihe von Geschäftsfeldern. Viele Cluster profitieren zum Beispiel von einem gemeinsamen Marketing – etwa dem geballten Auftritt auf Messen oder einer gemeinsamen Handelsdelegation. Gelingt es, den Namen einer Region als Markenzeichen zu etablieren, haben alle lokalen Firmen etwas davon.[301] Auch können Unternehmen von der Anziehungskraft von Konkurrenten und Partnern in der Region profitieren. So werden potenzielle Kunden bei einem Besuch in der Region womöglich gleich mit einer Reihe von Firmen in Kontakt treten.

3.4.1.4 Zugang zu Institutionen und öffentlichen Gütern

Cluster machen neben dem „stillschweigenden Wissen" in der Region (vgl. **Kap. 3.4.1.1**) auch viele Inputs, die anderswo zu bezahlen wären, zu öffentlichen oder quasi-öffentlichen Gütern.[302] So profitieren die Firmen erstens von speziellen öffentlichen Angeboten in der Region. Dazu zählen neben der Infrastruktur und Bildungsprogrammen auch etwa die Organisation von Messen oder günstige Ratschläge von gut informierten Regierungsagenturen. Neben diese klassische und in der ökonomischen Literatur breit diskutierte Form von öffentlichen oder quasi-öffentlichen Gütern[303] tritt in funktionierenden Clustern noch eine zweite Form: Die quasi-öffentlichen Güter als natürliches Nebenprodukt

[298] Vgl. Porter 1998a, S. 215.
[299] Vgl. dazu auch: Glaeser / Maré 1994; Rauch 1993; Pascal / McCall 1980.
[300] Vgl. Porter 1998a, S. 217/218.
[301] Beispiele für eine solche Markenbildung sind etwa die französische Weinregion Bordeaux oder Italiens Modezentrum rund um Mailand.
[302] Porter 1998a, S. 218.
[303] Zu den Anfängen vgl. etwa Musgrave 1966.

des Wettbewerbs.[304] Dazu zählen Informations- und Technologiepools, ein guter Ruf des Clusters bei potenziellen Kunden und Zulieferern sowie einige der oben beschriebenen Zugangsvorteile. Auch gezielte private Investitionen können sich Porter zufolge in quasi-öffentliche Güter verwandeln. So könnten gemeinsam finanzierte Trainingsprogramme, Testlabore oder Qualitätskontrollzentren die Firmen in der gesamten Region voranbringen.

3.4.1.5 Größerer Leistungsanreiz durch Vergleichbarkeit

Für Firmen innerhalb eines Clusters ist der Anreiz, eine hohe Produktivität zu erwirtschaften, größer als für räumlich isolierte Unternehmen.[305] Das liegt vor allem an einem durch die Nähe verstärkten Wettbewerbsdruck. Angesichts ähnlicher genereller Rahmenbedingungen, wie etwa Arbeitskosten und vorhandene Infrastruktur, fällt der Vergleich der Leistung von Firmen in einem Cluster besonders leicht. In Regionen mit dichten Netzwerken unterliegt das Management von einzelnen Firmen zudem einem starken Gruppendruck, selbst wenn es sich nicht um direkte Wettbewerber handelt. „Pride and the desire to look good in the local community motivate firms in their attempts to outdo each other."[306]

Auch der Erfolg von einzelnen Abteilungen großer Unternehmen lässt sich innerhalb eines Clusters besser messen. Oft gibt es in der Nachbarschaft Firmen, die ähnliche Aufgaben verrichten. Für das Management fällt da die Beurteilung der Leistung der eigenen Mitarbeiter leichter. Auf dieser Basis kann dann die Entscheidung zwischen Outsourcen oder selbst machen getroffen werden.[307]

3.4.2 Cluster als Motor für Innovationen

Wichtiger noch als für die aktuelle Produktivität der Firmen in einem Cluster könnten einige der oben genannten Faktoren nach Ansicht von Porter für Innovationserfolge und damit die langfristige Produktivität einer Region sein.[308] Zu einer äußerst optimistischen Einschätzung der Innovations-Aktivität von Clustern kommt die OECD: „In many countries, clusters of innovative firms are driving growth and employment. Innovative clusters of economic activity are becoming magnets for new technology, skilled personnel and research investment. These groups of enterprises tend to be well established and stable, innovating through strong

---

[304] Vgl. Porter 1998a, S. 219.
[305] Vgl. Porter 1998a, S. 219/220.
[306] Porter 1998a, S. 219.
[307] Vgl. Porter 1998a, S. 220.
[308] Vgl. Porter 1998a, S. 220.

backward and forward linkages with suppliers and customers."[309] Einige empirische Studien (vgl. auch **Kapitel 3.1**) bestärken diesen Eindruck. So gelangen beispielsweise Feldmann / Audretsch nach der Auswertung von Daten der US Small Business Administration's Innovation Data Base (SBIDB) zu dem Ergebnis, dass Innovationen ganz klar ein lokales Phänomen seien.[310] Danach kommen in der innovativsten Region der USA – dem Gebiet um San Francisco und Oakland – auf 100.000 Einwohner 8.886 Innovationen, gefolgt von der Region Boston-Lawrence mit 8.686 Innovationen per 100.000 Einwohner. Im US-Landesdurchschnitt lag diese Kennzahl lediglich bei 1.750.[311]

An dieser Stelle soll dass Augenmerk statt auf empirische Daten nun auf die theoretischen Gründe für die Innovationsvorteile von Clustern gelenkt werden. Diese lassen sich in zwei Blöcke untergliedern: Solche, die sich um die Produktionsfaktor Wissen ranken und jene, die andere Input-Faktoren betreffen.

3.4.2.1 Vorteile bei der Transmission von Wissen

In **Kapitel 3.4.1.1** wurde bereits der Zugang zu Wissen als Produktivitätsmotor herausgearbeitet. Mehr noch als ein Motor für die aktuelle Produktivität aber ist der Austausch von Wissen in regionalen Clustern ein Innovationsmotor.[312] Das lokale Wissen wird in der Literatur denn auch als Kernargument für die Überlegenheit von Ballungszentren im Innovationsprozess angeführt.

Marshall hat bereits im Jahr 1892 die Innovationskraft von eng verflochtenen Regionen erkannt: „The mysteries of the trade become no mysteries; but are as it were in the air, and children learn many of them unconsciously. Good work is rightly appreciated; inventions and improvements in machinery, in processes and the general organization of the business have their merits promptly discussed; if one man starts a new idea it is taken up by others and combined with the suggestions of their own, and thus becomes the source of further new ideas."[313]

---

[309] OECD 1999, S.7.
[310] Vgl. Feldman / Audretsch 1999.
[311] Vgl. Feldman / Audretsch 1999.
[312] Wie wichtig wiederum die kontinuierliche Innovationskraft von Firmen für das langfristige Wirtschaftswachstum ganzer Staaten ist vgl. etwa Grossman / Helpman 1991.
[313] Marshall 1932, S. 152-153. Erstveröffentlichung: 1892.

Utterback stellte im Jahr 1974 heraus, dass durch informelle und mündliche Kommunikation die wichtigsten Informationen über Marktbedürfnisse und technische Möglichkeiten übertragen werden, die letztlich zu Innovationen führen.[314] Spontane und ungeplante Treffen erwiesen sich oft als die wertvollsten. Goddard betonte 1978, dass spezielle und industriespezifische Informationen mit steigender Distanz steil abnehmen („steep distance decay").[315] Geographische Konzentration erlaube einen besseren Austausch.

Von Hippel, Lundvall, Johnson und Storper beschäftigten sich in den 80er und 90er Jahren näher mit dem Phänomen.[316] Sie betonten die Bedeutung von direkten Kontakten zwischen Nutzern und Produzenten für Innovationen. Diese Kontakte nähmen, so ihre Studien, mit der räumlichen Entfernung stark ab. Geographische Nähe wird damit zum entscheidenden Faktor für Innovationen. Von Hippel spricht in diesem Zusammenhang, wie oben bereits erwähnt, von „locational stickiness of knowledge"[317]. Die für Innovationen so wichtigen informellen Wissens-Flüsse ließen sich über weite Entfernungen kaum aufrecht erhalten.

Zusammenfassend ergeben sich drei Ebenen, auf denen das Wissen in einer Region als Motor für Innovationen eine zentrale Rolle spielt:

- Erstens können Firmen in einem Cluster durch informelle Beziehungen untereinander sowie zu den lokalen Universitäten und anderen Institutionen schneller als regional isolierte Unternehmen die Möglichkeiten neuer Technologien erkennen. Durch den aktiven Austausch in engen Netzwerken sind sie früh über mögliche Neuerungen bei Produkten oder ihren Bauteilen sowie Dienstleistungen und Marketing-Konzepten informiert. Isolierte Firmen müssen einen Teil ihrer Ressourcen einsetzen, um dieses Wissen intern zu generieren.[318]

- Zweitens werden Firmen in einem Cluster schneller auf sich wandelnde Kundenwünsche aufmerksam. Sie profitieren von der Konzentration von anderen Unternehmen mit Kunden-Wissen, mit denen sie in ständigem Kontakt stehen und können so neu entstehende Marktchancen schnell nutzen.

---

314 Vgl. Utterback 1974, S. 658-662.
315 Vgl. Goddard 1978.
316 Vgl. von Hippel 1988; Lundvall 1988; Lundvall / Johnson 1994; Storper 2000.
317 Vgl. von Hippel 1988, S. 1-2.
318 Vgl. Porter 1998a, S. 221.

- Drittens minimieren sie das Risiko von Fehlinvestitionen, weil sie von anderen Cluster-Mitgliedern, etwa von Zulieferern, potenziellen Kunden oder Forschern, schnell Rückmeldung für ihre Innovationen und Ideen bekommen („short feedback loops").[319] Dieses schnelle Feedback ist für neue Produkte und Dienstleistungen, die in einem iterativen Prozess zwischen Produzenten und Abnehmern entstehen, besonders wichtig.

3.4.2.2 Vorteile bei anderen Input-Faktoren

Firmen, die durch Wissensvorsprünge die Chancen einer Innovation erkennen, haben innerhalb eines Clusters besonders gute Voraussetzungen diese in die Tat umzusetzen. Gründe dafür sind erstens die schnelleren Reaktionszeiten von Firmen in Ballungszentren und zweitens deren Möglichkeit, zu niedrigeren Kosten zu experimentieren.[320]

Eine Firma in einem Cluster kann die einzelnen Komponenten und Dienstleistungen, um eine Innovation auf den Markt zu bringen, schneller zusammenstellen als ein regional isoliertes Unternehmen. Ob es sich um eine neue Produktlinie, einen neuen Produktionsprozess oder ein neues Logistik-Modell handelt, lokale Zulieferer und Partner lassen sich in den Innovationsprozess einbinden. Hinzu kommt, dass sich neue Spezialisten häufig auf dem lokalen Markt rekrutieren lassen.

Firmen im Cluster können zudem billig experimentieren. Sie können mit potenziellen Zulieferern oder Dienstleistern zunächst auf Zuruf zusammenarbeiten, bis sich ihre Innovationsidee tatsächlich als erfolgreich erweist. „In contrast, a firm relying on distant outsourcing faces greater challenges in contracting, securing delivery, obtaining associated technical and service support, and coordination across complementary entities..."[321]

Diese Innovationsvorteile werden nach Ansicht von Porter durch den oben bereits beschriebenen größeren Wettbewerbs- und Gruppendruck für Firmen in Clustern noch verschärft.[322]

Es gibt allerdings auch Umstände, unter denen sich ein Cluster als regelrechte Innovationsbremse erweisen kann.[323] Wenn der interne Wettbewerb etwa durch Kartelle und

---

[319] Vgl. Enright 2001, S. 8; Howells 1999, S. 85.
[320] Vgl. Porter 1998a, S. 221/222.
[321] Porter 1998a, S. 221.
[322] Vgl. Porter 1998c. Ähnlich argumentieren Vertreter des Konzepts der „innovativen Milieus" wie Aydalot / Keeble 1988, Camagni 1991 oder Maier / Weber 1997.

Absprachen oder ein striktes regulatives Umfeld gehemmt ist, kann sich eine Region in ein Cluster von Besitzstandswahrern verwandeln, in dem neue Ideen keine Chance haben. Dieser Fall wird in **Kapitel 3.5.4** über den Fall von Clustern thematisiert.

3.4.3 Cluster als Motor für Unternehmensgründungen

Die meisten neuen Unternehmen entstehen nach Ansicht von Porter innerhalb von existierenden Clustern und nicht an isolierten Standorten.[324] Dies hat drei zentrale Gründe, die sich teils mit den bereits herausgearbeiteten Faktoren für die höhere Produktivität und Innovationskraft von Clustern decken:

- Erstens ballen sich innerhalb eines funktionierenden Clusters die Informationen über *Möglichkeiten zum Markteintritt*. Potenzielle Gründer, die bereits in der Region arbeiten, profitieren vom regen Informationsfluss und können neue Marktchancen schnell erkennen.

- Zweitens sind die *Barrieren für einen Markteintritt* in Clustern häufig niedriger als andernorts. Die nötige Infrastruktur, ausgebildete Arbeitskräfte und andere wichtige Inputs sind in der Region bereits vorhanden und lassen sich für Gründer und ihre neuen Ideen leichter nutzen. Kapitalgeber, die mit dem lokalen Markt vertraut sind, verlangen womöglich eine niedrigere Risikoprämie auf ihr Kapital.[325] Und für die geplanten neuen Produkte und Dienstleistungen ist meist bereits ein lokaler Markt vorhanden.

- Durch bessere Informationen und niedrigere Eintrittsbarrieren schätzen potentielle Gründer drittens das *Risiko eines Markteintritts* in einem Cluster geringer ein als an einem isolierten Standort. Oft können sie auf bereits geknüpfte Beziehungen zu Zulieferern, potenziellen Kapitalgebern und Abnehmern zurückgreifen.

3.4.4 Besondere Vorteile für kleine Firmen

Kleine Firmen profitieren in besonderem Maße von der Ansiedlung in einem Cluster. Sie haben naturgemäß bei der Auswahl von Geschäftspartnern im Vergleich zu großen Unternehmen oder gar multinationalen Konzernen ein geographisch beschränktes

---

[323] Vgl. etwa Porter 1998a, S. 243ff.; Enright 2001, S. 14 oder Krugman 1991, S. 33.
[324] Vgl. Porter 1998a, S. 224f.
[325] Vgl. Porter 1998a, S. 224.

Blickfeld.[326] Durch die Ansiedlung in Regionen mit regem Informationsaustausch und intensiven Kontakten zwischen verschiedenen Spielern einer Industrie, erhöhen sie ihre Chance, die richtigen Partner zu finden.

Verschiedene Studien ergeben zudem, dass es kleinen Firmen besonders gut gelingt, von Forschungs- und Entwicklungsergebnissen an Universitäten zu profitieren.[327] „Apparently large firms are more adept at exploiting knowledge created in their own laboratories, while their smaller counterparts have a comparative advantage at exploiting spillovers from university laboratories.“[328] Kleine Unternehmen, die sich, wie etwa im Silicon Valley, rund um renommierte Universitäten und Forschungseinrichtungen ansiedeln, können so in der Konkurrenz zu Großunternehmen die niedrigeren eigenen Ausgaben für Forschung- und Entwicklung kompensieren. Hinzu kommt, dass sich kleine Firmen erfahrungsgemäß besonders engagiert in lokale Netzwerke einbringen, auch um voneinander zu lernen.[329]

Wie Enright betont, wird die Integration in ein Cluster so für kleine Firmen zum Ersatz für schiere Größe – zum Substitut für beides, die vertikale Integration und die Diversifikation.[330] „The net result is that geographic concentration allows for the development of vertically disintegrated structures by allowing each activity to be performed at its optimal scale, reducing the cost of negotiating and monitoring transactions, enhancing the interdependence of firms, and by supplying additional mechanisms to organize economic behavior.“[331] Als Beispiele nennt Enright etwa die Produktion von Messern in Solingen oder von Textilien in Prato / Italien, wo sich Hunderte von kleinen Firmen auf jeweils einen einzigen Schritt im Produktionsprozess spezialisiert haben.

Auch so manche horizontale Diversifikation werde in einem Cluster überflüssig. Schließlich könnten vernetzte Unternehmen in der Region eine Reihe von Inputs gemeinsam nutzen. Dadurch reduziere sich die optimale Größe eines Unternehmens (optimal scope of the firm). „Firms within regional clusters can thus have a narrower scope than might be expected otherwise.“[332]

---

[326] Vgl. Taylor 1975.
[327] Vgl. Audretsch / Feldman 1996a; Link / Rees 1990.
[328] Audretsch 2000, S. 71.
[329] Vgl. Rosenfeld 1996.
[330] Vgl. Enright 2001, S. 10. Siehe auch Goldstein / Gronberg 1984.
[331] Enright 2001, S. 10.
[332] Enright 2001, S. 10.

3.4.5 Kosten der Clusterbildung – der Nutzen überwiegt

Bisher unerwähnt geblieben sind mögliche Kosten der Ansiedlung in einem Cluster, die in der ökonomischen Literatur seit langem unter Stichworten wie Stauungs- oder Überfüllungskosten diskutiert werden.[333] Diese Begriffe lassen sich zum Teil wörtlich nehmen. So sind die beiden Hauptverkehrsadern des Silicon Valley, die Highways 101 und 280, die San Francisco im Norden des Tals und San José im Süden verbinden, zu allen Stoßzeiten komplett verstopft. Programmierer und Manager verlieren Stunden wertvoller Arbeitszeit im Stau. Hinzu kommt, dass die Preise für Apartments in der Region über Jahre rasant gestiegen sind.[334] Mit den Lebenshaltungskosten aber stiegen auch die Kosten für die Arbeitskräfte. So mussten Unternehmen im Valley ihren Mitarbeitern deutlich höhere Löhne zahlen als Firmen in der Provinz. Teils wurde es für sie sogar schwierig, überhaupt geeignete Angestellte zu finden. In einem boomenden Cluster kann also ein intensiver Wettbewerb um knappe Inputfaktoren, wie etwa den Faktor Arbeit, entstehen.[335]

Die auf den vergangenen Seiten diskutierten positiven Effekte der Clusterbildung machen diese negativen Externalitäten jedoch in vielen Fällen mehr als wett. Dies gilt besonders für junge und kleine Unternehmen aus der High- und Biotech-Branche, die von der regionalen Ballung überproportional profitieren. Der Hauptvorteil der Ansiedlung in Clustern für solche Firmen liegt im regen Informations- und Wissensaustausch mit potentiellen Partnern und Konkurrenten. Dieser Austausch, häufig auf informeller Ebene, trägt wie in den vorangehenden Abschnitten gezeigt wurde, entscheidend dazu bei, dass Neugründungen überhaupt realisiert werden, dass diese eine große Innovationskraft entfalten und zum wichtigen Produktivitätsmotor werden.

3.5 Evolution von Clustern

In den folgenden Abschnitten sollen die Gründe für den Aufstieg und Fall von Clustern herausgearbeitet werden. Diese sind für den Fortgang dieser Arbeit besonders interessant, weil sich daraus womöglich konkrete Handlungsanweisungen an die Politik zur Förderung von regionalen Ballungszentren ableiten lassen, die in **Kapitel 4** näher erläutert werden.

---

[333] Vgl. Dohse 2000, S. 19.
[334] Vgl. Michler 2000b.
[335] Vgl. Dohse 2000, S. 19.

3.5.1 Ein integrierter Erklärungsansatz

Zur Erklärung der Evolution von Clustern wird im Folgenden im Wesentlichen auf drei Denkschulen zurückgegriffen, deren Argumente bereits teilweise in **Kapitel 3.4** eingeflossen sind: Die Marshallsche Agglomerationstheorie[336], die von Krugman begründete Neue Ökonomische Geographie (NÖG) und ein evolutionsökonomischer Ansatz. Die beiden erstgenannten Schulen zählen zu den neoklassischen Agglomerationstheorien, die die räumliche Verteilung von Wirtschaftssubjekten grundsätzlich als Gleichgewicht von Zentripetal- und Zentrifugalkräften verstehen.[337] [338] Beide Theorien betonen jedoch unterschiedliche Agglomerationsvorteile.

Marshall begründete das Konzept der externen Erträge („external economies“), die er als wichtige Ursache für die räumliche Konzentration von Firmen erkannte.[339] Bei ihm finden sich vier Arten von solchen externen Erträgen. So profitieren Firmen in einer Agglomeration erstens von so genannten Informations-Spillovers (**vgl. auch Kap. 3.4.2.1**), zweitens von einem gemeinsamen Markt für spezialisierte Arbeitskräfte, drittens vom günstigen Zugriff auf andere Input-Faktoren und viertens von der geballten Anziehungskraft auf Konsumenten.[340]

Krugman baut das letzte Argument von Marshall aus und erklärt Agglomerationen vor allem durch so genannte Marktgrößeneffekte (market size effects).[341] In seinem Modell ergeben sich Cluster aus dem Zusammenwirken von steigenden Skalenerträgen bei der Produktion von Gütern, den Transportkosten zur Überwindung von Distanzen und der jeweiligen lokalen Nachfrage.[342]

Dass beide Theorien mit Gleichgewichtszuständen argumentieren, macht sie mathematisch operabel und übersichtlich. Es birgt aber die Gefahr des Reduktionismus. Womöglich greifen bei der Entstehung von Clustern eine Reihe von sich selbst verstärkenden Prozessen, die eben dafür sorgen, dass sich das System für eine Weile nicht im Gleichgewicht befindet. Diese instabilen Zustände könnten ein Schlüssel zu der Erklärung von Agglomerationen sein, der bei strikt neoklassischer Argumentation unerforscht bliebe.

---

336 Zu diesem Begriff vgl. Roos 2002, S. 61, 65ff.
337 Vgl. Roos 2002, S. 61.
338 Einen guten Überblick über die NÖG liefert auch Krieger-Boden 2000.
339 Vgl. Marshall 1890, S. 374f. (Chap. XIII, §1).
340 Vgl. Marshall 1890, S. 374ff.
341 Vgl. Krugman 1991, S. 15ff. und Roos 2002, S. 61ff.
342 Zu Einzelheiten des Modells vgl. **Kapitel 3.5.2.3**.

Die oben genannten Theorieansätze sollen deshalb hier in einen evolutionsökonomischen Rahmen gestellt und um einige Argumentationslinien ergänzt werden. Dahinter steht die Überzeugung, dass die alleinige Modellierung von Gleichgewichten den Prozess der Clusterbildung nur unzureichend abbildet und politische Akteure so auf falsche Fährten locken könnte. So könnten etwa externe Veränderungen je nach Selbstorganisation einer Region unterschiedliche lokale Wechselwirkungen und Rückkopplungen auslösen. Dies kann eine eigene Dynamik begründen, die durch eine Reihe von instabilen Zuständen zu nachhaltigen Veränderungen im bestehenden System führt.

Neben der Evolutionsökonomie und den genannten neoklassischen Ansätzen fließen auch Argumente in die folgende Darstellung ein, die in anderen, benachbarten Theoriegebieten vertieft wurden. Zu nennen sind etwa die Informationstheorie mit ihrer Unterscheidung zwischen Informationen und Wissen[343] und die Innovationstheorie, die sich speziell mit Wissens-Spillovers und Netzwerken befasst[344]. Deren Erkenntnisse wurden mit Blick auf den hiesigen Untersuchungsgegenstand und nach Plausibilitätsgesichtspunkten ausgewählt. Auf eine detaillierte Darstellung der einzelnen Theoriegebäude und ihre dogmengeschichtliche Einordnung[345] wird verzichtet. Sie ist für den Gang dieser Untersuchung nicht zielführend.

3.5.2 Entstehung von Clustern

Welche Vorteile regionale Ballungszentren für die verschiedenen Beteiligten haben, wurde im voran gehenden Kapitel bereits umfassend erläutert. Daraus wurde deutlich, warum sich überhaupt Cluster bilden. Offen ist aber bisher noch die Frage, wo diese Ballungszentren entstehen. Warum siedeln sich bestimmte Industrien gerade in einer Region an? Warum fallen andere Regionen trotz scheinbar ähnlicher Rahmenbedingungen immer mehr zurück? Aus der ökonomischen Literatur lassen sich dafür vier Erklärungsansätze herausfiltern: Der erste geht vom Zufall aus, der zweite betrachtet vor allem die unterschiedlichen Angebotsbedingungen, der dritte legt den Schwerpunkt auf die unterschiedlich ausgeprägte lokale Nachfrage und der vierte betont die positiven Rückkopplungen innerhalb einer Region. In der Realität wird häufig ein Mix aus allen vier Faktoren den Ausschlag für die Entstehung von Clustern geben.

---

[343] Vgl. Audretsch / Feldmann 1996a und 1996b oder Romer 1986.
[344] Vgl. Echeverri-Carroll 2001 oder Karlsson / Manduchi 2001.
[345] Einige Ansätze dazu liefert Tichy 2001.

3.5.2.1 Der Zufallsfaktor

Nicht etwa ökonomische Faktoren, sondern der pure Zufall gibt nach Einschätzung von Krugman[346] und Porter[347] häufig die Initialzündung für das Entstehen eines Clusters. Ausschlaggebend seien oft die Aktionen einzelner Unternehmensgründer („acts of entrepreneurship"), die sich nicht durch lokale Standortfaktoren allein erklären ließen. So verfolgt Krugman den Aufstieg der kleinen Stadt Dalton in Georgia zu Amerikas Teppich-Metropole des letzten Jahrhunderts zurück zu einer gewissen Catherine Evans. Sie habe 1895 eine speziell geknüpfte (tufted) Tagesdecke verschenkt und später begonnen, solche Decken kommerziell zu produzieren – zunächst für Frauen in der Nachbarschaft, dann mit deren Hilfe für weiter entfernte Regionen. Der Grundstein für das lokale Knüpf-Gewerbe, aus dem sich nach dem Zweiten Weltkrieg die Teppichindustrie entwickelte, war gelegt.

Solche Zufälle können unter günstigen Rahmenbedingungen also eine positive Spirale auslösen, die eine Region zum bevorzugten Standort einer bestimmten Industrie macht. „[S]mall accidental events start a cumulative process in which the presence of a large number of firms and workers acts as an incentive for still more firms and workers to congregate at a particular location. The resulting pattern may be determined by underlying resources and technology at some very aggregative level; but at ground level there is a striking role for history and accident."[348] [349]

Für die Wissenschaft ist der Umgang mit einmaligen Ereignissen und Zufällen allerdings methodisch äußerst schwierig, lassen sich doch aus Singularitäten kaum Gesetzmäßigkeiten und formale Zusammenhänge ableiten.[350] Zur Analyse von Einzelphänomenen in High-Tech-Regionen kann da das Konzept der Selbstorganisation hilfreich sein.[351] „Die dahinter stehende Idee schlägt vor, die Summe aller Singularitäten als quasi-kalkulierbare und systemimmanente Komponenten des Entwicklungsprozesses zu interpretieren."[352] Ein Ziel könnte es sein, „to identify families of situations, possibly in very different contexts, in which

[346] Vgl. Krugman 1991, S. 65 ff.
[347] Vgl. Porter 1998a, S. 238 ff.
[348] Krugman 1991, S.66-67.
[349] Solche kumulativen Prozesse werden in **Abschnitt 3.5.3.2** näher erläutert und spielen auch in **Kapitel 3.5.4** eine Rolle. Nelson spricht statt von kumulativen Prozessen von dynamisch zunehmenden Erträgen, die Pfadabhängigkeiten begründen und ebenfalls häufig vom Zufall initialisiert sind. Vgl. Nelson 1995, S. 73 f. Pfadabhängigkeiten werden in **Kapitel 4** weiter vertieft.
[350] Vgl. Hilpert 2001, S. 78.
[351] Vgl. Krugman 1996.
[352] Hilpert 2001, S. 79.

similar principles and behavoir arise".[353] Studien müssten zeigen, dass vergleichbaren regionalen Entwicklungen ähnliche Typen von Zufällen zu Grunde liegen. Hier steht die Wissenschaft noch am Anfang. Die Chancen für die künftige Forschung auf diesem Gebiet aber sind immens: „Könnte (..) die Hypothese der Historizität durch die Entdeckung einer Systematik der Zufälligkeit widerlegt werden, wäre der Grundstein für eine krisensichere Politikberatung gelegt"[354], schreibt Hilpert. Die Hoffnung auf eine „krisensichere" Politikberatung mag eine Übertreibung sein. Zumindest aber bekämen Empfehlungen an die Politik deutlich mehr Gewicht, wenn man dem Zufall weniger Einfluss auf die Entwicklung von High-Tech-Regionen zuschreiben müsste. In **Kapitel 3.5.2.4** wird deshalb ein Schwerpunkt auf das Konzept der Selbstorganisation gelegt.

3.5.2.2 Günstige Angebotsbedingungen

Der älteste Grund für die Ansiedlung einer bestimmten Industrie an einem bestimmten Ort ist der Zugang zu einzigartigen natürlichen Ressourcen.[355] So ist in Saudi-Arabien ein Öl-Cluster entstanden, weil es dort Öl gibt. Die Stahl- und Kohleindustrie siedelte sich im Rheinland an, weil dort Kohlevorkommen waren. Die Chemie- und Textilindustrie entwickelte sich im 19. Jahrhundert entlang großer Flussläufe, weil sie erstens viel Wasser brauchte und zweitens den Fluss als günstigen Transportweg nutzen konnte.[356]

Der zweite klassische angebotsbedingte Grund für die Clusterbildung eine gut ausgebaute Infrastruktur. Neben Flussläufen können dichte Bahnnetze[357], Autobahnen, Häfen oder nationale und internationale Flughäfen einen entscheidenden Ausschlag für die Entstehung von Ballungszentren geben. Hinzu kommt, besonders für die High-Tech-Industrie relevant, der Zugang zu gut ausgebauten Telekommunikationsnetzen. So führt Porter die Entstehung des Telemarketing-Clusters in Omaha, Nebraska, auf eine Entscheidung der U.S. Air Force zurück, ihr strategisches Luftabwehrkommando (Strategic Air Command SAC) in der Stadt anzusiedeln.[358] Als erste Region in den USA wurde Omaha daraufhin mit Glasfaserkabeln ausgestattet. Der lokale Telekommunikationsanbieter baute zudem besondere Kapazitäten auf, um dem anspruchsvollen Großkunden zu genügen.

---

[353] Krugman 1996, S. 47.
[354] Hilpert 2001, S. 79.
[355] Vgl. Enright 2001, S. 6.
[356] Vgl. auch Weber 1929.
[357] Vgl. Krugman 1991, S. 31.
[358] Vgl. Porter 1998a, S. 239.

Eine zentrale Rolle, besonders für die Gründung von High- und Biotech-Clustern, spielt zudem die Existenz von lokalen Universitäten und Forschungszentren. Von diesen gehen, wie bereits in **Kapitel 3.4** beschrieben, eine Reihe positiver Externalitäten für Firmen in der gesamten Region aus. So haben viele prosperierende Unternehmen in Massachusetts ihren Ursprung in Forschungsergebnissen von Harvard und dem MIT.[359] Viele Gründer des Silicon Valley studierten einst in Stanford, Berkeley oder an der University of San Francisco; in der Biotech-Region München sind eine Reihe von Forschern vom Max-Planck-Institut oder dem renommierten Klinikum Großhadern zu Unternehmern geworden (vgl. **Kapitel 8.2**). Universitäten und Forschungszentren sind nicht nur als Hort potenzieller Gründer interessant. Sie versorgen die Firmen in der Region mit weiteren, entscheidenden Angebotsfaktoren: Aktuellem Wissen und gut ausgebildeten Arbeitskräften (vgl. **Kapitel 3.4.1.1** und **3.4.2.1**).

3.5.2.3 Lokale Nachfrage

Neben dem lokalen Angebot kann aber auch die örtliche Nachfrage eine entscheidende Rolle für die Entstehung von Ballungszentren spielen. Krugman arbeitet diese Rolle in seinem „Model of Geographic Concentration" heraus.[360] Zur geographischen Konzentration führt danach das Zusammenspiel von drei Faktoren: Skaleneffekten, Transportkosten und der lokalen Nachfrage. Skaleneffekte in der Produktion geben Unternehmern den entscheidenden Anreiz, ihre Aktivitäten an einigen wenigen Standorten zu konzentrieren. Angesichts steigender Transportkosten über die Entfernung werden sie jene Standorte auswählen, an denen die lokale Nachfrage am größten ist. Die lokale Nachfrage aber wird genau dort besonders groß sein, wo sich die Mehrheit der Produzenten ansiedelt. So kann laut Krugman ein kumulativer Prozess (vgl. auch **Kap. 3.5.3.2**) beginnen. Der Grundstein für die Entstehung eines Clusters ist gelegt. „The concentration of production, if it happens, depends on a demand externality. Manufacturers want to locate where the market is largest; the market is largest where the manufacturers locate."[361]

Krugman geht dabei von Unternehmen aus, die Konsumgüter produzieren. Diese werden in seinem Modell von den jeweiligen Arbeitern in den Fabriken selbst konsumiert. So steigt mit der Konzentration auch immer die lokale Nachfrage. Das ist eine für die Berechnungen sinnvolle Vereinfachung, die der Realität allerdings nur teilweise entspricht. Zu Recht bemerkt deswegen Enright, dass die Nähe zu Konsumenten-Märkten angesichts globaler

---

359 Vgl. Porter 1998a, S. 237.
360 Vgl. Krugman 1991, S. 14-25.
361 Krugman 1991, S. 20.

Transportmöglichkeiten immer mehr an Bedeutung verloren hat.[362] Umso wichtiger sei die Nähe allerdings für Güter und Dienstleistungen geworden, die eine ständige Interaktion mit den Kunden erforderten. Dazu zählen insbesondere wissens- und serviceintensive Produkte, die im Zentrum dieser Arbeit stehen.

Vor diesem Hintergrund aber kann schon die Existenz einer großen Firma etwa in der Speicherchip- (vgl. Intel) oder Medizingeräteindustrie (vgl. Jenoptik) den Ausschlag für die nachfragebedingte Entstehung eines Clusters geben. Um die Kernfirma nämlich wird sich eine Reihe von Zulieferern ansiedeln, die zunächst vor allem von dem einen Auftraggeber leben. Ein so genanntes Narben-Speichen-Cluster entsteht (vgl. **Kapitel 3.2.2**).

Berechtigte Kritik wird auch an einer anderen Einschränkung von Krugmans Modell geäußert[363]: Er betrachtet bei der Standortwahl von Firmen allein die pekuniären Externalitäten, wie etwa die lokale Nachfrage oder die messbaren Einsparungen bei den Transportkosten. Wie die vorangehenden Kapitel gezeigt haben, sind aber gerade Wissens-Spillovers ein Schlüsselfaktor für die Standortwahl von High-Tech-Firmen. Diese schließt Krugman in seiner Analyse als „statistisch nicht meßbar" und daher für die wissenschaftliche Diskussion ungeeignet aus.[364] [365]

3.5.2.4 Positive Rückkopplungseffekte

In den vorangegangenen Abschnitten war bereits von „positiven Spiralen" und „kumulativen Prozessen" die Rede, die, angeschoben vom Zufall oder einer gestiegenen lokalen Nachfrage, die Entstehung eines Clusters begründen können. In der evolutionsökonomischen Literatur werden solche dynamischen Prozesse genauer beleuchtet. Angelpunkt ist das Konzept der Selbstorganisation, das in regionalen Systemen eine interne Dynamik erzeugt.

Danach wird die Entstehung von Clustern durch zwei Arten von Mechanismen begründet: Externe Veränderungen und lokale Wechselwirkungen („local interactions").[366] Externe Veränderungen können sich etwa aus technischen Neuerungen, der Eröffnung neuer Märkte oder politischen Eingriffen ergeben. Diese Veränderungen führen nun, je nach

---

[362] Vgl. Enright 2001, S. 6.
[363] Vgl. Echeverri-Carroll 2001, S. 152ff.
[364] Vgl. Krugman 1991, S. 52/53.
[365] Jüngere empirische Studien können die Bedeutung von Wissens-Spillovers allerdings belegen. Vgl. **Kapitel 3.4.1.1**.
[366] Vgl. Brenner 2001, S. 3.

Selbstorganisation des regionalen Systems, zu lokalen Wechselwirkungen und positiven Rückkopplungen. Es ergibt sich eine Eigendynamik, deren Ergebnis ein neuer Zustand des regionalen Systems sein kann. „Selbstorganisierende Systeme zeichnen sich dadurch aus, dass eine Veränderung der äußeren Bedingungen eine interne Dynamik anregt, welche zu alternativen attrahierenden Ruhezuständen des Systems führen kann.“[367]

Brenner hat sieben Gruppen von Rückkopplungseffekten aufgezeigt, die bei der Entstehung von industriellen Clustern eine wichtige Rolle spielen könnten.[368] Diese positiven lokalen Externalitäten bezieht er in sein mathematisches Modell ein, das weiter unten erläutert wird.

Die erste positive Rückkopplung ergibt sich bei der Akkumulation von Humankapital: Firmen profitieren einerseits von gut ausgebildeten Kräften auf dem lokalen Arbeitsmarkt. Andererseits bilden sie, mit etwas zeitlicher Verzögerung, selbst Humankapital heran, das dann wiederum anderen Firmen und Startups in der Region zur Verfügung steht. Das kommunizierbare und das stillschweigende Wissen (tacit knowledge) in der Region vergrößert sich. Die bestehenden Firmen werden innovativer, produktiver und wettbewerbsfähiger und immer mehr Startups können entstehen.

Der zweite Rückkopplungseffekt folgt aus informellen Kontakten zwischen den Mitarbeitern verschiedener Firmen in der Region. Durch diesen Informationsfluss steigt die Innovationsfähigkeit und die Innovationsgeschwindigkeit beider Seiten. Die beteiligten Firmen werden wettbewerbsfähiger und können schneller wachsen. Das wiederum erhöht die Wahrscheinlichkeit für informelle Kontakte.

Der dritte Rückkopplungseffekt ergibt sich bei gegenseitiger Abhängigkeit von Firmen. In manchen Branchen, wie etwa der Filmindustrie, ist die Zusammenarbeit mit anderen Firmen überlebenswichtig. Das zieht die Firmen in enge Nachbarschaft zueinander, was wiederum ihre Wettbewerbsfähigkeit erhöht.

Ähnliches gilt, viertens, für die Kooperation von unabhängigen Firmen. Diese ist in der Nachbarschaft einfacher, weil weniger Transaktionskosten entstehen, und erhöht ebenfalls die Innovationskraft und Wettbewerbsfähigkeit der Partner, hilft ihnen zu wachsen, was wiederum neue Möglichkeiten zur Kooperation eröffnet. Außerdem entwickelt sich in einer

---

[367] Brenner / Fornahl 2001, S. 622.

Region mit Firmen, die gute Erfahrungen mit Kooperationen gemacht haben, eine positive Einstellung zu solch einer Zusammenarbeit, was wiederum die Chance für neue, erfolgreiche Kooperationen eröffnet.

Quelle für einen fünften positiven Rückkopplungseffekt ist der lokale Kapitalmarkt. Startups sind in ihrer Finanzierung besonders auf Risikokapitalgeber und größere Firmen in der Region angewiesen. Je mehr Firmen einer Industrie in einer Region existieren, umso größer ist die Wahrscheinlichkeit, dass Neue finanziert werden. Dieser Effekt wird noch verstärkt, weil Banken und Venture Capitalists in der Regel in Industrien investieren, mit denen sie in der Vergangenheit bereits Erfahrungen gesammelt haben.

Ein sechster, sich selbst verstärkender Prozess kann von der öffentlichen Meinung in einer Region getragen werden. Menschen, die die Zukunft ihrer Region optimistisch sehen, ziehen Gründer und Investoren an. Das wiederum stärkt den Optimismus.

Schließlich kann siebtens die Lokalpolitik den Firmen in der Region positive Rückkopplungseffekte bescheren. Je stärker nämlich die Firmen würden, so Brenner, desto stärker sei ihr Einfluss auf die Politik.[369] Dadurch könnten sich die Standortbedingungen stetig verbessern und immer mehr erfolgreiche Firmen in der Region entstehen. Denkbar ist allerdings auch ein umgekehrter Effekt, den Brenner nicht erwähnt: Die etablierten Firmen machen ihren Einfluss als Bremser geltend, drängen auf Eintrittsbarrieren, um unliebsame Konkurrenten aus ihrem lokalen Biotop fernzuhalten. Gefährliche Verkrustungen und damit der Fall des Clusters sind programmiert (vgl. **Kapitel 3.5.4.2**).

Eine Reihe von Fallstudien liefert Belege für einige der oben genannten Rückkopplungseffekte.[370] Einzelne von ihnen werden im **empirischen Teil** näher erläutert. An dieser Stelle soll lediglich Brenners Gedankengang aufgezeigt und sein für den evolutorischen Ansatz durchaus richtungsweisender Modellvorschlag erwähnt werden.[371] Brenners Gleichungssystem baut auf einem Geflecht von aus der theoretischen Biologie abgewandelten symbiotischen Beziehungen zwischen den verschiedenen Wirtschaftssubjekten in einer Region auf. Als Folge aus diesen Beziehungen ergibt sich ein so genannter Hysterese-Effekt.

---

[368] Vgl. Brenner 2000, S. 12ff.
[369] Vgl. Brenner 2000, S. 15.
[370] Vgl. etwa Saxenian 1994, Dalum 1995, Rabellotti 1997, Enright 1995 oder Stenke 2002, der die Wechselwirkungen von Konzernen auf einen Standort am Beispiel der Siemens AG in München untersucht.
[371] Vgl. Brenner 2001.

„In such a case, small changes of one variable, the external conditions here, lead to small respective changes in the other variable, the state of the local system here, in most situations. However, at certain levels of the external conditions, the local system reacts to small changes with dynamics that lead it far away from the previous state.“[372]

Abbildung 4: Modell der lokalen wirtschaftlichen Aktivität

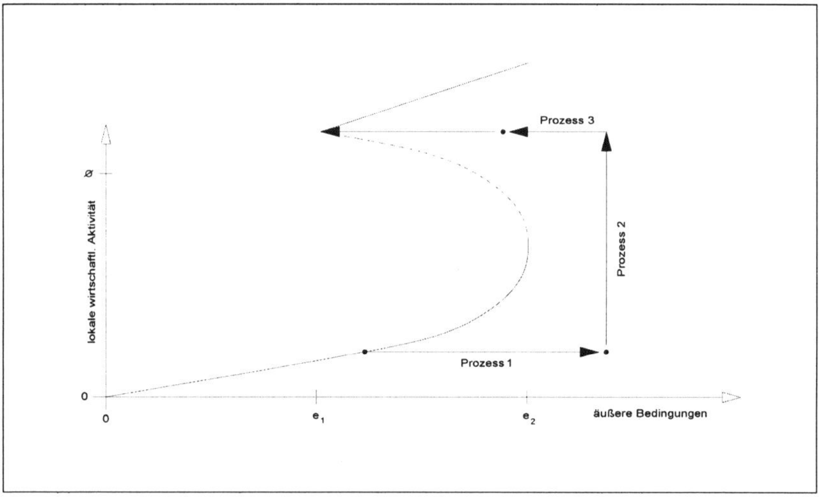

Quelle: Brenner 2001, S. 15, leicht abgewandelt.

Auf diese Weise können in einer Region zwei stabile Zustände entstehen (siehe **Abbildung 4**): einer mit geringer wirtschaftlicher Aktivität in einer bestimmten Branche und ein Zustand mit hoher Aktivität. Im ersten Zustand wächst die Aktivität bei einer Veränderung der äußeren Bedingungen, etwa einer Ausweitung des Marktes, entlang des unteren Astes der Grafik (Prozess 1). Dieser Prozess setzt sich fort, bis das Marktvolumen die Marke von e_2 und damit die kritische Masse überschreitet. Jetzt gewinnt das Aktivitätswachstum dank der oben beschriebenen Rückkopplungseffekte eine Eigendynamik und entfernt sich weit von dem anfänglichen Stadium (Prozess 2) – der Hysterese-Effekt setzt ein. Dieser Effekt bewirkt eine nachhaltige Veränderung. Denn die Aktivität der Region bewegt sich jetzt im zweiten stabilen Zustand, dem oberen Ast der Grafik. Selbst wenn sich die äußeren Bedingungen nun wieder verschlechtern sollten, das Marktvolumen etwa wieder sänke, bliebe ein hoher Grad an

[372] Brenner 2001, S. 13.

wirtschaftlicher Aktivität bestehen (Prozess 3), solange die Marke von e_1 nicht unterschritten wird.

Dieses Modell kann über seine instabilen Zustände und seine Eigendynamik nicht nur die Entstehung von Clustern erklären. Mit seiner Hilfe lässt sich auch ein ganzer Lebenszyklus von Clustern aufzeigen, der in **Kapitel 3.5.3.3** thematisiert wird.

3.5.3 Entwicklung von Clustern

In der ökonomischen Literatur finden sich verschiedene Ansätze, um die Entwicklung von Clustern zu erklären. Diese lassen sich in drei Hauptstränge unterteilen: Die erste Argumentation stellt die allgemeinen Rahmenbedingungen für die lokalen Unternehmen und Unternehmer in den Mittelpunkt. Die zweite geht von kumulativen Prozessen aus. Die dritte betrachtet den Lebenszyklus von Produkten und ganzen Industrien als zentralen Faktor für die Entwicklung von Ballungszentren.

3.5.3.1 Allgemeine Rahmenbedingungen

Die Rahmenbedingungen, die speziell für Gründer in Zeiten der Globalisierung entscheidend für die Standortwahl sind, wurden bereits in **Kapitel 2** eingehend untersucht. Ähnliche Faktoren sind es, die die Entwicklung von ganzen Clustern bestimmen können. Porter stellt hier besonders das lokale Wettbewerbsumfeld, das „Gründerklima“ und die unterschiedlichen Koordinationsmechanismen und Organisationsformen von Clustern (vgl. **Kapitel 3.3**) heraus.[373] Nur wenn in einer Region „gesunder Wettbewerb“ herrsche, könne ein Cluster nachhaltig wachsen. Neue Entrepreneure müssten sich frei von unnötigen Regularien in Konkurrenz zu den bisherigen ansiedeln können. Würden die alten Firmen allerdings von der lokalen Politik oder überstarken Gewerkschaften geschützt, sei ein späterer Verfall des Clusters oft bereits programmiert.

Weiche Faktoren, die sich unter dem Schlagwort „Gründerklima“ zusammenfassen lassen, spielen nach Ansicht von Giersch eine immer wichtigere Rolle für die Entwicklung ganzer Regionen.[374] Die ökonomischen Variablen, die die Produktionskosten beeinflussten, glichen sich über Ländergrenzen mehr und mehr an. Umso wichtiger würden nicht-ökonomische Variablen mit Einfluss auf die Transaktionskosten. Darunter fasst Giersch den Stellenwert

---

[373] Vgl. Porter 1998a, S. 240f.
[374] Vgl. Giersch 1996.

von Eigentum und Verträgen (ethics of property and contracts) in einer Gesellschaft, ihre Einstellung zum technischen Fortschritt oder die jeweiligen kulturellen Eigenheiten.

3.5.3.2 Kumulative Prozesse

Welche zentrale Rolle kumulative Prozesse bei der Entstehung von Clustern spielen können, wurde in den vorangegangenen Abschnitten eingehend erläutert. Auch an der Entwicklung bereits bestehender Cluster haben solche Prozesse einen wichtigen Anteil. So wirken Brenners positiven Rückkopplungseffekte, die die Entstehung von Clustern begründen können (vgl. **Kapitel 3.5.2.4**), selbstverständlich bei der Entwicklung bestehender Cluster weiter.

Porter legt zwar in seinen Arbeiten weniger Gewicht als Brenner auf die Selbstorganisation innerhalb eines Clusters. Auch er beschreibt aber kumulative Prozesse bei seiner Entwicklung. Eine aufstrebende Region zieht danach Gründer, Forscher, spezialisierte Arbeitskräfte und Zulieferer an wie ein Magnet: „A growing cluster signals opportunity, and its success stories help attract the best talent. Entrepreneurs take notice, and individuals with ideas or relevant skills migrate in from other locations. Specialized suppliers emerge; information accumulates; local institutions develop specialized training, research, and infrastructure; and the cluster´s strength and visibility grow. Eventually, the cluster broadens to encompass related industries.“[375] Eine Reihe von Fallstudien deutet darauf hin, dass es ein Jahrzehnt oder länger dauert, bis ein Cluster die nötige Tiefe und gegenüber anderen Regionen einen echten Wettbewerbsvorteil erreicht hat.[376]

Krugman widmet den kumulativen Prozessen in der Wirtschaftsgeographie ein eigenes Kapitel in seinem „Model of Geographic Concentration“.[377] Er hat dabei erneut speziell die lokale Nachfrage im Blick (vgl. **Kapitel 3.5.2.3**). Graduelle Wanderungsbewegungen von Arbeitskräften könnten zu abrupten Veränderungen in der Wirtschaftsgeographie führen, wenn eine bestimmte Region durch Zuwanderung eine „kritische Masse“ erreiche. Ab einer bestimmten Kaufkraft in einer Region nämlich lohne es sich für Unternehmen, vor Ort zu produzieren. Immer mehr Importe werden durch lokale Produktion ersetzt. Gleichzeitig wächst durch die größere Zahl von Produzenten vor Ort die lokale Nachfrage.

---

375 Porter 1998b, S. 84/85.
376 Vgl. Porter 1998a.
377 Vgl. Krugman 1991, S. 27-29.

Als Beispiel nennt Krugman die Entwicklung Kaliforniens im ausgehenden 19. Jahrhundert.[378] Dort hätten sich zunächst kaum Produzenten angesiedelt, weil der lokale Markt zu klein gewesen sei. Erst mit der Entdeckung von Öl zur Jahrhundertwende sei die „kritische Masse“[379] überschritten worden und ein explosives Wachstum der Region habe begonnen.

Mit teils „lächerlichen Anstrengungen“[380] hätten seitdem eine Reihe von Politikern, lokalen Unternehmern oder Handelskammern versucht, in ihrer Wirtschaftsregion eine kritische Masse zu erreichen. Krugman spricht von „Boosterism“, der nur selten erfolgreich sei und in **Kapitel 3.5.4.2** erneut thematisiert wird.

3.5.3.3 Die Lebenszyklus-Hypothese

Auf einen Aufsatz von Vernon aus dem Jahr 1966 geht das Konzept des Produkt-Lebenszyklus zurück.[381] Danach durchläuft ein typisches Produkt drei verschiedene Stadien: Das Innovationsstadium, in dem eine Neuerung entwickelt und auf den Markt gebracht wird. Das Wachstumsstadium, in dem die Verkäufe anlaufen und Einnahmen generieren, die über den Produktionskosten liegen. Und die Standardisierungsphase der industriellen Massenproduktion. Eine Reihe von Wirtschaftsgeographen hat bereits darauf hingewiesen, dass die unterschiedlichen Stadien an unterschiedlichen Standorten stattfinden können.[382] Die Innovationsphase mit hohen Forschungs- und Entwicklungsaufwendungen übernähmen meist größere Agglomerationen in den Industrieländern wie etwa das Silicon Valley, die Regionen rund um Boston oder München. Spätestens in der Standardisierungsphase könne die Produktion dann in Regionen mit niedrigeren Kosten ausgelagert werden.

In der industrieökonomischen und evolutionsökonomischen Literatur der vergangenen Jahre findet sich eine Reihe von Hinweisen, dass nicht nur einzelne Produkte, sondern ganze Industrien prototypischen Lebenszyklen unterliegen.[383] Dabei werden im allgemeinen vier Phasen des Industrie-Lebenszyklus unterschieden: eine explorative Frühphase, eine Phase des rapiden Wachstums, eine Reife- (oder Stagnations-)Phase und eine Schrumpfungsphase.

---

[378] Vgl. Rhode 1988.
[379] Krugman 1991, S. 28.
[380] Vgl. Krugman 1991, S. 32.
[381] Vgl. Vernon 1966, zit. nach Rees 2001.
[382] Vgl. Rees 2001, S. 96-99.
[383] Vgl. Dohse 2001, S. 21 und Audretsch / Feldman 1996b.

Diese Phasen finden sich, in etwas abgewandelter Form, auch in Brenners Modell der lokalen wirtschaftlichen Aktivität (vgl. **Abbildung 4**). In der ersten Phase wächst eine Industrie in einer Region so lange, bis die „kritische Masse" überschritten wird.[384] Es folgt eine instabile Phase des rapiden Wachstums. Erreicht wird eine dritte Phase mit einem hohen Niveau an wirtschaftlicher Aktivität. Diese Phase ist dank des oben beschriebenen Hysterese-Effekts relativ stabil, selbst wenn sich die äußeren Umstände wieder verändern sollten. Erst bei großen äußeren Veränderungen mündet das Cluster in seine vierte Phase, die Phase des Abstiegs (vgl. auch **Kapitel 3.5.4.1**).

Unterschiedlich groß ist während der verschiedenen Phasen des Industrie-Lebenszyklus für die einzelnen Firmen auch die Bedeutung von regionaler Nähe zu Partnern und Konkurrenten. Während der Frühphase des Industrie-Lebenszyklus spielen ‚tacit knowledge´und ‚face-to-face´-Kontakte sowie der enge Kontakt zu Universitäten und Forschungseinrichtungen eine besonders wichtige Rolle.[385] Während der Wachstumsphase verliert die Wissenschaftsbasis an Bedeutung, Spillovers besonders zwischen den Teilbereichen der Industrie bleiben aber wichtig. In der Reife- und der Schrumpfungsphase spielen Innovationen generell eine geringere Rolle, ‚tacit knowledge´ und Wissens-Spillovers werden weniger bedeutend; dagegen gewinnen Ballungsnachteile an Gewicht. „Aus den genannten Gründen ist die Cluster-Neigung innovativer Aktivitäten in den frühen Phasen des Industrie-Lebenszyklus sehr hoch. Cluster gleichartiger industrieller und technologischer Aktivitäten können auch in der Wachstumsphase (aufgrund von Wissens-Spillovers) noch nützlich sein. Spätestens ab der Reifephase nehmen die Vorteile der Clusterbildung rapide ab und gewinnen die Nachteile (zumindest relativ) an Bedeutung, so dass der Verbleib im Cluster vielfach zum Handicap wird."[386] Es könnte daher der bereits von Audretsch / Feldman postulierte Grundsatz gelten: „New ideas need new space"[387].

Im Ergebnis könne die Clusterbildung besonders das Wachstum von Industrien und Technologien, die sich in einer frühen Phase des Industrie-Lebenszyklus befinden, stimulieren. Dohse nennt explizit die Beispiele der Biotechnologie, der Mikrosystemtechnik und der Nanotechnologien. Wie der Verlauf dieser Arbeit zeigen wird, hat auch die Informationstechnologie in der frühen Phase ihrer Entwicklung von der Dynamik einzelner Ballungszentren profitiert.

---

[384] Vgl. Brenner 2001, S. 14.
[385] Vgl. Dose 2001, S. 21.
[386] Dohse 2001, S. 21.

3.5.3.4 Der Idealtypus des „mutierenden Innovations-Clusters“

Aus den oben beschriebenen Entwicklungsstadien von Industrien lässt sich der Idealtypus eines Clusters für humankapital-starke Industriestaaten ableiten: das mutierende[388] Innovations-Cluster. Ein solches Cluster müsste durch fortwährende Innovationen in der Lage sein, immer neue Technologien zu generieren und in die Frühphase der Entwicklung zu schicken. An die Stelle von reifen Industrien, deren standardisierte Produktion an billigere Produktionsstandorte ausgelagert wird, oder, die sich ohnehin bereits im Abstieg befinden, würden immer neue Industriezweige treten. Neue Ideen bräuchten nicht, wie von Audretsch / Feldmann gefordert[389], neuen Raum, sondern in der Region wäre immer Raum für neue Ideen. Ein mutierendes Innovations-Cluster ist so in der Lage, sich stets selbst neu zu erfinden. Dies kann durch einen Prozess der schöpferischen Zerstörung der Firmen innerhalb des Clusters geschehen.[390] Denkbar ist aber auch, dass es den bestehenden und überlebenden Firmen gelingt, ihre traditionellen Produktions- und Verhaltensweisen immer wieder in Frage zu stellen und zu erneuern.[391] Auf jeden Fall aber muss das Cluster diversifiziert und offen gehalten werden.[392]

Fraglich ist allerdings, ob ein solcher Cluster-Idealtypus in der Realität tatsächlich entstehen kann. Die theoretischen Argumente sind zwiespältig. Einerseits bestehen viele gute Standortbedingungen, die einmal zur Entstehung eines Clusters geführt haben, weiter. „Often the advantages that have been created in a region during the existence of a localised industrial cluster can be used for the establishment of a cluster in another industry.“[393] So könnte etwa die vorhandene Infrastruktur von Transportwegen über Telekommunikationsnetze bis hin zu gut ausgestatteten Universitäten auch neuen Industrien nutzen. Positiv könnte sich auch eine gründer- und innovationsfreundliche Grundstimmung in der Region auswirken. Und womöglich ließen sich bereits vorhandene Netzwerkstrukturen, wie etwa Kontaktbörsen oder informelle Treffen, auf neue Branchen übertragen.

---

[387] Vgl. etwa Audretsch / Feldman 1996b und Audretsch 2000, S. 73.
[388] Der Begriff der Mutation ist der Genetik entliehen und beschreibt eine Veränderung des genetischen Materials. Nach der darwinistischen Evolutionstheorie bilden Mutation und Selektion die Grundpfeiler der Evolution, bei der sich die bestangepassten Organismen durchsetzen. Übertragen auf Cluster heißt das, dass diejenigen Regionen als wirtschaftlich stark überleben, die sich dauerhaft am innovativsten erweisen und sich so am besten an sich stets ändernde Umweltbedingungen anpassen.
[389] Vgl. etwa Audretsch 2000, S. 73.
[390] Zu diesem Begriff vgl. Schumpeter 1942 und **Kapitel 1.2.1**.
[391] Vgl. Johnson 1992.
[392] Vgl. Tichy 2001, S. 188.
[393] Brenner 2000, S. 5.

Andererseits kann die neue Industrie nicht ohne weiteres den bestehenden Arbeitsmarkt anzapfen. Gerade in den hochinnovativen Industrien sind die Arbeitskräfte so spezialisiert, dass sie sich kaum branchenübergreifend einsetzen lassen – ein fähiger Programmierer ist in einem Biotech-Forschungslabor nicht unbedingt zu gebrauchen. Auch einen anderen wichtigen Ballungsvorteil können neue Industrien in einem mutierenden Innovations-Cluster nur eingeschränkt nutzen: den Vorteil von Wissens-Spillovers. Unterscheidet sich die neue Branche sehr von der bestehenden, bisher im Cluster erfolgreichen, wird es wenig Anknüpfungspunkte für branchenübergreifende Spillovers geben. Hinzu kommt, dass besonders reife, stagnierende Industrien zur Abschottung tendieren (vgl. **Kapitel 3.5.4.2**). Sie haben über die Jahre häufig Verkrustungen herbeigeführt, die den Strukturwandel behindern.

Die Politik sollte dennoch den Idealtypus des mutierenden Innovations-Clusters vor Augen behalten. Nur in einer solchen, sich stetig selbst erneuernden Region, sind auf Dauer zukunftsträchtige Arbeitsplätze und ein kräftiges Wirtschaftswachstum gesichert. In einigen Fällen ergeben sich aus neuen und bereits vorhandenen Industrien sogar Synergien, die zu einer besonderen Dynamik führen können. So eröffnet etwa die Informationstechnologie mit ihren Datenerfassungs- und Kalkulationsmöglichkeiten neue Chancen für die Bio- und Nanotechnologie.[394]

Mit welchen Mitteln die Politik das Ziel, mutierende Innovations-Cluster zu stärken, verfolgen könnte, wird in **Kapitel 4** diskutiert. Ob und in wie weit das Silicon Valley sich dem Idealtypus eines solchen Clusters schon angenähert hat, wird im **empirischen Teil** untersucht.

3.5.4 Fall von Clustern

Mit Porter lassen sich zwei verschiedene Gründe für den Abstieg von Clustern unterscheiden: Die exogenen Gründe, die sich aus Entwicklungen der äußeren Umwelt ergeben, und die endogenen Gründe, die in der Region selbst wurzeln.

---

[394] Diese werden etwa von Unternehmen wie Lion Bioscience in der Region Karlsruhe genutzt, die Programme entwickeln, um Biodatenbanken in aller Welt anzuzapfen, und die Wirkungen von neuen Stoffen zu erforschen. Vgl. www.lionbioscience.com. Bei der Entwicklung des Geschäftsmodells hat die Firma nach Aussage ihres CEOs Friedrich von Bohlen-Halbach speziell von dem Mix aus Biotech- und Hightechfirmen in der Region profitiert. Vgl. Michler 2000c.

3.5.4.1 Exogene Gründe

Eine äußere Kraft, die den plötzlichen Fall eines Ballungszentrums einleitet, kann der technische Fortschritt sein. Durch Entwicklungssprünge in der Produktion kann ein Cluster seine bisherigen Wettbewerbsvorteile an andere Regionen verlieren. Porter nennt das Beispiel der Produktion von Golf-Ausrüstung in den Neu-England-Staaten.[395] Die dortigen Firmen waren auf Schläger mit Stahl-Schaften (steel shafts) spezialisiert und wurden von Unternehmen in Kalifornien überholt, die mit neuen Materialien experimentierten.

Auch radikale Veränderungen der Kundenwünsche können laut Porter zum Abstieg einer Region führen. So sei eine Reihe von Regionen in den USA zurück gefallen, als in anderen Teilen der Welt die Nachfrage nach Produkten mit geringem Energieverbrauch wuchs. In den USA, wo Energie weiterhin niedrig besteuert und billig zu haben war, waren die Produzenten auf diese veränderte Nachfrage nicht eingestellt.

Denkbar ist auch, dass sich das Marktumfeld ändert, weil plötzlich Konkurrenten auftauchen, die billiger produzieren können. Alle drei Arten von exogenen Gründen für den Abstieg eines Clusters können allerdings auch Wurzeln in der Region selbst haben. Denn sie gehen nicht zuletzt auf einen Mangel an Innovationskraft der Firmen in der Region zurück, der im folgenden Abschnitt näher erläutert wird.

3.5.4.2 Endogene Gründe

Der wichtigste „hausgemachte" Grund für den Abstieg von einst erfolgreichen Clustern lässt sich unter dem Begriff Verkrustung zusammenfassen. Porter spricht von „internen Rigiditäten"[396] (internal rigidities), Enright von „Verknöcherung" (ossification)[397], Nelson von einem Look-in des Status quo[398]. Gemeint ist in allen Fällen dasselbe: Firmen innerhalb eines Clusters werden träge, ihre Produktivität geht zurück und, vor allem, sie verpassen die Gelegenheit zu Innovation.

Diese gefährliche Trägheit wird durch eine Reihe von Faktoren befördert.[399] So können etwa starke Gewerkschaften restriktive Tarifverträge durchsetzen und so den nötigen Strukturwandel verhindern. Bürokratische Überregulierung kann sich als Innovationsbremse

---
[395] Vgl. Porter 1998a, S. 244.
[396] Vgl. Porter 1998a, S. 243.
[397] Vgl. Enright 2001, S. 14.
[398] Vgl. Nelson 1995, S. 77.
[399] Vgl. Porter 1998a, S. 243.

erweisen. Und fruchtbarer Wettbewerb von Firmen in der Region kann durch Eintrittsbarrieren für Konkurrenten oder Absprachen und Kartelle unter bisherigen Produzenten empfindlich gestört werden.[400] Ohne florierenden Wettbewerb aber kommt der wichtigste Motor für Innovationen in einer Region ins Stottern. Die gefährliche Trägheit kann auch die bisher führenden Institutionen in einer Region erfassen. Schulen und Universitäten ruhen sich auf ihrem guten Ruf aus und fallen hinter den Einrichtungen in anderen Regionen zurück.

Als Beispiel für eine verkrustete Konsenskultur, in der überkommene Lobbies ihre Besitzstände gesichert und notwendige Innovationen verhindert haben, beschreibt Grabher das Ruhrgebiet.[401] Aufgrund einer gemeinsamen Weltsicht hätten die Stahl- und Kohlefirmen in der Region langfristige Trends für rein konjunkturelle Krisen gehalten. Politiker, Gewerkschaften und Arbeitgeber hätten sich daraufhin gegen den Strukturwandel gestellt und die Region in die Sackgasse geführt.

Auch der Abstieg der Route 128 an der US-Ostküste lässt sich mit gefährlicher Trägheit begründen. Nach Ansicht von Saxenian haben die Firmen in der Region in den 80er Jahren einen Teil der Flexibilität verloren, die ihnen einst einen Vorsprung sicherte.[402] Verkrustete Hierarchien brachten Innovationen innerhalb von großen Unternehmen zum Stocken, zwischen einzelnen, isolierten High-Tech-Firmen in der Region bestand kaum ein Austausch. Das Silicon Valley konnte eben diesen Austausch bieten und zog innovative Talente aus der ganzen Welt an. So konnte die Region in Kalifornien der Route 128 an der Ostküste den Rang ablaufen.

Sind erst einmal Zweifel an der Innovationskraft und Flexibilität einer Region aufgekommen, so können diese Zweifel leicht zum Selbstläufer werden. Krugman spricht in diesem Fall von „reverse boosterism".[403] Sehen Arbeiter und Unternehmer die Zukunft einer Region pessimistisch, kann eine graduelle Abwanderung beginnen, die so lange anhält, bis die „kritische Masse" für eine bestimmte Industrie in der Region verloren geht. Der kumulative Prozess, der den Aufstieg von Clustern befördern kann, hat sich umgedreht.

---

[400] Aus dem Blick von Soziologen schaffen sich die Firmen so ihr eigenes Selektionsumfeld. Vgl. Nelson 1995, S. 77.
[401] Vgl. Grabher 1993, S. 275.
[402] Vgl. Saxenian 1994.
[403] Vgl. Krugman 1991, S. 33.

Besonderen Schwung bekommt eine solche Negativ-Dynamik durch den von Brenner beschriebenen Hysterese-Effekt[404] (vgl. **Abbildung 4**). Wird durch eine Veränderung der äußeren Umstände erst einmal die Marke e_1 unterschritten, kehren sich die positiven Rückkopplungseffekte ins Negative, und die Region fällt auf den ursprünglichen, stabilen Zustand geringer wirtschaftlicher Aktivität zurück.

[404] Vgl. Brenner 2001, S. 13.

4. Die Rolle des Staates im Wettbewerb der Regionen um Gründer

Kapitel 4 soll die Rolle des Staates im Wettbewerb um Gründer aus theoretischer Sicht beleuchten. Welche möglichen Rechtfertigungen gibt es für Eingriffe der öffentlichen Hand in die Entwicklung von Regionen? Welche Arten von Eingriffen sind denkbar? Und: Welche Gefahren bergen sie?

In **Kapitel 4.1** werden zunächst Ansatzpunkte für eine Begründung von Staatsaktivität herausgearbeitet. Der Schwerpunkt liegt auf den Schlussfolgerungen aus der Wachstumstheorie und dabei auf Allokationsargumenten. Dahinter steht die in den vorangegangenen Kapiteln gewonnene Erkenntnis, dass prosperierende Technologie-Cluster das Wachstum und die Zahl der Arbeitsplätze in der Region erhöhen und der öffentlichen Hand höhere Steuereinnahmen bescheren. Wer solche Vorteile der Clusterbildung herausstreicht, muss sich konsequenterweise vom Ziel der gleichmäßigen Distribution der wirtschaftlichen Aktivität im Raum verabschieden. Politikansätze, die auf eine Gleichverteilung zielen, werden in dieser Arbeit deshalb ausgeklammert. Gewählt wird der Blickpunkt von Politikern, die sich bemühen, Technologie-Cluster in ihr Land beziehungsweise in ihre Region zu ziehen.

Kapitel 4.2 beschreibt, welche Arten von Mitteln ihnen dafür grundsätzlich zur Verfügung stehen. Dabei wird zwischen direkten und indirekten Hilfen für Unternehmensgründer unterschieden. Bei der indirekten, marktkonformeren Variante setzt der Staat vor allem den Wettbewerbsrahmen und ermöglicht dessen stete Weiterentwicklung. Anders bei den direkten Hilfen, wo sich der Staat als Kapitalgeber, Ratgeber oder Netzwerker unmittelbar an potenzielle Unternehmensgründer wendet.

Kapitel 4.3 zeigt auf, welche Gefahren solche direkten Staatseingriffe in den Wettbewerb der Regionen bergen. Dabei wird vor allem auf Erkenntnisse der Neuen Politischen Ökonomie (NPÖ) und der Public Choice Theorie zurückgegriffen, die um entscheidende evolutorische Perspektiven erweitert werden. Warum sollten Politiker besser wissen als der Markt, welche Gründer und welche Ideen besonders förderungswürdig sind? Wie soll es ihnen gelingen, tatsächlich die innovativsten und nicht nur die am besten angepriesenen Ideen auszuwählen? Wie verändern sich durch die Förderung die Mentalität und das Verhalten von Gründern und ihren möglichen Kapitalgebern? So lauten einige der Fragen, die dort behandelt werden.

4.1 Die Wachstumstheorie als Begründung für Staatsaktivität

In **Kapitel 1** wurde die Wachstumstheorie speziell mit Blick auf den technischen Fortschritt und Unternehmensgründer beleuchtet. In **Kapitel 3** wurde die Rolle von geographischen Clustern als Motor für Produktivität und Wachstum in Regionen herausgearbeitet. In diesem Abschnitt nun sollen beide Aspekte zusammengeführt werden: Es gilt, Schlüsse aus der Wachstumstheorie für die Raumentwicklung zu ziehen.

Nicht im Fokus steht dabei die von Solow begründete neoklassische Wachstumstheorie. Bei Solow bleibt nicht nur der Technische Fortschritt exogen und damit dem Einfluss der Wirtschaftspolitik entzogen (vgl. **Kapitel 1.3.1**). In seinem Modell[405] mit perfekten Märkten, ohne Externalitäten und Skaleneffekte, führen der Preismechanismus und der Prozess der Kapitalakumulation zu einer Konvergenz der Regionen.[406] Regionale Unterschiede, wie sie sich in der Realität beobachten lassen, dürfte es danach gar nicht geben. Sie werden durch den Markt allein ausgeglichen, weshalb jede Politik, die darauf zielt, in einer Region einen Vorsprung zu erlangen oder den Rückstand in einer anderen aufzuholen, sinnlos ist.

Mögliche Handlungsempfehlungen an die Politik lassen sich dagegen aus der neueren Wachstumstheorie und dem evolutorischen Ansatz ableiten. Auf diesen beiden Denkrichtungen soll deshalb im Folgenden der Schwerpunkt liegen. Zunächst werden in **Kapitel 4.1.1** Externalitäten und Skaleneffekte betrachtet, die zu Ungleichheit von Regionen führen können. Danach wird unter **4.1.2** das Konzept von Pfadabhängigkeiten und Lock-in erläutert, wonach sich die Vorsprünge oder Rückstände einzelner Regionen zementieren können. **Kapitel 4.1.3** zeigt mögliche Konsequenzen für die Politik auf.

4.1.1 Agglomerationseffekte

In seinen Principles of Economics hat Marshall bereits Externalitäten beschrieben, die zu einer Ballung der Wirtschaftsaktivität führen können: Firmen, die sich in der Nähe von anderen Firmen der gleichen Industrie befänden, könnten vom Zugang zu Zulieferern von Spezialmaschienen, zu spezialisierten Arbeitskräften und zu besserer Information profitieren.[407] Hoover unterteilt diese Externalitäten in *localization economies*, definiert als Vorteile aus der Nähe zu Firmen, die ähnliche Güter produzieren, und *urbanization*

---

[405] Dieses Modell wurde mit Blick auf Regionen u.a. von Borts/Stein 1964 und Richardson 1969 weiterentwickelt.

[406] Zu detaillierten Ausführungen von Solows Modell für die Raumentwicklung vgl. Maier 2001, S. 112-115 und Bröcker 1994, S. 31-35.

[407] Vgl. Marshall 1890, S. 374ff.

economies, Vorteile die sich aus dem insgesamt gesteigerten Aktivitätsgrad einer Region ergeben.[408] Die Existenz von solchen externen Effekten wird in einer Reihe von aktuellen Studien und Überlegungen immer wieder bestätigt.[409] Unter Externalitäten bzw. externen Effekten werden im Folgenden mit Kirsch Entscheidungskonsequenzen verstanden, „die andere als jenen, der die Entscheidung getroffen hat bzw. an ihrem Zustandekommen beteiligt war, in deren Bedürfnisbefriedigung positiv oder negativ berühren."[410] Dabei überwiegen in der hiesigen Argumentation die positiven externen Effekte der Ballung.[411]

Während Externalitäten immer Wechselwirkungen beschreiben, die sich zwischen unterschiedlichen wirtschaftlichen Einheiten abspielen, zielt die zweite Kraft zur Ballung auf Prozesse innerhalb einer Wirtschaftseinheit ab. Gemeint sind Skaleneffekte, die bereits in Krugmans „Model of Geographic Concentration" (vgl. **Kapitel 3.5.2.3**) eine wichtige Rolle gespielt haben. Gemeinsam bilden die Externalitäten und die Skaleneffekte die so genannten Agglomerationseffekte, die eine Ungleichverteilung der wirtschaftlichen Aktivität im Raum zur Folge haben.[412]

Diese Agglomerationseffekte kommen in der neoklassischen Wachstumstheorie, anders als in der zeitlich vorher datierenden Polarisierungs-Theorie[413], nicht vor. Dort herrscht perfekter Wettbewerb, der Preismechanismus wird nicht durch Externalitäten und Skaleneffekte gestört und es sollte folglich zu einer Konvergenz der Regionen-Entwicklung kommen. Weder die regionale Struktur noch einzelne historische Ereignisse können danach Einfluss auf den langfristigen Wachstumspfad einer Region haben.[414] Dieser wird allein von exogenen Parametern bestimmt (vgl. **Kapitel 1.3.1**). Die Politik hat also keinerlei Rechtfertigung in die Entwicklung einzugreifen.

Anders in der neuen Wachstumstheorie (vgl. **Kapitel 1.3.2**). Dort sind Agglomerationseffekte möglich, und der Preismechanismus führt folglich nicht zu einer gleichmäßigen und damit nicht unbedingt zu einer optimalen Verteilung der Wirtschaftsaktivität im Raum. Vielmehr kann der Konzentrationsprozess auf bestimmte

[408] Vgl. Hoover 1936, Kapitel 6.
[409] Vgl. etwa Fujita / Thisse 2002, dort speziell Kap. 8, S. 267 f. mit einer Reihe von Literaturhinweisen.
[410] Kirsch 1993, S. 24.
[411] Vgl. auch **Kapitel 3.4.5**.
[412] Vgl. Maier 2001, S. 115ff.
[413] Vgl. etwa Perroux 1950, Myrdal 1957 und Hirschman 1958.
[414] Vgl. Maier 2001, S. 115.

Regionen selbst-verstärkend[415], die räumliche Entwicklung somit systematisch divergent sein.[416] Hieraus lassen sich einerseits Argumente zur Notwendigkeit von Regionalpolitik zum Ausgleich ableiten, die wie zum Eingang von Kapitel 4 erwähnt allerdings nicht Thema dieser Arbeit sind. Andererseits lässt sich der Versuch von Regionalpolitikern begründen, ihre Region durch aktive Strukturpolitik für wachstumsstarke Unternehmen attraktiv zu machen. Wie eine solche von den Regionen betriebene Strukturpolitik aussehen könnte, wird in **Kapitel 4.2** näher untersucht.

4.1.2 Pfadabhängigkeiten, Lock-in und „Evolutionsversagen"

Mit dem Argument der Pfadabhängigkeiten, das besonders in der evolutorischen Theorie zu Wachstum und Wandel eine zentrale Rolle spielt, rücken einzelne historische Ereignisse und Zufälle ins Zentrum der Betrachtung. Sie können plötzlich eine zentrale Rolle bei der Entwicklung ganzer Regionen spielen.

Notwendige Bedingung dafür, dass Pfadabhängigkeit überhaupt mit Historizität in Verbindung gebracht werden kann, ist die Existenz multipler Gleichgewichte.[417] „Denn bei *ergodischen* Prozessen, die nur *ein* ‚Gleichgewicht′ aufweisen, ist das Ergebnis unabhängig von dem Pfad, den sie nehmen und ‚historische′ Ereignisse können keine Rolle für das Endergebnis spielen; man kann somit sagen, sie ‚vergessen ihre Geschichte′".[418] Bei nicht-ergodischen Prozessen dagegen sind mehrere Ergebnisse möglich und „kleine historische Ereignisse"[419] können bestimmen, welchen konkreten historischen Pfad ein Prozess nimmt. Solche Prozesse erinnern sich an ihre Geschichte.[420]

Aus diesen Überlegungen leitet David eine stichhaltige Definition von Pfadabhängigkeit ab: „A path dependent stochastic process is one whose asymptotic distribution evolves as a consequence (function of) the process′s own history."[421] Als Definitionsmerkmale eines pfadabhängigen Prozesses schälen sich damit heraus, dass mehrere Ergebnisse möglich sind

---

[415] Durch die Ansiedlung wachstumsstarker Unternehmen entstehen kumulative Prozesse und Feedback-Loops, die zu einer immer größeren Ungleichheit von Regionen führen. Vgl. Maier 2001, S. 116.
[416] Vgl. Bröcker 1994, S. 47 und Fujita / Thisse 2002, S. 267ff.
[417] Vgl. Ackermann 2001, S. 10.
[418] Ackermann 2001, S. 10. (Hervorhebungen im Original.)
[419] Vgl. Arthur 1994, etwa Chap. 2, S. 13.
[420] Vgl. Arthur 1994, S. 23.
[421] David 2001, S. 19.

und, dass das tatsächliche Ergebnis davon abhängt, welche zeitliche Entwicklung der Prozess nimmt.[422]

Während Ackermann und David den Begriff der Pfadabhängigkeit speziell auf die Entwicklung von Technologien und Institutionen anwenden[423], gibt Arthur ein für diese Arbeit besonders interessantes Beispiel aus der Regionalökonomie[424]. Dies geht auf das Urnenmodell von Arthur, Ermoliev und Kaniovski zurück, die in den 1980er Jahren ein Modell von George Polya von 1931 entsprechend abgewandelt haben.[425] Danach lässt sich die Standortwahl von Firmen unter Agglomerationseffekten wie folgt modellieren: Auf einem Tisch liegen Bälle (die einzelne Firmen repräsentieren), sortiert nach Farben (die für die jeweilige Region stehen). Aus einer Urne werden weitere Bälle gezogen, wobei die Wahrscheinlichkeit, dass ein neuer Ball eine bestimmte Farbe hat dem aktuellen Farbverhältnis auf dem Tisch entspricht. Steigt der Anteil der Firmen in einer bestimmten Region, steigt somit auch die Wahrscheinlichkeit, dass sich die nächste Firma in dieser Region ansiedelt. Während die allererste Firma einer bestimmten Industrie ihren Standort noch nach rein geographischen Präferenzen wählt, spielt bei der zweiten Firma bereits die geographische Nähe zur ersten Firma eine Rolle. Die dritte wird in ihre Standortwahl wiederum die Standorte der ersten beiden Firmen einbeziehen usw.. So gerät die räumliche Konzentration von Industrien zum sich selbst verstärkenden Prozess.[426] Durch historische Ereignisse werden Pfadabhängigkeiten begründet.[427]

Ursache für solche Pfadabhängigkeiten, das wird aus diesem einfachen Beispiel bereits deutlich, sind so genannte selbstverstärkende Effekte und positive Rückkopplungen (der Einfluss von solchen Rückkopplungen auf die Clusterbildung wurde in **Kapitel 3.5** bereits eingehend diskutiert[428]). In dem Urnenmodell liegt eine positive[429] Rückkopplung vor, weil

---

[422] Vgl. Ackermann 2001, S. 11.
[423] Vgl. Ackermann 2001 Kapitel 2 und 3 oder David 1994.
[424] Vgl. Arthur 1994, S. 5 ff. und Chap. 4.
[425] Vgl. Arthur 1994, S. 6.
[426] Vgl. Arthur 1994, S. 8.
[427] In seinem 4. Kapitel präsentiert Arthur ein spezielleres Modell, in dem er unterschiedlich starke Agglomerationseffekte durch unterschiedliche Zufallsvektoren darstellt. (Vgl. Arthur 1994, S. 51ff.) Danach werden sich die Firmen einer Industrie bei unbegrenzten Agglomerationseffekten an genau einem Standort ballen – an welchem, hängt von den Präferenzen der ersten Firma ab, die mit ihrer Entscheidung eine Pfadabhängigkeit begründet (S. 57f.). Bei begrenzten Agglomerationseffekten werden sich die Firmen auf mehrere Standorte konzentrieren, wobei sowohl die Geschichte als auch die jeweiligen Umweltbedingungen der Region bestimmen, welches Set von Standorten gewählt wird (S. 61). Haben bei begrenzten Agglomerationseffekten alle Standorte genau die gleichen Ausgangsbedingungen, so kommt es zu einer Gleichverteilung der Firmen auf die verschiedenen Standorte.
[428] Vgl. **Kapitel 3.5.2.1**; **3.5.3.2** und besonders **3.5.2.4**.

die Wahrscheinlichkeit, dass eine bestimmte Farbe gezogen wird, wächst, je häufiger diese Farbe gezogen wird.[430] Daraus ergibt sich auch, dass mehrere Gleichgewichte möglich sind.

Wenn aber „nicht nur *ein* Zustand als Ergebnis des Prozesses in Frage kommt; wenn das Ergebnis des Prozesses nicht vorhersehbar ist, weil zu bestimmten Zeitpunkten scheinbar unbedeutende Ereignisse entscheidenden Einfluss auf den Pfad des Prozesses haben können; und wenn schließlich ein bestimmter Zustand, einmal erreicht, selbstverstärkend ist: Dann bedeutet dies, dass unerwünschte Zustände erstens möglich sind und zweitens von Dauer sein können.“[431] In diesem, Ackermannschen Sinne soll der Begriff Lock-in auch in dieser Arbeit verwendet werden.

Liegt ein solcher Lock-in auf einen bestimmten Pfad vor, ist also nicht gewährleistet, dass jederzeit das bestmögliche Ergebnis der Evolution vorliegt. Es herrscht „potenzielle Ineffizienz“ – „schließlich ist nicht zu erwarten, dass ‚kleine Ereignisse‘ ihren ‚großen Einfluss‘ unter Effizienzgesichtspunkten ausüben, oder in *irgendeiner* systematischen Weise.“[432] Hinzu kommt, dass durch die Inflexibilität des Systems, bei dem ein Zustand ab einem gewissen Punkt selbstverstärkend ist, das vermeintlich effizientere Ergebnis auch ex post nicht realisiert wird. Deswegen spricht Ackermann in Anlehnung an die Theorie des Marktversagens[433] von „Evolutionsversagen“. „Marktversagensvermutungen beziehen sich auf ‚Ineffizienzen‘ in der spontanen Ordnung des Marktes, Evolutionsversagensvermutungen beziehen sich auf ‚Ineffizienzen‘ in der Evolution von Technologien oder Institutionen.“[434]

Bei einem solchen vermuteten Evolutionsversagen scheint der Ruf nach politischen Eingriffen nahe zu liegen. Dieser soll im kommenden Abschnitt thematisiert werden.

4.1.3 Mögliche Konsequenzen für die Politik

Sobald potenzielle Ineffizienz im Wirtschaftssystem ausgemacht ist, ist die Politik auf den Plan gerufen. Denn: „eine Ineffizienzthese impliziert immer einen Handlungsimperativ: Wenn Ökonomen etwas als ‚ineffizient‘ bezeichnen, dann meinen sie damit in der Regel, dass es,

---

[429] Positiv ist dabei nicht normativ gemeint, sondern bedeutet lediglich, dass die Zunahme (Abnahme) einer bestimmten Variable zu einer weiteren Zunahme (Abnahme) dieser Variablen führt. Bei einer negativen Rückkopplung würde eine Zunahme (Abnahme) zu einer Abnahme (Zunahme) führen. Vgl. Ackermann 2001, S. 16/17.
[430] Vgl. Ackermann 2001, S. 16.
[431] Ackermann 2001, S. 20.
[432] Ackermann 2001, S. 37.
[433] Dort werden Ergebnisse realer Märkte mit einem theoretisch bestimmbaren allokativen Optimum verglichen. Für einen Überblick siehe Streit 1991, S. 12-21.

gemessen an irgendeinem Standard, nicht so ‚gut' ist, wie es sein könnte, und dass die ‚bessere' Situation herbeigeführt werden *sollte*."[435] Dies ist aber speziell im Zusammenhang mit evolutorischen Prozessen keinesfalls ungefährlich.

Denn erstens ergeben sich handfeste Probleme bei der konkreten Umsetzung politischer Eingriffe. So zeigt Maier anhand von Simulationsmodellen, wie wichtig der Zeitpunkt eines Eingriffs für dessen Erfolg ist.[436] Danach haben Eingriffe[437], die in einer noch stabilen Phase des Systems getätigt werden, genauso wenig Einfluss auf die langfristige wirtschaftliche Entwicklung einer Region wie solche, die bereits in den Zeitraum starker Dynamik des Pfades fallen. „This indicates that in such a dynamic system a policy may not only be applied too late but also too early for its full impact."[438] Wenn sich aber nur ein kleines Zeitfenster[439] öffnet, um einen nennenswerten Einfluss auf die Entwicklung einer Region auszuüben – selbst eine genau getimte Maßnahme vermag einen Pfad schrumpfender wirtschaftlicher Aktivität in Maiers Simulation nicht dauerhaft ins Gegenteil zu verkehren – dann ist besondere Skepsis gegenüber der Politik angebracht. Woher soll sie den richtigen Zeitpunkt für ihren Eingriff kennen? Und woher sollen Politiker wissen, welche Industrie überhaupt in Zukunft große Dynamik verspricht – und auf welche Industrie sie ihre ausgewählten, getimten Eingriffe konzentrieren sollten?

Allein aus diesem Beispiel folgen, zweitens, grundsätzliche Zweifel an der Wirksamkeit von Politik in pfadabhängigen Systemen. „Aus evolutionstheoretischer Sicht ist solchen Überlegungen [politischer Eingriffe] entgegenzuhalten, dass der geschichtliche – soziale, wirtschaftliche, politische – Prozess als evolutorischer Prozess notwendig zukunftsoffen ist (...). Der Gedanke einer ‚weitsichtigen Pfadwahl-Politik' setzt sich in diesem Sinne dem Hayekschen Vorwurf konstruktivistischer Wissensanmaßung aus."[440] Ackermann kommt deshalb zu dem Schluss, dass Versuche, evolutorische Prozesse durch bewußte

---

[434] Ackermann 2001, S. 38.

[435] Ackermann 2001, S. 37. Die Kosten der Umsetzung der vorgeschlagenen Verbesserung müssen dabei natürlich bereits eingerechnet sein.

[436] Vgl. Maier 2001, S. 129ff.

[437] Maier untersucht exemplarisch zwei Arten von Eingriffen: Die Gewinnung einer zusätzlichen „Innovationseinheit" für eine Region – sei sie neu oder aus einer anderen Region abgeworben – und den Kapitaltransfer von einer Region zur anderen.

[438] Maier 2001, S. 130.

[439] Zu dem Begriff „narrow windows" vgl. auch David 1986, zit. nach Arthur 1994, S. 129.

[440] Vanberg 1996, S. 119, zit. nach Ackermann 2001, S. 41. Der Vorwurf der Wissensanmaßung wird in **Kapitel 4.3.1** konkretisiert.

Entscheidungen zu ersetzen auf einem „Missverständnis der Pfadabhängigkeitstheorie" beruhen und „zum Scheitern verurteilt" sind.[441]

Dies muss allerdings noch nicht heißen, dass die Politik zukünftige technologische, institutionelle oder regionale Entwicklungspfade überhaupt nicht beeinflussen kann.[442] Wie eine solche Einflussnahme sinnvollerweise aussehen könnte, ob sie sich auf die Gestaltung des Regelrahmens beschränken sollte, oder ob auch einzelne, direkte Eingriffe in den wirtschaftlichen Ablauf gerechtfertigt sein können, soll im folgenden **Kapitel 4.2** untersucht werden.

4.2 Staatseingriffe in den Wettbewerb der Regionen

4.2.1 Ordnungspolitik versus Prozesspolitik

Wie beeinflusst die Wirtschaftsordnung (Struktur) den Wirtschaftsablauf (Prozess)? Kann man den Prozess direkt steuern? Oder ist die Steuerung der Struktur der Steuerung des Prozesses vorzuziehen? Solche Fragen[443] beschäftigen Ökonomen und Politiker seit Jahrzehnten. Dabei haben sich zwei verschiedene Denkrichtungen herausgebildet: Diejenigen, die fußend auf der traditionellen Ordnungstheorie der Freiburger Schule[444], grundsätzlich auf den Ordnungsrahmen setzen; und diejenigen, die von Fall zu Fall auch direkte Staatseingriffe in den Prozess befürworten.

Ordnungspolitik wird im Allgemeinen als Gestaltung und Veränderung von Institutionen definiert, wohingegen Prozesspolitik Interventionen in den Wirtschaftsprozess bei unverändertem institutionellem Rahmen beschreibt.[445] Während die Ordnungspolitik die Summe aller rechtlich-organisatorischen Maßnahmen zur Ausgestaltung einer Wirtschaftsverfassung, sprich der längerfristigen Rahmenbedingungen erfasst, fallen jene Instrumente, die bei gegebenen Rahmenbedingungen den Wirtschaftsablauf beeinflussen, unter die Prozesspolitik.[446]

---

[441] Vgl. Ackermann 2001, S. 41.
[442] Vgl. Ackermann 2001, S. 41/42.
[443] Vgl. Kleinewefers 1988, S. 16.
[444] Die Grundlagen des Ordoliberalismus legten dort in den 30er und 40er Jahren Walter Eucken, Franz Böhm, Wilhelm Röpke u.a., später stieß Friedrich August von Hayek dazu, gegenwärtig wird die Denkrichtung z.T. mit stark evolutionsökonomischem Charakter etwa von Manfred E. Streit, Ulrich Fehl, Ulrich Witt, Viktor Vanberg, Jochen Röpke oder Wolfgang Kerber weiterentwickelt. Vgl. Budzinski 2000, S. 19, 44.
[445] Vgl. Gäfgen 1990, S. 163f., zit. nach Budzinski 2000, S. 224.
[446] Vgl. Gabler Wirtschaftslexikon 1988, S. 736, 1094.

Diese Unterscheidung erweist sich, wie Budzinski zu Recht kritisiert, allerdings als nicht sehr trennscharf.[447] „Zählt eine steuerpolitische Maßnahme bspw. als Veränderung der (steuer-) rechtlichen Rahmenbedingungen zur Ordnungspolitik oder als – unter Umständen konjunkturpolitisch motivierte – Intervention in den Marktprozess zur Prozesspolitik?“[448] Da jedes staatliche Handeln einer Grundlage in Form von Gesetzen oder Verwaltungsvorschriften bedürfe und somit auf externen Institutionen beruhe, müssten auch prozesspolitische Maßnahmen immer institutionelle Veränderungen darstellen. Zudem seien in einer evolvierenden Umwelt sowohl die Wirtschaftsordnung als auch die Prozesse permanenten Veränderungen unterworfen, so dass das „dichotome Verständnis von Ordnung und Marktprozess“[449] als Unterscheidung zwischen regelgebundener und diskretionärer Wirtschaftspolitik nicht aufrecht erhalten werden könne.

4.2.2 Direkte versus indirekte Staatshilfen

Aus Gründen der Operationalität soll in dieser Arbeit dennoch eine etwas abgewandelte Unterscheidung gewählt werden: Diejenige zwischen indirekter und direkter Staatsförderung der Standortqualität für Unternehmensgründer in einer Region. Diese Trennung ist im Standortfaktorenkatalog für Hightech-Gründer in **Kapitel 2.3.2** bereits angeklungen und soll in den folgenden Abschnitten theoretisch untermauert werden. In **Kapitel 3 der Empirie** fließt sie dann in den konkreten Vergleich der drei untersuchten High-Tech-Cluster ein.

Die Unterscheidung zwischen indirektem und direktem Staatseinfluss deckt sich in Teilen mit derjenigen zwischen Ordnungs- und Prozesspolitik, ist allerdings bei den einzelnen Maßnahmen zur Förderung von High-Tech-Gründern, die im Zentrum dieser Arbeit stehen, trennschärfer. Als direkte Fördermaßnahmen werden dabei jene betrachtet, die sich unmittelbar an potenzielle oder tatsächliche Gründer selbst richten. Hier ergreift der Staat die Initiative, greift, wie **Kapitel 4.2.4** zeigen wird, über Zuschüsse, eigene Berater oder Kreditgeber direkt in den Wirtschaftsprozess ein. Bei indirektem Staatseinfluss dagegen wählt er den eher ordnungspolitischen Weg über das Setzen von Rahmenbedingungen. Hiervon sind die Gründer nur mittelbar betroffen.

---

[447] Vgl. Budzinski 2000, S. 224ff.
[448] Budzinski 2000, S. 224.
[449] Budzinski 2000, S. 225.

Koch / Kuhn / Saßmannshausen machen diese Unterscheidung wie folgt deutlich.[450] Direkte (oder unmittelbare) Gründungsförderung ist darauf ausgerichtet, „gezielt Gründungsmotive zu generieren". Sie kann (etwa über Darlehen, Bürgschaften oder Beteiligungen) monetäre Anreize für Gründer setzen, die gründerspezifische Infrastruktur verbessern (etwa über Inkubatoren oder Netzwerke zur Gründungsförderung) oder auf die Verbesserung des Humankapitals ausgerichtet sein (etwa durch gezielte Beratung und Schulung von potenziellen Unternehmern. Die indirekte (oder mittelbare) Gründungsförderung dagegen setzt auf den „Abbau von Gründungshemmnissen". Ansatzpunkte hier sind der Abbau von Vorurteilen in der Bevölkerung, der Abbau von Hemmnissen und Ineffizienzen im Rechtssystem und der Abbau von Wettbewerbsverzerrungen zugunsten etablierter Anbieter.

In dieser Arbeit wird diese Definition leicht abgewandelt übernommen. Koch / Kuhn / Saßmannshausen wählen eine Abgrenzung aus Sicht der Politiker – ist eine Maßnahme „darauf ausgerichtet"[451], gezielt Gründungsmotive zu generieren oder soll sie Gründungshemmnisse abbauen. Die Autorin dagegen argumentiert aus Sicht der Gründer selbst. Sie unterscheidet zwischen Fördermaßnahmen, die sich direkt an Gründer richten versus solche, die Gründer nur mittelbar betreffen. Diese unterschiedliche Perspektive bewirkt keine Verschiebung der Trennlinien zwischen direkter und indirekter Gründerförderung. Sie ist nach Ansicht der Autorin jedoch klarer und damit für die Untersuchung in dieser Arbeit operationaler.

4.2.3 Indirekte Staatshilfen für Unternehmensgründer

4.2.3.1 Der Staat setzt den Wettbewerbsrahmen

Wird von Politikern oder Ökonomen Marktversagen im Allgemeinen oder Evolutionsversagen (vgl. **Kapitel 4.1.2**) - etwa bei der Entwicklung einer bestimmten Branche in einer Region - im Besonderen diagnostiziert, liefert dies per se noch keine Begründung für direkte, interventionistische Eingriffe des Staates. „Zu betonen ist noch einmal, dass mit begründetem Lenkungsbedarf und aufgedeckten Lenkungsmöglichkeiten nicht schon die Lenkung selbst gerechtfertigt ist. Dazu sind rationale Abwägungen von wirtschaftspolitischem Aufwand und Ertrag erforderlich."[452] Wichtig ist dabei, dass jede direkte Förderung, etwa für einzelne High-Tech-Gründer oder ihre Finanziers, anderen Wirtschaftssubjekten erst über Steuern oder Abgaben entzogen werden muss. Jeder generelle

---

[450] Eine ähnliche Unterscheidung wählen Koch / Kuhn / Saßmannshausen 2001a, S. 11 und Koch / Kuhn / Saßmannshausen 2001b, S. 8ff.

[451] Vgl. Koch / Kuhn / Saßmannshausen 2001a, S. 11.

Zuschuss für eine Region wird zunächst einer anderen weggenommen. Damit solche Förderung wirtschaftlich effizient ist, muss sie also nicht nur in ihrer Zielregion eine messbare positive Wirkung haben. Diese positive Wirkung muss auch die Bremswirkungen bei den Benachteiligten plus die durch Verwaltung und Verteilung entstandenen Kosten übersteigen. Zudem kann eine direkte Förderung durch eine Reihe von speziellen Problemen, die in **Kapitel 4.3** näher beleuchtet werden, ins Negative verkehrt werden.[453]

Der ordnungspolitische Ansatz der Regionalpolitik ist deshalb darauf ausgerichtet, potenzielle Ineffizienzen durch die Realisierung einer marktwirtschaftlichen Wettbewerbsstruktur zu beseitigen. Es soll ein ordnungspolitischer Wettbewerbsrahmen gesetzt und in der evolutorischen Betrachtung stets an neue Entwicklungen angepasst werden[454], der durch entscheidende konstituierende Prinzipien im Sinne Euckens[455] gekennzeichnet ist. Diese die Wettbewerbsordnung konstituierenden Prinzipien sind freie Preisbildung, Währungsstabilität, offene Märkte, Privateigentum, Vertragsfreiheit, Haftung und Konstanz der Wirtschaftspolitik. Mit anderen Worten müsste eine solche ordnungspolitische Konzeption der Regionalpolitik, die auf marktwirtschaftlichen Prinzipien aufbaut, vor allem einen möglichst funktionstüchtigen Wettbewerb gewährleisten.[456]

Nach Ansicht von Karlsson / Stough[457] ist vor allem das Wachstum in großen Regionen[458] von solchen funktionierenden Märkten etwa für Arbeit, Land, Betriebsstätten sowie Wohnraum abhängig. Bei verkrusteten Strukturen blieben diese Märkte zu lange den „alten Industrien" überlassen, und das volle Wachstumspotenzial der Region werde nicht ausgeschöpft. Ein wichtiges Ziel der Regionalpolitik in großen Regionen müsse deshalb die

---

[452] Vgl. Streit 1982, S. 47.
[453] Erwähnt sei an dieser Stelle lediglich Euckens These der kumulativen Staatsinterventionen, die zuvor schon von Mises und Hayek vertreten worden war. Sie besagt, dass staatliche Eingriffe in die Märkte zu unerwünschten Neben- und Fernwirkungen führen, welche dann wiederum Anlass zu neuen Staatsinterventionen geben, da fälschlicherweise das Versagen der Wirtschaftspolitik als Marktversagen gedeutet wird. Dieser Prozess kann sich nach Eucken fortsetzen, bis es gänzlich zu einem „Umschlag" der Marktwirtschaft in die Zentralverwaltungswirtschaft komme. Vgl. Eucken 1965, S. 17f., 108f., 142ff., 147, zit. nach Kleinewefers 1988.
[454] Vgl. Budzinski 2000, S. 35f.
[455] Vgl. Eucken 1990, S. 254-289.
[456] Vgl. Giersch 1963, S. 390. Dabei sind nach Ansicht von Giersch zur Verbesserung der „Funktionsfähigkeit" dieses Wettbewerbs eine ganze Reihe von Eingriffen, darunter neben der Schaffung von Markttransparenz auch die Gewährung von Mobilitätshilfen sowie der Ausgleich von sozialen und privaten Kosten- bzw. Ertragsunterschieden, gerechtfertigt. Heute werden solche Eingriffe auch im Lichte der Public-Choice-Theorie kritischer betrachtet (vgl. **Kapitel 4.3**).
[457] Vgl. Karlsson / Stough 2002, S. 13f.
[458] Kleinere Regionen können ihrer Ansicht nach eher auf die gezielte Unterstützung einzelner, zukunftsträchtiger Cluster setzen. Wobei auch Karlsson / Stough bereits auf einige Risiken der Förderpolitik –

Pflege der Märkte sein, oder, wie sie es formulieren: „to create and to preserve well-functioning markets for resources strategic for economic growth, and to avoid unnecessary regulations and red tapes“[459].

4.2.3.2 Der Staat ermöglicht stete Anpassung

Mit dem einmaligen Setzen eines sinnvollen Ordnungsrahmens aber, das führen uns die Evolutionstheoretiker besonders deutlich vor Augen, ist es nicht getan. Bereits Böhm hatte betont, dass eine „rational ablaufende Marktwirtschaft“ nicht etwa dadurch zustande komme, „dass man durch Gesetz die Gewerbefreiheit einführt und sodann die Dinge laufen lässt, wie sie laufen.“ Vielmehr fordere dieses System „das Vorhandensein und die dauernde Pflege und Verbesserung einer ganzen Reihe von politischen, rechtlichen, sozialen, zivilisatorischen Vorbedingungen, das Vorhandensein einer ziemlich hochgezüchteten Parklandschaft“[460].

Budzinski[461] stellt deshalb vier Prinzipien für eine evolutorisch-ordnungskonforme Wirtschaftspolitik auf, die speziell Flexibilität und Offenheit betonen.[462] Diese sollen hier kurz erwähnt werden und spielen z.T. in den folgenden Abschnitten über direkte Staatshilfen und Gefahren von direkten Staatseingriffen noch eine zentrale Rolle. Erstens spricht sich Budzinski dafür aus, wirtschaftspolitische Lösungen im Wettbewerbsprozess zu kreieren, um das Problem der Anmaßung von Wissen (vgl. **Kapitel 4.3.1**) zu vermeiden. Zweitens müsse man nicht-diskriminierende Institutionen schaffen, einzelnen Akteuren dürften also nicht über besondere Protektion Privilegien gewährt werden – nichts anderes als Privilegien aber stellen direkte Staatshilfen dar (vgl. **Kapitel 4.2.3**). Drittens müssen die Akteure genügend Freiheitsgrade behalten, um kreative und innovative Lösungen zu finden – was zwar durch direkte Hilfen teils gezielt gefördert werden soll, sich in der Praxis aber häufig ins Gegenteil verkehrt (vgl. **Kapitel 4.2.3** und **4.3**). Und viertens muss die Wirtschaftspolitik zwar dynamisch sein, für die einzelnen aber berechenbar bleiben.[463]

---

speziell die „risks for manipulation, lobbying and the existence of asymmetric information“ (vgl. S. 14) – hinweisen, die in **Kapitel 4.3** näher thematisiert werden.

[459] Karlsson / Stough 2002, S. 14.

[460] Böhm 1980, S. 200, zit. nach Ackermann 2001, S. 168.

[461] Vgl. Budzinski 2000, S. 247-259.

[462] Vgl. dazu auch **Kapitel 1.4.3.1**.

[463] Budzinski spricht von „dynamischer Konstanz der Wirtschaftspolitik“, bei der ordnungskonforme Interventionen den privaten Akteuren ex ante publiziert werden. Vgl. Budzinski 2000, S. 255.

Durch solche evolutorisch-ordnungskonformen Eingriffe, die stets offen bleiben für Planrevisionen[464], ist es theoretisch möglich, dass die Politik einen positiven Einfluss auf die Entwicklung einzelner Technologie-Cluster nimmt. Dabei ist allerdings zu bedenken, dass durch die oben (vgl. **Kapitel 4.1.2**) beschriebene Pfadabhängigkeit des Systems Steuerungsfehler der Politik nicht beliebig korrigierbar sind. Vielmehr können weitreichende Eingriffe die Evolutionsfähigkeit des Systems beschädigen und selbst unerwünschte Lock-in-Phänomene begründen.[465]

4.2.3.3 Exkurs: Förderung von Forschung und Lehre

Einen konkreten Vorschlag für politische Eingriffe, die je nach ihrer jeweiligen Ausgestaltung auch mit den soeben aufgestellten Prinzipien für eine evolutorisch-ordnungskonforme Wirtschaftspolitik übereinstimmen können, machen die Vertreter der neueren Wachstumstheorie um Romer (vgl. **Kapitel 1.3.2**). Sie befürworten Hilfen für Universitäten, um den als öffentliches Gut zu betrachtenden „Wissenspool"[466] einer Gesellschaft oder auch einer Region[467] und somit ihre Wachstumschancen zu vergrößern. Durch gezielte Unterstützung von Forschung und Lehre in natur- und ingenieurwissenschaftlichen Fächern könne die Regierung helfen, ein Umfeld zu schaffen, dass den technischen Wandel und Fortschritt in optimaler Weise unterstütze. Allerdings müsse der Prozess der Entdeckungen selbst so weit wie nur irgend möglich von Marktanreizen gesteuert werden.[468]

Solche Hilfen für Universitäten und Forschungsstätten stellen unter rein ordnungspolitischen Gesichtspunkten einen problematischen Eingriff dar, weil sie einen wünschenswerten Wettbewerb zwischen den Einrichtungen verzerren. Bei der hier gewählten Trennung zwischen direkten und indirekten Staatseingriffen zur Gründerförderung fallen die Forschungshilfen aber immer noch unter die marktkonformeren indirekten Eingriffe. Aus dem Blickwinkel der Gründer nämlich erfolgt keine direkte Förderung, sondern es werden wichtige Rahmenbedingungen verändert. Einerseits können sich von den Forschungsstätten zu tatsächlichen und potenziellen Gründern Wissens-Spillovers etwa über neue Produkte, Produktverbesserungen und Marktchancen vollziehen (vgl. **Kapitel 3.4.1.1**). Andererseits

---

[464] Vgl. Koch 1996, S. 130; siehe auch **Kapitel 1.4.3.1**.

[465] Vgl. Budzinski 2000, S. 257f.

[466] Evolutionstheoretiker weisen zwar zu Recht darauf hin, dass Wissen keinesfalls ein stets wachsendes Aktivum einer Volkswirtschaft sei, sondern durch Wettbewerb und Neuerungen immer wieder entwertet werde (vgl. **Kapitel 1.4.2**). Dass staatliche Hilfen für Universitäten den offenen, evolutorischen Prozess der Wissensbeschaffung unter Umständen positiv beeinflussen könnten, lässt sich aber auch aus evolutionstheoretischer Sicht vertreten.

[467] Zu regionalen Wissens-Spillovers vgl. speziell **Kapitel 3.4.1.1** und **3.4.2.1**.

profitieren die Gründer in der Region von einem größeren Angebot an gut ausgebildeten Arbeitskräften (vgl. **Kapitel 3.4.1.2**).

Im empirischen Teil wird die Rolle der jeweiligen Universitäten und außeruniversitären Forschungseinrichtungen in den drei Untersuchungsregionen aufgezeigt (**Kapitel 8.2**) und dann verglichen, wie groß die staatliche Förderung für einzelne Institutionen war (**Kapitel 9.1**). Eine quantifizierbare Effizienzmessung solcher Hilfen – eine genaue Berechnung also, ob der gesamtwirtschaftliche Nutzen die gesamtwirtschaftlichen Kosten übersteigt – ist unmöglich. Dennoch soll der Versuch gemacht werden, aus den zusammengetragenen Indizien der Beispielregionen brauchbare Empfehlungen an die Politik abzuleiten.

4.2.4 Direkte Staatshilfen für Unternehmensgründer

Die Liste von möglichen Staatseingriffen in den Wettbewerb von Regionen und Nationen ist so lang, dass sich ganze Forschungsgebiete der Wirtschaftspolitik darum ranken. Zu nennen sind etwa die Innovations- und die Technologiepolitik, bei denen der Staat versucht, beispielsweise über die Förderung von Forschungs- und Entwicklungsaktivitäten von privaten Firmen, den technischen Wandel und damit das Wachstum in einer Region zu beschleunigen.[469]

Im Folgenden soll der Blickwinkel allein auf direkte Staatshilfen für High-Tech-Gründer gerichtet sein, die einer von vielen Bausteinen in der Innovations- und Technologiepolitik sein können. Andere Bausteine wie etwa die Förderung von einzelnen Projekten in Großunternehmen bleiben hier ausgeklammert. Ihre Erläuterung würde den Rahmen dieser Arbeit sprengen und wäre zudem für den gewählten Untersuchungsgegenstand wenig zielführend.

Die direkten Staatshilfen für Gründer werden in den kommenden Abschnitten in drei Kategorien unterteilt: Jene, in denen der Staat die Rolle eines Ratgebers oder Netzwerkers einnimmt (**Kapitel 4.2.4.1**), jene, in denen er als Anbieter spezieller Infrastruktur auftritt (**Kapitel 4.2.4.3**) und jene, in denen er als Kapitalgeber fungiert (**Kapitel 4.2.4.4**).

Bei sämtlichen solcher Hilfen handelt es sich um eine Form von Subventionen. An dieser Stelle sei deshalb noch einmal an die ordnungspolitische Bedenklichkeit von Subventionen

---

[468] Vgl Romer 1994, S. 4.

erinnert. Sie stellen nichts anderes als die Gewährung von Privilegien dar, die zwischen den Akteuren nicht-marktlich diskriminieren.[470] Der Wettbewerb auf den Märkten wird also beschränkt, um Vorteile einzelner Individuen oder Gruppen zu erzielen, die unter Umständen zu Lasten des Allgemeinwohls gehen können. Denn: „nur wenn die Kosten für die Subvention der Gründungsfinanzierung geringer sind als ihre Opportunitätskosten, ist der gesamtwirtschaftliche Effekt der Förderung positiv".[471]

4.2.4.1 Der Staat als Ratgeber und Netzwerker

Der Staat kann Existenzgründern direkte Hilfen zuteil werden lassen, die nicht in Form von Geld auf die Konten des Unternehmens fließen. Kaum messbar ist der geldwerte Vorteil für Gründer, wenn der Staat als Berater oder Netzwerker auftritt.

Fast alle größeren Gründungsregionen in Deutschland und den USA haben inzwischen, oft mit öffentlichen Finanzmitteln, eigene Beratungsagenturen aufgebaut.[472] Diese versuchen beispielsweise, potenziellen Gründern den Weg durch den Förderdschungel zu bahnen, oder sie, wie im Fall von Gründerberatungen an Universitäten, erst zur Gründung zu motivieren. Häufig versucht der Staat auch, etwa in Folge von Businessplan-Wettbewerben, selbst Initiator für die Entstehung von Netzwerken zwischen Gründern, potenziellen Finanziers und Beratern zu sein.

Aus ökonomischer Sicht stellt sich allerdings die Frage, ob solche Aufgaben unbedingt Staatsaufgaben sein müssen. Funktionierende Netzwerke etwa kommen, wie das Beispiel Silicon Valley zeigt (vgl. **Kapitel 8.6.1**), auch und gerade auf Initiative von Privaten zustande. Wenn die staatliche Förderlandschaft tatsächlich so undurchsichtig ist, dass potenzielle Unternehmer auf eigens geschulte Berater angewiesen sind, wäre es besser die Förderung zu überdenken, als zusätzliches Geld in Beratungszentren zu stecken.

---

[469] Vgl. dazu etwa Meyer-Kramer 1993b, Larédo / Mustar (Hrsg.) 2001, Edquist 2001, Bryant 2001.

[470] Vgl,. Budzinski 2000, S. 253, 20ff. Zur Gefahr von Privilegien für die marktwirtschaftliche Ordnung siehe auch Eucken 1968, S. 335: „Wer das erste Privileg gewährt, muss wissen, dass er die Macht stärkt und die Grundlage gibt, von der aus das zweite Privileg erstritten wird und, dass das zweite Privileg die Grundlage für die Erkämpfung eines dritten sein wird." Rüstow 1932, S. 222ff. vergleicht den Prozess der Privilegienvergabe mit der Gewöhnung und damit wachsenden Abhängigkeit immer höherer Dosen Morphiums.

[471] Ehrmann / John 2002, S. 396.

4.2.4.2 Exkurs: Gründerberatung an Universitäten

Sinnvoll könnte dagegen eine Gründerberatung an Universitäten sein, die Stundenten speziell in technologieorientierten Fächern überhaupt erst auf die Chancen der Selbständigkeit aufmerksam macht.[473] Solche Form von direkten Hilfen für Gründer würden am ehesten den oben aufgestellten Prinzipien für eine evolutorisch-ordnungskonforme Wirtschaftspolitik (vgl. **Kapitel 4.2.2.2**) entsprechen.[474] Die Gründerberatung an der Universität berät optimalerweise fachübergreifend, ohne Gründungen in bestimmten, ausgewählten Technologien zu bevorzugen - setzt sich also weniger als andere, branchenspezifische Beratungen dem Vorwurf der Anmaßung von Wissen aus. Sie lässt den einzelnen Akteuren genügend Freiheitsgrade für kreative und innovative Lösungen. Und sie gewährt keine materiellen Privilegien in Form von direkten Finanzhilfen, die zu starker Diskriminierung einzelner Akteure und damit zu einer allzu starken Verzerrung des Marktes führen würden. Zudem halten sich die aufgewandten finanziellen Mittel, die der Staat über Steuern und Abgaben anderen Wirtschaftssubjekten entziehen muss, in Grenzen.

Des weiteren stellen Gründerberatungen an Universitäten eine Form von Eingriffen dar, die auch den Forderungen der neuen Wachstumstheorie (vgl. **Kapitel 1.3.2** und **4.2.2**) in besonderem Maße gerecht werden könnten. Sie tragen durch die Vermittlung von Know-How über Unternehmertum und Unternehmensführung an wichtiger Stelle zur Verbreiterung der Wissensbasis in der Gesellschaft bei. Und sie helfen mit, dass dieser Wissensgewinn auch in die Praxis transferiert wird, sind also Motor für Wissens-Spillovers aus den Universitäten. Die Beratungen von Universitäten könnten dazu beitragen, ein Umfeld zu schaffen, dass, wie Romer es fordert[475], den technischen Wandel und Fortschritt in optimaler Weise unterstützt, wobei der Prozess der Entdeckungen selbst ganz in seinem Sinne von Marktanreizen gesteuert wird.

4.2.4.3 Der Staat als Anbieter spezieller Infrastruktur

Eine direkte Staatshilfe, die ebenfalls nicht in Form von Geld auf die Konten des Unternehmens fließt, stellt das Angebot gründungsspezifischer Infrastruktur dar. Anders als

---

[472] Vgl. etwa BioM in München, die neben Service und Beratung auch als Finanzierungsgesellschaft dient, oder die Zukunftsagentur Brandenburg. Näheres wird im **empirischen Teil** untersucht.

[473] Implizit vorausgesetzt ist hier, dass es tatsächlich Informationsdefizite über die Chancen der Selbständigkeit gibt, die ein Marktversagen – nämlich die Tatsache, dass es unter Gesichtspunkten optimaler Allokation zu wenig Selbständige gibt - begründen.

[474] Vgl. Budzinski 2000, S. 247-259.

[475] Vgl. Romer 1994, S. 4.

bei dem staatlichen Engagement in Beratung und Netzwerkbildung entsteht dem Gründer hier in der Regel ein direkt messbarer geldwerter Vorteil.

Hauptinstrument der Förderung von spezieller Infrastruktur für Gründer in den USA und in Deutschland sind die so genannten Technologie- und Gründerzentren (TGZ), auch Inkubatoren genannt. Solche Inkubatoren, zu deutsch: Brutkästen, stellen meist Büroraum gekoppelt mit einer Reihe von Dienstleistungen zur Verfügung – etwa die Nutzung von gemeinsamen Sekretariaten, Laboren und Konferenzräumen oder die Beratung durch Coaches und Mentoren. Staatliche Zuschüsse an das Zentrum werden genutzt, um den Gründern Mietflächen, Service- und Beratungsleistungen unter den marktüblichen Preisen anzubieten.[476]

Die Förderung der öffentlichen Hand kann unterschiedlichste Formen haben.[477] Es können z.B. direkte oder indirekt Zuschüsse zu den Investitionskosten fließen. Es können Zuschüsse zu den Personalkosten des Zentrums gewährt werden. Oder der Staat kann für das Geschäft bürgen oder sich vertraglich verpflichten, Anlaufdefizite zu übernehmen. Durch solche unterschiedlichen Förderformen erhielten allein die 19 vom Land Bayern unterstützten technologieorientierten Gründerzentren von 1984 bis 2003 rund 100 Mio. Euro, die zum großen Teil über vergünstigte Leistungsabgaben an die in den Zentren ansässigen Jungunternehmen weitergegeben wurden.[478]

Aus ordnungspolitischer Sicht stellt sich allerdings die Frage, ob durch den Staatsauftritt nicht potenzielle private Anbieter gründungsspezifischer Infrastruktur (etwa VC-Geber, Business-Angels oder Großunternehmen) vom Markt verdrängt werden (Crowding-Out-Effekt).

4.2.4.4 Der Staat als Kapitalgeber

Ein direkter Geldtransfer auf die Konten des Gründungsunternehmens erfolgt, wenn der Staat als Kapitalgeber auftritt. Dabei lässt sich das öffentliche Engagement grundsätzlich in drei Kategorien unterteilen: Der Staat gewährt direkte Zuschüsse, er tritt als Eigenkapitalgeber auf oder er fungiert als Fremdkapitalgeber.

---

[476] Vgl. Koch / Kuhn / Saßmannshausen, 2001b, S. 38ff.
[477] Die verschiedenen Förderarten legte Ansgar Keller, Leiter des Existenzgründerzentrums „Technische Dienstleistungen" an der FHTW Berlin, am 8.6.04 in einem Telefonat (030/50192283) dar.
[478] Vgl. Stmwvt Mai 2003, S. 14.

Allen drei Aktivitäten des Staates liegt implizit die Vermutung zugrunde, dass es allein über den privaten Kapitalmarkt zu einer „Unterversorgung“ von Existenzgründern mit Kapital kommt. Dies wird aus innovations-, wachstums- oder beschäftigungspolitischen Gründen für nicht wünschenswert, sprich für volkswirtschaftlich ineffizient, gehalten und soll folglich durch staatliches Handeln korrigiert werden.[479] Welche Gefahren – vom Rent-seeking bis zur Moral-Hazard-Problematik – eine solche Logik birgt, wird in **Kapitel 4.3** näher analysiert.

Bei direkten Zuschüssen vergibt die Zentralregierung, ein Land oder eine Region Geld an Gründer, ohne damit den Anspruch auf eine Rückzahlung oder Einflussnahme auf das Geschäft zu begründen. Ausgewählt werden die Geförderten etwa über einen Business-Plan-Wettbewerb oder, weil sie einen Katalog von Kriterien erfüllen. Die Zuschüsse können bar an die begünstigten Unternehmen ausgezahlt oder etwa als künftige oder gegenwärtige Steuervergünstigungen[480] gutgeschrieben werden.

Die Funktion eines Eigenkapitalgebers kann der Staat in verschiedenen Konstruktionen übernehmen. Er kann, wie im Fall der bundeseigenen Technologie-Beteiligungs-Gesellschaft, stille Beteiligungen eingehen und für einen privaten Hauptinvestor einen Teil des Risikos übernehmen.[481] Er kann, wie etwa bei verschiedenen ERP-Eigenkapitalhilfe-Programmen[482], zinsgünstige Darlehen oder Kredite mit eigenkapitalähnlichem Charakter, sprich voller Haftung, vergeben.[483] Gemeinsam ist allen Ausgestaltungen, dass der Staat mit seiner Einlage voll ins Risiko geht und sich selbst als Anteilseigner an dem zu fördernden Unternehmen beteiligt. Voll haftendes Eigenkapital ist für viele Unternehmensgründer der Hauptengpass. Denn gerade besonders innovative und risikoreiche Unternehmen sind speziell auf Haftungskapital angewiesen, weil sie bei Banken und anderen Kreditgebern nur schwer Fremdkapital akquirieren können.[484]

---

[479] Vgl. Ehrmann / John 2002, S. 393.

[480] Hierbei werden dem Gründer lediglich Mittel überlassen, die er selbst erwirtschaftet hat. Im Moment der Gründung aber fallen normalerweise noch keine nennenswerten steuerpflichtigen Gewinne an. Dennoch können solche staatlichen Zusagen die Renditeaussichten und damit die Opportunitätskosten der Gründer und potenzieller Kapitalgeber beeinflussen. Vgl. Koch / Kuhn / Saßmannshausen 2001b, S. 19 u. 25.

[481] Vgl. Struck 2001, S. 387.

[482] Details vgl. **Kapitel 9.2.3**.

[483] Solche Eigenkapitalhilfen sind i.d.R. langfristige, voll rückzuzahlende Darlehen zu günstigen Zinssätzen, die nicht zu einer Gewinnbeteiligung berechtigen, im Fall von Verlusten aber hinter Forderungen anderer Gläubiger zurücktreten (nachrangige Darlehen). Damit haben sie genaugenommen den Charakter von mezzaninem Kapital, das eine Stellung zwischen „echtem Eigenkapital“ und „echtem Fremdkapital“ einnimmt. Vgl. Koch / Kuhn / Saßmannshausen 2001b, S. 21.

[484] Als Gründe für die Schwierigkeiten bei der Akquise von Fremdkapital nennt Bank u.a., dass es gerade bei besonders innovativen High-Tech-Firmen für Banken und andere konservative Kreditgeber an Vergleichsfällen zur Evaluation des Geschäftsmodells fehle. Zudem werde in den ersten Jahren wird häufig kein positiver Cash

Der Staat kann auch selbst als Fremdkapitalgeber fungieren, etwa indem er zinsgünstige Kredite vergibt. Der Bund hat seine Förderkreditprogramme für Mittelständler und Gründer, die früher bei der Kreditanstalt für Wiederaufbau (KfW) und der Deutschen Ausgleichsbank (DtA) angesiedelt waren, zum Januar 2003 in der Mittelstandsbank des Bundes gebündelt.[485] Neben der direkten Kreditvergabe ist es auch möglich, dass der Staat Bürgschaften für einen Teil des Risikos anderer Kredit- und Darlehnsgeber, etwa Banken oder Risikokapitalgesellschaften, übernimmt.[486] Dies ist, wie in **Kapitel 4.3.6** näher erläutert wird, vor allem deshalb problematisch, weil es die Privaten zu unvorsichtigem und damit uneffizientem Verhalten verleiten kann (Moral-Hazard-Problematik).

4.3 Gefahren von direkten Staatseingriffen in den Wettbewerb der Regionen

Im Folgenden werden einige konkrete Gefahren von direkten Staatseingriffen in den Wettbewerb der Regionen aufgezeigt. Dies soll auf Grundlage der Neuen Politischen Ökonomie (NPÖ) und der Public Choice Theorie geschehen, die um entscheidende evolutorische Perspektiven erweitert werden.

Die NPÖ analysiert die Ziele und Motive öffentlicher Akteure (Politiker, Bürokraten usw.) aus ökonomischer Sicht. Dabei wird unterstellt, dass die öffentlichen analog zu privaten Akteuren Eigeninteressen verfolgen und ihren Nutzen maximieren wollen.[487] Im Public Choice Ansatz wird das Instrumentarium der von der Wirtschaftswissenschaft erarbeiteten Theorie der Wahlakte auf die Politik angewandt.[488] Der Theorie des Marktversagens wird eine Theorie des Staatsversagens entgegengestellt. Die Rational Choice Theorie, die mit Blick auf die Analyse individueller Entscheidungen über das Angebot und die Nachfrage von Privatgütern entwickelt wurde, wird im Public Choice zur Analyse der Politik herangezogen. Sie dient nun der Untersuchung kollektiver Entscheidungen über die Erstellung von hauptsächlich Kollektivgütern.[489] Dabei wird im Folgenden mit Kirsch ein weicher Rationalitätsbegriff unterstellt. Ein Mensch, der zwischen mehreren Alternativen zu wählen hat, entscheidet sich für jene, „die ihm als die beste erscheint“[490]. Es ist nicht gesagt, dass er

Flow generiert, aus dem der Schuldendienst geleistet werden könnte und das Konkursrisiko sei besonders hoch. Vgl. Bank 2002, S. 218.

485 Vgl. deren Homepage www.mittelstandsbank.de.

486 Hier kann es sich sowohl um eine Absicherung für Fremd- als auch für Eigenkapitalgeber handeln.

487 Vgl. Budzinski 2000, S. 30f.

488 Vgl. Kirsch 1993, S. 4ff.

489 Vgl. Kirsch 1993, S. 8.

490 Kirsch 1993, S. 7.

umfassend informiert ist, nicht, dass er überhaupt alle möglichen Alternativen kennt und nicht, dass er weiß, „was wirklich gut für ihn ist“[491].

Dieser ausgreifende Rationalitätsbegriff schwächt einen berechtigten Kritikpunkt der Evolutionstheoretiker an der Public Choice Theorie ab und eröffnet Möglichkeiten zu einer sinnvollen Ergänzung der Theorie. Die Problematik der individuellen Wahrnehmung nämlich muss nicht ausgeblendet bleiben.[492] Vielmehr kann der Tatsache Rechnung getragen werden, dass die Feststellung von wirtschaftspolitischen Problemen, die Zielfindung und die Entscheidung, welche Maßnahmen ergriffen werden, „ganz entscheidend von den vorgeschalteten, individuellen und gesellschaftlichen Wahrnehmungs- und Kommunikationsprozessen abhängen“[493]. Dies öffnet den Blick für eine Reihe von Aspekten, die bei einer reinen Public Choice Betrachtung ausgeklammert bleiben, etwa den Prozess der öffentlichen Meinungsbildung, das Phänomen des Konformismus oder die Wirkung von historisch begründeten Pfadabhängigkeiten.[494]

Eine detaillierte Darstellung der kognitiven Determinanten bei der Entstehung und Behandlung von wirtschaftspolitischen Problemen würde den Rahmen dieser Arbeit jedoch sprengen.[495] Hier sollen lediglich einzelne Aspekte beigesteuert werden, die für den konkreten Fall von direkten Staatseingriffen zur Gründerförderung relevant erscheinen. So wird die Public Choice Theorie punktuell um kognitive Aspekte erweitert, etwa wenn in **Kapitel 4.3.1** das Problem von Wissensmängeln behandelt wird. Im **Kapitel 4.3.2** wird kurz das Problem von Eigeninteressen von politischen Entscheidern und Bürokraten erläutert. **Kapitel 4.3.3** zeigt auf, dass selbst wenn genügend Wissen vorhanden wäre und das Eigeninteresse zurückgestellt würde oder sich mit dem öffentlichen Interesse deckte, time-lags verhindern können, dass gut gemeinte Maßnahmen auch richtig ankommen. Die nächsten drei Abschnitte beschreiben spezielle Phänomene, die eine gut gemeinte direkte Gründerförderung ins Negative verkehren können: das Rent-seeking (**Kapitel 4.3.4**), die Negativauslese (**Kapitel 4.3.5**) und das Moral-Hazard-Problem (**Kapitel 4.3.6**). **Kapitel 4.3.7** schließlich greift ein allgemeines Problem auf, von der keine noch so gut gemeinte Subventionsmaßnahme gefeit ist, den so genannten Mitnahmeeffekt.

---

[491] Kirsch 1993, S. 6.
[492] Dies hat eine Reihe von Evolutionstheoretikern als wichtigen Kritikpunkt am NPÖ-Ansatz angeführt, vgl. Ebert 1998, S. 24, Koch 1996b , S. 29 oder Witt 2001b, S. 4.
[493] Koch 1998, S. 598.
[494] Vgl. Ebert 1998, S. 24ff.
[495] Vgl. dazu etwa Koch 1998.

4.3.1 Wissensmängel

„Es kann nicht gesehen werden, inwiefern der Staat besser in der Lage sein soll als die Privatunternehmen, Zukunftsindustrien und Schlüsseltechnologien zu identifizieren."[496] Im Gegenteil: Es spricht sogar einiges dafür, dass es der Staat schlechter kann als die Privaten.

Der Wissensmangel von staatlichen Institutionen hat eine Reihe von Gründen: Ein erster, zentraler Grund liegt in der unvergleichlichen Stärke von Wettbewerbsprozessen. Die spontanen Ordnungskräfte des Wettbewerbs sind es nämlich, „durch die der Mensch, ohne sie zu verstehen, in der Verfolgung seiner Ziele so weitgehend unterstützt wird"[497]. Er muss, dass hat Hayek gezeigt, die inhärent komplexen Strukturen[498] nicht verstehen und kann über die Such- und Entdeckungsverfahren auf Märkten dennoch zu überzeugenden Problemlösungen gelangen.[499] Anders verhält es sich, wenn die Macht, Problemlösungen zu versuchen, an eine zentrale staatliche Stelle übertragen wird. Die öffentlichen Akteure verfügen, selbst wenn sie subjektiv rational handeln, nicht über genügend Wissen, um die Folgen ihrer Entscheidungen in komplexen Systemen auch nur annähernd zu ermessen. Sie müssen sich der Krücke von verschiedenen Theorien bedienen, die häufig diejenigen Faktoren, die nicht messbar sind, ausblenden und sich so dem Hayekschen Vorwurf der „Anmaßung des Wissens" aussetzen.[500]

Ein zweiter Grund für Wissensmängel des Staates liegt im Abstand der öffentlichen Entscheider vom tatsächlichen Marktgeschehen. Woher, fragt Kerber, soll eine zentrale Stelle besseres Wissen darüber haben, „welche der vielerlei spezifischen Umstände, die für die bessere Befriedigung der jeweiligen Konsumentenpräferenzen zu erforschen wären, als Objekt der Wissensproduktion besonders wichtig wären, als die jeweiligen Wirtschaftssubjekte ‚vor Ort', die bezüglich dieser spezifischen Umstände am besten informiert sind und somit auch deren Veränderungen am besten erforschen können"[501]. Nach Hayek[502] ist es ja bereits unmöglich, das dezentral verstreute bestehende Wissen von Wirtschaftssubjekten an einer Stelle zu zentralisieren. Da muss es noch viel unmöglicher sein, Prozesse der Verbesserung dieses Wissens zu zentralisieren und darauf eine zentrale Lenkung der Wissensproduktion aufzubauen.[503]

---

[496] Kerber 1991, S. 45.
[497] Hayek 1974, S. 14.
[498] Vgl. Hayek 1974, S. 6.
[499] Vgl. auch Kerber 1991, S. 40; Budzinski 2000, S. 247f.
[500] Vgl. Hayek 1974.
[501] Kerber 1991, S. 40.
[502] Vgl. Hayek 1945.
[503] Vgl. Kerber 1991, S. 40.

Ein dritter Grund für den Wissensmangel von staatlichen Institutionen speziell auf dem Gebiet der Innovationsförderung lässt sich mit dem Begriff der „alten Experten" umschreiben.[504] Wenn eine staatliche Stelle Forschungsprojekte fördern möchte, wird sie – zur Rechtfertigung ihrer Verwendung von Steuergeldern – eine möglichst breite Auswahl von Experten befragen und ihre Entscheidung am Votum der Mehrheit orientieren. Das Problem ist, dass so „immer nur das gefördert werden wird, was bereits breit anerkannt ist. Wirklich Neues, dessen Bedeutung erst von Einzelnen mehr erahnt als erkannt wird, hat bei einer solchen Prüfung auf der intersubjektiven Ebene keine Chance. (...) eine wirklich neue Idee, die das bisherige Wissen auf einem Gebiet radikal in Zweifel zieht, [wird] zumindest von der Mehrheit der ‚alten Experten' abgelehnt werden."[505] Als idealer Koordinator für die Forschungsfinanzierung erscheint dagegen der Markt. Hier muss ein Innovator nur einen oder wenige der vielen vermögenden Wirtschaftssubjekte von seinem Projekt überzeugen, um es realisieren zu können.[506]

Kognitive Phänomene können das Problem des Wissensmangels von politischen Handlungsträgern entscheidend verschärfen. An die Grenzen der Wahrnehmung stoßen öffentliche Akteure schon aus ganz grundsätzlichen Überlegungen.[507] Zwar können sie sich theoretisch umfassendes Wissen über intersubjektiv zugängliche Marktdaten aneignen – womöglich sogar mehr Wissen als ein individueller Marktakteur. Ihr Wissen um die individuellen Handlungsmöglichkeiten privater Akteure muss aber immer beschränkt bleiben. Denn diese erschließen sich nicht objektiv-logisch aus den Marktdaten, sondern werden von dem einzelnen Akteur aus seiner „subjektiv-konstruktivistischen Perzeption einer bestimmten Situation"[508] kreiert.

Hinzu kommt, dass auch öffentliche Akteure nur subjektiv-rationale Akteure sind und somit auch Wirtschaftspolitiker den Grenzen subjektiver und konstruktiver Wahrnehmung unterliegen.[509] „So resultieren beispielsweise Fehlprogrammierungen, weil aufgrund der Beschaffenheit des menschlichen Wahrnehmungsapparats evident widersprechende Daten in etablierte Lösungsmuster inkorporiert werden. Der Grund hierfür liegt darin, dass vor dem Hintergrund kognitiver Strukturen Häufigkeitsverteilungen und Wahrscheinlichkeiten

---

[504] Vgl. Kerber 1991, S. 41f.
[505] Kerber 1991, S. 41/42.
[506] Vgl. Kerber 1991, S. 42.
[507] Vgl. Budzinski 2000, S. 227ff.
[508] Budzinski 2000, S. 228.
[509] Vgl. Budzinski 2000, S. 229.

systematisch missachtet werden."[510] Typisch für systematisch verzerrte Kognitionsleistungen ist auch, dass irrtümlich lineare Ursache-Wirkungs-Relationen unterstellt werden und, dass Rückkopplungen, kontradiktorische Effekte und die Erzeugung von Folgeproblemen in ganz anderen Bereichen des Systems vernachlässigt werden.[511] „Vielfach wird andererseits dort nach Kausalzusammenhängen oder Intentionalitäten gesucht, wo die Annahme von Zufall und damit die Anwendung von Wahrscheinlichkeitsüberlegungen zutreffender wäre."[512] Das Ergebnis sind gravierende Wissensdefizite bei der wirtschaftspolitischen Steuerung.

4.3.2 Eigeninteressen von Politikern

Selbst wenn es aber findigen Politikern tatsächlich gelingen sollte, Zukunftsindustrien zu identifizieren und förderungswürdige Ideen herauszufiltern, ist es noch längst nicht gesagt, dass diese auch in optimaler Weise unterstützt würden. Denn, wie die NPÖ lehrt[513], verfolgt der Politiker zunächst einmal eigene Interessen, nämlich die Erringung oder den Erhalt eines Mandats, das ihm Prestige, Einkommen und Macht sichert. Mit Blick auf bevorstehende Wahlen muss er daher in kurzen Zeiträumen denken und muss mit seiner Politik schnelle Erfolge vorweisen.

Eine gesamtwirtschaftlich gesehen sinnvolle Umschichtung von Subventionen von absteigenden Industrien zu zukunftsweisenden Gründern kann vor diesem Hintergrund gefährlich sein. Denn die Förderung von Zukunftsindustrien ist per se ein riskantes Unterfangen, deren möglichen Erfolge – etwa die Entstehung neuer Arbeitsplätze oder ein kräftigeres Wirtschaftswachstum – eben in der Zukunft liegen. Subventionskürzungen bei etablierten Industrien dagegen führen sofort zu Protesten bei deren Management und Angestellten und schlagen sich für die Politiker womöglich schnell in Stimmenverlusten nieder. Mit der Förderung von jungen Unternehmen, die mit ihren Ideen in scharfe Konkurrenz zu etablierten Firmen treten könnten, kann ein Politiker zudem den Unmut alter Industrien auf sich ziehen, selbst wenn deren Subventionen gar nicht gekürzt würden.

Überspitzt formuliert lässt sich also mit Kleinewefers festhalten: „Selbst wenn es eine ‚gesellschaftliche Rationalität' gäbe, wäre niemand da, der sich ihr verpflichtet fühlte."[514]

---

[510] Koch 1998, S. 616, weiterführende Literatur siehe dort.
[511] Vgl. Koch 1998, S. 616.
[512] Koch 1998, S. 616.
[513] Vgl. Kirsch 1993, S. 221ff.
[514] Kleinewefers 1991, S. 106.

4.3.3 Time Lags

Vorausgesetzt, das nötige Wissen ist vorhanden und der Wille, das richtige zu tun, da, stellt sich ein weiteres Problem: das Problem der Time Lags, sprich der unterschiedlichen Zeitskalen auf Produkt- und politischen Wissensmärkten. Johansson fasst dies in einfache Sätze: „Political decisions and regional policies adjust as a rule on other time scales than market decisions. Policy decisions tend to be delayed and mismatched for several reasons, notably because of observation lags, decision making lags and implementation lags. As a consequence, there is a great risk that political decision-making is mismatched vis-à-vis market processes and thus may aggravate problems rather than solve them.“[515]

Die Problemerkennung, die Zieldefinition, der Beschluss von Maßnahmen im politischen Prozess und deren konkrete Umsetzung brauchen Zeit. Die Probleme und Lösungen auf den jeweiligen Produkt- und Faktormärkten entwickeln sich aber meist deutlich schneller. So kommen vermeidliche politische Lösungen oft nicht nur zu spät, sie können neue, im vorhinein nicht erkannte oder gar nicht bestehende Probleme sogar verschärfen.

Koch unterstreicht auch dieses Phänomen aus kognitionswissenschaftlicher Sicht[516]. Häufig würden Zeitverläufe falsch eingeschätzt und die Gegenwart in Relation zur Zukunft überbewertet. Die menschliche Eigenschaft, alles Erleben und Handeln auf einem Zeitpfeil zu ordnen, könne da kontraproduktiv wirken. Indem nämlich aus Handlungssequenzen sinnvolle Zusammenhänge konstruiert und so aus einmaligen Ereignissen Elemente von Prozeduren gemacht würden, könnten sich falsche zeitliche Strukturierungen als Folgefehler bei der Handlungsplanung fortsetzen.[517] Diese kognitive Fehlleistung, gepaart mit der Überbewertung der Gegenwart in Relation zur Zukunft vermag „speziell Überdosierungen bei der Maßnahmenplanung zu erklären. Denn das verzögerte Eintreten von Wirkungen wird nicht selten als ihr generelles Ausbleiben missinterpretiert.“[518]

4.3.4 Rent-seeking

Der Begriff des Rent-seeking geht auf Anne Krueger zurück und beschreibt den Wettbewerb um Begünstigungen durch den Staat.[519] Hat der Staat aber seine Hände im Spiel und gewährt einzelnen Akteuren Privilegien, so beruhen die individuellen Vorteile durch Protektion immer

---

[515] Johansson 2002, S. 509.
[516] Vgl. Koch 1998, S 616; siehe auch Vowe 1994.
[517] Vgl. Vowe 1994, S. 438.
[518] Koch 1998, S. 616.
[519] Vgl. Krueger 1974.

auf Zwangstransfers diskriminierter Akteure.[520] Im Falle von direkten Hilfen für Gründer in vermeidlichen Schlüsselindustrien leisten alle Steuerzahler diese Zwangstransfers. Im Falle nicht-monetärer diskriminierender Institutionen wie Handelsbeschränkungen oder Eingriffen in die Vertragsfreiheit werden Akteuren Zugänge zu günstigeren Optionen verwehrt oder erschwert, so dass sie mit den weniger günstigen Konditionen vorlieb nehmen müssen, die die durch diese Regelung Geschützten bieten.[521] „Protektion bedeutet in diesem Sinne, dass die Protektions-Begünstigten sich selbst die Kosten der Anpassung an sich wandelnde Umweltbedingungen ersparen, indem sie sie mit Hilfe des politischen Prozesses auf andere verlagern.“[522]

Wann immer Protektionsprivilegien durch den politischen Prozess erreichbar sind, bestehen für die einzelnen Wirtschaftssubjekte Anreize, „ihre Anstrengungen von der Einkommenserzielung durch Leistung im Markt auf die Erlangung solcher Privilegien (bzw. auf die Abwehr der mit der Privilegierung anderer verbundenen Ausbeutung) zu verlagern.“[523] Reale Ressourcen werden ver(sch)wendet, um einen möglichen Transfer von Ressourcen zu erlangen.[524] Dies hat, gesamtwirtschaftlich gesehen, fatale Konsequenzen für das Wohlstandsschöpfungspotenzial der jeweiligen Jurisdiktion. Wertvolle Ressourcen werden aus dem Positiv-Summen-Spiel von Produktion und Tausch im Markt in das in Negativ-Summen-Spiel von Verteilungskämpfen verlagert.[525] Entmündigt werden zudem die Konsumenten, denn die Innovationsaktivitäten der Unternehmen werden sich weniger an ihren Präferenzen als an den staatlichen Förderprogrammen orientieren.

Aber auch für die jeweiligen einzelwirtschaftlichen Akteure, im konkreten Fall die tatsächlichen und potenziellen Gründer, ergeben sich womöglich negative Folgen: Diese müssen, um im Wettbewerb mit möglichen Konkurrenten nicht zurück zu stehen, einen Teil ihrer in der Startphase besonders knappen Ressourcen auf die Erlangung von Subventionen verwenden. Ein Ergebnis, das auch für die öffentliche Hand keinesfalls wünschenswert sein kann, wird im folgenden Absatz unter dem Stichwort „Adverse Selection“ beschrieben.

---

[520] Vgl. Vanberg 1997, S. 25.

[521] Dies gilt etwa, wenn durch Einfuhrkontingente der Zugang der Nachfrager zu günstigeren Gütern erschwert wird, aber auch, wenn durch die Festschreibung bestimmter Standards, die aus Gesundheits- oder Sicherheitsaspekten offensichtlich nicht notwendig sind, bestimmte Güter aus dem Markt ferngehalten werden. Vgl. Budzinski 2000, S. 251; Streit 1995, S.117.

[522] Vanberg 1997, S. 25.

[523] Vanberg 1997, S. 25.

[524] Vgl. bereits Tullock 1967.

4.3.5 Negativauslese

Prämiert wird in einem System von Subventionen derjenige Unternehmer, „der Anträge überzeugend begründen kann, das Angebot staatlicher Förderprogramme am besten kennt und es zu nutzen versteht, nicht hingegen der Pionierunternehmer, der sich dem Wettbewerb des Marktes stellt und durch Risikoübernahme und Innovation Pionierrenten erzielt"[526]. Die ursprüngliche Idee der Gründungsförderung, nämlich die Förderung von zukunftsweisenden Innovationen, kann so in ihr Gegenteil verkehrt werden.

Von Seiten der Politik findet eine Negativauslese statt, die sich mit der von der Neuen Institutionenökonomik geprägten Theorie der Adverse Selection[527] erklären lässt. Diese wird in der Regel zwar vor allem auf den Gebrauchtwagenmarkt[528], den Markt für Versicherungsleistungen und den Arbeitsmarkt[529] angewandt, lässt sich aber auch auf den Markt von Subventionen für Unternehmensgründer übertragen. Das Grundproblem besteht in der asymmetrischen Informationsverteilung. Der Principle – in diesem Fall derjenige Politiker oder Bürokrat, der Subventionen vergibt – kann bestimmte Eigenschaften des Agenten – hier der um Subventionen ersuchende Gründer – erst nach Vertragsabschluss wirklich beurteilen. Vorher ist er vor allem auf vom Agenten selbst erstellte Informationen – etwa den Business-Plan – angewiesen, die dessen Stärken betonen, die Schwächen aber verheimlichen können.[530] Ergebnis ist die Auswahl von ungeeigneten Vertragspartnern. Diese muss nicht rein zufällig stattfinden, sondern kann systematischer Natur sein, wenn etwa durch das Auswahlverfahren bereits ungeeignete Gründer angezogen werden, die gewünschte Zielgruppe innovativer, zukunftsfähiger Unternehmer gar nicht erst erreicht wird.

Mit Blick auf die Folgen für die Wirtschaft in einer Region könnte man dann mit Vanberg statt von adverser sogar von perverser Selektion sprechen.[531] „Perverse Selektion lenkt die Population von jurisdiktionsinternen Problemlösungsbemühungen in eine Richtung, die die Überlebensfähigkeit des betreffenden Ordnungsrahmens untergräbt."[532] Übertragen auf den konkreten Fall der Gründerförderung bedeutet dies: Statt findigem Unternehmertum

---

[525] Vgl. Vanberg 1997, S. 25.
[526] Vgl. Zeppernick 1985, S. 79, zit. nach Hamm 1987, S. 280.
[527] Die Adverse Selection wiederum stellt neben dem Moral Hazard und dem Hold Up einen Typ von Problemen der Auftraggeber-Auftragnehmer-Beziehungen dar, die von der Principle-Agent-Theorie – ihrerseits Teil der Neuen Institutionenökonomik - beleuchtet werden.
[528] Als Klassiker der Adverse-Selektion-Literatur gilt hier das Modell von Akerlof. Vgl. Akerlof 1970.
[529] Vgl. Jost 2001.
[530] Vgl. Göbel 2002, S. 101.
[531] Vgl. Vanberg 1997, S. 33ff.
[532] Vanberg 1997, S. 36.

entwickelt sich eine Subventionsmentalität. Diejenigen Gründer, die viel Kraft auf die Erlangung von Subventionen verwenden, werden dafür vom Staat auch noch belohnt und gegenüber jenen Unternehmern, die ihre Energie ganz auf Problemlösungen im Markt richten, bevorteilt.

4.3.6 Moral Hazard

Ein Problem bei der Gründerförderung, das speziell die privaten Kapitalgeber betrifft, ist das so genannte Moral-Hazard-Phänomen. Moral Hazard entstammt ebenso wie die oben beschriebene Adverse Selection der Principle-Agent-Theorie aus der Neuen Institutionenökonomik und beschreibt die Gefahr, dass der Agent die Unkenntnis und fehlenden Kontrollgelegenheiten des Principles opportunistisch ausnutzt.[533] Ausgangspunkt sind wiederum Informationsasymmetrien, in diesem Fall solche, die das Verhalten des Agenten nach Vertragsabschluss betreffen.

Im konkreten Beispiel von Risikokapital für Gründer verführen öffentliche Subventionen VCs zu leichtfertigem Umgang mit Kapital, weil das Risiko zum Teil auf die öffentliche Hand abgewälzt wird. „Riskantere, aber staatlich geförderte Vorhaben werden bei gleichen Ertragschancen weniger risikoreichen, nicht subventionierten Investitionsgelegenheiten vorgezogen.“[534] So verschlechtern staatliche Hilfen „tendenziell die Aussichten für den effizienten Einsatz knapper innovativer Ressourcen“[535]. Produktivkräfte werden anderen rentablen Verwendungsmöglichkeiten entzogen und inferior eingesetzt.

Schertler beschreibt die Folgen von Subventionen an Risikokapitalgeber für Start-ups als „double-sided moral hazard“.[536] Einerseits würden Finanziers, die nicht genügend Expertise haben, zu Investitionen in Startups animiert, wenn ein Teil der möglichen Verluste von der Regierung getragen wird. Andererseits würden VCs mit genügend Expertise unter dem Einfluss von öffentlichen Subventionen ihre Unterstützung für das Management des jeweils geförderten Startups reduzieren. Grund hierfür ist, dass der VC seine knappe Zeit lieber in ein anderes seiner Portfolio-Unternehmen investiert, bei dem er voll im eigenen Risiko steht. Theoretisch denkbar ist, dass ein solches, im Einzelfall kontraproduktives Verhalten,

---

533 Anders als bei der Adverse Selection muss er noch nicht einmal befürchten, dabei nachträglich vom Principle entlarvt zu werden. Vgl. Dietl 1993, S. 139.

534 Hamm 1987, S. 282.

535 Hamm 1987, S. 282.

536 Vgl. Schertler 2000.

immerhin zu einer Aufstockung des investierten Risikokapitals in einer Wirtschaft führt. Ob dies allerdings die allgemeine Wohlfahrt erhöht, bleibt fraglich.[537]

4.3.7 Mitnahmeeffekte

Als letztes Problem, das jede Form von staatlicher Subventionierung – auch im Bereich der Gründerförderung – betrifft, seien an dieser Stelle noch die so genannten Mitnahmeeffekte erwähnt. Sie sind ein „nahezu unvermeidlicher“[338] „Defekt der Subventionstechnik“[538] und beschreiben den Umstand, dass jemand zwar eine staatliche Vergünstigung annimmt, dadurch aber gar nicht zu der intendierten Verhaltensänderung motiviert wird.

In der Praxis können Mitnahmeeffekte auf zweifache Weise auftreten. Die erste Fallgruppe dürfte in der Gründerförderung am häufigsten anzutreffen sein. Hier bekommen Wirtschaftssubjekte Subventionen, die auch ohne diese Mittel zu einer Verhaltensänderung bereit gewesen wären.[539] Die Subvention wird im wahrsten Sinne des Wortes „mitgenommen“, als willkommenes Zubrot, ohne das die gewünschte Aktion aber auch unternommen worden wäre. Übertragen auf die Gründerproblematik hieße dies beispielsweise, dass ein entschlossener Entrepreneur gerne einen staatlichen Zuschuss annimmt, aber auch ohne diesen Zuschuss ein Unternehmen gegründet hätte.

Die zweite Fallgruppe umfasst Situationen in denen „ein bereits bestehendes Aktivitätsniveau durch die Gewährung von Subventionen quantitativ gesteigert werden soll“[540]. Hier fährt der Subventionsempfänger eigene Anstrengungen zugunsten der subventionierten Aktivitäten zurück. Ein Beispiel wäre die staatliche FuE-Förderung für Unternehmen mit dem Ziel, ein insgesamt höheres FuE-Engagement zu erreichen. Dieses Ziel wird konterkariert, wenn Unternehmer ursprüngliche Forschungsprojekte zugunsten staatlich subventionierter Forschungsprojekte zurück fahren.[541]

---

[537] Vgl. Schertler 2000, S. 19.
[538] Heidinger 1996, S. 77.
[539] Vgl. Fritsch / Wein / Ewers 1993, S. 110.
[540] Heidinger 1996, S. 77.
[541] Vgl. Molitor 1992, S. 205f., zit. nach Heidinger 1996, S. 77.

5. Zwischenfazit

Wer das wirtschaftliche Wachstum und den Wandel ganzer Volkswirtschaften und einzelner Regionen erforschen will, muss ein besonderes Augenmerk auf innovative Unternehmensgründer speziell in der Informations- und Biotechnologie richten. Sie werden den von Schumpeter beschriebenen Prozess der schöpferischen Zerstörung in den kommenden Jahren mit großer Wahrscheinlichkeit entscheidend voran treiben und in der Hoffnung auf Pioniergewinne für kreativen Wandel bisheriger Strukturen sorgen. Dies wurde in **Kapitel 1** gezeigt. In der herkömmlichen, von Solow begründeten, Wachstumstheorie wird diese zentrale Rolle von Unternehmern und Innovatoren allerdings noch systematisch unterbewertet. Bereits Romer, der den Produktionsfaktor Wissen ins Zentrum seiner Theorie rückt, misst innovativen Unternehmern aber eine größere Bedeutung bei. Vollends deutlich wird die Rolle der Unternehmensgründer in evolutorischer Perspektive. Dort wird der Wettbewerb als offener Prozess ohne Gleichgewichtszustände begriffen und der kreative Wandel ins Zentrum der Betrachtung gestellt. Für die Politik ergibt sich daraus vor allem das Postulat, ein flexibles institutionelles Umfeld zu schaffen, das die Kreativität der Einzelnen bei der Suche nach immer neuen Problemlösungen optimal unterstützt.

Da innovative Unternehmensgründer in der Hoch- und Biotechnologie ganzen Volkswirtschaften und einzelnen Region Prosperität bescheren können, sie aber regional und international besonders mobil sind, wundert es nicht, dass sich der Wettbewerb der Standorte um solche Gründer entscheidend verschärft hat. **Kapitel 2** hat gezeigt, welche Faktoren in diesem Standortwettbewerb um Unternehmensgründer eine zentrale Rolle spielen. Die Autorin hat einen eigenen, operablen Standortfaktorenkatalog für Hightech-Gründer aufgestellt, Interdependenzen zwischen den einzelnen Faktoren und den möglichen Einfluss des Staates herausgearbeitet. Danach spielen sieben Faktoren für die Standortwahl von innovativen Gründern eine besonders große Rolle: die Verfügbarkeit von Humankapital; die Universitäten und Forschungseinrichtungen in der Region; die Nähe zu großen Unternehmen; das zu vergebende Risikokapital; eine mögliche staatliche Förderung; weiche Faktoren wie etwa das Wirtschaftsklima in einer Region und die vorhandenen Netzwerkstrukturen. Wie bereits aus der Aufzählung deutlich wird, haben alle Faktoren eine starke regionale Komponente.

In **Kapitel 3**, das einen Schwerpunkt im Theorieteil bildet, wurden die Vorteile regionaler Ballung deshalb im Detail analysiert. Basis für die Analyse war der Cluster-Ansatz, der unter anderem um den in der evolutorischen Theorie wichtigen Ansatz der dezentralen Selbststeuerung erweitert wurde. Zugeschnitten auf den Untersuchungsgegenstand der Arbeit hat die Autorin den Begriff des Innovations-Clusters definiert: Dieser beschreibt eine geographische Konzentration von Firmen (im produzierenden Gewerbe, in der Forschung, als Dienstleister und Zulieferer) und öffentlichen und privaten Organisationen (Universitäten, Forschungsinstituten, staatliche Förderagenturen, private Netzwerkclubs etc.), die bei der Initiation und Verbreitung neuer Technologien kooperieren aber auch miteinander in Konkurrenz stehen, wobei es zu lokalen Wechselwirkungen mit positiven Rückkopplungen kommt. Es wurde aufgezeigt, warum Innovations-Cluster im Standortwettbewerb um innovative Unternehmensgründer der Hoch- und Biotechnologie eine zentrale Rolle spielen. Sie sind unter anderem aufgrund von wichtigen Wissens-Spillovers Motor für Produktivität, Innovationen und Unternehmensgründungen in einer Region und bieten kleinen Firmen besondere Vorteile.

Wo und wie sich ein solches Cluster entwickelt, hängt von einem Mix aus unterschiedlichen Faktoren ab, die nur zu einem kleinen Teil im Einflussbereich der Politik liegen. Durch Zufall, günstige Angebotsbedingungen oder eine kräftige lokale Nachfrage ausgelöste Prozesse können über Rückkopplungseffekte eine starke Eigendynamik erlangen. Im Standortwettbewerb schneiden dabei solche Regionen besonders gut ab, die durch fortwährende Innovationen in der Lage sind, immer neue Technologien zu generieren und in die Frühphase der Entwicklung zu schicken. Cluster, in denen ein steter Prozess der schöpferischen Zerstörung im Laufe der Zeit nicht durch Trägheit und Verkrustungen behindert wird, nennt die Autorin „mutierende Innovations-Cluster“. Diesen Idealtypus eines Clusters, das von innen heraus wächst, sollte die Politik vor Augen behalten, wenn sie dauerhaft zukunftsträchtige Arbeitsplätze und ein kräftiges Wirtschaftswachstum in einer Region anstrebt.

Die aktiven Schritte allerdings, die Politiker unternehmen können, um in ihrer Region ein solches mutierendes Innovations-Cluster zu etablieren, sind begrenzt. Zwar liefern die neuere Wachstumstheorie sowie die vor allem im evolutorischen Ansatz zentralen Theorien von Pfadabhängigkeiten, Lock-in und Evolutionsversagen auf den ersten Blick Rechtfertigungen für direkte Staatseingriffe in den Wettbewerb der Regionen. Doch bergen solche Eingriffe, wie in **Kapitel 4** gezeigt wurde, eine Reihe von Gefahren. So kann die Politik ihre direkten Hilfen für Unternehmensgründer immer nur auf unsicheren Annahmen über die Entwicklung von Produktmärkten und Konsumentenwünschen gründen, es wird ihr kaum gelingen, den richtigen Zeitpunkt für einen Eingriff abzupassen und sie wird die Eigeninteressen von Politikern nur schwer im Zaum halten können. Zudem können sich gut gemeinte Hilfen als Anreiz zum Rent-seeking erweisen, sie können sich über eine durch Negativauslese geförderte Subventionsmentalität ins Negative verkehren, oder sie können aufgrund von Mitnahmeeffekten schlicht ins Leere laufen. Bei direkten Staatshilfen für Gründer, etwa über Kapitalspritzen, staatliche Bürgschaften oder aufwendige, staatlich finanzierte Netzwerke, scheint die Gefahr des Staatsversagens somit größer, als die Chance ein vermeintliches Marktversagen korrigieren zu können.

Besser fährt die Politik, wie gezeigt wurde, wenn sie sich auf das Setzen von gründerfreundlichen Rahmenbedingungen konzentriert. Dazu gilt es vor allem einen funktionierenden Wettbewerbsrahmen zu schaffen, der stete Anpassung an sich verändernde Marktbedingungen ermöglicht. Sinnvoll kann auch die Förderung von Forschung und Lehre sein, die eine indirekte Hilfe für Gründer darstellt und ihre Rahmenbedingungen über mögliche Wissens-Spillovers und eine erhöhtes Angebot gut ausgebildeter Arbeitskräfte verbessert. Als zwar direkte aber dennoch unter evolutorisch-ordnungspolitischen Gesichtspunkten recht ungefährliche Hilfe für Gründer kann die Gründerberatung an Universitäten gelten. Sie kann ein fächerübergreifender Motor für Wissens-Spillovers aus den Universitäten sein, die nicht über materielle Privilegien zu einer starken Verzerrung des Marktes führt und den Akteuren genügend Freiheitsgrade für kreative und innovative Lösungen lässt.

In den folgenden Kapiteln soll nun untersucht werden, ob diese Schlussfolgerungen aus der Theorie einer empirischen Überprüfung standhalten. Dabei gilt es unter anderem zu klären, ob sich eine der drei ausgewählten Beispielregionen dem Idealtypus des mutierenden Innovations-Clusters bereits angenähert hat, und was die Politik dazu unternommen bzw. unterlassen hat.

II. Empirie

6. Vorgehen

6.1 Methode

Im empirischen Teil dieser Arbeit soll die Form von Fallstudien gewählt werden, um die Validität der theoretischen Schlussfolgerungen an ausgewählten Beispielen aus der Praxis zu überprüfen. Aus methodischer Sicht wird somit eine analytische Verallgemeinerung[542], nicht aber eine statistische Verallgemeinerung angestrebt. Die ausgewählten Beispielregionen sind keinesfalls repräsentativ oder stellen gar eine statistisch verlässliche Grundgesamtheit dar. Sie sind aber von ihren jeweils unterschiedlichen Einflussfaktoren und Entwicklungen so angelegt, dass sie sich analog zu Einzelexperimenten in der naturwissenschaftlichen Forschung als Stützpfeiler für die theoretischen Überlegungen aus dem ersten Teil eignen könnten.

Konkret sollen folgende Forschungsfragen beantwortet werden: Sind die einzelnen Beispielcluster erfolgreiche Gründerregionen im High- und Biotech-Bereich? Welche Faktoren machen ihren Erfolg bzw. Misserfolg aus? Welche Rolle haben dabei politische Entscheidungen auf Bundes- und regionaler Ebene gespielt?

Untersucht werden die Regionen Silicon Valley, München und Berlin/Brandenburg. Diese scheinen aufgrund ihrer unterschiedlichen Geschichte und des unterschiedlich ausgeprägten Engagements des Staates besonders interessant. Als Zeitraum der Betrachtung sollen, was das statistische Zahlenmaterial betrifft, die 90er Jahre bis heute gewählt werden. Für diesen Zeitraum lassen sich am ehesten konsistente Daten für die Regionen zusammentragen. In die Beschreibung der Geschichte der einzelnen Cluster können aber auch bedeutsame Ereignisse einfließen, die vor dem in der Statistik betrachteten Zeitraum liegen. Was die regionale Abgrenzung der Cluster betrifft, so werden Grenzen gewählt, die nicht unbedingt mit den politischen Linien (Länder, Kreise, Counties) übereinstimmen müssen (vgl. **Kapitel 7.1**).

Als Datenquellen werden bereits vorhandene Dokumentationen wie wissenschaftliche Studien, Umfragen, Statistiken und Zeitungsartikel zusammengetragen und ausgewertet. Umfangreiche eigene Erhebungen würden den Rahmen dieser Arbeit sprengen. Zudem existiert zu allen drei gewählten Regionen bereits eine unübersichtliche Fülle Materials, das -

---

[542] Zum Begriff der „analytic generalization" vgl. Yin 2003, S. 31ff u. 37f.

geordnet und aufeinander abgestimmt - stichhaltige Aussagen ermöglicht. Methodisch wird dabei das Mittel der Datentriangulation[543] gewählt. Um die Subjektivität einzelner Studien oder Statistiken auszugleichen, werden verschiedene Datenquellen zusammengetragen, die die einzelnen Aussagen stützen.

6.2 Arbeitshypothese und Operationalisierung

Fußend auf den Schlussfolgerungen aus dem Theorieteil liegt der empirischen Untersuchung folgende Arbeitshypothese zugrunde: Gründerregionen der Hoch- und Biotechnologie müssen von innen heraus wachsen. Wichtig für ihr Wachstum sind entrepreneurfreundliche Rahmenbedingungen im Allgemeinen und ein starkes Netzwerk rund um Universitäten und Forschungseinrichtungen im Besonderen. Staatliche Hilfen sollten den Weg über Universitäten und die Netzwerkbildung gehen. Direkte Hilfen an Gründer über staatliche Beratungsstellen, Gründerzentren und verbilligtes Risikokapital werden kaum den gewünschten Erfolg haben.

Um diese Hypothese zu prüfen, wird wie folgt vorgegangen. **Kapitel 7** beleuchtet die Entwicklung der drei Cluster in den letzten Jahrzehnten genauer. Konnten die Regionen ein besonders starkes Wirtschaftswachstum verzeichnen? Lässt sich dieses womöglich auf eine hohe Dichte an innovativen Gründern zurückführen? Gibt es in der Geschichte einzelne Schlüsselereignisse, die einen bestimmten Pfad begründet haben könnten? Könnte es sich bei der betreffenden Region um ein idealtypisches mutierendes Innovations-Cluster handeln? Grundlagen für diese Untersuchungen sind die Überlegungen zu Theorien des wirtschaftlichen Wandels und zur Clustertheorie aus den **Kapiteln 1** und **3**.

Fußend auf dem in **Kapitel 2.3.2** des Theorieteils erarbeiteten Standortfaktorenkatalog für Hightech-Gründer beleuchtet **Kapitel 8** einige Faktoren im Standortwettbewerb der drei ausgewählten Regionen genauer. Ein Schwerpunkt wird dabei auf die Rolle der Universitäten und Forschungseinrichtungen in der jeweiligen Region gelegt.

Die Rolle des Staates im Wettbewerb um Gründer, die in **Kapitel 4** aus theoretischer Sicht betrachtet wurde, ist Thema von **Kapitel 9**. Wie in **Kapitel 4.2** theoretisch untermauert, wird zwischen direkter und indirekter Förderung von Gründern in der jeweiligen Region unterschieden. Wo hat der Staat Gründer vor allem über Hilfen für Forschung und Lehre

---
[543] Vgl. Yin 2003, S. 97ff.

gefördert? Wo ist er direkt als Ratgeber, Anbieter spezieller Infrastruktur oder Kapitalgeber aufgetreten?

Kapitel 10 schließlich fasst die Ergebnisse des Empirie-Teils in einer Matrix zusammen und zieht ein Fazit aus dem Empirie-Teil. Stimmt das aus der Theorie abgeleitete logische Muster mit den in der Empirie beobachteten Mustern überein?

7. Entwicklung der Region

In den folgenden Abschnitten wird der Versuch unternommen, die Entwicklung der drei betrachteten Gründerregionen anhand von ausgewählten Daten und Fakten zu vergleichen. Dieser Versuch stößt jedoch vor allem im Bereich der Statistik auf eine Reihe von operationalen Problemen. So sind einzelne Erhebungen etwa zu Wachstum oder Gründerzahlen schon innerhalb der deutschen Bundesländer und Regionen wenig aufeinander abgestimmt, offizielle Zahlen zu Gründungen speziell in der IKT und Biotechnologie fehlen noch immer ganz. Auf die konkreten Schwierigkeiten und die gewählten Lösungsversuche wird in den jeweiligen Unterkapiteln gesondert hingewiesen.

7.1 Abgrenzung

7.1.1 Das Silicon Valley

Das Silicon Valley wird in dieser Arbeit nach der Definition des Joint Venture Silicon Valley Network[544] und des Public Policy Institute of California (PPIC) [545] abgegrenzt. Danach erstreckt sich die so genannte Bay Area auf ein etwa 40 Meilen langes und 20 Meilen breites Gebiet mit mehr als 2,3 Millionen Einwohnern südlich von San Francisco. Konkret werden das gesamte Santa Clara County sowie angrenzende Teile von San Mateo, Alameda und Santa Cruz County zur Region gezählt (vgl. **Abbildung 5**).

Was die von nationalen Statistikbehörden aufbereiteten Daten zum Wachstum des Pro-Kopf-Einkommens betrifft, so musste eine leicht veränderte Abgrenzung gewählt werden. Da diese Daten zwar für die einzelnen Counties, nicht aber für die ZIP-Code-Bezirke ausgewiesen werden, werden hier neben Santa Clara auch Alameda, San Mateo und Santa Cruz County gesamthaft dargestellt.

Das Silicon Valley hat sich in den vergangenen Jahrzehnten vor allem als Cluster für Technologiefirmen etabliert. Die Biotechnologie erweist sich zwar ebenfalls als beträchtlicher Wachstumsfaktor. Sie ist allerdings, das soll an dieser Stelle nicht unerwähnt bleiben, in den Regionen South San Francisco und Berkeley-Emeryville noch stärker konzentriert. Diese Gebiete sind nicht Teil der in dieser Arbeit im Fokus stehenden Bay Area.

---

[544] Vgl. www.jointventure.org im Oktober 2003 und speziell Joint Venture (Hrsg.) 2003, S. 2, 40.
[545] Vgl. Zhang 2003, S. 2, 81.

Abbildung 5: Das Silicon Valley

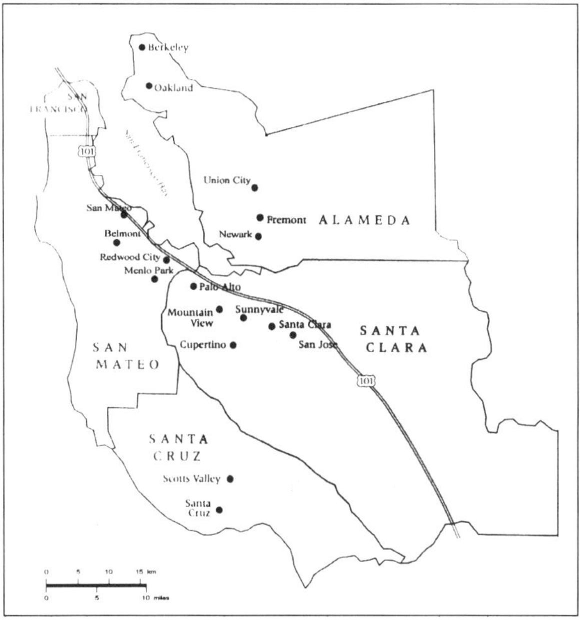

Quellen: Zhang 2003, S. 2; Saxenian 1994, S. xii; eigene Darstellung.

7.1.2 Die Region München

Den in den kommenden Abschnitten verwandten Daten und Fakten über das Bio- und Hightech-Cluster München liegt die Regionen-Abgrenzung des Bayerischen Landesamts für Statistik und Datenverarbeitung (LfStaD) zu Grunde. Zur Region München zählen danach die kreisfreie Stadt München sowie die acht angrenzenden Landkreise Freising, Erding, Ebersberg, Landkreis München, Starnberg, Landsberg am Lech, Fürstenfeldbruck und Dachau mit insgesamt rund 2,5 Millionen[546] Einwohnern.

Diese Abgrenzung ist für die vorliegende Arbeit aus mehreren Gründen sinnvoll. Sämtliche Teile der Region liegen von der Münchner Innenstadt maximal 40 Kilometer entfernt, stellen also für Gründer, die ihr Netzwerk in der Stadt pflegen, die hohen Mieten jedoch scheuen, eine echte Alternative dar. In der Region München liegen sowohl das für Life Sciences bekannte Martinsried, als auch das Zentrum für Grüne Biotechnologie Weihenstephan und das Informations- und Kommunikationstechnologiezentrum in Garching – die wichtigsten

Wachstumsherde rund um die Stadt sind also abgedeckt. Und nicht zuletzt ist die Region München als eine von 18 Regionen in Bayern eine in der Statistik gängige und in Studien gern verwandte Abgrenzung, zu der eine Reihe von Daten und Erhebungen vorliegen.

Einige Erhebungen, die aus Gründen der Datentriangulation hier nicht außer Acht gelassen werden sollen, verwenden allerdings auch andere Abgrenzungen, auf die jeweils gesondert hingewiesen wird.

Abbildung 6: Die Region München

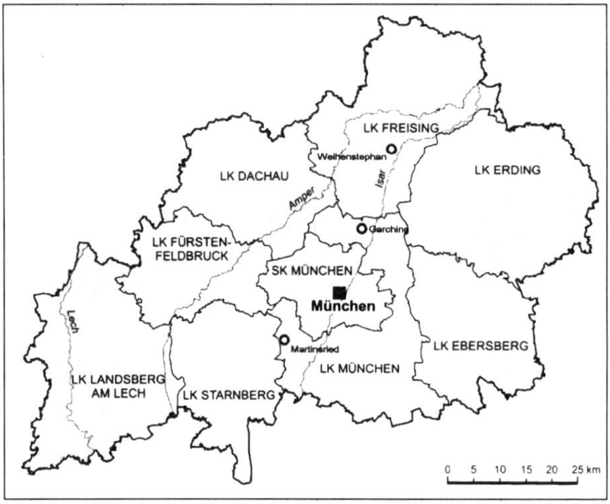

Quelle: Bergmann / Japsen / Tamásy 2002, REM, S. 41; eigene Darstellung.

7.1.3 Die Region Berlin-Brandenburg

Sinnvoll scheint die Abgrenzung „Berlin und Umland", die beim Statistischen Landesamt Berlin und beim Landesamt für Datenverarbeitung und Statistik Brandenburg als „engerer Verflechtungsraum" (EVR) geführt wird.[547] Darin sind neben den Berliner Gründerfirmen beispielsweise auch Gründungszentren und Biotechnologieparks um die Hauptstadt, etwa in Potsdam, Hennigsdorf und Luckenwalde, enthalten. Die Region ist mit rund 4,5 Millionen[548] Einwohnern die bevölkerungsreichste der hier untersuchten Regionen.

---

[546] Im Jahr 2001 waren es nach Zahlen des LfStaD 2.465.833 Einwohner.
[547] Der EVR umfasst neben dem gesamten Land Berlin etwa 15 Prozent der Fläche und 31 Prozent der Bevölkerung Brandenburgs. Vgl. Wiesemann-Wagenhuber 1995, S. 8.
[548] Nach Zahlen des Statistischen Landesamts Berlin waren es im Dezember 2002 3.392.000 Einwohner in Berlin und 967.000 Einwohner im angrenzenden brandenburgischen EVR.

Die Grenze dieses „engeren Verflechtungsraums“ verläuft allerdings mitten durch verschiedene brandenburgische Landkreise, ist - wie die Statistiker sagen – nicht kreisscharf. Anders als für die Region München, existieren für den EVR daher weder BIP-Daten noch offizielle Gründerzahlen. Die Statistiken des ZEW sowie einiger kommerzieller Datenbank-Anbieter lassen sich jedoch anhand von Postleitzahl-Zuordnungen auf den EVR zuschneiden.

Aufgrund dieser Datenlage bietet sich eine Zweiteilung an: BIP-Daten und allgemeine Gründerzahlen werden jeweils für die Bundesländer Berlin und Brandenburg aufgeführt. Das konkrete Gründergeschehen in der Hoch- und Biotechnologie wird anhand der im Einzelfall weniger trennscharfen „Berlin und Umland“-Definition gespiegelt, die in **Abbildung 7** dargestellt ist.

Abbildung 7: Berlin und Umland – engerer Verflechtungsraum

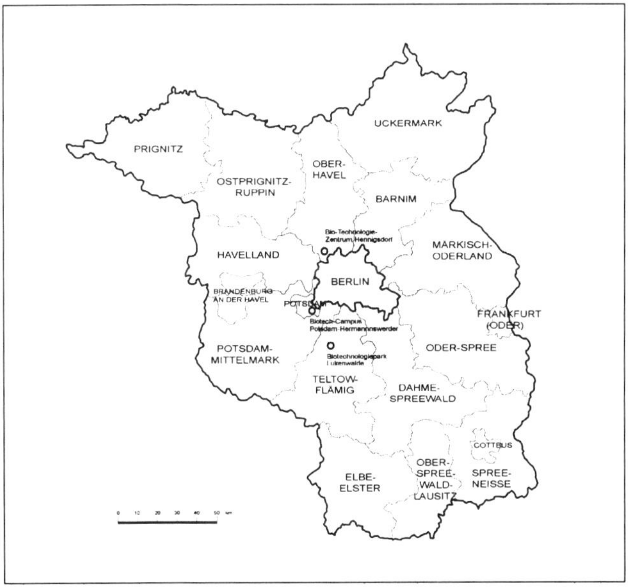

Quellen: Mier 2003; BioTop; eigene Darstellung.

7.2 BIP-Wachstum

Einen ersten Anhaltspunkt für die Kraft von innovativen Unternehmensgründern in einer Region könnte das Wirtschaftswachstum in dem jeweiligen Cluster liefern. Als statistische Messgröße hierfür wird das Wachstum des Bruttoinlandsprodukts (BIP) bzw. des Gross State

Product (GSP) herangezogen, das die Statistischen Ämter aus der Volkswirtschaftlichen Gesamtrechnungen (VGR) generieren. Um ansatzweise einen Eindruck vom Wohlstand der Bevölkerung in der Region zu bekommen, wird zudem die Entwicklung des realen Pro-Kopf-Einkommens dargestellt. Für diese Zahlen ist die amtliche Statistik die einzig verlässliche Quelle, die Methode der Datentriangulation bietet sich hier also nicht an.

7.2.1 Silicon Valley

Das zuständige Bureau of Economic Analysis (BEA), eine Unterabteilung des US-Department of Commerce, berechnet die nominalen und realen Wachstumszahlen des BIP[549] lediglich für den Staat Kalifornien und die gesamte USA, nicht aber für einzelne Counties. **Abbildung 8** kann also nur die Aussage transportieren, dass bereits der gesamte Staat Kalifornien in den letzten Jahrzehnten überdurchschnittlich stark gewachsen ist.[550] So wuchs die Wirtschaft Kaliforniens zwischen 1986 und 2001 um real 65,9 Prozent, während die US-Wirtschaft insgesamt in diesem Zeitraum lediglich um 55,9 Prozent zulegte. Besonders große Wachstumssprünge weist Kalifornien in den Boomjahren der New Economy auf. In den Jahren 1998 bis 2000 lag das Wachstum jeweils deutlich über sechs Prozent. Die US-Wirtschaft insgesamt wuchs dagegen mit Jahresraten von nicht mehr als 4,3 Prozent.

Dass das Silicon Valley zu der Vorreiterrolle Kaliforniens einen entscheidenden Beitrag geleistet hat, ist aus **Abbildungen 9** und **10** ersichtlich. Danach lag und liegt das reale Pro-Kopf-Einkommen (real per capita personal income) in den vier Counties des Silicon Valley deutlich höher als im gesamten Durchschnitt der USA und Kaliforniens. In San Mateo County erwirtschaftete ein Einwohner im Jahr 2001 mit real rund 63.000 Dollar fast doppelt so viel Geld wie der Durchschnitts-Amerikaner mit rund 33.000 Dollar.

Besonders große Wachstumssprünge machte der Wohlstand der Region in den Jahren 1994 bis 2000. In Santa Clara und San Mateo County hat sich das Reale Pro-Kopf-Einkommen allein in diesen sechs Jahren mehr als verdoppelt. Auch hier lassen sich Parallelen zum New-Economy-Boom ziehen. Solche Vermutung legt auch der PPI State New Economy Index

[549] Gross State Product (GSP) für Kalifornien bzw. Gross Domestic Product (GDP) für die gesamte USA.

[550] Beim internationalen Vergleich speziell der realen Wachstumszahlen ist jedoch Vorsicht geboten. Wie die Bundesbank in ihrem Monatsbericht Mai 2001 (vgl. Deutsche Bundesbank (Hrsg.) 2001, S. 41-46) darlegt, benutzen die USA ein anderes Deflationierungskonzept als Deutschland (USA: verketteter Fischer-Mengenindex; D: Laspeyres-Mengenindex) und erfassen und bewerten zudem bei der Deflationierung von EDV-Ausrüstungen Qualitätsänderungen auf andere Weise. Nach Schätzungen der Bundesbank wäre das reale BIP-Wachstum in Deutschland im Durchschnitt der Jahre 1996-1999 bei vergleichbarer Methode um knapp 0,2 Prozentpunkte höher ausgewiesen worden (vgl. Deutsche Bundesbank, 2001, S. 42).

2002 nahe.[551] Darin kommt der Staat Kalifornien nach Massachusetts und Washington auf Rang 3 der in die New Economy eingetauchten Staaten.[552] Dem Silicon Valley wird bestätigt, die technologisch dominanteste Region der Welt[553] zu sein. Und: Es wird eine klare Korrelation von 0,75 zwischen dem New-Economy-Ranking und dem Pro-Kopf-Einkommen festgestellt.[554] Diejenigen Regionen, die auf dem Weg in die New Economy am weitesten fortgeschritten sind – weil sie u.a. eine besonders hohe Konzentration von Hightech-Firmen, flexiblen, gut ausgebildeten Arbeitskräften und herausragenden Universitäten und Forschungseinrichtungen aufweisen – haben danach auch die wohlhabendste Bevölkerung.

Abbildung 8: Reales Wirtschaftswachstum in Kalifornien (GSP) und den USA (GDP) 1987 bis 2001 (chained 1996 dollars)

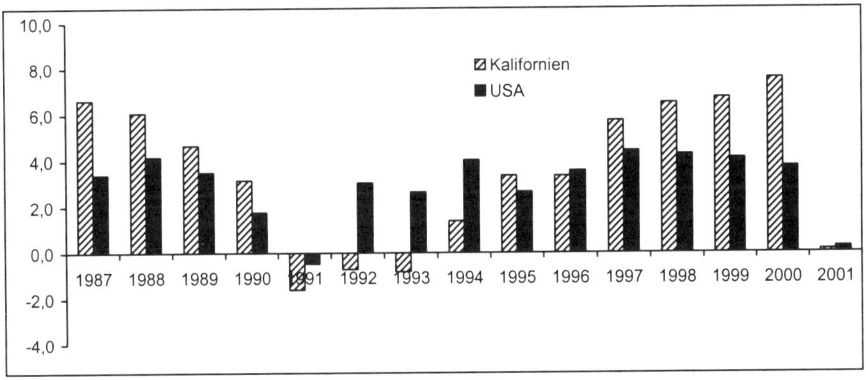

Quelle: Bureau of Economic Analysis (BEA).

Das BEA weist für die Entwicklung des pro Kopf Einkommens lediglich nominale Zahlen aus. Zur Vergleichbarkeit sind in dieser Arbeit reale Zahlen jedoch deutlich besser geeignet. Auf Empfehlung eines BEA-Volkswirts wurden die BEA-Zahlen mit dem US-Index für persönliche Konsumausgaben (Personal Consumption Expenditures: Price Deflator Chain-type Price Index) mit Basisjahr 1996 deflationiert. Diese Methode verwenden auch eine Reihe von Analysten.

[551] Vgl. Atkinson / Coduri 2002.
[552] Vgl. Atkinson / Coduri 2002, S. 7.
[553] Vgl. Atkinson / Coduri 2002, S. 12.
[554] Vgl. Atkinson / Coduri 2002, S. 12.

Abbildung 9: Reales Pro-Kopf-Einkommen in Kalifornien und den USA 1986 bis 2001 in Dollar

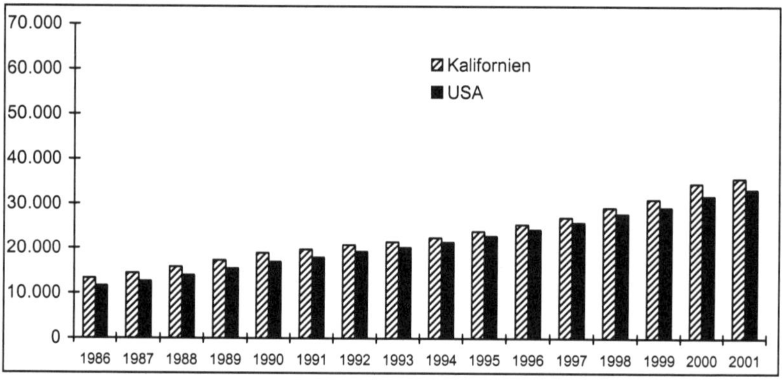

Quelle: Bureau of Economic Analysis (BEA); eigene Berechnung (Deflationierung mit PCI zu Preisen von 1996).

Abbildung 10: Reales Pro-Kopf-Einkommen in den vier Counties des Silicon Valley 1986 bis 2001 in Dollar

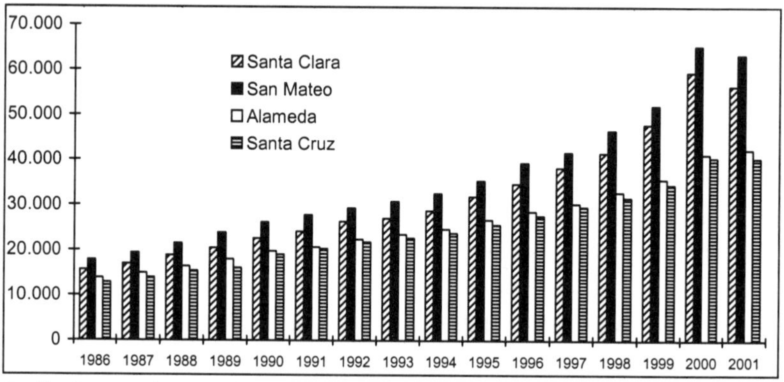

Quelle: Bureau of Economic Analysis (BEA); eigene Berechnung (Deflationierung mit PCI zu Preisen von 1996).

7.2.2 München

Die Region München weist, wie aus **Abbildung 11** ersichtlich wird, mit Ausnahme des Jahres 1993 über den gesamten Betrachtungszeitraum ein teils kräftiges Wachstum auf. Besonders stark wuchs die Wirtschaft der Region in den Boom-Jahren der New Economy 1998 bis 2000. Die kommenden Kapitel werden zeigen, ob München tatsächlich überproportional vom Aufstieg der High-Tech-Industrie profitieren konnte – ob sich also der nach dem ersten Blick auf die Wachstumszahlen gehegte Verdacht bestätigt.

Abbildung 11: Reales BIP-Wachstum der Region München 1992 bis 2001 in Prozent

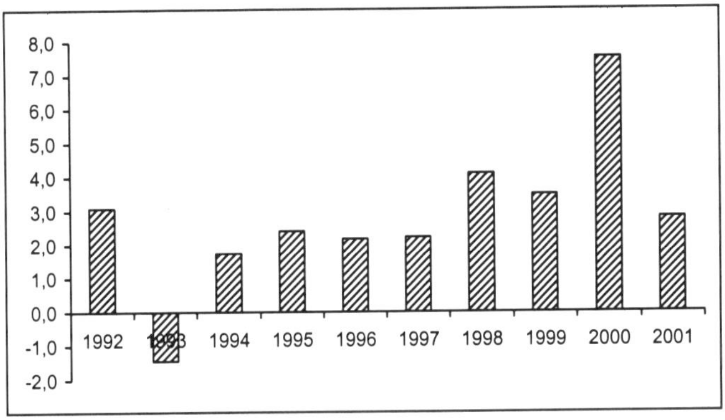

Quelle: Bayerisches Landesamt für Statistik und Datenverarbeitung; eigene Berechnungen (Wachstum und Deflationierung zu Preisen des Jahres 1995).

Auch das reale Pro-Kopf-Einkommen in der Region ist – wiederum mit Ausnahme des Jahres 1993 – im gesamten Betrachtungszeitraum gestiegen (vgl. **Abbildung 12**). Besonders in den Boomjahren der New Economy 1998 bis 2000 ist ein kräftiger Wohlstandsgewinn für den Durchschnitt der Bevölkerung zu verzeichnen. Hatte ein durchschnittlicher Münchner im Jahr 1991 noch 34.784 Euro zur Verfügung, stieg sein Einkommen (zu Preisen von 1995) bis 2001 real um rund 25 Prozent auf 43.386 Euro.

Da für die einzelnen Bayerischen Regionen nur nominale Wachstumszahlen ausgewiesen werden, für die nationale und internationale Vergleichbarkeit aber reale Zahlen aussagekräftiger sind, wurden die Zahlen nach eigenen Berechnungen deflationiert. Dazu wurden die nominalen Wachstumszahlen für die Region 14 mit dem jeweils für

Gesamtbayern im entsprechenden Jahr ausgewiesenen BIP-Deflator multipliziert.[555] Basisjahr 100 für diesen Deflator ist 1995, so dass sich vergleichbare Daten zu den Wachstumszahlen für Berlin und Brandenburg ergeben, die in Preisen des Jahres 1995 ausgewiesen werden.

Abbildung 12: Reales Pro-Kopf-Einkommen der Region München 1991 bis 2001 in Euro

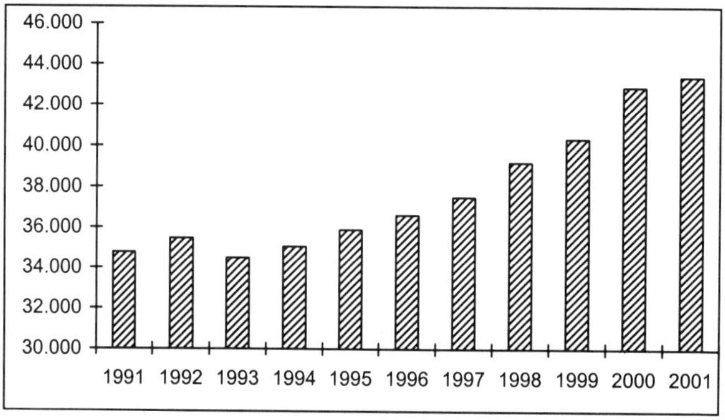

Quelle: : Bayerisches Landesamt für Statistik und Datenverarbeitung; eigene Berechnungen (Deflationierung zu Preisen des Jahres 1995).

7.2.3 Berlin / Brandenburg

Für die Region Berlin / Brandenburg zeigt sich ein komplett anderes Bild. Offenbar getrieben vom Vereinigungs-Boom wuchs die Wirtschaft Anfang der 90er Jahre noch kräftig. Das Land Brandenburg wies zum Teil zweistellige Wachstumsraten auf, die ab 1995 aber stark zusammenschmolzen. In Berlin schrumpfte die Wirtschaftskraft zwischen 1996 und 2002 (mit Ausnahme des Jahres 2000) sogar. Falls die New Economy die Region also überhaupt erfasst hat, war ihre Kraft offenbar nicht groß genug, um die gesamte Wirtschaft zu beflügeln und Krisen in anderen Bereichen aufzufangen.

Da das Wirtschaftswachstum von Berlin und seinem direkten Umland in der Statistik nicht gesondert ausgewiesen wird, sind in **Abbildung 13** behelfsweise die Wachstumsraten für Berlin, für Brandenburg und für beide Bundesländer zusammen, jeweils in den Preisen von 1995 dargestellt.

---

[555] Zahlen siehe **Anhang 2**.

Abbildung 13: Reales BIP-Wachstum in Berlin, Brandenburg und Berlin / Brandenburg 1992 bis 2002 in Prozent

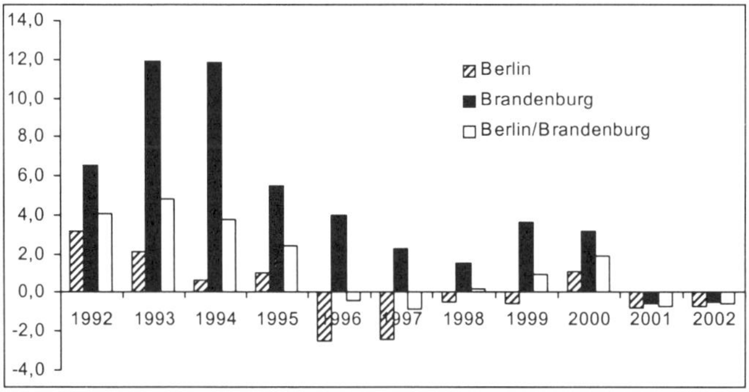

Quelle: Statistisches Landesamt Berlin.

In Berlin verringerte sich in den Krisenjahren ab 1995 auch das reale Pro-Kopf-Einkommen der Einwohner. In Brandenburg gingen die Steigerungsraten kräftig zurück. Im Jahr 2000 erwirtschaftete jeder Einwohner der beiden Bundesländer im Durchschnitt noch immer weniger als 20.000 Euro im Jahr. In der Region München lag der Wohlstand der Bevölkerung mit einem realen Pro-Kopf-Einkommen von fast 43.000 Euro mehr als doppelt so hoch.

Abbildung 14: Reales Pro-Kopf-Einkommen in Berlin, Brandenburg und Berlin / Brandenburg 1991 bis 2002 in Euro

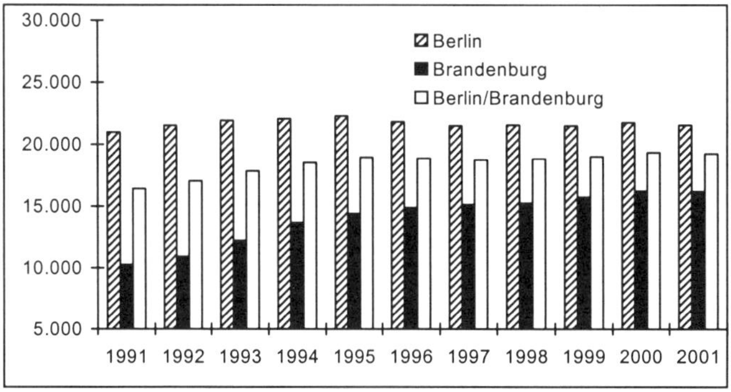

Quelle: Statistisches Landesamt Berlin.

7.3 Zahl der Gründer insgesamt

Die offizielle, von den statistischen Ämtern geführte Gründerstatistik birgt eine Reihe von Problemen[556] und kann nur als grober Anhaltspunkt für die Gründeraktivität von einzelnen Regionen dienen. So sind in der deutschen Gewerbeanzeigenstatistik zwar „Betriebsgründungen" aufgeführt, diese Einteilung beruht aber allein auf Formular-Angaben der Gewerbetreibenden selbst und ist, wie Mitarbeiter der statistischen Landesämter bestätigen, keinesfalls trennscharf.[557] Noch schwieriger wird es, wenn vermeintliche Gründungen nach Wirtschaftszweigen unterteilt werden sollen (vgl. **Abschnitt 7.4**). Für einen ersten Eindruck der gesamten Gründeraktivität soll dennoch auf offizielle Zahlen[558] zurückgegriffen werden. Aus diesen lassen sich aber allenfalls Trendaussagen ableiten.

Ergänzend zur offiziellen Statistik werden aus Umfragen generierte Daten über die Gründeraktivität in deutschen Regionen aufgezeigt. Einen groben Eindruck vom Gründungsgeschehen geben hier sowohl die Zahlen des ZEW als auch die von Forschern der Universität Köln gemeinsam mit Sponsoren erstellten Studien Global Entrepreneurship Monitor (GEM)[559] und Regional Entrepreneurship Monitor (REM)[560].

Noch schwieriger als in Deutschland stellt sich die Situation in den USA dar, wo überhaupt keine offizielle Gründerstatistik existiert. Im Abschnitt über das Silicon Valley musste deshalb allein auf Behelfszahlen von privaten Erhebern zurückgegriffen werden.

7.3.1 Silicon Valley

In den USA existiert keine „einheitliche periodische Gründungsstatistik".[561] Offizielle Gründerdaten für das gesamte Land, einzelne Staaten oder Regionen gibt es nicht.

Eine Reihe von Umfragen und Untersuchungen von Privaten bestätigt jedoch das Bild, dass in den USA insgesamt eine höhere Gründeraktivität als in Deutschland herrscht. So kommt etwa der Global Entrepreneurship Monitor (GEM) nach einer Bevölkerungsbefragung für die USA

---

[556] Im Detail hat sich mit diesen Problemen etwa Struck 1998 beschäftigt.
[557] So könne sich z.B. ein Frisör, der einen eingesessenen Salon übernimmt, subjektiv als Neuunternehmer fühlen und auf dem Anmeldeformular daher „Neugründung" ankreuzen. Objektiv, so Frau Katke vom Statistischen Landesamt Brandenburg, handele es sich aber um eine Betriebsübernahme.
[558] Hier hat die Autorin die Gewerbeanzeigenstatistik der Umsatzsteuerstatistik vorgezogen, die mit noch mehr Problemen belastet ist. Vgl. Struck 1998, S. 99ff.
[559] Vgl. Sternberg / Bergmann 2003.
[560] Vgl. Bergmann / Japsen / Tamásy 2002.
[561] Vgl. Struck 1998, S. 241.

auf eine Quote der unternehmerischen Aktivität „Total Entrepreneurial Activity" (TEA)[562] von 10,51 Prozent.[563] Das ist mehr als doppelt so viel wie in Deutschland mit 5,16 Prozent. Nach einzelnen US-Regionen differenzierte Daten über die Gründeraktivität liefert der GEM jedoch nicht.

Abbildung 15: Firmen im Silicon Valley im Januar 2001 nach Gründungsjahr

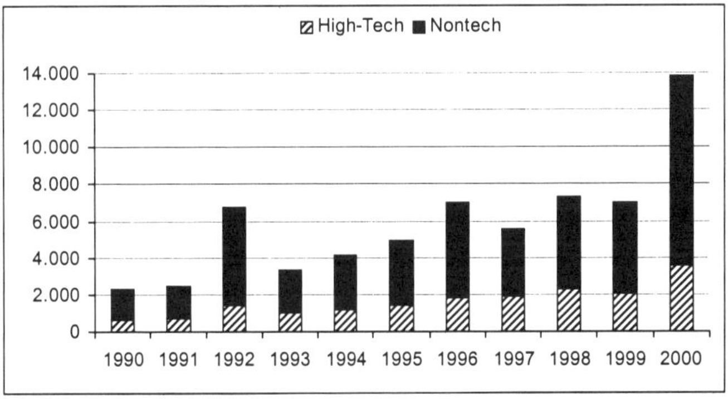

Quelle: Zhang 2003, S. 96; D&B Database.

Um trotz mangelnder offizieller Statistik einen ersten Eindruck von der Gründeraktivität im Silicon Valley zu gewinnen, soll an dieser Stelle auf Zahlen der NETS Database (National Establishment Time-Series)[564] aus einer Studie des PPIC zurückgegriffen werden.[565] Darin ist die Anzahl der Neugründungen aus den Jahren 1990 bis 2000 aufgeführt, die im Januar 2001 noch am Leben waren. Unterteilt wird in die Bereiche Hightech und „Nontech". Bei den „Nontech"-Gründungen zeigen sich etwa in den Jahren 1992 und 2000 einige auf den ersten Blick unerklärliche Sprünge (vgl. **Abbildung 15**). Der Fokus der Betrachtung soll hier deshalb bereits auf den Hightech-Gründungen liegen. Diese weisen trotz kleinerer Dellen in den Jahren 1993 und 1999 über das Jahrzehnt eine klare Wachstumstendenz auf. Der größte

[562] In der TEA sind Personen zwischen 18 und 64 Jahren erfasst, die zum Zeitpunkt der Befragung in die Gründung eines Unternehmens involviert waren (Nascent Entrepreneurs) und solche, die an einem nicht mehr als 3,5 Jahre alten Unternehmen beteiligt sind (Young Entrepreneurs). Vgl. Sternberg / Bergmann 2003, S. 11.
[563] Vgl. Sternberg / Bergmann 2003, S. 47.
[564] Diese Datenbank wurde von Walls & Associates aufgebaut, die wiederum auf die Rohdaten der Dun & Bradstreet (D&B) Business Database zurück greift. D&B führt in seiner rund 160 Jahre alten Business-Datenbank Firmen, die Kreditratings suchen, oder über deren Kreditwürdigkeit Anfragen gestellt werden und ist vergleichbar mit der Creditreform in Deutschland. Zu Details der Datenbasis vgl. Zhang 2003, S. 85.
[565] Vgl. Zhang 2003, S. 96.

Sprung ist im Jahr 2000 zu verzeichnen, in dem sich die Zahl der High-Tech-Gründungen von zuvor 2.099 auf fast 3.600 erhöhte.

Insgesamt entstanden im Silicon Valley zwischen 1990 und 2000 18.217 neue High-Tech-Firmen, die das Jahr 2001 erlebten. Das waren mehr als 28 Prozent aller 64.774 in der NETS Datenbank im Januar 2001 registrierten Firmen, die nicht älter als 10 Jahre waren. Weil diese Statistik aber nicht etwa alle Gründungen, sondern nur die überlebenden Firmen zählt, sind die Zahlen nicht mit denjenigen des ZEW vergleichbar, die in den folgenden Abschnitten für die deutschen Regionen zitiert werden. Ein interregionaler Vergleich der absoluten Gründeraktivität ist aufgrund der mangelhaften Datenlage leider nicht möglich.

7.3.2 München

Für die Zahl der Gründungen insgesamt lässt sich in der offiziellen deutschen Gewerbeanzeigenstatistik lediglich eine Zeitreihe bis 1997 zurück verfolgen. Erst seitdem werden sogenannte „Echte Neuerrichtungen", die inzwischen „Betriebsgründungen" heißen, ausgewiesen. Hierunter wird die Gründung einer Hauptniederlassung, Zweigniederlassung oder unselbstständigen Zweigstelle durch eine juristische Person, eine Personengesellschaft oder eine natürliche Person verstanden.[566] Ausgeklammert bleiben unter der Rubrik „sonstige Neuerrichtungen" so genannte Kleingewerbetreibende, die nicht im Handelsregister eingetragen sind, keine Handwerkskarte besitzen und keinen Arbeitnehmer beschäftigen, sowie Gründer im Nebenerwerb. Diese Abgrenzung ist nach Angaben der Statistiker zwar keinesfalls immer trennscharf.[567] So bleibe die Frage nach der Zahl der Beschäftigten von den Gründern oft unbeantwortet, worauf diese automatisch als „sonstige Neuerrichtung" eingestuft würden. Weil es aber keine bessere offizielle Statistik gibt, soll **Abbildung 16** zumindest einen groben Eindruck vom Gründergeschehen in der Region München liefern.

Es zeigt sich ein deutlicher Anstieg der Gründertätigkeit in den Jahren 1998 und 1999. Die Zahl der echten Neugründungen steigt kräftig, während die Zahl der Betriebsaufgaben spürbar zurück geht. In den Krisenjahren der New Economy 2001 und 2002 zeigt sich dann auch beim Saldo der Betriebsgründungen in der Region München ein deutlicher Einbruch. Waren im Jahr 2000 netto noch über 3.300 neue Betriebe entstanden, waren es in den zwei Folgejahren nur noch jeweils weniger als 2.200.

---

[566] Vgl. Statistisches Bundesamt 2002, S. 4.

Abbildung 16: Zahl der Betriebsgründungen, -aufgaben und Nettoneugründungen in der Region München 1997 bis 2002 nach offizieller Statistik

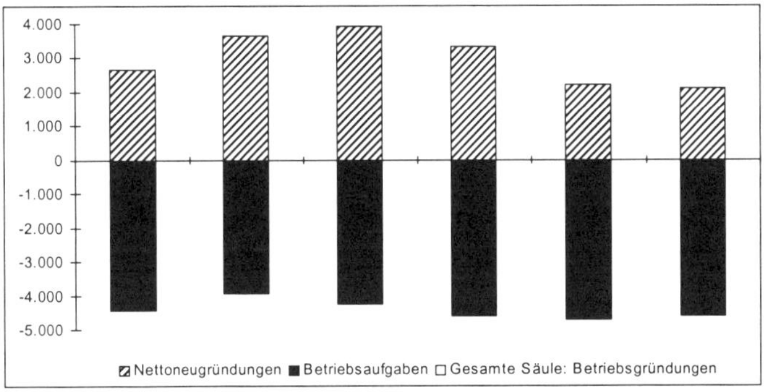

Quelle: Bayerisches Landesamt für Statistik und Datenverarbeitung.

Ein ähnlicher Trend zeichnet sich bei den Zahlen des ZEW-Gründungspanels für die Region München ab (vgl. **Abbildung 17**). Dieses Panel beruht auf der Datenbank der größten deutschen Kreditauskunftei, Creditreform, die eine systematische Recherche verschiedener öffentlicher Register, der Konkurs- und Vergleichsmeldungen sowie von Tageszeitungen, Geschäftsberichten und veröffentlichten Bilanzen durchführt und zudem aufgrund von Kundenanfragen über die Kreditwürdigkeit von Unternehmen recherchiert.[568] Gut erfasst sind in dieser Datenbank besonders jene Unternehmen, die auf dem Markt nach Krediten nachfragen – untererfasst dagegen Kleinstbetriebe, landwirtschaftliche Betriebe und die Angehörigen der Freien Berufe.

Während die Zahl der Neugründungen von 1990 bis 1998 um die Marke von 10.000 Firmen im Jahr schwankte, ist in den Jahren 1999 und 2000 ein deutlicher Anstieg auf 11.000 bis 12.000 Gründungen zu verzeichnen. Ein besonderer Schub zeigt sich bei den Unternehmensnahen Dienstleistern, deren Gründungszahl im Jahr 1999 um ein Drittel auf 3.999 Firmen anstieg und sich im Jahr 2000 um weitere 330 Firmen auf absolut 4.329 erhöhte. Zu Beginn der New Economy-Krise im Jahr 2001 geht die Zahl der Gründungen insgesamt und diejenige der Unternehmensnahen Dienstleister wieder spürbar zurück.

[567] Vgl. Statistisches Bundesamt 2002, S. 4.
[568] Zur näheren Systematik des ZEW-Gründungspanels vgl. ZEW März 2003.

Abbildung 17: Zahl der Unternehmensgründungen in der Region München 1990 bis 2001 nach ZEW-Gründungspanel

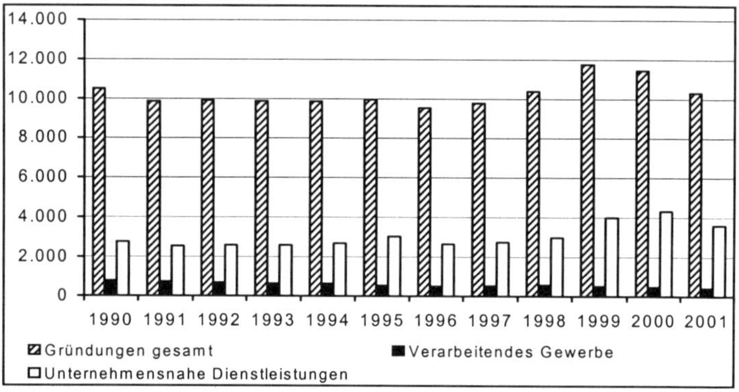

Quelle: ZEW-Gründungspanel.

Interessante Aufschlüsse über die Gründeraktivität in München ergeben sich auch, wenn man die Zahl der Gründungen in Relation zu den Erwerbstätigen setzt.[569] In den Jahren 1990 bis 2001 waren in der Region durchschnittlich 1,417 Millionen Menschen erwerbstätig. Auf sie entfielen in dem gesamten Zwölf-Jahres-Zeitraum 123.242 Gründungen. Das ist eine Quote von 8,7 Prozent. Für das gesamte Bundesgebiet lag diese Quote lediglich bei 8,2 Prozent. München weist also eine überdurchschnittliche Gründeraktivität auf – wenn auch nicht so signifikant überdurchschnittlich wie die Region Berlin / Brandenburg (vgl. **Kapitel 7.3.3**). Dies könnte darauf schließen lassen, dass es sich bei München um ein Gründungscluster handelt. Ob in der Region tatsächlich vermehrt Unternehmen der Hochtechnologie und nicht etwa vorwiegend Kleingewerbebetriebe entstanden sind, wird in **Kapitel 7.4** untersucht.

Eine Momentaufnahme von der Gründeraktivität in der Raumordnungsregion liefert der GEM-Länderbericht Deutschland 2002. Darin haben Wissenschaftler über eine Bevölkerungsbefragung die unternehmerische Aktivität „Total Entrepreneurial Activity" (TEA)[570] von deutschen Bundesländern und Regionen für die Jahre 2000 bis 2002 ermittelt. Die Region München liegt mit einem Anteil von aktiven Unternehmern von 8,00 Prozent weit über dem Durchschnitt aller 97 deutschen Raumordnungsregionen von lediglich 5,58

[569] Zu den der Berechnung zu Grunde liegenden Daten im Detail vgl. **Anhang 3**.
[570] Vgl. **FN 562**.

Prozent.[571] Unter den 20 bevölkerungsreichsten Regionen, die tendenziell eine überdurchschnittlich hohe TEA-Quote haben, kommt München nach Mittelfranken (10,51 Prozent) und Köln (8,37 Prozent) damit auf Rang drei. Berlin dagegen liegt mit einer Quote von nur 6,12 Prozent auf dem für eine Metropole abgeschlagenen 10. Rang (vgl. **Kapitel 7.3.3**).

Einen näheren Blick auf die Region München erlaubt der REM, der aufgrund einer Bevölkerungsbefragung aus dem Jahr 2001 die Entrepreneurshipaktivität in zehn deutschen Regionen vergleicht. München belegt mit einer Selbständigenquote von 14,4 Prozent den ersten Rang. Auch beim Anteil der „jungen Selbständigen", die nicht länger als 3,5 Jahre Gehälter erhalten haben, liegt die Region mit 4,3 Prozent an der Spitze. Bei den „werdenden Gründern", die zur Zeit der Befragung in eine Gründung involviert waren, kommt München mit 4,9 Prozent nach Köln (6,1 Prozent) auf den zweiten Platz.[572]

Mögliche Gründe für die Stärke Münchens, vor allem im Bereich der Bio- und Hochtechnologiegründungen, werden in den **Kapiteln 8** und **9** näher analysiert. An dieser Stelle lässt sich allerdings bereits so viel festhalten: Die Region scheint von einer überdurchschnittlich hohen Gründeraktivität zu profitieren. Besonders in den Boomjahren der New Economy war noch ein spürbarer Anstieg von dem bereits zuvor hohen Niveau an Gründungsaktivität zu verzeichnen.

7.3.3 Berlin / Brandenburg

Die Zahl der „Betriebsgründungen" wird von den Statistischen Landesämtern Berlin und Brandenburg leider nicht für Berlin und sein Umland erfasst. Daher muss, was die offizielle Statistik betrifft, auf die Daten für das gesamte Land Berlin und das gesamte Land Brandenburg zurückgegriffen werden, die in **Abbildungen 18** und **19** dargestellt sind.

Sowohl im Land Berlin als auch in Brandenburg weist der Trend der Betriebsgründungen im gesamten Betrachtungszeitraum stetig nach unten. Entstanden in Berlin im Jahr 1997 netto noch 6.043 (Brandenburg: 5.093) neue Betriebe, waren es im Jahr 2002 nur noch 344 (Brandenburg: 1.036). Ein New-Economy-Boom lässt sich also nicht ausmachen oder er geht, falls er in abgeschwächter Form doch stattgefunden haben sollte, in der Masse aller

---

[571] Vgl. Sternberg / Bergmann 2003, S. 37f.
[572] Vgl. Bergmann, H. / A. Japsen / C. Tamásy 2002, S. 12-16 und 41.

Gründungen unter. Ein Blick auf die Gründungen speziell in der Bio- und Hochtechnologie (vgl. **Kapitel 7.4**) sollte hier genaueren Aufschluss geben.

Abbildung 18: Zahl der Betriebsgründungen, -aufgaben und Nettoneugründungen in Berlin 1997 bis 2002 nach offizieller Statistik

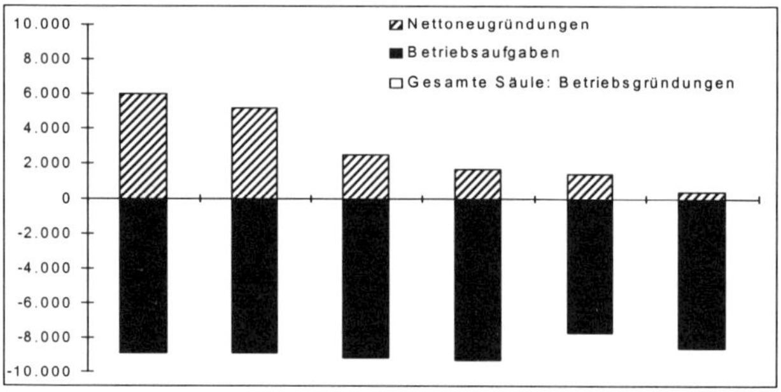

Quelle: Statistisches Bundesamt.

Abbildung 19: Zahl der Betriebsgründungen, -aufgaben und Nettoneugründungen in Brandenburg 1997 bis 2002 nach offizieller Statistik

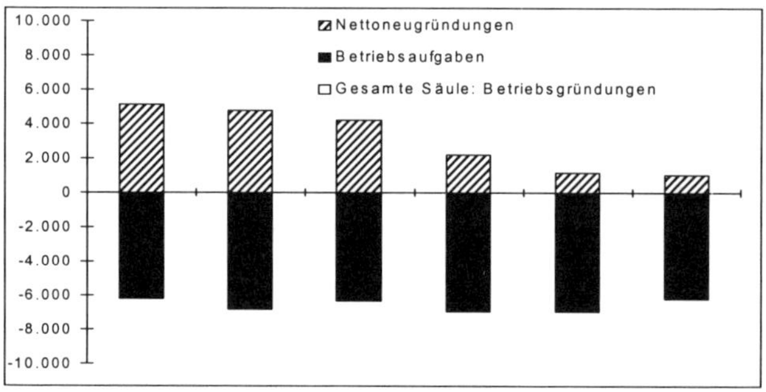

Quelle: Statistisches Bundesamt.

Das ZEW-Gründungspanel[573] zeigt für Berlin und sein direktes Umland allerdings ein leicht verändertes Bild (siehe **Abbildung 20**). Danach ist in den Jahren 1997 und 1998 tatsächlich ein leichter Anstieg der Gründeraktivität um 2.361 auf 19.124 Gründungen zu verzeichnen. Dieser geht jedoch kaum auf das Konto der Unternehmensnahen Dienstleistungen oder des Produzierenden Gewerbes, sondern betrifft vor allem die Kundennahmen Dienstleistungen,

[573] Zur näheren Systematik vgl. **Kapitel 7.3.2** und ZEW März 2003.

die in den beiden Jahren insgesamt um mehr als 1.700 Gründungen zulegen. Wie stark dieser kurze Aufschwung auf eine boomende IKT-Branche zurückzuführen ist, wird in **Kapitel 7.4.3** näher untersucht. Für den gesamten betrachteten Zwölf-Jahres-Zeitraum muss Berlin und sein Umland auch den ZEW-Daten zufolge einen deutlichen Rückgang der Gründeraktivität verzeichnen. Wurden im Jahr 1990 noch rund 25.000 neue Unternehmen gegründet, waren es 2001 nur noch 16.350 – ein Minus von über 34 Prozent.

Abbildung 20: Zahl der Unternehmensgründungen in Berlin und Umland[574] 1990 bis 2001 nach ZEW-Gründungspanel

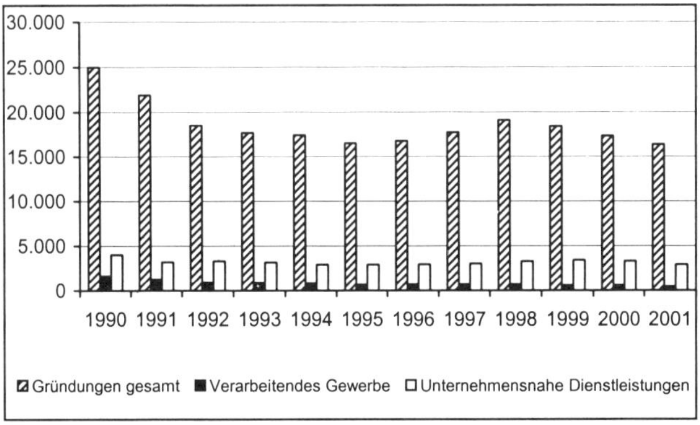

Quelle: ZEW-Gründungspanel.

Setzt man die Zahl der Gründungen in Relation zu den Erwerbstätigen, ergibt sich für Berlin / Brandenburg in den Jahren 1990 bis 2001 eine weit überdurchschnittliche Gründeraktivität.[575] In dieser Zeit waren in der Region durchschnittlich 1,977 Millionen Menschen erwerbstätig. Auf sie entfielen in dem gesamten Zwölf-Jahres-Zeitraum 222.624 Gründungen. Das ist eine Quote von 11,3 Prozent – im Vergleich zu 8,2 Prozent für das gesamte Bundesgebiet. Diese hohe Gründeraktivität dürfte allerdings vor allem auf den Vereinigungsboom zurück zu führen sein. Sie betrifft speziell die Kundennahen Dienstleistungen und den Handel – vom Frisörsalon über den Zeitungskiosk bis zur Kneipe – und muss nicht unbedingt auch auf eine höhere Gründeraktivität in der zukunftsträchtigen Hochtechnologie schließen lassen.

In der Momentaufnahme des GEM-Länderberichts Deutschland für die Jahre 2000 bis 2002 zeigt sich denn auch ein weit dunkleres Bild der Gründeraktivität der Region. Das Land

[574] Abgrenzung nach EVR, vgl. **Kapitel 7.1.3**.

Berlin liegt, wie bereits erwähnt (vgl. **Kapitel 7.3.2**) mit einer TEA-Quote von nur 6,12 Prozent auf dem für eine Metropole abgeschlagenen 10. Rang von 20 untersuchten Raumordnungsregionen.[576] Das Land Brandenburg fällt mit einer Quote von 5,24 Prozent noch weiter zurück, liegt aber immerhin noch über dem Durchschnitt aller ostdeutschen Regionen von 4,29 Prozent. Näherer Aufschluss über die Gründungsaktivität in und um die Hauptstadt ergibt sich leider nicht, weil auch im REM die Region Berlin / Brandenburg nicht gesondert untersucht wurde.

Festhalten lässt sich bis hier hin: Nach der Vereinigung weist Berlin / Brandenburg eine besonders hohe Zahl von Gründungen auf. Neue Unternehmen entstehen aber vor allem im Bereich der Kundennahen Dienstleistungen und im Handel, weniger bei Unternehmensnahen Dienstleistern und im Verarbeitenden Gewerbe. Zudem geht die Zahl der Gründungen über das Jahrzehnt deutlich zurück. Beide Trends deuten darauf hin, dass die Region zwar vom Vereinigungs-Boom, kaum jedoch vom New-Economy-Boom profitiert hat.

7.4 Gründer speziell im Bereich IKT und Biotechnologie

Für Gründer im Bereich der IKT und der Biotechnologie gibt es weder in Deutschland noch in den USA eine zuverlässige offizielle Statistik. In der Biotechnologie haben die deutschen Statistiker für ihre Wirtschaftszweigabgrenzung bis heute keine gemeinsame Definition erarbeitet.[577] In der IKT gibt es zwar eine Abgrenzungs-Empfehlung[578], diese bleibt allerdings rein theoretisch, da sie von den zuständigen statistischen Landesämtern im Detail gar nicht abgefragt wird.[579]

Die Autorin ist somit an dieser Stelle auf Erhebungen und Umfragen von Forschungsinstituten und privaten Datenanbietern angewiesen. Denen allerdings liegen recht unterschiedliche Methoden und Abgrenzungen zu Grunde, auf die jeweils vor Ort gesondert hingewiesen wird.

---

575 Zu den der Berechnung zu Grunde liegenden Daten im Detail vgl. **Anhang 3**.

576 Vgl. Sternberg / Bergmann 2003, S. 37f.

577 Als Anhaltspunkt wird vom Statistischen Bundesamt immer noch ein vages Diskussionspapier aus dem Jahr 2000 verschickt. Vgl. Statistisches Bundesamt 2000, S. 1.

578 Vgl. Statistisches Bundesamt 2000, S. 2ff.

579 In der IKT-Abgrenzung sind die Wirtschaftszweige bis in die vierte Stelle verschlüsselt. Von den Ämtern vor Ort werden Gründungen – aufgrund von subjektiven Angaben der Gründer - allerdings oft lediglich zweistelligen Oberziffern zugeordnet. Zur Abgrenzung der Begriffe vgl. auch **Kapitel 0.2**.

7.4.1 Silicon Valley

Die Daten über Gründer im Silicon Valley sind besonders dünn. Private Firmen wie Webmergers.com veröffentlichen zwar regelmäßig Zahlen über Pleiten und Neugründungen von Dot-coms. Diese beziehen sich allerdings nur auf die USA insgesamt und sind leider nicht regional abgegrenzt.[580] Aus Mangel an Alternativen wird deshalb, was die Firmengründungen und deren Struktur betrifft, an dieser Stelle erneut auf die NETS Database aus einer Studie des PPIC zurückgegriffen.[581] Über die Zahl der Beschäftigten in der High-Tech-Industrie der Region gibt zusätzlich der Valley Index 2003 des Joint Venture Netzwerks Aufschluss.

Beide Quellen operieren mit dem Oberbegriff der High-Tech-Industrie.[582] Die für die deutschen Cluster gewählte Unterteilung nach IKT und Biotechnologie lässt sich im Silicon Valley nur für wenige aggregierte Datensätze (siehe **Tabelle 1**) nachvollziehen.

Tabelle 1: High-Tech-Startups im Silicon Valley nach Industriezweigen 1990 bis 2000

Industriezweig	Firmenzahl	Prozent
Biotechnologie	586	2,0
Computer / Kommunikation	934	3,2
Verteidigung / Raumfahrt	52	0,2
Umweltschutz	242	0,8
Halbleiter	513	1,8
Software	5.967	20,4
Professional Services	14.009	47,9
Innovation Services	6.944	23,7
Summe	**29.247**	**100**

Quelle: PPIC 2003, S. 15.

Insgesamt wurden im Silicon Valley nach Zahlen der NETS Database in den Jahren 1990 bis 2000 29.247 High-Tech-Firmen gegründet. Selbst wenn man die Umwelt-, die Verteidigungs- und Luftfahrtindustrie und Teile der Biotechnologie[583] herausrechnen würde, die in der engeren deutschen Abgrenzung von IKT und Biotechnologie ausgeklammert bleiben, sind das

[580] Auf Anfrage wurde per E-mail bestätigt, dass leider keine Zahlen für das Silicon Valley verfügbar sind.
[581] Vgl. **Kapitel 7.3.1** und Zhang 2003, S. 96.
[582] Zur Definition vgl. **Kapitel 0.2**.

rund doppelt so viele Gründungen wie in der Region München und etwa drei Mal so viele wie in Berlin / Brandenburg. Knapp die Hälfte davon entfiel auf den Bereich Professional Services, die unternehmensnahen Dienstleister. Ein knappes Viertel machten die Innovation Services aus, zu denen u.a. Großhandel und Vermietung von Computern und elektronischen Bauteilen gezählt werden. Rund 20 Prozent der Neugründungen, knapp 6.000 Firmen, waren Softwarebetriebe.[584]

Abbildung 21: High-Tech-Startups im Silicon Valley 1990 bis 2000

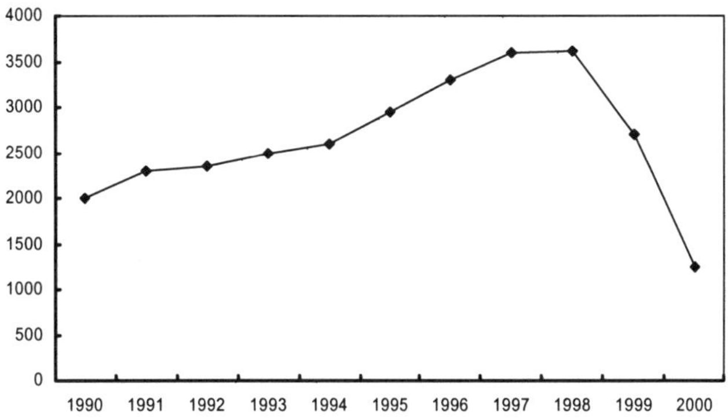

Quelle: PPIC 2003, S. 12.

Seit 1990 zeigt sich bei der Zahl der Gründungen eine steile Aufwärtstendenz, die ihren Gipfel mit über 3.500 Gründungen im Jahr 1998 nimmt (siehe **Abbildung 21**). Dann setzt die Krise ein, die in den deutschen IKT-Gründerregionen erst zwei Jahre zeitversetzt durchschlägt, und die Zahl der Gründungen nimmt rasant ab. Im Jahr 2000 werden im Silicon Valley weniger als 1.300 High-Tech-Betriebe gegründet – das ist im Vergleich zum Spitzenjahr 1998 ein Minus von über 60 Prozent.

Ein Indiz für die Clusterbildung von Hochtechnologie-Firmen im Silicon Valley liefern die bereits in **Abbildung 15** dargestellten Zahlen der überlebenden Gründerfirmen aus den Jahren 1990 bis 2000. Von den insgesamt 64.774 Firmen im Tal, die im Januar 2001 jünger als zehn Jahre waren, waren 18.217 High-Tech-Unternehmen. Das ist eine Quote von über 28 Prozent.

---

[583] In den NETS-Zahlen sind auch Pharmaunternehmen und Hersteller von medizinischem Gerät enthalten. Vgl. Zhang 2003, S. 82.

[584] Zur genauen Abgrenzung der einzelnen Industriezweige vgl. Zhang 2003, S. 82-84.

Fast jede dritte erfolgreiche[585] Neugründung aus den 90er Jahren stammt also aus dem Bereich der Hochtechnologie. Von allen bestehenden Firmen im Januar 2001 waren 25 Prozent (25.787) in der Hochtechnologie tätig und stellten fast 43 Prozent (673.000) der Arbeitsplätze in der Region[586] – ein überragender Wirtschaftsfaktor.

Deutlich wird die Bedeutung der High-Tech-Firmen für die Wirtschaft des Silicon Valley auch, wenn man deren Beitrag zur Beschäftigungsentwicklung in der Region betrachtet.[587] Von 1990 bis 2001 entstanden in den neu gegründeten Hochtechnologie-Firmen netto 258.796 neue Stellen, während in Firmen mit Gründungsdatum vor 1990 120.559 Arbeitsplätze verloren gingen. Im Saldo bescherte die Branche der Region damit einen Zuwachs von 138.237 Jobs.[588]

Innerhalb der Branche zeigt sich dabei eine deutliche Strukturverschiebung. Während der Bereich Software mehr als 66.000 Stellen (plus 136 Prozent) und der Bereich Computer / Kommunikation über 36.000 Stellen (plus 32 Prozent) dazu gewann, schrumpfte die Beschäftigung in der Verteidigungs- und Luftfahrtindustrie im Elf-Jahres-Zeitraum um knapp 41.000 Stellen (minus 60 Prozent). Diese Verschiebung deutet bereits auf die Mutationsfähigkeit des Clusters hin (vgl. **Abschnitt 7.5.2.1**).

Die Flexibilität des Arbeitsmarkts im Silicon Valley zeigt sich auch in der Krise der Internetwirtschaft. In den vier Counties Alameda, Santa Clara, San Mateo und Santa Cruz, gingen nach Zahlen des Bureau of Labor Statistics (BLS)[589] von Januar 2001 bis September 2003 zusammen netto 151.167 Arbeitsplätze verloren.[590] Eine Aufteilung nach einzelnen Branchen liefert die offizielle Statistik leider nicht. Einen Ausschnitt des Arbeitsplatzabbaus in der High-Tech-Industrie spiegelt aber der Valley Index 2003 des Joint Venture Netzwerks wider.[591] Danach sank die Zahl der Arbeitsplätze in den Software-Betrieben der Region allein zwischen dem zweiten Quartal 2001 und dem zweiten Quartal 2002 um 27.000 auf 101.000.

---

[585] Erfolg in diesem Fall gemessen am puren Überleben.
[586] Vgl. Zhang 2003, S. 11, 96, 97.
[587] Weil keine Zahlen über die Umsätze der High-Tech-Firmen existieren, wird auch in der PPIC 2003 Studie die Beschäftigtenzahl als Indikator für die Wirtschaftskraft verwendet. Zu den Beschäftigtenzahlen im Detail vgl. Zhang 2003, S. 18.
[588] Für die untersuchten deutschen High-Tech-Cluster sind vergleichbare Beschäftigtenzahlen leider nicht zugänglich.
[589] Zur Berechnung vgl. deren Web-Site: www.bls.gov im Februar 2004.
[590] Die Metropolenregion um San José (Santa Clara County) erlitt mit einem Minus von knapp 115.000 Stellen den zweitgrößten absoluten Jobverlust aller Metropolenregionen in den USA, nur noch übertroffen von New York.
[591] Vgl. Joint Venture 2003, S. 12.

Den zweitgrößten Verlust verzeichneten die Betriebe im Halbleitergeschäft mit minus 16.000 Stellen, gefolgt von den Herstellern von Computer- und Kommunikationshardware mit minus 15.600 Stellen. Am wenigsten betroffen war der biomedizinische Bereich, in dem nach Zahlen des Valley Index lediglich 100 von knapp 40.000 Jobs verloren gingen.

Im Laufe des Jahres 2003 standen die Zeichen aber bereits wieder auf Erholung. Lagen die Stellenverluste im Jahresvergleich in den Anfangsmonaten des Jahres 2002 nach offiziellen Zahlen des BLS noch im zweistelligen Prozentbereich, gingen sie seitdem kontinuierlich zurück. Im Oktober 2003 waren in Santa Clara County lediglich 2,3 Prozent weniger Menschen beschäftigt als im selben Monat des Vorjahres.[592] Das war der kleinste Rückgang im Jahresvergleich seit dem Beginn der Krise auf dem Arbeitsmarkt im Juli 2001. Der Boden scheint also erreicht. Nun muss sich erweisen, ob das Tal auch bei der nächsten Gründungs- und Expansionswelle wieder vorne mit dabei sein kann (vgl. **Abschnitt 7.5.2.1**).

7.4.2 München

IKT

Eine operable Statistik über die Entwicklung der IKT-Branche in Deutschland liefert – fußend auf Daten der Creditreform[593] - das ZEW in Mannheim. Das Institut benutzt die IKT-Abgrenzung der OECD, der auch dieser Arbeit folgt[594], bezieht jedoch sowohl den Groß-, als auch den Einzelhandel ein. Aus dem ZEW-Datensatz ließ sich die nach Regionen abgegrenzte Zahl der Gründungen generieren. Beschäftigungszahlen in Gründerfirmen nach Regionen könnte das Institut allerdings nur mit erheblichem Mehraufwand heraus filtern, was den Budgetrahmen dieser Arbeit gesprengt hätte.

Für die Region München hat das ZEW im Zeitraum 1990 bis 2001 insgesamt 15.253 Neugründungen in der Informations- und Kommunikationstechnologie erfasst (vgl. **Abbildung 22** und **Anhang 4**). Rund 40 Prozent davon entfielen auf den Bereich Handel und Vermietung, 31 Prozent auf Software-Firmen. Für das Jahrzehnt zeigt sich eine klare Aufwärtstendenz, die in den Boom-Jahren der New Economy 1999 und 2000 gipfelt. Gab es 1990 noch 909 IKT-Gründer in der Region, waren es im Jahr 2000 mit 2.124 mehr als doppelt so Viele. 2001 machte sich die Krise bemerkbar und die Zahl der IKT-Gründer ging auf 1.522 zurück.

---

592 Zur Statistik vergleiche www.bls.gov im Februar 2004.
593 Zur näheren Systematik des ZEW-Gründungspanels vgl. **Kapitel 7.3.2** und ZEW März 2003.
594 Vgl. **Kapitel 0.2**.

Abbildung 22: Zahl der Unternehmensgründungen in der IKT-Branche in der Region München 1990 bis 2001

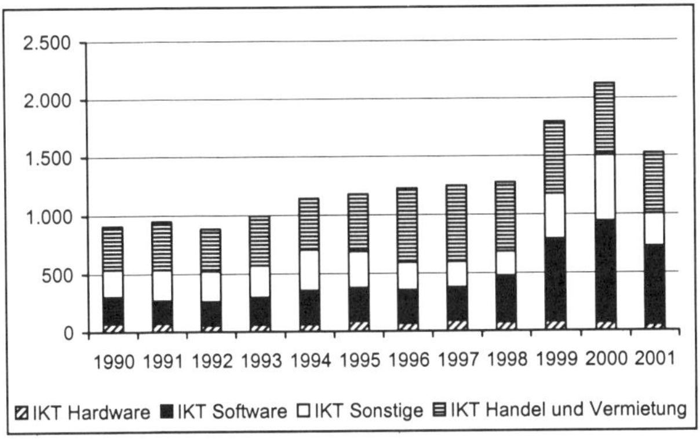

Quelle: ZEW-Gründungspanel.

Interessant ist auch eine Betrachtung, die die Zahl der IKT-Gründungen in Relation zu der Summe der Gründungen in der Region setzt. In München wurden zwischen 1990 und 2001 nach ZEW-Berechnungen insgesamt 123.242 Unternehmen gegründet (vgl. **Abbildung 17**), 15.253 davon im Bereich der IKT. Das sind 12,38 Prozent. Dieser Anteil ist deutlich höher als der durchschnittliche Anteil von IKT-Firmen an den Gründungen in Deutschland, der für denselben Zeitraum lediglich 6,61 Prozent betrug.[595] Auch eine weitere Kennzahl gibt einen Hinweis auf eine Clusterbildung von IKT-Gründungen in und um München: Zwischen 1990 und 2001 siedelten sich 7,46 Prozent aller in Deutschland neu gegründeten IKT-Firmen in dieser Region an.[596] Zum Vergleich: In München und Umgebung waren in diesem Zeitraum lediglich 3,7 Prozent der deutschen Erwerbstätigen beschäftigt.[597]

Biotechnologie

Vergleichbare Daten über die Entwicklung der beiden untersuchten deutschen Biotech-Cluster liefern die kommerzielle Biotech-Datenbank Biocom und die Unternehmensberatung Ernst & Young.

[595] Insgesamt zählte das ZEW von 1990 bis 2001 3.09.957 Gründungen in Deutschland. 204.392 davon entfielen auf den Bereich der IKT.

[596] Im engeren Verflechtungsraum von Berlin hatten 5,38 Prozent der deutschen IKT-Neugründungen ihren Sitz.

[597] Zu den der Berechnung zugrunde liegenden Zahlen **vgl. Anhang 3**.

Biocom führt eine eigene Datenbank, die regelmäßig um aktuelle Einträge im Handelsregister, Erwähnungen in Fachzeitschriften und die Ergebnisse einer eigenen Unternehmensbefragung ergänzt wird. Die Datenbank von Biocom dürfte somit in Deutschland die genauste und interregional am besten vergleichbare Quelle für die Entwicklung der Biotechnologie sein.

Abbildung 23: Zahl der Gründungen von reinen Biotechnologie-Firmen in der Region München (PLZ 80-82 und 85) in den Jahren 1995 bis 2003

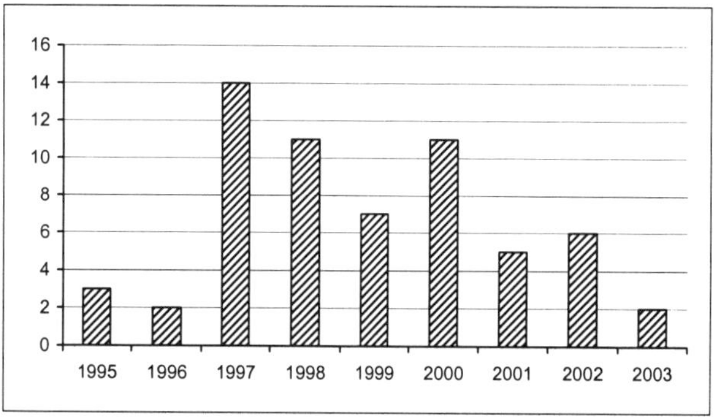

Quelle: Biocom-Datenbankabfrage.

Für das Jahr 2003 zählte Biocom 77 „reine Biotechnologiefirmen"[598] in der Region München[599] - eine Firma weniger als in Berlin / Brandenburg. Die Firmen sind allerdings, was die Zahl der Mitarbeiter betrifft, etwa doppelt so stark wie in Berlin. Klammert man die beiden großen Arbeitgeber, die das Bild verzerren würden, aus – Roche Diagnostic mit rund 3.500 Mitarbeitern in der Region München und die Schering AG mit rund 6.000 Mitarbeitern in Berlin – haben die 75 kleineren Münchner Biotechfirmen zusammen rund 3.000 Mitarbeiter, etwa doppelt so viele wie die 77 Berliner Firmen.[600] Ein Blick auf die erfolgreichen Gründungen[601] der vergangenen Jahre (siehe **Abbildung 23**) zeigt einen Sprung von zwei auf 14 Biotechnologie-Gründungen im Jahr 1997. Noch im Jahr 2000 wurden elf

[598] Definiert als „Unternehmen, die vorrangig mit modernen biotechnischen Verfahren forschen, produzieren oder arbeiten bzw. Firmen, die stark in der biotechnologischen Forschung engagiert sind und aufgrund ihrer Größe, Ausrichtung oder Marktbedeutung als signifikanter Bestandteil der Biotechnik-Branche anzusehen sind". Vgl. Biocom AG 2003.

[599] Die Datenbankabfrage wurde für die PLZ-Bezirke 80-82 und 85 gemacht.

[600] Vgl. Biocom 2003.

[601] Erfasst sind nur die Firmen, die im Jahr 2003 noch am Leben waren.

Gründungen verzeichnet; mit Beginn der Krise der New-Economy sank die Zahl der Gründungen auf fünf im Jahr 2001.

Ernst & Young hat im Deutschen Biotechnologie Report 2002 die so genannten „Core-Biotechs“[602] in den deutschen Clustern verglichen. München liegt mit 67 Core-Biotechs in den Jahren 2001 und 2002 an der Spitze der deutschen Regionen.[603] Was die Zahl der Mitarbeiter betrifft (2001: 3.160; 2002: 3.050), lässt München die Region Berlin / Brandenburg auch nach den Zahlen von Ernst & Young weit hinter sich und zählt etwa doppelt so viele Beschäftigte.

Nicht unerwähnt bleiben soll an dieser Stelle eine Statistik der Münchner Entwicklungsgesellschaft BioM, die höhere Unternehmens- und Mitarbeiterzahlen ausweist und von Politikern gern zitiert wird. Nach dieser Aufstellung, die ähnlich wie die Statistik der Berliner BioTop (vgl. **Kapitel 7.4.3**) eine weitere Biotech-Definition zugrunde legt aber dennoch nicht mit ihr vergleichbar ist, hat sich die Zahl der Münchner Biotech-Firmen von 1996 bis 2002 von 34 auf 115 erhöht. Gleichzeitig stieg die Zahl der Beschäftigten von 300 auf 3.020 (siehe **Anhang 5**).

7.4.3 Berlin / Brandenburg

IKT

Für Berlin und sein Umland zeigen die ZEW-Daten über IKT-Gründungen ein anderes Bild als für München. Die Hauptstadtregion erlebt, getragen vom Vereinigungsboom, im Jahr 1990 eine Pike der IKT-Gründungen (1.162), die auch im Boomjahr der New-Economy 2000 nicht wieder erreicht wird (vgl. **Abbildung 24** und **Anhang 3**). Nach einem Abschwung in den Folgejahren setzt erst ab 1996 wieder eine leichte Aufwärtstendenz ein. Die absolute Zahl der IKT-Gründungen bleibt aber auch in den Jahren 1999 und 2000 (1.027 bzw. 1.157 Firmen) weit hinter dem Niveau Münchens zurück.

Noch deutlicher wird das Bild, wenn man die IKT-Gründungen über den gesamten Zeitraum in Relation zu der Zahl der Gründungen insgesamt setzt. Über die Jahre 1990 bis 2001

---

[602] Als Core-Biotech-Unternehmen werden Firmen bezeichnet, die ausschließlich moderne Methoden der Biotechnologie entwickeln oder nutzen. Firmen, die sich zum Beispiel mit klassischen Methoden der Biotechnologie beschäftigen oder in der Medizintechnik tätig sind, fallen darunter genauso wenig, wie traditionelle Mittelstands- und Großunternehmen aus der Pharma- und Agroindustrie, auch wenn sie mit Methoden der modernen Biotechnologie arbeiten. Vgl. Ernst &Young 2002, S. 10 und 110.

[603] Vgl. BioM 2003, Folien 27 u. 28.

machten die 10.990 neu gegründeten IKT-Firmen lediglich einen Anteil von 4,94 Prozent an den insgesamt 222.624 Gründerfirmen in der Region aus, während der durchschnittliche Anteil von IKT-Firmen an den Gründungen in Deutschland 6,61 Prozent betrug.[604] Auch eine weitere Kennzahl gibt keinen Hinweis auf eine Clusterbildung von IKT-Gründungen in und um Berlin: Zwischen 1990 und 2001 siedelten sich 5,38 Prozent aller in Deutschland neu gegründeten IKT-Firmen in dieser Region an. Diese Quote ist nur marginal höher als der Anteil von 5,22 Prozent, den die Erwerbstätigen im engeren Verflechtungsraum in diesem Zeitraum an der gesamtdeutschen Erwerbsbevölkerung hatten.[605] Ein Hinweis auf einen besonderen Schwerpunkt von IKT-Gründungen in Berlin ergibt sich hieraus nicht.

Abbildung 24: Zahl der Unternehmensgründungen in der IKT-Branche in Berlin und Umland 1990 bis 2001

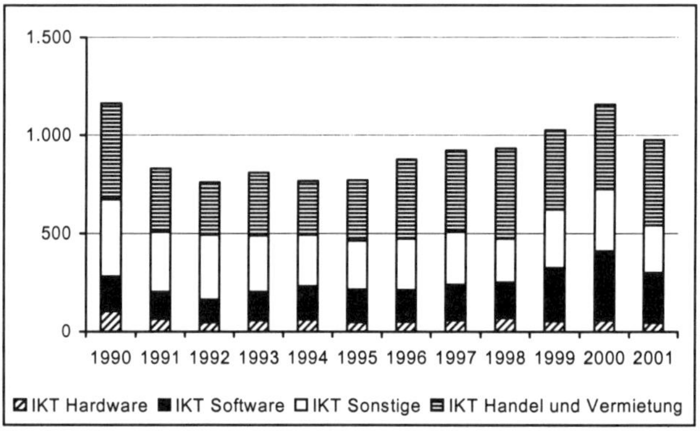

Quelle: ZEW-Gründungspanel.

Biotechnologie

In der kommerziellen Datenbank Biocom sind im Jahr 2003 in der Region Berlin / Brandenburg[606] 78 reine Biotechnologiefirmen[607] erfasst. Diese beschäftigten zusammen[608] rund 1.500 Mitarbeiter, also nur halb so viele wie die 75 kleinen und mittleren Biotech-Firmen in der Region München. Die Gründungsaktivität der vergangenen Jahre zeigt bei vergleichbaren absoluten Zahlen auch einen ähnlichen Verlauf wie in München (siehe

604 Insgesamt zählte das ZEW von 1990 bis 2001 3.09.957 Gründungen in Deutschland. 204.392 davon entfielen auf den Bereich der IKT.
605 Zu den der Berechnung zugrunde liegenden Zahlen vgl. **Anhang 3**.
606 Die Datenbankabfrage wurde für die PLZ-Bezirke 10-14 gemacht.
607 Abgrenzung siehe Abschnitt **7.4.2** .
608 Ausgeklammert blieb die Schering AG mit weltweit knapp 27.000 Beschäftigten, davon rund 6.000 in Berlin, **vgl.** Abschnitt **8.3.3** .

Abbildung 25). Die Jahre 1997 bis 2000 sind recht starke Gründerjahre; danach macht sich auch in der Hauptstadt die New-Economy-Krise bemerkbar. Zählt man alle erfolgreichen Gründungen (erfasst sind nur solche Firmen, die im Jahr 2003 noch am Leben waren) der Jahre 1995 bis 2003 zusammen, kommt man auf 61 Biotech-Gründungen in der Region – genauso viele wie in der Region München. Dort konnten die jungen Firmen allerdings schneller die Zahl ihrer Mitarbeiter erhöhen.

Abbildung 25: Zahl der Gründungen von reinen Biotechnologie-Firmen in Berlin / Brandenburg (PLZ 10-14) in den Jahren 1995 bis 2003

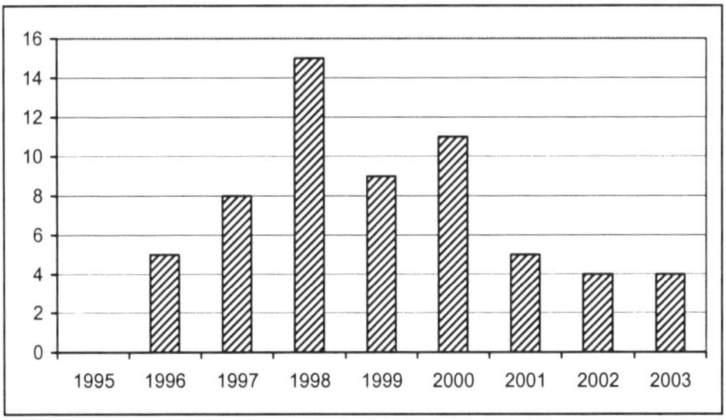

Quelle: Biocom-Datenbankabfrage.

Ernst & Young verzeichnet im Biotechnologie Report 2002 für die Region Berlin einen absoluten Rückgang der „Core-Biotech-Firmen". Von 2001 bis 2002 sei die Zahl der Firmen in der Region von 62 auf 55 gesunken.[609] Die Zahl der Mitarbeiter habe sich von 1.850 auf 1.455 reduziert. Auch nach dieser Studie waren in Berlin somit nur rund halb so viele Menschen bei Biotech-Firmen beschäftigt wie in München. Auffällig ist zudem, dass Berlin im Jahr 2002 eine überdurchschnittlich starke Schrumpfung der Branche verzeichnete. Während in Deutschland insgesamt die Zahl der Biotech-Firmen lediglich um fünf auf 360 zurück ging und die Zahl ihrer Mitarbeiter um sieben Prozent auf 13.400 schrumpfte[610], verlor Berlin im Jahr 2002 sieben Firmen und 21 Prozent der Arbeitsplätze.

[609] Vgl. BioM 2003, Folien 27 u. 28.
[610] Vgl. BioM 2003, Folie 25.

Biotop, ein von den Ländern Berlin und Brandenburg sowie dem Verband der Chemischen Industrie initiiertes Netzwerk, beurteilt die Lage besser (siehe auch **Anhang 6**). Deren Datenbank verzeichnet für 2002 157 Biotech-Unternehmen in der Region. Das sind, bei 14 Pleiten, elf Neugründungen und fünf Neuaufnahmen in die Datenbank, zwei Firmen mehr als 2001. Die Zahl der Arbeitsplätze sei im selben Jahr zwar um rund sieben Prozent auf 2.942 gefallen. Das sei allerdings ein geringerer Verlust als befürchtet, habe doch die Biotechnologie-Branche nach „Jahren rasanten Wachstums" im Jahr 2002 „erstmals eine Phase der Konsolidierung durchschritten"[611]. Den Zahlen von Biotop liegt eine weitere Auslegung von Biotechnologie-Firmen als den Biocom-Daten und der Ernst & Young-Studie zugrunde. Zudem werden Firmen im gesamten Bundesland Brandenburg und nicht nur im engeren Verflechtungsraum erfasst. So lassen sich aus den Biotop-Zahlen lediglich allgemeine Trendaussagen ableiten, ein direkter Vergleich mit der Region München ist nicht möglich.

7.5 Art des Clusters

7.5.1 Entstehung und Entwicklung

Ziel der kommenden Abschnitte ist es nicht, die vollständige Entwicklungsgeschichte der untersuchten Regionen im Detail nachzuzeichnen. Vielmehr sollen Entwicklungslinien aufgezeigt und einzelne, richtungsweisende Ereignisse herausgestellt werden, die exemplarischen Charakter haben. Der Schwerpunkt liegt dabei auf jenen Aspekten, die im theoretischen Teil über die Evolution von Clustern herausgearbeitet wurden (vgl. **Kapital 3.5**): Zufälle und Acts of Entrepreneurship, günstige Angebots- und Nachfragebedingungen, Formen der Selbstorganisation mit daraus resultierenden lokalen Wechselwirkungen und positiven Rückkopplungseffekten.

7.5.1.1 Silicon Valley

Die Entstehungsgeschichte des Silicon Valley spiegelt eine ganze Reihe solcher zentraler Aspekte aus dem Theorieteil über die Evolution von Clustern. In den folgenden Abschnitten sollen nun einzelne richtungsweisende Ereignisse aufgezeigt werden, die jedoch, etwa was die Aufzählung von Gründerfirmen und Gründerpersönlichkeiten betrifft, keinen Anspruch auf Vollständigkeit erheben.

Als Startpunkt des Silicon Valley, das bis in die 40er Jahre des letzten Jahrhunderts noch vor allem für seine Aprikosen-, Walnuss- und Apfelplantagen bekannt war, wird in der Literatur

---

[611] BioTop 2003, S. 12.

häufig die Gründung von Hewlett-Packard im Jahr 1937 genannt.[612] Die Legende um diese Firmengründung ist deshalb besonders interessant, weil sie einige Schlüsselelemente des Aufstiegs der Region beinhaltet, darunter die zentrale Rolle der Stanford University (die im Detail noch im **Kapitel 8.2** beleuchtet wird), die spezielle Gründerfreundlichkeit (vgl. **Kapitel 8.5**), die Beschleunigungswirkung von staatlichen Rüstungsaufträgen und die Schlüsselfunktion einiger Unternehmerpersönlichkeiten.[613]

Der Legende nach ermunterte Frederick Terman, der vom MIT in Boston als Professor für Elektrotechnik nach Stanford geholt worden war und beim Aufbau eines Technologieparks rund um die Universität noch eine zentrale Rolle spielen sollte, seine beiden ehemaligen Studenten William Hewlett und David Packard zur Vermarktung ihres „audio-oscillator“[614], lieh ihnen persönlich Geld für erste Experimente und besorgte ihnen einen Bankkredit für den Produktionsstart. 1939 kam ein erster größerer Auftrag von den Disney-Studios. Den großen Wachstumsschub aber bescherten Militäraufträge zum Abhören feindlicher Radarsignale während des Zweiten Weltkriegs. Von 1941 bis 1945 stiegen die Umsätze von 37.000 auf über 750.000 Dollar.[615]

Zwar ging der überwiegende Teil der staatlichen Rüstungsaufträge an die etablierten Firmen der Ostküste (z.B. Raytheon oder Westinghouse), doch spielte die Verteidigungsindustrie bis in die 60er Jahre hinein bei der Entstehung des Silicon Valley eine zentrale Rolle.[616] So konnten Firmen wie Litton Industries oder Varian Associates dank staatlicher Rüstungsaufträge kräftig wachsen, Extra-Forschungsgelder flossen nach Stanford und in den 60ern ging etwa die Hälfte der gesamten Halbleiterproduktion aus der Region an den Staat.[617]

Die Halbleiterindustrie nahm beim Aufstieg des Tals, das dem Silizium (englisch: Silicon) in dem Micorchip seinen Namen verdankt, denn auch eine Schlüsselfunktion ein. Von 45 unabhängigen Halbleiterfirmen, die zwischen 1959 und 1976 in den USA gegründet wurden, entstanden nur fünf außerhalb des Silicon Valley.[618] Die womöglich wichtigste Neugründung war die Fairchild Semiconductor Company, die 1958 von acht führenden Ingenieuren der Shockley Transistor Cooperation ins Leben gerufen wurde. Über eine Reihe von erfolgreichen

---

[612] Vgl. etwa Saxenian 1994, S. 20; Loudon 1998; Jacobson 1998.
[613] Vgl. Saxenian 1994, S. 20.
[614] Zu deutsch: ein Tonfrequenzgenerator.
[615] Vgl. Saxenian 1994, S. 20.
[616] Vgl. Mackun; Loudon 1998, S. 2; Saxenian 1994, S. 11, 21.
[617] Vgl. Loudon 1998, S. 2; Saxenian 1994, S. 11, 20f.
[618] Vgl. Saxenian 1994, S. 26.

Spin-offs gingen die sogenannten „Fairchildren“ als wichtige Unternehmerpersönlichkeiten in die Geschichte des Valley ein. So gründeten Robert Noyce und Gordon Moore im Jahr 1968 die Intel Cooperation, Charles Sporck verhalf der Firma National Semiconductor zum Durchbruch und Jerry Sanders gründete 1969 AMD.[619] Andere Fairchildren wie etwa Eugene Kleiner und Don Valentine wurden zu wichtigen Risikokapitalgebern.

Bis zum Jahr 1974 hatten in der Region mehr als 150 Venture Capitalists (VCs) Fuß gefasst (vgl. auch **Kapitel 8.4**).[620] Eine aktive Rolle bei der Vergabe von Risikokapital spielte – anders als ihr Konterpart, das MIT in Boston – schon früh die Stanford University. Sie unterstützte junge Gründer nicht nur über Rat von Professoren in Aufsichtsräten und attraktiven Büroraum in ihrem Stanford Industrial Park, sondern investierte regelmäßig einen Teil ihrer Einnahmen in Startups.[621]

In den 80er Jahren geriet der Halbleitermarkt in eine Krise. Die Preise für die Mikrochips sanken dramatisch. Im Stadium der standardisierten Massenproduktion gelang es japanischen Firmen, schneller und vor allem billiger zu produzieren. Sie übernahmen im Jahr 1986 vom Silicon Valley die Führung im weltweiten Halbleitermarkt.[622] Zu diesem Zeitpunkt machten sich im Valley aber bereits auf flexiblen Formen der Selbstorganisation begründete Selbstheilungskräfte breit (vgl. **Kapitel 7.5.2.1**). Die Grenzen zwischen universitärer Forschung und Firmen sind durchlässig (vgl. **Kapitel 8.2**), es sind soziale Netzwerke entstanden, die Experimente ermutigen und kollektives Lernen und Wissens-Spillovers fördern. Ein flexibler Arbeitsmarkt bietet zusätzliche Anreize für Entrepreneurship.[623] Aus dieser Konstellation ist eine neue Generation von Startups erwachsen – sie konzentrieren sich auf spezielle, hochpreisige Halbleiter und neue Bereiche der Computertechnik.[624]

1975 hatten einige Studenten in Menlo Park den Homebrew Computer Club ins Leben gerufen und experimentierten mit dem Bau von Heimcomputern. Unter ihnen waren auch Steve Wozniak und Steve Jobs, die 1976 in einer Garage in Cupertino die Firma Apple Computer gründeten.[625] Ihre Firma avancierte bald zum weltgrößten PC-Bauer und ging im

---

[619] Vgl. Saxenian 1994, S. 26; Loudon 1998, S.2; O.V. 29.4.2002.
[620] Vgl. Saxenian 1994, S. 27.
[621] Die Rolle von Stanford wird in **Kapitel 8.2** im Detail beleuchtet.
[622] Vgl. Loudon 1998, S. 3.
[623] Vgl. Saxenian 1994, S. 2.
[624] Darunter speziell den Bau von PCs aber auch die Entwicklung von Peripherie-Geräten wie Druckern, Modems oder Disk Drives sowie die Programmierung von spezieller Software.
[625] Vgl. Loudon 1998, S. 3.

Jahr 1980 mit einem IPO-Volumen von 96,8 Mio. Dollar an die Börse – das war der größte Börsengang seit Ford im Jahr 1956.[626] 1981 gründeten vier Stanford-Studenten, Andreas von Bechtoldsheim, Vinod Khosla, Scott McNealy und Bill Joy die Firma Sun Microsystems, die in den kommenden Jahren zu einem der führenden Computerbauer der Welt avancieren sollte.[627]

Im Jahr 1990 gab es 132 börsennotierte Technologieunternehmen im Silicon Valley[628]; im vorangegangenen Jahrzehnt waren über 9 Mrd. Dollar Venture Capital in die Region geflossen[629] und es waren in Technologiefirmen des Tals netto mehr als 65.000 neue Jobs entstanden.[630] Bis zum Ende des Jahrzehnts hatte das Valley die Halbleiterrezession längst überwunden und war weit über seine bisherige Wirtschaftskraft hinaus gewachsen.

Parallel zum Wachstum des Geschäfts rund um den PC ebneten bereits einige Valley-Startups den Weg in ein neues Zeitalter, das der High-Tech-Industrie in den 90er Jahren ein fulminantes Wachstum bescheren sollte: das Zeitalter des Internets.

1984 gründet eine Gruppe von Computerexperten der Stanford University unter Führung von Leonard Bosack und Sandra Lerner die Firma Cisco. Sie wurde in den 90er Jahren zu einer treibenden Kraft der weltweiten Internet-Revolution[631], lieferte Hardware- und Softwarekomponenten für den Aufbau moderner Telekommunikationsnetze und baute sich durch den Zukauf von zig Startups ein weltweites Netzwerkimperium auf.

1994 gründeten die Stanford-Studenten Jerry Yang und David Filo die Internet-Suchmaschine Yahoo. Der Umsatz wuchs exponentiell von 1,6 Mio. Dollar im Jahr 1995 auf fast eine halbe Mrd. Dollar im Jahr 1999. Im Oktober 1999 hatte Yahoo weltweit über 100 Millionen regelmäßige Nutzer.[632]

---

[626] Vgl. o.V. 5.2.1996.
[627] Vgl. Müller-Scholz 2000, S. 62.
[628] Zum Vergleich: In der Region Route 128 in Massachusetts waren es lediglich 92. Vgl. Saxenian 1994, S. 192.
[629] Firmen in Massachusetts bekamen im selben Zeitraum nur 3 Mrd. Dollar VC. Vgl. Saxenian 1994, S. 106.
[630] In Massachusetts waren es 18.000. Vgl. Saxenian 1994, S. 106.
[631] Vgl. Müller-Scholz 2000, S. 52.
[632] Vgl. Müller-Scholz 2000, S. 26.

7.5.1.2 München

Ähnlich wie in Kalifornien könnte man im Raum München aus heutiger Sicht von einer „Gnade der späten Industrialisierung“[633] sprechen. Nach dem Zweiten Weltkrieg gab es in der Region keine wirklichen Altindustrien und Monostrukturen, die, wie etwa im Fall der Montanindustrie im Ruhrgebiet, den Strukturwandel belasten konnten. Eine zeitgemäße Industrialisierung wurde zudem durch Zuwanderer mit viel technischem Wissen aus Mittel- und Südosteuropa (Sudetenland, Siebenbürgen) begünstigt.[634]

Die Schlüsselrolle überhaupt für die Entwicklung Münchens als hochtechnisierte Wirtschaftsmetropole spielte nach einhelliger Meinung vieler Autoren jedoch die Standortentscheidung eines einzelnen Unternehmens: Die Verlegung des Hauptsitzes der Siemens AG von Berlin nach München im Jahr 1948. „Die Bedeutung dieser Standortentscheidung für die Entwicklung Münchens kann gar nicht hoch genug eingeschätzt werden“[635], schreibt Sternberg. Siemens sei „der Standortbildner“ gewesen und habe das Wachstum der elektrotechnischen Industrie, aber auch der Software-Industrie in München stark beeinflusst.[636] Warum ausgerechnet München als neuer Unternehmenssitz auserkoren wurde, ist bis heute nicht endgültig geklärt. Weiche Standortfaktoren dürften zumindest eine Rolle gespielt haben. So fuhr Konzernchef Ernst von Siemens als begeisterter Bergwanderer und Skifahrer häufig in die bayerischen Alpen.[637] Das Unternehmen hatte aber auch schon vor dem Krieg einige Kapitalbeteiligungen in der Region und hatte gegen Kriegsende einen Ableger des Vorstands, eine sogenannte „Gruppenleitung“, in München etabliert.[638]

Fest steht, dass bis heute ein Großteil der Betriebe in der elektrotechnischen Industrie der Region enge Geschäftsbeziehungen zu Siemens unterhält und, dass der Konzern die Forschung und Entwicklung der Branche seit Jahrzehnten beflügelt.[639] So beschäftigte die Siemens AG 1997 allein in München rund 15.000 Personen in F&E.[640] Zudem wirkten Siemens und seit 1990 auch Siemens-Nixdorf als Magnet für andere große Unternehmen der Elektronikbranche, wie etwa Digital Equipment, Motorola, Texas Instruments, Compac,

---

[633] Vgl. Sternberg 1998, S. 537.
[634] Vgl. Krummacher u.a. 1985.
[635] Sternberg 1998, S. 537.
[636] Stanke zeigt, dass rund zwei Drittel der umliegenden Mittelstandsunternehmen innovationsrelevante Kontakte zu dem Konzern pflegen. Vgl. Stenke 2002, S. 84ff.
[637] Vgl. Yamamoto 1997, S. 58.
[638] Vgl. Yamamoto 1997, S. 61, 67f.
[639] Vgl. Sternberg 1998, S. 537.
[640] Vgl. Sternberg 1998, S. 534.

Microsystems oder IBM, die ihre Deutschland- oder Europazentralen in der Region errichteten.

Eine wichtige Rolle in der Entwicklung der Region München spielen im Rückblick zudem zwei stark vom Staat geprägte Wirtschaftsbereiche: Die Rüstungsindustrie und die Forschungsinstitute. Laut Sternberg verfügt München „nach quantitativen Kriterien über die beste Ausstattung mit vollständig oder teilweise staatlich geförderten Forschungseinrichtungen unter allen Raumordnungsregionen“[641]. So waren 1996 u.a. zwölf der 71 deutschen Max-Planck-Institute, drei der 47 Forschungsinstitute der Fraunhofer-Gesellschaft sowie zwei der 16 Großforschungseinrichtungen plus zwei Zweigstellen in der Region angesiedelt. Diese Ballung geht auf Standortentscheidungen aus den 50er und 60er Jahren zurück, die wiederum stark von einer einzelnen Persönlichkeit beeinflusst waren[642]: dem vorübergehenden Bundesverteidigungsminister und langjährigen bayerischen Ministerpräsidenten Franz Joseph Strauss. Besonders in den in seinen Machtbereich fallenden Sparten Kernenergie- und Rüstungsforschung, die vom Bund intensiv durch Zuschüsse gefördert werden, konnte Strauss eine Priorität für Bayern durchsetzen. Dies hatte Folgen für die kommenden Jahrzehnte. So flossen noch zwischen 1985 und 1993 knapp 4,37 Mrd. DM oder 13,8 Prozent der Bundesmittel für Forschung und Technologie in die Raumordnungsregion München, „womit die Region absolut wie relativ klar vor den anderen 74 westdeutschen Raumordungsregionen rangiert“[643].

Zusätzliche Magnetwirkung für hochqualifiziertes Personal und neue Unternehmen hatten Rüstungsfirmen wie Dornier oder Messerschmidt, die bereits lange vor dem Zweiten Weltkrieg in München ansässig waren. Noch im Jahr 1989 belegten Münchner Firmen auf der Rangliste der umsatzstärksten deutschen Unternehmen im Bereich wehrtechnischer Güter die Plätze 1 (Deutsche Aerospace AG mit MBB, Dornier, Telefunken Systemtechnik und MTU), 2 (Siemens AG) und 6 (Kraus-Maffei-Gruppe).[644] Bevor die Rüstungsindustrie mit dem Ende des Kalten Krieges in die Krise geriet, waren nach einer vorsichtigen Schätzung im Jahr 1986 noch 25.000 bis 30.000 Arbeitsplätze in der Region direkt oder indirekt von den lokalen Unternehmen abhängig – allein 13.000 Stellen entfielen auf die sehr forschungsintensive militärbezogene Luft- und Raumfahrtindustrie.[645]

[641] Sternberg 1998, S. 541.
[642] Vgl. Sternberg 1998, S. 542.
[643] Sternberg 1998, S. 542.
[644] Vgl. Berger 1991.
[645] Vgl. Sternberg 1998, S. 532.

Auch in einem anderen Sektor, der nach der Wende keinesfalls in die Krise geriet, konnte München von der Magnetwirkung großer Unternehmen profitieren: im dynamischen tertiären Sektor. München ist nach Frankfurt der zweitgrößte deutsche Bankenplatz, bei den Arbeitsplätzen in Versicherungsunternehmen belegt die Stadt Rang 3 in Europa, bei Unternehmensberatern stand München bis zum Ende der 90er Jahre an der Spitze bundesdeutscher Großstädte.[646] Das macht die Stadt für hochqualifiziertes Personal besonders attraktiv und erweitert auch für Gründerfirmen die Auswahl an Humankapital. Zudem generieren die großen Dienstleister in und um München Nachfrage für potenzielle Gründerfirmen in der Hochtechnologie – etwa im Bereich der unternehmensnahen Dienstleistungen wie Programmierung, Web-Design oder computergestützte Weiterbildung. Und sie sind nicht selten selbst Ausgangspunkt von neuen Gründungen – so genannte Spin-offs (vgl. **Kapitel 2.3.2.1** und **2.3.2.3**).

Den großen Aufschwung der High-Tech-Industrie mit Gründerwelle und Börsenboom erlebte München Mitte der 90er Jahre. Im Jahr 2001 waren über 80 Prozent der Hightech-Gründungen in der Region 5 Jahre oder jünger.[647] Die Biotechnologie kam mit der Novellierung des Gentechnik-Gesetzes im Jahre 1993 und dem bundesweiten BioRegio-Wettbewerb 1995/1996 in Schwung.[648] In München, einer der beiden Gewinnerregionen des Wettbewerbs, verbreitete sich Aufbruchstimmung. Seit 1996 bis Mitte 2003 flossen rund 26 Mio. Euro Fördermittel des Bundesministeriums für Bildung, Wissenschaft, Forschung und Technologie in die Biotechnologie der Region.[649] Die Zahl kleiner und mittelständischer Biotech-Unternehmen stieg von 1996 bis 2001 von 34 auf über 115, die Zahl ihrer Mitarbeiter von 300 auf rund 3.000.[650] Heute ist der Verbund von Biotechnologie und Informationstechnologie ein besonderer Standortvorteil für die Region.

7.5.1.3 Berlin / Brandenburg

Anders als das Silicon Valley und München kann Berlin auf eine lange Industriegeschichte zurückblicken. In der zweiten Hälfte des 19. Jahrhundert wuchs die Stadt mit ihrem starken Bekleidungsgewerbe, dem florierenden Maschinenbau (Vorreiter war hier die Firma August

[646] Vgl. Sternberg 1998, S. 535.
[647] Bain & Co. 2001, S. 4.
[648] Ernst &Young 2002, S. 9.
[649] Vgl. Landeshauptstadt München (Hrsg.) 2003, S. 2.
[650] Vgl. BioM 2003, Folien 23 u. 26.

Borsig[651]), der Chemieindustrie (Schering) und der erstarkenden Elektroindustrie (Siemens und Halske) zur führenden Industriemetropole Europas.[652]

Der Zweite Weltkrieg jedoch verwüstete Berlin zu einem einzigen Trümmerfeld. Die wenigen Industriewerte, die den Krieg im Westteil der Stadt überstanden, wurden zu rund 70 Prozent von der Sowjetunion demontiert, die zunächst die gesamte Stadt besetzt hatte.[653] Fatal wirkte zudem die sukzessive Isolierung West-Berlins von seinem Umland. Diese sollte durch eine Förderpolitik aufgefangen werden, die sich jedoch als äußerst fragwürdig erwies und über die Jahrzehnte ihre Ziele nicht annährend erreichte. 1949 – erst nach der offiziellen Gründung der DDR – wurde der Marshall-Plan auf West-Berlin ausgedehnt; 1950 wurde, finanziert aus Mitteln des European Recovery Program (ERP), ein eigenes „Berliner Aufbauprogramm" aufgelegt. Im Gründungsjahr dieses Programms machten die zinsgünstigen ERP-Kredite erstaunliche 94 Prozent des Kreditvolumens der gesamten West-Berliner Wirtschaft aus.[654]

Fortan hing die gesamte West-Berliner Wirtschaft am Fördertropf. Nach dem Bau der Mauer beschloss die Bundesregierung bündelweise weitere Subventionen wie Sonderabschreibungsmöglichkeiten, Einkommensförderungen und Zuwendungshilfen. Die Anreize waren jedoch falsch gesetzt. So wurden Hilfen für verschiedene Industriebranchen nicht primär für eine in Berlin getätigte Wertschöpfung gewährt, sondern berechneten sich nach dem Gesamtumsatz einer Ware.[655] Die Folge: Kapitalintensive Produkte wie Zigaretten, Kakaoerzeugnisse oder Kosmetika wurden oft nur für einen letzten Bearbeitungsgang nach Berlin transportiert, um die maximale Förderung zu erhalten. „Berlin war zum Steuerparadies und zur Spielwiese für Abschreibungskünstler geworden."[656] Zukunftsträchtige Arbeitsplätze entstanden nicht. Während der Industriesektor sukzessive an Beschäftigten verlor, blühte ein künstlich aufgeblähter Staatssektor.[657]

Im Ostteil der Stadt sah es keinesfalls besser aus. Der gesamte Privatbesitz an Produktionsmitteln wurde enteignet und verstaatlicht. Es entstanden Volkseigene Betriebe,

[651] Die 1837 gegründete Fabrik von August Borsig war bereits im Jahr 1860 mit mehr als 2.000 Arbeitern größter industrieller Arbeitgeber der Stadt. Vgl. Kling 2001, S. 56.
[652] Vgl. Kling 2001, S. 57ff.
[653] Vgl. Kling 2001, S. 58.
[654] Vgl. Kling 2001, S. 60.
[655] Vgl. Kling 2001, S. 63.
[656] Kling 2001, S. 63.
[657] Allein zwischen 1970 und 1980 gingen in West-Berlin rund 100.000 Arbeitsplätze in der Industrie – v.a. in den traditionellen Bereichen Elektrotechnik und Maschinenbau – verloren. Gleichzeitig wurde die Zahl der Beschäftigten im Staatssektor um 23 Prozent aufgestockt. Vgl. Kling 2001, S. 67.

die später zu Industriekombinaten konzentriert wurden. „Das Resultat waren systemimmanent u.a. enorme Defizite in der betrieblichen Organisation und Wirtschaftlichkeit, im Kapitalstock, in der Produktivität, in der Prozess- und Produktinnovation, in der Marktfähigkeit hergestellter Produkte und damit extreme, durch den Markt nahezu sofort bestrafte Strukturschwächen.“[658]

Mit der Wende traf ein „durch Isolation strukturell deformierter Westteil“ auf einen „zentralwirtschaftlich geprägten, strukturschwachen Ostteil“.[659] „Beide zusammen liegen etwa im Mittelpunkt des wirtschaftlich schwach sowie disparitär entwickelten Landes Brandenburg und bilden den Kern dieses Verdichtungsraums.“[660] In beiden Teilen der Stadt hatte sich bis 1989 eine künstliche, aber nicht an marktwirtschaftlichen Kriterien orientierte Branchen- und Produktstruktur erhalten bzw. herausgebildet. Rein statistisch ähnelte diese Struktur mit ihren nach wie vor bestimmenden Zweigen Elektrotechnik, Elektronik, Maschinenbau und chemische Industrie, derjenigen vor dem Zweiten Weltkrieg.[661] Ihre innovative Kraft aber hatte die Industrie „fast vollständig eingebüßt“[662].

In West-Berlin waren zur Wendezeit viele wertschöpfungsflache, kapital- und umsatzintensive, standardisierte Produktionen konzentriert. Viele Produkte befanden sich bereits in der Reife- oder gar Schrumpfungsphase im Lebenszyklus. Hauptsitze von großen Unternehmen mit ihren Forschungs- und Entwicklungsabteilungen, mit Marketing und Finanzierung dagegen fehlten fast vollständig. „Im Jahr 1991 hatten nur sechs der 500 größten deutschen Unternehmen einen Sitz in Berlin. In Hamburg, Frankfurt / M., München, Düsseldorf war die Anzahl der Headquarters fünf- bis siebenmal so hoch.“[663] (Vgl. **Kapitel 8.3.3**).

Mit dem Fall der Mauer begann in Berlin ein dramatischer Prozess der Deindustrialisierung, der zu einer starken Zunahme der Arbeitslosigkeit führte und die Stadt zu einer „Dienstleistungsmetropole aus Verlegenheit“[664] machte. Im Westen sank die Zahl der Industriebeschäftigten von 1991 bis 1994 um 38.000 auf 137.000. Im Osten war der

---

[658] Leupolt 1998, S. 358.
[659] Vgl. Leupolt 1998, S. 347.
[660] Leupolt 1998, S. 347.
[661] Vgl. Leupolt 1998, S. 358.
[662] Leupolt 1998, S. 358.
[663] Leupolt 1998, S. 358.
[664] Ellger 1995, S. 25.

Rückgang noch viel drastischer. Im Jahr 1994 war mit 34.000 Beschäftigten noch weniger als ein Fünftel der 1989 noch rund 180.000 Industriebeschäftigten übrig.[665]

Führend blieb die Stadt dagegen als Zentrum für Hochschulbildung in Deutschland. Mit über 140.000 Studierenden an drei Universitäten und 14 Fachhochschulen und mit mehr als 250 Forschungseinrichtungen ist Berlin eine europäische Metropole für Forschung und Entwicklung.[666] Das spricht, gemeinsam mit der Attraktivität der Stadt als Medien-, Mess-, Kongress-, Kultur- und Touristenzentrum für die Wettbewerbsfähigkeit Berlins als Standort für Zukunftstechnologien. Allerdings weist der Wissensstandort Berlin noch gewichtige Mängel auf. So ist das FuE-Engagement der privaten Wirtschaft immer noch gering. Statt Forschungsabteilungen von Konzernen beherbergt die Stadt eher Großbürokratien wie etwa die Bundesversicherungsanstalt für Angestellte oder einzelne Ministerien ohne Ausstrahlungseffekte auf die Wissensentwicklung.[667]

7.5.2 Zwischenfazit: Könnte es sich um ein mutierendes Innovations-Custer handeln?

Im Theorieteil (vgl. **Kapitel 3.5.3.4**) wurde der Idealtypus des mutierenden Innovations-Clusters beschrieben. Ein solches Cluster erfindet sich - sei es durch die schöpferische Zerstörung bestehender Firmen, sei es durch ihre stete Erneuerung von innen - stets selbst neu und sichert so auf Dauer zukunftsträchtige Arbeitsplätze und ein kräftiges Wirtschaftswachstum. Ob die in dieser Arbeit betrachteten Regionen diesem Idealtypus nahe kommen, wird in den folgenden Abschnitten untersucht. Eine Reihe von Indizien für die Mutationsfähigkeit der Cluster ergibt sich dabei aus den bis hierhin zusammen gestellten Daten.

7.5.2.1 Silicon Valley

Führende Autoren attestieren dem Silicon Valley eine „Kultur des Wandels", die dazu führe, dass sich das Tal immer wieder selbst neu erfinde. „The whole culture of the Valley is one of change"[668], schreibt AnnaLee Saxenian in ihrem richtungsweisenden Vergleich vom Silicon Valley mit der Route 128 aus dem Jahr 1994. „Silicon Valley continues to reinvent itself as its specialized producers learn collectively and adjust to one another's needs through shifting

---

[665] Vgl. Senatsverwaltung für Wirtschaft und Technologie Berlin (Hrsg.) 1993, Wirtschaftsbericht Berlin 1994, Berlin, zit. nach Ellger 1995, S. 31.
[666] Vgl. Leupolt 1998, S. 355 und **Kap. 8.2**.
[667] Vgl. Ellger 1995, S. 33 und speziell zur Rolle von Wissens-Spillovers **Kap. 3.4.1.1** und **3.4.2.1**.
[668] Saxenian 1994, S. X.

patterns of competition and collaboration."[669] In einer Studie des PPIC aus dem Jahre 2003 heißt es: „Silicon Valley appears to be exceptionally adaptable in accommodating structural changes."[670] Es gebe klare Hinweise darauf, „that Silicon Valley shifts development paths and remakes itself through the formation and growth of new firms"[671].

In der Tat scheint das Tal für den schnellen Wandel besonders gut gerüstet zu sein. Eine Reihe von Indizien deutet darauf hin, dass es sich bei der Region um ein mutierendes Innovations-Cluster handeln könnte.

Einen ersten Anhaltspunkt dafür, dass sich im Silicon Valley innovative Unternehmensgründer ballen, liefert das Wachstum von Wirtschaft und Wohlstand in der Region (vgl. **Kapitel 7.2.1**). Es liegt weit über dem kalifornischen Durchschnitt, der wiederum deutlich über dem US-Durchschnitt liegt.

Ein Blick auf die absolute Zahl der High-Tech-Gründungen (vgl. **Kapitel 7.4.1**) bestätigt diesen Eindruck. Sie lag mit fast 30.000 Gründungsfirmen in den Jahren 1990 bis 2000 etwa doppelt so hoch wie in der Region München und drei Mal so hoch wie in Berlin / Brandenburg.

Dabei zeigen sich die Unternehmer der Region nicht nur flexibel im Wachstum, sondern auch in der Krise. Die Zahl der Neugründungen sinkt drastisch, die Zahl der Pleiten schießt in die Höhe[672] und der einstige Jobmotor Hochtechnologie führt nun die Liste der Arbeitsplatzabbauer an (vgl. **Kapitel 7.4.1**). Beides – das „Einatmen" mit rasant vielen Gründungen und Einstellungen und das „Ausatmen" mit überdurchschnittlich vielen Pleiten und Entlassungen – lässt auf die Mutationsfähigkeit des Clusters schließen, werden durch diese „schöpferische Zerstörung" (vgl. **Kapitel 1.2**) doch wieder Kräfte für Innovationen frei gesetzt.

Der PPI State Index attestiert der Wirtschaft in Kalifornien denn auch eine besonders große schöpferische Zerstörungskraft.[673] Diese potenziert sich in der Region des Silicon Valley. Dort, so die Forscher des PPIC, sorgen die fortwährende Entstehung von jungen und die

---

[669] Saxenian 1994, S. 161.
[670] Zhang 2003, S. 16.
[671] Zhang 2003, S. 19.
[672] Vgl. Atkinson / Coduri 2002.
[673] Vgl. Atkinson / Coduri 2002, S. 12.

Zerstörung von alten Firmen für radikalen Wandel.[674] So sind auf der Liste der 40 größten Technologiefirmen[675] der Region aus dem Jahr 2002 nur vier Firmen, die bereits 1982 auf dieser Liste geführt waren.[676] Mehr als die Hälfte (21) der Top-40 existierte 20 Jahre zuvor noch gar nicht. Und wiederum mehr als die Hälfte (21) der Top-40 aus dem Jahr 1982 gab es 2002 nicht mehr. „In only two decades, the high-tech economy in Silicon Valley changed almost completely."[677] Auch die Liste der Top-150 des Tals der San Jose Mercury News unterstreicht die rasante Geschwindigkeit des Wandels. Seit 1994 finden sich auf dieser Liste pro Jahr durchschnittlich 23 neue Firmen.[678]

Der rasche Strukturwandel erfasst nicht nur einzelne Firmen, sondern betrifft auch ganze Industriezweige (vgl. **Tabelle 1**). So gingen in der Verteidigungs- und Luftfahrtindustrie der Region von 1990 bis 2001 60 Prozent aller Arbeitsplätze verloren, während die Zahl der Beschäftigten in der Softwareindustrie um 136 Prozent zunahm.

Ergebnis und gleichzeitig Zeichen dieser Wandlungsfähigkeit ist, dass es den Unternehmern im Silicon Valley nun schon seit Jahrzehnten gelingt, immer neue, innovative Produkte in die Frühphase der Entwicklung zu schicken (vgl. **Kapitel 7.5.1.1**). In den 40er bis 60er Jahren entwickelte sich das Tal zu einem Vorreiter der Rüstungsindustrie, in den 60er und 70er Jahren war es die Wiege der Halbleiterindustrie. Als diese in den 80er in die Krise geriet, war bereits das Fundament für einen neuen Aufschwung gelegt: Es waren junge Firmen in der zukunftsweisenden PC-Industrie entstanden. Ende der 80er Jahre schließlich setzten sich junge Internet-Firmen an die Spitze der Innovationsbewegung. Ihr Boom trug die Wirtschaft des Tals durch das Jahrzehnt der 90er.

Ob es dem Tal gelingt, auch im neuen Jahrtausend neue Technologie-Generationen hervorzubringen und deren Entwicklung anzuführen, wird die Zukunft zeigen. Die Chancen aber stehen nicht schlecht. In einer Reihe von Bereichen, die sich als künftige Wachstumsmotoren erweisen könnten, haben Firmen der Region bereits Fuß gefasst: In der

---

[674] Vgl. Zhang 2003, S. 3-6.
[675] Gemessen am Umsatz.
[676] Zur Tabelle im Detail vgl. Zhang 2003, S. 5.
[677] Zhang 2003, S. 6.
[678] Vgl. Zhang 2003, S. 6.

Nano- und Biotechnologie, im Bereich der drahtlosen Kommunikation[679] oder in der Sicherheitstechnik[680].

7.5.2.2 München

Zwar kann München auf eine weniger illustre Geschichte der Hochtechnologie zurück blicken als das Silicon Valley, es gibt aber dennoch eine Reihe von Indizien, dass es sich auch hier, zumindest in Ansätzen, um ein mutierendes Innovations-Cluster handeln könnte.

Die Region weist in den gesamten 90er Jahren ein überdurchschnittlich hohes Wirtschaftswachstum auf (vgl. **Kapitel 7.2.2**). Auch der reale Wohlstand der Bevölkerung nimmt kräftig zu. Dies gilt in besonderem Maße für die Boom-Jahre der New Economy – ein erstes Anzeichen, dass sich hier innovative Unternehmensgründer ballen.

Tatsächlich liegt die Gründeraktivität in der Region weit über dem deutschen Durchschnitt (vgl. **Kapitel 7.3.2**). Außergewöhnlich hoch ist in den 90er Jahren sowohl die Selbständigenquote als auch der Anteil der Neu-Gründer an den Erwerbstätigen insgesamt. Einen besonderen Schub bekommt die Gründeraktivität in den Jahren 1998 bis 2000.

Ein Blick speziell auf die Hightech-Gründungen bestätigt, dass die Region München überproportional stark vom Aufstieg der New Economy profitieren konnte (vgl. **Kapitel 7.4.2**). Die Region ist Magnet für Gründer in der IKT und der Biotechnologie.

In ihrer jüngeren Geschichte hat die Region bereits einigen Wandel erfolgreich gemeistert. Aus industrieller Rückständigkeit entwickelte sie sich nach dem Zweiten Weltkrieg zu einer Wirtschaftsmetropole mit den Schwerpunkten Rüstungsindustrie, Forschung und Elektroindustrie (vgl. **Kapitel 7.5.1.2**). Später kam ein hochentwickelter Banken- und Versicherungssektor hinzu, der, gemeinsam mit der in den 90er Jahren boomenden New Economy, den Niedergang der Rüstungsindustrie zum Ende des Kalten Krieges auszugleichen vermochte.

Ob es der Region gelingt, auch nach der Krise der Hochtechnologie und der Neuen Medien durch innovative Unternehmer Wohlstand und Arbeitsplätze zu sichern, wird die Zukunft

---

[679] Vgl. o.V. 17.6.2002.

zeigen. Die Chancen stehen aber auch hier nicht schlecht. Die Region verfügt, wie in **Kapitel 8** näher beleuchtet wird, über ausgezeichnete Bedingungen im Standortwettbewerb um Innovatoren. In den Augen von Sternberg weist München „zumindest einige Merkmale eines ‚innovativen Milieus' auf"[681]. Die Region sei „gekennzeichnet durch ein spezifisches regionales Innovationssystem, das die Entstehung und Ausprägung intraregionaler innovativer Netzwerke zwischen Unternehmen sowie zwischen Unternehmen und Forschungseinrichtungen begünstigt und das sich von den Innovationssystemen anderer deutscher Regionen sowie dem nationalen Innovationssystem Deutschlands signifikant unterscheidet"[682]. Auf immerhin fünf von insgesamt sieben F&E-intensiven Industriezweigen ist München spezialisiert: Straßenfahrzeugbau, Luft- und Raumfahrt, Elektrotechnik, Feinmechanik / Optik und Büromaschinen EDV sind hier überdurchschnittlich stark vertreten.[683] Zudem sind in der Biotechnologie eine Reihe von jungen Unternehmen entstanden. Es ist also durchaus wahrscheinlich, dass München mit seinen exzellent ausgebildeten Arbeitskräften[684] auch in den Wachstumsbranchen der Zukunft eine führende Rolle spielt.

7.5.2.3 Berlin / Brandenburg

Komplett anders stellt sich die Situation in Berlin / Brandenburg dar. Die einst führende Industriemetropole Europas hat sich von den Zerstörungen des Zweiten Weltkrieges mit anschließender Teilung und Deformation der Wirtschaftsstruktur noch immer nicht erholt. Es gibt kaum Hinweise auf eine Ballung von innovativen Unternehmern in Zukunftstechnologien. Alle bisher gesammelten Indizien deuten nicht auf die Entstehung eines mutierenden Innovations-Clusters hin.

Die Region wurde Anfang der 90er Jahre von einem Vereinigungs-Boom erfasst, schon ab Mitte des Jahrzehnts aber schrumpfte die Wirtschaft und das reale Pro-Kopf-Einkommen ging deutlich zurück (**vgl. Kapitel 7.2.3**). Falls die New Economy in Berlin / Brandenburg also überhaupt statt fand, hatte sie nicht genügend Kraft, die gesamte Wirtschaft zu beflügeln.

---

[680] Hier sehen einige Beobachter eine Bewegung zurück zu den Wurzeln des Tals: Im neuen High-Tech-Kampf gegen den Terror beflügeln große Staatsaufträge seit dem 11. September 2001 alte und junge Firmen in der Rüstungsindustrie. Vgl. Schiessel 2002.
[681] Sternberg 1998, S. 536.
[682] Sternberg 1998, S. 536. Zu Rolle der Netzwerkbildung für die Region vgl. auch **Kapitel 8.6.2**.
[683] Vgl. Sternberg 1998, S. 536.
[684] Vgl. **Kapitel 8.1.2**.

Diese Vermutung wird auch durch die Entwicklung der Zahl der Gründer insgesamt gestützt (vgl. **Kapitel 7.3.3**). Sie ging nach Zahlen des Statistischen Bundesamts in den Jahren 1997 bis 2002 stetig zurück. Das ZEW verzeichnet lediglich einen leichten Anstieg der Gründeraktivität in den Jahren 1997 und 1998, der sich allerdings vor allem auf die wenig innovationsstarken Kundennahen Dienstleister beschränkt. Insgesamt ging die Zahl der Gründer auch nach dem ZEW-Panel von 1990 bis 2001 um mehr als 34 Prozent zurück.

Ein genauerer Blick auf die High-Tech-Gründer der Region bestätigt dieses Bild (vgl. **Kapitel 7.4.3**). Die Pike der IKT-Gründungen fällt nicht etwa in die Hochzeit der New Economy, sondern in das Jahr 1990. Insgesamt liegt der Anteil der IKT-Gründungen an allen Gründungsfirmen der Region weit unter dem deutschen Durchschnitt. Auch ist der Anteil der Gründungsfirmen, die sich hier ansiedeln nur marginal höher als der Anteil der Region an der deutschen Erwerbsbevölkerung.

Auch die junge Biotechnologie konnte in der allgemein schwachen Wirtschaftsentwicklung keinen starken Gegenpol setzen. Obwohl überdurchschnittlich viele Firmen der Branche in Berlin / Brandenburg angesiedelt sind, sind dort nur rund halb so viele Mitarbeiter beschäftigt, wie in München (vgl. **Kapitel 7.4.3**). Im Krisenjahr 2002 ist in der Hauptstadtregion zudem eine besonders starke Schrumpfung zu verzeichnen.

Zusammenfassend lässt sich bis hierhin festhalten, dass die Region den Bruch des Zweiten Weltkrieges und die Folgen der anschließenden Teilung bis heute nicht überwunden hat (vgl. **Kapitel 7.5.1.3**). Durch Isolation des Westteils und Misswirtschaft in beiden Teilen der Stadt ist eine künstliche Branchen- und Produktionsstruktur entstanden, der die Innovationskraft fehlt. Zwar ist Berlin / Brandenburg, wie in den folgenden Kapiteln näher beleuchtet wird, aufgrund von Fördermitteln ein führendes Zentrum der Hochschulbildung in Deutschland. In der Forschung- und Entwicklung fehlen aber weitgehend Impulse aus der Privatwirtschaft.

8. Ausgewählte Faktoren im Standortwettbewerb

Nachdem im voran gegangenen Kapitel die wirtschaftliche Entwicklung und Gründeraktivität der drei Regionen beleuchtet wurde, sollen nun einige Standortfaktoren genauer untersucht werden. Ausgewählt werden jene Faktoren, die in **Kapitel 2.3.2** des Theorieteils als besonders bedeutend für High-T0ech-Gründer herausgearbeitet wurden. Spezieller Fokus wird auf die Rolle von Universitäten und Forschungseinrichtungen in der jeweiligen Region gelegt. Außerdem werden Humankapital, große Unternehmen, die Ausstattung mit Risikokapital sowie weiche Standortfaktoren und die Netzwerkbildung in der jeweiligen Region betrachtet.

Zu allgemeinen Standortfaktoren, die gestandene Unternehmen genauso betreffen wie Gründer, große Firmen genauso wie Kleine, sei hier auf die einschlägige Literatur verwiesen. So prangert die OECD in regelmäßigen Abständen den starren Arbeitsmarkt und die horrenden Lohnnebenkosten und Steuern in Deutschland an.[685] Im World Competitiveness Yearbook des IMD in Lausanne, das die Wirtschaftskraft, die Effizienz von Regierungen und Firmen sowie die Infrastruktur bewertet, stehen die USA seit Jahren unangefochten auf dem 1. Platz. Deutschland fiel aufgrund hoher Steuerbelastung, hoher Beiträge zu den Sozialversicherungen und einem starren Arbeitsmarkt[686] im Jahr 2003 von Platz 4 auf Platz 5 zurück.[687] Im Global Competitiveness Report des WEF in Genf kommt Deutschland aufgrund ähnlicher Mängel lediglich auf den 13. Platz; die USA belegen Platz 2.[688]

Beim angestrebten Vergleich von speziell wichtigen Standortfaktoren für High-Tech-Gründer in den untersuchten Regionen ergeben sich ähnliche Datenprobleme wie bereits in **Kapitel 7**. Die Statistiken zu den einzelnen Faktoren sind, so es sie denn überhaupt gibt, nicht überregional abgestimmt. Offizielle Zahlen fehlen oft ganz. Auf die konkreten Schwierigkeiten und die gewählten Lösungsversuche wird in den betreffenden Unterkapiteln gesondert hingewiesen.

8.1 Verfügbarkeit von qualifiziertem Personal

Um die Ausstattung der untersuchten Regionen mit Humankapital zu vergleichen, sollen im Folgenden vor allem zwei Indikatoren herangezogen werden. Erstens wird die Zahl der

---

685 Vgl. etwa OECD 2003.

686 Speziell zum internationalen Vergleich der Arbeitskosten hat das ZEW eine interessante Studie verfasst. Danach muss ein Arbeitgeber in Deutschland fast 200.000 Euro im Jahr aufwenden, damit ein hochqualifizierter Arbeitnehmer nach Steuern und Abgaben über ein Einkommen von 100.000 Euro verfügt. In den USA dagegen muss der Arbeitgeber für das gleiche Netto-Einkommen seines Beschäftigten nur knapp 153.000 Euro aufwenden. Vgl. Elschner / Schwager 2003.

687 Vgl. IMD 2003.

Studierenden und diejenige der Studienabgänger in der Region betrachtet, die für etablierte Firmen und Gründer vor Ort eine wichtige Ressource darstellt. Zweitens wird der Ausbildungsstand der Bevölkerung insgesamt aufgezeigt. Für beide Indikatoren, die lediglich ein grober Anhaltspunkt für die Humankapitalintensität sein können[689], lassen sich aus den offiziellen Statistiken in Deutschland und den USA einigermaßen vergleichbare Daten heraus filtern.

Ebenfalls in die Betrachtung einfließen sollen Umfragen unter Unternehmern und Experten. Wie schätzen sie die Verfügbarkeit des Produktionsfaktors Mensch in ihrer Region ein? Die zugänglichen Umfragen umfassen allerdings nie alle Untersuchungsregionen dieser Arbeit. Interregional vergleichbare Daten existieren deshalb nicht.

8.1.1 Silicon Valley

Das Silicon Valley hat in einer etwas erweiterten Regionen-Abgrenzung an den relevanten[690] Colleges und Universitäten rund 130.000 Studenten.[691] In dieser Abgrenzung werden neben den Universitäten Stanford, San José State und Santa Clara auch die San Francisco State University, die University of California-Berkeley, die University of California-San Francisco, die University of California-Santa Cruz und die University of San Francisco zum Talentpool des Silicon Valley hinzugezählt.[692] Keine dieser Hochschulen liegt mehr als 45 Autominuten von Palo Alto im Zentrum des Tals entfernt. Die Studenten und Absolventen sind also ohne Umzug für den lokalen Arbeitsmarkt verfügbar.

Etwas höher als in den beiden deutschen Regionen ist die für High-Tech-Firmen besonders interessante Zahl der Abschlüsse in Mathematik und den Natur- und Ingenieurwissenschaften. Im Jahr 2000 strömten nach Zahlen der National Science Foundation (NSF) aus den oben

[688] Vgl. WEF 2003.
[689] Ein weiterer Anhaltspunkt wären die Migrationsbewegungen – interregional, national und international - vor allem von hochqualifizierten Arbeitnehmern. Hierzu gibt es allerdings für die Untersuchungsregionen kein verlässliches Datenmaterial.
[690] Einbezogen wurden Hochschulen, die erstens selbst forschen und zweitens Studiengänge in den für diese Arbeit besonders relevanten Fächern Science und Engineering anbieten.
[691] Zahl der eingeschriebenen Studenten im Jahr 2001: San Francisco State University: 26.826, San Jose State University: 26.698, Santa Clara University: 7.356, Stanford University: 18.549, University of California-Berkeley: 31.277, University of California-San Francisco: 3.517, University of California-Santa Cruz 12.144, University of San Francisco: 7917. Summe: 131.767. Vgl. US-College-Search www.uscollegesearch.org im Januar 2004.
[692] Eine Reihe von kleineren Colleges, die aufgrund ihrer reduzierten Programme und ihres Renommees eher mit deutschen Berufsschulen vergleichbar wären, bleiben hier ausgeklammert. Ausgeklammert bleiben auch das Cogswell Polytechnical College (426 eingeschriebene Studenten 2001) und das Menlo College (649 Studenten), die zwar technische Studiengänge anbieten, aber nicht selbst forschen.

genannten Hochschulen 5.294 Absolventen dieser Fächer[693] mit Bachelor-, Master- oder Doktor-Titel auf den Arbeitsmarkt.[694] Das sind etwa 1.000 Abschlüsse dieser Fachrichtungen mehr als in den Regionen München und Berlin / Brandenburg.

Hinzu kommen einige Hundert Absolventen der renommiertesten Business Schools im Land. Allein die Graduate School of Business in Stanford und die Haas School of Business in Berkeley vergeben pro Jahr je rund 400 MBA-Titel.[695] Beide Schulen erreichen in welt- und amerikaweiten Rankings regelmäßig vordere Plätze.[696]

Überdurchschnittlich hoch ist im Silicon Valley auch der Ausbildungsstand der Bevölkerung insgesamt. Hielten nach Zahlen des US Census im Jahr 2000 24,4 Prozent aller Amerikaner einen Bachelor-Titel oder eine darüber hinaus gehende Ausbildung[697], waren es im Valley über 38,1 Prozent der Bevölkerung.[698]

Da verwundert es nicht, dass von der Unternehmensberatung Bain befragte Experten das Humankapital in der Region als besonders gut bewerten.[699] Für die Talentzuwanderung aus Universitäten und aus der lokalen Industrie bekommt das Tal Bestnoten.[700] München dagegen schneidet mit der Einschätzung „teilweise erfüllt" und „teilweise unzureichend" deutlich schlechter ab.

Auch eine Befragung von Wissenschaftlern, in welcher Forschungseinrichtung sie gerne arbeiten würden und welches ihrer Meinung nach die besten Institute seien, bestätigt die

---

693 Hinzu gezählt wurden folgende Disziplinen: Engineering (Aerospace, Chemical, Civil, Electrical, Industrial, Materials, Mechanical, Other); Math and Computer Sciences (Mathematics and Statistics, Computer Science, Other Math Sciences); Science and Engineering Technologies (Science Technologies, Engineering Technologies, Health Technologies, Other Science and Engineering Technologies).

694 Vgl. Joint Venture (Hrsg.) 2003, S. 22.

695 Vgl. Haas School of Business 2003, S. 8-10 und http://www.gsb.stanford.edu/news/faqs.html#financials im Januar 2004.

696 Im viel zitierten Business-School-Ranking von USNews und World Report aus dem Jahr 2003 kommt Stanford auf Platz 1, Berkeley auf Platz 15 aller amerikanischen Schulen. Bei Businessweek 2002 erreichen die Schulen den 4. respektive 13. Platz. Beim weltweiten Ranking der Intelligince Unit vom Economist liegen sie auf Platz 5 (Stanford) und 20 (Berkeley), bei dem internationalen Ranking der FT auf den Plätzen 5 und 20, vgl. http://www.foreignmba.com/schools im Januar 2004.

697 Graduate or Professional Degree

698 Vgl. Census 2000, Bay Area Census: www.census.abag.ca.gov/counties/santaclaracounty.htm im Janaur 2004. In Santa Clara County lagt der Anteil bei 40,4 Prozent, in Alameda bei 34,9 und in San Mateo bei 39 Prozent. Nach Bevölkerungszahl gewichtet, ergibt sich ein Anteil von 38,12 Prozent.

699 Vgl. Bain 2001, S. 6.

700 Zwei Mal „erfüllt". Danach rangieren „teilweise erfüllt", „teilweise unzureichend" und „unzureichend".

Attraktivität des Arbeitsplatzes Silicon Valley.[701] Drei FuE-Einrichtungen der Region schafften es auf die Liste der zehn Besten: Die Stanford University (Platz 1), die AT&T Labs[702] (Platz 2) und die University of California Berkeley (Platz 8). Auf der Liste der besten Forschungseinrichtungen speziell für IT-Wissenschaftler belegt zudem noch das Xerox Palo Alto Research Center – PARC Platz 10.

8.1.2 München

An den Hochschulen[703] der Region München waren im WS 2003/2004 nach Zahlen des Statistischen Bundesamtes 75.240 Studenten eingeschrieben. Im Prüfungsjahr 2001/2002 schlossen 12.384 Männer und Frauen ihr Studium oder ihre Promotion (1.692) ab.[704] Davon waren immerhin 4.252 Absolventen der Fächer Mathematik, Naturwissenschaften und Ingenieurswissenschaften.[705]

Damit hat München zwar absolut deutlich weniger Studenten als Berlin (rund 140.000), steht aber bei der Zahl der Absolventen insgesamt und speziell der Zahl der Absolventen in Naturwissenschaften und Technik recht gut da (vgl. **Kapitel 8.1.3**). So erlangten in München im Prüfungsjahr 2001/2002 immerhin 16 Prozent aller eingeschriebenen Studenten auch einen Abschluss (in Berlin waren es lediglich 12 Prozent). Gut jeder Dritte Absolvent erwarb einen Abschluss in einem naturwissenschaftlich-technischen Fach (34 Prozent). In Berlin liegt diese Quote lediglich bei knapp einem Viertel (24 Prozent).

Beim Bildungsstand der Bevölkerung liegt die Region München deutlich über dem deutschen Durchschnitt, wenn auch längst nicht so deutlich wie das Land Berlin. Laut Mikrozensus vom April 2000 haben 14,2 Prozent[706] der Einwohner über 15 Jahren ein abgeschlossenes Fachhochschul- oder Hochschulstudium oder tragen einen Doktor-Titel[707] - in Deutschland insgesamt sind es 11,2 Prozent. Weitere 6,3 Prozent sind Meister oder Techniker oder haben

[701] O.V. 23.6.1997. Die Umfrage war zwar international angelegt, die Rückläufe kamen jedoch v.a. aus den USA. Die Liste reflektiert daher v.a. die Präferenzen amerikanischer Wissenschaftler. Vgl. auch http://www.businessweek.com/1997/25/b353220.htm im Januar 2004.
[702] Die einen Ableger in Menlo Park haben.
[703] Zu den Hochschulen werden in dieser Arbeit, wie in der offiziellen deutschen Statistik üblich, die Universitäten, Fachhochschulen, Gesamthochschulen, Pädagogischen Hochschulen, Theologischen Hochschulen, Kunsthochschulen und Verwaltungsfachhochschulen gezählt.
[704] Vgl. LfStaD, Zusammenstellung: Deutsche und ausländische Absolventen im Prüfungsjahr 2001/02 in der Region 14 (München).
[705] Darunter 612 mit Doktor-Titel und 1.158 mit Fachhochschulabschluss.
[706] In den Tabellen des Mikrozensus finden sich lediglich absolute Zahlen zu Bevölkerung und Bildungsstand in den Regionen. Die Prozentsätze sind von der Autorin errechnet.
[707] Vom LfStaD wird für die Region München lediglich diese aggregierte Zahl ausgewiesen.

eine Fachschule besucht (Bundesdurchschnitt: 5,9 Prozent).[708] Aufgrund des dualen Ausbildungssystem in Deutschland sind diese Zahlen nicht mit den USA vergleichbar, wo auch Berufsgruppen, die hierzulande keinen akademischen Titel tragen, ein College oder eine Universität besuchen.

Im Regional Entrepreneurship Monitor (REM) bewerten die befragten Unternehmer und Experten die Verfügbarkeit von qualifiziertem Personal in der Region München denn auch als Pluspunkt für den Standort. Die Region liegt in dem aufgestellten Arbeitsmarktindex über dem Durchschnitt und kommt bei den zehn untersuchten deutschen Regionen (darunter leider nicht Berlin) auf Platz 4. [709]

8.1.3 Berlin / Brandenburg

An den Berliner Hochschulen waren im WS 2003 / 2004 über 140.000 Studenten eingeschrieben[710]. Hinzu kamen rund 19.000 Studierende in Potsdam.[711] Einen Abschluss erlangten im Prüfungsjahr 2002 über 17.000 Männer und Frauen.[712]

Damit ist die Berlin / Brandenburg unter den untersuchten Clustern nicht nur absolut, sondern auch relativ die größte Studentenregion. Über vier Prozent der Einwohner[713] waren an einer Hochschule eingeschrieben. In der Region München waren es rund drei Prozent.[714]

Etwas niedriger als in München und deutlich niedriger als im Silicon Valley lag allerdings in Berlin die Zahl der Abschlüsse in Fächern, die für innovative Gründungen in der Hochtechnologie besonders relevant sind. Im Prüfungsjahr 2002 verließen 4.090 Mathematiker, Naturwissenschaftler und Ingenieure die Berliner Hochschulen.[715]

---

[708] Die Statistiker weisen jedoch darauf hin, dass sich in engen, regionalen Abgrenzungen Unschärfen ergeben können. Mit einer solchen Unschärfe lässt sich wohl auch der „Ausrutscher" der Region München bei dem Anteil der Bevölkerung mit abgeschlossener Lehre oder Anlernausbildung (34 Prozent versus 51,6 Prozent im Bundesdurchschnitt) erklären.

[709] Vgl. Bergmann / Japsen / Tamásy 2002, S. 29.

[710] 108.245 Studierende an den Universitäten, 23.230 an den Fachhochschulen, 5.404 an den Kunsthochschulen und 3.298 an den Verwaltungsfachhochschulen, Quelle: Statistisches Bundesamt.

[711] 15.954 Studenten an der Universität Potsdam, 2.145 an der Fachhochschule Potsdam und 641 an der Filmhochschule Babelsberg, Quelle: Statistisches Bundesamt.

[712] Darunter 1.425 in Potsdam.

[713] 140.177 von rund 3.390.000.

[714] 75.240 von rund 2.470.000. Ein direkter Vergleich mit dem Silicon Valley ist hier aufgrund des unterschiedlichen Ausbildungssystems in den USA, bei dem u.a. sogenannte Community Colleges die Rolle der Berufsschulen übernehmen, nicht sinnvoll.

[715] Die Abgrenzung nach Fächern und Fachgruppen nimmt das Statistische Bundesamt nur für die einzelnen Bundesländer insgesamt, nicht aber für einzelne Kreise und Regionen vor. Zahlen zu den Absolventen in Potsdam gibt es daher leider nicht.

Weit über dem Durchschnitt lag in Berlin[716] dagegen der Bildungsstand der Bevölkerung insgesamt. 17,9 Prozent der über 15-Jährigen verfügt laut Mikrozensus vom April 2000 über ein abgeschlossenes Hochschul- oder Fachhochschulstudium oder einen Doktor-Titel.[717] Im Bundesdurchschnitt waren es lediglich 11,2 in der Region München immerhin 13,9 Prozent. 4,9 Prozent der Berliner über 15 sind Meister oder Techniker oder haben eine Fachschule besucht (Bundesdurchschnitt: 5,9 Prozent). Eine abgeschlossene Lehre oder Anlernausbildung können 45 (51,6) Prozent vorweisen.

Überspitzt formuliert könnte man die Stadt als Intellektuellen-Hochburg bezeichnen, in der Absolventen von harten Fächern wie Mathematik und Ingenieurwissenschaften sowie Praktiker aus Handwerk und Lehre unterrepräsentiert sind.

8.2 Universitäten und Forschungseinrichtungen

Was die absolute Zahl der Studenten und Absolventen angeht, lassen sich also nur kleinere Unterschiede in den drei untersuchten Clustern ausmachen (vgl. **Kapital 8.1**). Anders sieht es womöglich bei der Qualität von Forschung und Lehre in den Regionen aus, die in den folgenden Abschnitten näher beleuchtet werden soll. Dazu wird zunächst ein knapper Einblick in die unterschiedliche Forschungslandschaft von Deutschland und den USA gegeben (**Kapitel 8.2.1**), bevor anhand von ausgewählten Universitäten und öffentlichen Forschungsinstituten in der jeweiligen Region (**Kapitel 8.2.2**) zwei, für die Gründungsaktivität einer Region zentrale, Aspekte diskutiert werden: die Finanzausstattung von Forschung und Lehre (**Kapitel 8.2.3**) und die spezielle Förderung von Entrepreneurship (**Kapitel 8.2.4**).

8.2.1 Grundlagen

Eine detaillierte Darstellung der Forschungslandschaften von Deutschland und den USA würde den Rahmen dieser Arbeit bei weitem sprengen. In den folgenden Abschnitten soll lediglich eine grundsätzliche Orientierung gegeben werden. Dazu werden einige Kernzahlen der Forschungs- und Entwicklungsaktivität in beiden Ländern dargestellt sowie einzelne grundlegende strukturelle Unterschiede aufgezeigt.

---

[716] Auf den EVR zugeschnittene Zahlen existieren leider nicht, die Zahlen für das gesamte Bundesland Brandenburg wären wenig aussagekräftig.

[717] Quelle: Statistisches Bundesamt, Bildung im Zahlenspiegel 2003. Hochschulabschluss: 10,2 (Bundesdurchschnitt: 5,5) Prozent, FH-Abschluss: 6,3 (4,8) Prozent, Doktor-Titel: 1,4 (0,9) Prozent.

8.2.1.1 Die Forschungslandschaft in den USA

Die amerikanische Forschungslandschaft, speziell die Struktur rund um die forschungsorientierten Universitäten des Landes, gilt im internationalen Vergleich zu Recht als besonders leistungsfähig. Gemessen an der Zahl der Nobelpreise und anderer Auszeichnungen, an der Zahl der Veröffentlichungen in richtungsweisenden Wissenschaftszeitschriften, an Zitat-Analysen, an der Magnetwirkung für die besten Studenten und Wissenschaftler aus dem Ausland[718] oder an der Zahl von erfolgreichen Firmenausgründungen, belegen amerikanische Universitäten im internationalen Vergleich stets die ersten Plätze.[719]

Abbildung 26: Anteile an der Finanzierung und Durchführung der Forschung und Entwicklung in den USA im Jahr 2000 in Prozent

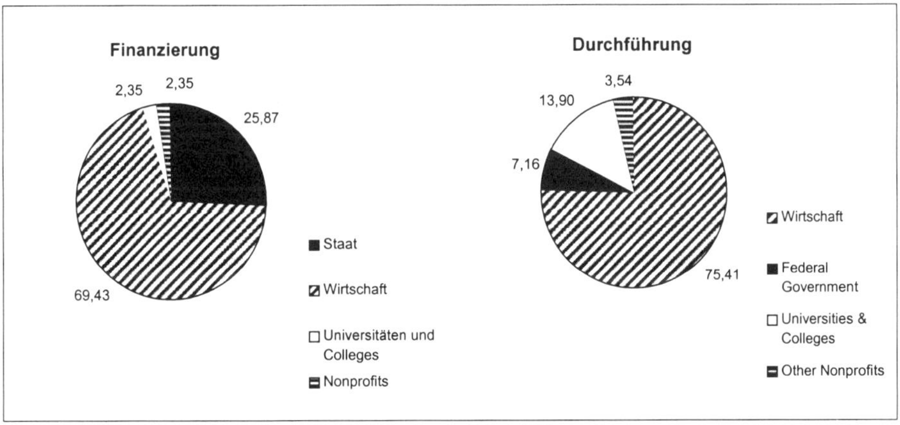

Quelle: NSF, National expenditures for R&D by performing sector and source of funding and from funding sectors to performing sectors 1993-2000.

Bei der Finanzierung und Durchführung (vgl. **Abbildung 26**) der Forschung und Entwicklung zeigen sich ähnliche Strukturen wie in Deutschland (vgl. **Abbildung 27**). Der Löwenanteil der Finanzmittel (knapp 70 Prozent) stammt aus der Wirtschaft, die ihrerseits - die von der Wirtschaft geleiteten FFRDCs[720] eingerechnet - über 75 Prozent der Durchführung selbst

[718] Vgl. Backhaus / Ninke / Over 2001.
[719] Vgl. Rosenberg 2000, S. 37.
[720] Federally funded research and development centers = vom Bundesstaat finanzierte Forschungsinstitute.

verantwortet. Zweiter großer Geldgeber ist der Staat (knapp 26 Prozent).[721] Die Hochschulen und Nonprofit-Organisationen trugen jeweils rund 2,4 Prozent der Mittel bei. Bei der Durchführung von FuE-Projekten stehen die Hochschulen mit knapp 14 Prozent der Mittel vor dem Staat (7 Prozent) und den NGOs (4 Prozent) auf Platz zwei nach der Wirtschaft.

Damit liegt der prozentuale Anteil der Hochschulen an der FuE-Durchführung sogar niedriger als in Deutschland (16 Prozent). Den womöglich entscheidenden Unterschied machen die absolute Zahl sowie die Verteilung der Mittel.

Im Jahr 2000 gaben die USA über 264 Mrd. Dollar[722] oder 2,69 Prozent des Bruttoinlandsprodukts[723] für F&E aus – mehr als jedes andere Land auf der Welt. Allein die Hochschulen und die ihnen angegliederten von Washington finanzierten F&E-Zentren (FFRDCs) hatten knapp 37 Mrd. Dollar zur Verfügung.[724] Zum Vergleich: An alle deutschen Hochschulen zusammen gingen lediglich rund acht Mrd. Euro (siehe **Kapitel 8.2.1.2**) – rund ein Fünftel dieser Summe.

Hinzu kommt, und das ist speziell für die Untersuchungsregion Silicon Valley zentral: Die F&D-Mittel für die Hochschulen und ihre Institute werden keinesfalls gleichmäßig verteilt. Vielmehr setzt die US-Regierung deutliche Schwerpunkte. Von den insgesamt 18,35 Mrd. Dollar, mit denen Washington im Jahr 2001 die F&E an den Top-200-Hochschulen im Land[725] unterstützte, bekamen die ersten Zehn – darunter Stanford auf Platz 4 – rund 22 Prozent. Die ersten 24 – darunter zudem die University of California San Francisco (Platz 14) und die University of California Berkeley (Platz 24) – schöpften zusammen 41 Prozent der Fördergelder ab.

Um die Fördermittel herrscht also ein reger Wettbewerb. Wettbewerb wird unter den Universitäten des Landes auch um die besten Forscher, die besten Lehrkräfte, die besten Lehrpläne und die besten Studenten geführt. Dabei haben die Hochschulen, was die

---

[721] Davon entfielen 25 Prozentpunkte auf den Bund, knapp ein Prozentpunkt auf andere Regierungen. Diese sind in der NSF-Statistik jedoch untererfasst.
[722] Vgl. NSF, National expenditures für R&D, from funding sectors to preforming sectors: 1993-2002, im Internet unter: www.nsf.gov/sve/srs/nsf0331/stat.htm#tables im Februar 2004.
[723] Vgl. OECD, Main Science and Technology Indicators data base, Paris, Mai 2002, nach: NSF, International R&D expenditures in constant dollars and as a percentage of GDP:1981-2001.
[724] Vgl. NSF, National expenditures für R&D, from funding sectors to preforming sectors: 1993-2002, im Internet unter: www.nsf.gov/sve/srs/nsf0331/stat.htm#tables im Februar 2004.

Vergütung von Professoren, die Gestaltung der Curricula, die Erhebung von Studiengebühren, die Auswahl von Studenten und deren Unterstützung durch Stipendien betrifft, anders als in Deutschland, große Freiheiten.[726]

Besonders die Autonomie bei den Lehrplänen hat der amerikanischen Wissenschaft und Wirtschaft immer wieder entscheidende Vorsprünge in neuen Technologien beschert. So wurden eine Reihe von neuen Fächern in den USA schneller als sonst irgendwo auf der Welt in die Curricula der Spitzen-Universitäten aufgenommen. Mikroelektronik stand dort schon Mitte der 60er Jahre auf dem Programm; in Europäische Universitäten hielt diese Disziplin erst zehn Jahre später Einzug.[727] 1965 gab es in den USA bereits mindestens 17 Hochschulen, die Bachelor-Abschlüsse in Computer-Wissenschaften anboten[728] – eine Grundlage für den amerikanischen Vorsprung ins Computer- und später ins Internet-Zeitalter war gelegt. Bereits Mitte der 90er Jahre boten eine Reihe von Top-Business-Schools im Land Kurse im Electronic Commerce an.[729]

Neben Wettbewerb und Autonomie lassen sich aus der Literatur noch zwei weitere Aspekte herausfiltern, die den Erfolg amerikanischer Universitäten ausmachen: die fakultäts- und fachübergreifende Projektarbeit und das Zusammenspiel von Forschung und Lehre. Anders als in Deutschland[730] ist der überwiegende Teil der Forschungsförderung in den USA an konkrete Projekte geknüpft. „Praktisch alle größeren Forschungsprojekte der USA werden fakultäts- und fachübergreifend, in den meisten Fällen auch über Universitäts- und Institutsgrenzen hinweg (..) sowie in enger Partnerschaft zwischen staatlichen Institutionen (...), mehreren Universitäten und einer Vielzahl von Unternehmen durchgeführt.“[731] Beantragte Fördergelder müssen dabei oft in gleicher Höhe durch Eigenmittel der Kooperationspartner aufgestockt werden. Aus der gemeinsamen Projektarbeit ergibt sich eine kosteneffiziente, anwendungsnahe Forschung, die eine Reihe von Möglichkeiten des Technologietransfers eröffnet.[732]

---

[725] Für alle restlichen blieben lediglich 841 Mio. Dollar. Vgl. NSF, Federally financed R&D expenditures at universities and colleges, ranked by fiscal year 2001 federally financed R&D Expenditures: fiscal yeras 1994-2001.

[726] Vgl. Rosenberg 2000, S. 38ff.

[727] Vgl. Rosenberg 2000, S. 111.

[728] Vgl. Rosenberg 2000, S. 50.

[729] Vgl. Rosenberg 2000, S. 109f.

[730] Hier waren im Jahr 2000 von insgesamt 8,4 Mrd. Euro FuE-Ausgaben des Bundes lediglich 3,4 Mrd. an einzelne Projekte geknüpft. Vgl. BMBF 2002, S. 349.

[731] Paulsen / Fröhlich / Lamatsch 2000, S. 140.

Ein besonderes Zusammenspiel von Forschung und Lehre wird zudem durch institutionelle Strukturen begünstigt: Anders als in Deutschland sind die wichtigsten Forschungsinstitute des Landes nicht als losgelöste Einheiten geführt, sondern direkt einzelnen Universitäten angegliedert.[733] Folge ist eine gegenseitige Befruchtung von Forschung und Lehre.[734]

Ergebnis von Wettbewerb, Autonomie und Projektarbeit, sowie dem Zusammenspiel von Forschung und Lehre ist eine besonders große Anpassungsfähigkeit der amerikanischen Wissenschaft an sich verändernde Umstände.[735] Die Universitäten und Forschungsinstitute leisten einen Beitrag zur Entwicklung der Wirtschaft des Landes insgesamt und, wie in den folgenden Abschnitten untersucht werden soll, womöglich einen speziellen Beitrag zur Innovationskraft und Mutationsfähigkeit[736] ihrer geographisch nahen Umgebung.

8.2.1.2 Die Forschungslandschaft in Deutschland

Während die amerikanische Forschungslandschaft im internationalen Vergleich immer wieder als Paradebeispiel heran gezogen wird, gelten Universitäten und Forschungsinstitute in Deutschland seit Jahrzehnten als extrem reformbedürftig. So folgt denn auch seit Jahren eine Reformidee auf die nächste. Allein im Hochschulbereich wurden seit 1998 das vierte, das fünfte und das sechste Gesetz zur Änderung des Hochschulrahmengesetzes erlassen.[737] Danach können beispielsweise Professoren künftig stärker nach Leistung bezahlt werden, eine Juniorprofessur[738] mit eigenem Budget sollte selbständigere Arbeit junger Hochschullehrer ermöglichen, der Zwang zur Habilitation als Voraussetzung für eine Professur wurde abgeschafft, Bachelor- und Masterabschlüsse wurden eingeführt und die Hochschulen erhielten etwas mehr Freiheiten bei der Haushaltsplanung.[739] Auch den Forschungsinstituten wurde von der Regierung etwas mehr Eigenverantwortung bei der Planung ihrer Finanzen übertragen.[740] Die Fraunhofer Gesellschaft (FhG) wurde in der Hoffnung auf Effizienzsteigerungen mit der Gesellschaft für Mathematik und Datenverarbeitung (GMD)

---

[732] Vgl. Paulsen / Fröhlich / Lamatsch 2000, S. 140f.
[733] Vgl. Rosenberg 2000, S. 42.
[734] Vgl. Rosenberg 2000, S. 44.
[735] Vgl. Rosenberg 2000, S. 36, 38.
[736] Zum hierzu zentralen Begriff des mutierenden Innovations-Clusters vgl. **Kapitel 3.5.3.4**.
[737] Vgl. BGBl. I, S. 2190, Hochschulrahmengesetz HRG, Broschüre des BMBF, Download von www.bmbf.de
[738] Die in einem Urteil des Bundesverfassungsgerichts Ende Juli 2004 als nicht rechtens erklärt wurde, weil der Bund mit seinem Gesetz die Zuständigkeit der Länder zur Regelung des Hochschulwesens verletzt habe. Vgl. OV, 28.7.04.
[739] Zu den Änderungen im Detail siehe etwa Müller-Böling 2003 und Hochschulrahmengesetz (HRG).
[740] So dürfen sowohl Hochschulen als auch die Forschungsinstitute nicht verwendete Mittel auf das nächste Haushaltsjahr übertragen; der Haushalt der MPG ist seit 1999 weitgehend budgetiert, so dass nicht mehr jeder einzelne Posten vom BMBF abgesegnet werden muss. Vgl. Bulmahn 4.9.01.

fusioniert. Seit Anfang 2004 sucht die Regierung nun die „Spitzenuniversitäten" im Land und will einzelnen „Elite"-Instituten ab 2006 eine Sonderförderung zukommen lassen.[741]

All diese Anläufe sind nach Meinung vieler Experten allerdings nur Korrekturen an Symptomen, denen die Kraft für einen grundlegenden Systemwechsel fehlt.[742] Woran das System krankt, wird in Teilen bereits mit einem Blick auf die Eckpunkte der deutschen Forschungslandschaft deutlich.

Abbildung 27: Anteile an der Finanzierung und Durchführung der Forschung und Entwicklung in Deutschland im Jahr 2000 in Prozent

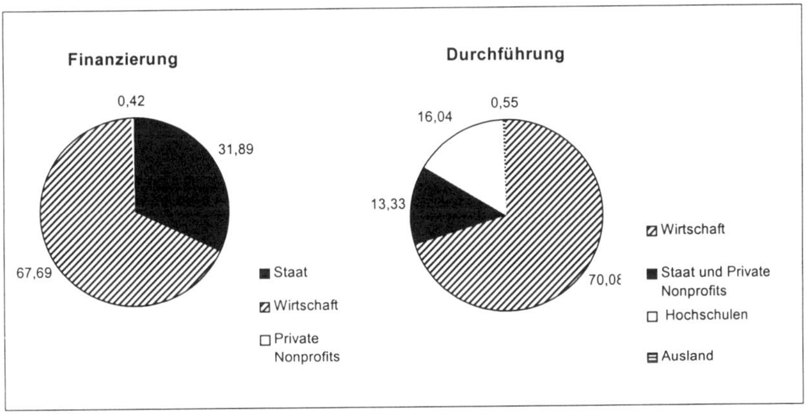

Quelle: BMBF 2000, Strukturdaten 2001/2000, S. 344, 346.

Die Aufteilung der Finanzierung (**Abbildung 27**) von Forschung und Entwicklung weist zunächst noch starke Ähnlichkeiten zu den USA auf: Die Wirtschaft ist mit einem Anteil von 68 (USA: 69) Prozent der größte Geldgeber für FuE. An Nummer zwei steht auch in Deutschland der Staat, der hier jedoch mit rund 32 Prozent bereits einen deutlich größeren Anteil hat als in den USA (26 Prozent). Auch bei der Durchführung ist eine Akzentverschiebung sichtbar. In Deutschland ist die Wirtschaft wie auch in den USA der größte Akteur in der FuE, sie hält jedoch mit 70 (USA: 75) Prozent einen geringeren Anteil an der Durchführung. Mit 13 Prozent nimmt der Staat, der in Deutschland eine große Zahl von

[741] Gedacht ist an bis zu 50 Mio. Euro zusätzlich pro Jahr und Hochschule von 2006 bis 2010. Vgl. BMBF 2004; Spiewalk 2004.
[742] Vgl. Spiewak 2004; Backhaus / Ninke / Over 2002; Bensel / Weiler 2000.

Forschungsinstituten selbst betreibt, fast doppelt so viel Raum ein wie in den USA (7 Prozent).[743]

Die Hochschulen allein verantworten in Deutschland 16 Prozent der FuE. In den USA, wo eine Reihe von Forschungsinstituten direkt den Universitäten unterstellt sind, sind es lediglich 14 Prozent.[744] Nimmt man Universitäten und Forschungseinrichtungen[745] zusammen, so haben diese in Deutschland mit rund 30 Prozent einen deutlich größeren Anteil an der nationalen FuE als in den USA (dort haben die Hochschulen und alle FFRDCs zusammengenommen - auch diejenigen, die bei der Wirtschaft angesiedelt sind, einen Anteil von 15 Prozent).

Ein Blick auf die absoluten Zahlen relativiert freilich dieses Bild. Im Jahr 2000 gab Deutschland rund 50 Mrd. Euro[746] oder 2,48 Prozent des Bruttoinlandsprodukts[747] für F&E aus. Den Hochschulen standen davon rund 8 Mrd. Euro, den Forschungsinstituten der Helmholz-Gemeinschaft, der Blauen Liste, Max-Planck und Fraunhofer zusammen[748] 4,7 Mrd. Euro zur Verfügung. Zum Vergleich: Die amerikanischen Hochschulen und die ihnen direkt angegliederten von Washington finanzierten F&E-Zentren (FFRDCs) hatten mit knapp 37 Mrd. Dollar etwa drei Mal so viel Geld für FuE.[749] Und dieses Geld wurde, wie in **Kapitel 8.2.1.1** gezeigt, auch noch stark auf einzelne Top-Forschungsstätten gebündelt.

In Deutschland dagegen werden die Mittel von Bund und Ländern nach einen komplizierten Schlüssel – der Bund trägt grundsätzlich die Hälfte aller Ausgaben für Bau und Ausrüstung der Hochschulen, die Länder stocken diese auf und geben sie als „laufende Grundmittel", zum Großteil bemessen an der Zahl der Studenten, an die einzelnen Hochschulen weiter – recht gleichmäßig auf die Hochschulen des Landes verteilt. Nur ein geringer Teil der Förderung ist

[743] Allerdings sind bei den Angaben aus den USA hauptsächlich die Bundesausgaben berücksichtigt.
[744] Rund 12 Prozent der Durchführung (im Jahr 2000 rund 30,97 Mrd. Dollar) obliegt den Universitäten direkt, 2 Prozent (5,8 Mrd. Dollar) den ihnen unterstellten FFRDCs. Vgl. NSF, National expenditures für R&D, from funding sectors to preforming sectors: 1993-2002, im Internet unter: www.nsf.gov/sve/srs/nsf0331/stat.htm#tables im Februar 2004.
[745] Im Jahr 2000 gaben diese insgesamt 6,678 Mrd. Euro für FuE aus, was rund 14 Prozent der deutschen Gesamtausgaben entspricht. 4,687 Mrd. davon entfielen auf die Helmholz-Gemeinschaft, die Max-Planck-Institute, die Fraunhofer-Institute und die Blaue Liste-Einrichtungen. Vgl. BMBF 2002, S. 354f.
[746] Vgl. BMBF 2002, S. 344.
[747] Vgl. OECD, Main Science and Technology Indicators data base, Paris, Mai 2002, nach: NSF, International R&D expenditures in constant dollars and as a percentage of GDP:1981-2001.
[748] Inklusive öffentliche und wissenschaftliche Bibliotheken, Archive und Museen (die nicht der Blauen Liste zugerechnet werden) sowie sonstigen Forschungseinrichtungen ergibt sich die Gesamtsumme von 6,678 Mrd. Euro. Vgl. BMBF 2002, S. 354f.
[749] Vgl. NSF, National expenditures für R&D, from funding sectors to preforming sectors: 1993-2002, im Internet unter: www.nsf.gov/sve/srs/nsf0331/stat.htm#tables im Februar 2004.

an konkrete Projekte gebunden, bei denen einzelne Institute und Hochschulen direkt um die Mittel konkurrieren.[750]

Neben der gleichmäßigen Verteilung der staatlichen Zuschüsse, verhindert eine weitere deutsche Besonderheit eine Bündelung der Mittel auf wenige Top-Forschungsstätten: die institutionelle Trennung von Forschungsinstituten und Universitäten.[751] Anders als in den USA sind die wichtigsten Forschungsstätten das Landes, die Max-Planck-Gesellschaften, die Fraunhofer-Institute, die Institute der Helmholtz- und der Leibniz-Gemeinschaft u.a., nicht Universitäten angegliedert, sondern als selbständige Einheiten geführt. Selbst Ministerin Bulmahn erkennt hier durchaus „Tendenzen zur wechselseitigen Abschottung"[752]. Um ein höheres Niveau von Forschung und Lehre zu erreichen, fordern Experten daher immer wieder die Integration der Forschungsinstitute in die Hochschulen.[753] Die Institute an den Hochschulen sollten dann im Wettbewerb um befristete Mittel konkurrieren.

Wettbewerb allerdings wird in der deutschen Forschungslandschaft weiterhin nicht groß geschrieben. Stichworte sind, neben der gleichmäßigen Vergabe der Fördermittel, die kaum leistungsbezogene Professorenbesoldung[754], die zentrale Verteilung der Studenten auf die Hochschulen[755] und das Verbot von Studiengebühren, an dem die Regierung nach wie vor festhält[756]. Vor diesem Hintergrund mutet die jüngste Regierungsinitiative zur Suche nach den deutschen Spitzenuniversitäten[757] halbherzig an.[758]

Die Folgen aus den beschriebenen strukturellen Problemen der deutschen Forschungslandschaft spiegeln sich in einer Untersuchung der Gesellschaft für Empirische

---

[750] Im Jahr 2000 gab der Bund insgesamt 8,4 Mrd. Euro für Forschung und Entwicklung aus. Davon gingen u.a. 400 Mio. Euro an die Hochschulen, 3,8 Mrd. wurden über die „institutionelle Förderung" den Forschungsinstituten zugewiesen und lediglich knapp 3,1 Mrd. Euro als „direkte Projektförderung" vergeben. Vgl. BMBF 2002, S. 349.

[751] Einen guten Überblick über die komplizierte Aufgabenteilung zwischen Hochschulen, den verschiedenen Forschungseinrichtungen und den „Vermittlungs-Agenturen" wie Kultusministerkonferenz oder Wissenschaftsrat, gibt Schipanski 1998. Auch sie diagnostiziert in der deutschen Forschungslandschaft einen „lack of innovation, of new spirit". Vgl. Schipanski 1998, S. 114.

[752] Vgl. Bulmahn 4.9.2001.

[753] Vgl. Bensel / Weiler 2000, S. 18.

[754] Zwar sollen Professoren nach der Dienstrechtsreform Leistungszulagen, statt ans Alter gekoppelte Salär-Erhöhungen bekommen. Aufgrund des Bestandsschutzes ist jedoch mit Übergangszeiten von bis zu 20 Jahren zu rechnen. Vgl. Müller-Böling 2003.

[755] Nach wie vor können die öffentlichen Hochschulen sich ihre Studierenden nicht aussuchen, sie werden ihnen von der ZVS (Zentralstelle zur Vergabe von Studienplätzen) zugewiesen. Einige Bundesländer wollen den ZVS-Staatsvertrag jedoch bis Ende 2005 aufkündigen. Vgl. Müller-Böling 2003.

[756] Vgl. 6. HRGÄndG, §24 (4).

[757] Vgl. BMBF 2004.

[758] Vgl. Spiewak 2004.

Studien wider.[759] Danach ist der Standort Deutschland für deutsche und internationale Wissenschaftler wenig attraktiv. Moniert wird von den befragten deutschen Wissenschaftlern im Ausland und ausländischen Wissenschaftlern in Deutschland[760] vor allem der starre akademische Arbeitsmarkt mit seinen engen Zugangsvoraussetzungen, der „nur inflexible Karrieremöglichkeiten im öffentlichen Wissenschafts- und Forschungsbereich"[761] biete. Zudem vermissen die Experten kooperative Entscheidungsstrukturen und eine fach- und institutsübergreifende Zusammenarbeit.[762]

8.2.2 Forschungsstätten der Region

Die folgenden Abschnitte sollen einen kurzen Überblick über die für die Hochtechnologie bedeutenden Forschungsstätten in den Untersuchungsregionen geben. Dazu werden die wichtigsten Universitäten und öffentlichen High-Tech-Forschungszentren der Region sowie die Zahlen ihrer mit Forschung, Lehre und Wissenschaft befassten Mitarbeiter zusammengestellt.

8.2.2.1 Silicon Valley

Das Silicon Valley[763] hat mit acht forschenden Universitäten und vier nationalen Laboratorien (von denen drei einer Universität angegliedert sind) absolut gesehen die geringste Zahl an für die Hochtechnologie bedeutenden Forschungsstätten in den drei Untersuchungsregionen. Die einzelnen Institute aber sind, was die Zahl der Professoren und Forscher betrifft, deutlich besser ausgestattet als in Deutschland. So sind an den zwölf Institutionen insgesamt rund 20.000 Wissenschaftler tätig (vgl. **Tabelle 2**). Allein an der U CA Berkeley, der U CA San Francisco und am Stanford Linear Accelerator waren jeweils über 3.000 Mitarbeiter beschäftigt. Die öffentlichen Ressourcen scheinen also, was mit Blick auf die Finanzen in **Kapitel 8.2.3** näher untersucht werden soll, konsequent in einigen schlagkräftigen Forschungsstätten gebündelt zu sein.

Um eine annähernde Vergleichbarkeit mit den deutschen Hochschulen zu erreichen, ist beim Lehr- und Forschungspersonal an den Universitäten im Valley die engere Abgrenzung der „faculty" gewählt worden. Gezählt wurden jene Beschäftigten die entweder eine direkte

---

759 Vgl. Backhaus / Ninke / Over 2002.
760 Ausgewertet wurden die Fragebögen von 1.690 deutschen Wissenschaftlern im Ausland, 2.197 ausländischen Wissenschaftlern in Deutschland und 341 ausländischen Fach- und Führungskräften in Unternehmen in Deutschland.
761 Backhaus / Ninke / Over 2002, S. 6.
762 Backhaus / Ninke / Over 2002, S. 7.
763 Hier ist erneut die erweiterte Regionen-Abgrenzung aus **Abschnitt 8.1.1** gewählt.

Lehrfunktion wahrnehmen oder von der Universität explizit als Forscher ausgewiesen und freigestellt sind.[764] „Graduate"-Studenten oder „advanced undergraduate level", die mit ihren Diplom-, Master- oder Doktor-Arbeiten durchaus einen Beitrag zur Forschung leisten, sind nicht dazu gerechnet. Allein Stanford zählt über 4.000 „graduate students" [765], die in etwa vergleichbar mit wissenschaftlichen Mitarbeitern an deutschen Lehrstühlen sind.

Tabelle 2: Wissenschaftler an Universitäten und für die Hochtechnologie bedeutenden öffentlichen Forschungseinrichtungen im Silicon Valley

Name	Zahl der Mitarbeiter	in Forschung und Lehre
Universitäten		
Stanford University		1.749[766]
U CA Berkeley		3.171[767]
U CA San Francisco		3.307[768]
U CA Santa Cruz		974[769]
San Jose State University		1.687[770]
San Francisco State University		1.593[771]
Santa Clara University		706[772]
University of San Francisco		644[773]
National Laboratories[774]		
Lawrence Berkeley Nat. Lab at U CA	>3000	>1.000
Lawrence Livermore Nat. Lab at U CA[775]	7152	2.805
Sandia Nat.Lab in California	450	k.A.
Stanford Linear Accelerator Center	1300	rd. 3.000[776]
Total		**Rund 20.000**

Quellen: NSF und einzelne Universitäten.

[764] Zu den Definitions-Details vgl. die jeweiligen Fußnoten in der Tabelle.
[765] Vgl. Stanford Facts 2004, S. 34.
[766] Total faculty im Jahr 2003, enthält „tenure-line faculty, senior fellows and center fellows at specified policy centers and institutes, and Medical Center-line faculty", vgl. Stanford Facts 2004, S. 33.
[767] Headcount full time und part time Beschäftigte: regular teaching faculty ladder ranks: 1.192 full time (47 part time), regular teaching faculty acting ranks: 11 full time (1 part time), lecutrers: 105 full time (286 part time), other teaching faculty 79 full time (120 part time), research: 1.043 full time (287 part time).
[768] Headcount, Full time und part time Beschäftigte: regular teaching faculty ladder ranks: 256 full (125 part time), regular teaching faculty acting ranks: 4 full (0 part time), lecutrers: 4 full (3 part time), other teaching faculty 731full (807 part time), research: 1.128 full (249 part time).
[769] Headcount, Full time und part time Beschäftigte: regular teaching faculty ladder ranks: 423 full (18 part time), regular teaching faculty acting ranks: 1 full (0 part time), lecutrers: 66 full (162 part time), other teaching faculty 10 full (7 part time), research: 207 full (80 part time).
Quelle für alle Zahlen der U CA: University of California, Statistik für April 2003. www.ucop.edu/ucophome/uwnews/stat im Februar 2004.
[770] Im Herbst 2002: 789 full time faculty, 898 part time faculty. Vgl. The California State University Fall 2002, Profile of CSU Employees, Long Beach, CA. www.calstat.edu/HR/Fall2002CSUprofiles.pdf
[771] Im Herbst 2002: 785 full time faculty, 808 part time faculty. Vgl. The California State University Fall 2002.
[772] 427 full time faculty, 279 part time faculty im September 2003, vgl. www.scu.edu/about im Februar 2004.
[773] Im Herbst 2002: 326 full time faculty, 318 adjunct faculty. Vgl. www.usfca.edu/planing/budget/institutional_research/usf_by_the_numbers.htm im Februar 2004.
[774] Quelle: www.federallabs.org
[775] Zum 30. September 2002, vgl. www-cms.llnl.gov/facts_figures_03.pdf im Februar 2004.
[776] Eigene Forscher plus etwa 3.000 „visiting scientist" aus dem In- und Ausland, vgl. www.slac.stanford.edu

8.2.2.2 München

In der Region München sind zwei bedeutende Universitäten und eine Reihe von für die Hochtechnologie bedeutende öffentliche Forschungseinrichtungen, darunter sieben Max-Planck-Institute und fünf Fraunhofer-Institute, angesiedelt. Im Vergleich zum Silicon Valley handelt es sich jedoch um kleinere Einheiten, die meist weniger als 200 Wissenschaftler beschäftigen (vgl. **Tabelle 3**).

Tabelle 3: Wissenschaftler an Universitäten und für die Hochtechnologie bedeutenden öffentlichen Forschungseinrichtungen in der Region München

Name	Zahl der Mitarbeiter	Professoren und Wissenschaftler
Universitäten[777 778]		
U München		995
TU München		515
Max-Planck-Institute[779]**:**		
MPI für Astrophysik, Garching	107	165
MPI für Biochemie, Martinsried	805	416
MPI für Neurobiologie, Martinsried	153	103
MPI für extraterrestrische Physik, Garching	255	176
MPI für Physik, München	287	159
MPI für Plasmaphysik, Garching[780]	1.066	345
MPI für Quantenoptik, Garching	154	136
Fraunhofer-Institute[781]		
Fraunhofer-Einrichtung für Systeme der Kommunikationstechnik ESK	49	30
F-I für Zuverlässigkeit und Mikrointegration IZM, Institutsteil München	167	95
Fraunhofer-Patentstelle für die Deutsche Forschung PST	80	56
Zentrale der Fraunhofer-Gesellschaft	616	278
F-I für Verfahrenstechnik und Verpackung IVV	119	42
Leibniz-Gemeinschaft[782]		
DFA – Deutsche Forschungsanstalt für Lebensmittelchemie, Garching	30	k.A.
Andere außeruniversitäre Forschungsinstitute		
Walther-Meißner-Institut für Tieftemperaturforschung (WMI), Garching[783]	>300	
Deutsches Geodätisches Forschungsinstitut (DGFI), München[784]	38	19
Total		**Rund 3.700**

Quellen: Statistisches Bundesamt, MPG, FhG, Leibniz-Gemeinschaft, Helmholtz-Gemeinschaft, einzelne Institute.

777 Professorenstellen im Rechnungsjahr 2001, vgl. Statistisches Bundesamt, Finanzstatistische Kennzahlen für den Hochschulbereich auf Basis der Hochschulfinanzstatistik. Universitäten einschl. med. Einrichtungen.

778 In einer Sonderauswertung des Statistischen Bundesamtes für die DFG finden sich zudem Zahlen über das hauptberufliche wissenschaftliche und künstlerische Personal an den Hochschulen im Jahr 2000, gerechnet als Vollzeitäquivalent. TU München: 4.100 (ohne Geisteswissenschaften: 4.005), U München: 5.129 (4.570), vgl. Statistisches Bundesamt 2002b. Diese sind jedoch noch weniger als die Professoren-Stellen mit den Faculty-Zahlen aus den USA vergleichbar und seien deshalb hier nur am Rande erwähnt.

779 Stand: Ende 2001, 1. Spalte: Zahl der offiziellen Mitarbeiter am Institut, 2. Spalte: Zahl der Wissenschaftler, Nachwuchs- und Gastwissenschaftler. Die Summe kann aufgrund der für die Region u.a. aus Spillover-Aspekten bedeutenden Gastwissenschaftler größer als die absolute Zahl der Mitarbeiter sein. Vgl. MPG 2002.

780 Das Institut für Plasmaphysik hat seit 1994 ein Teilinstitut in Greifswald, für das keine separaten Mitarbeiter-Zahlen ausgewiesen werden.

781 Zahl der Mitarbeiter (Teilzeit und Vollzeit) pro Institut am 31.12.03. Vgl. Anfrage bei der MPG in München.

782 Mitarbeiter-Zahlen zum 31.12.02, vgl.: O.V. 2003.

783 Vgl. www.wmi.badw.de/ueberuns/index.html .

784 Vgl. http://dgfi2.dgfi.badw-muenchen.de/%7Edgfi/ .

Insgesamt waren an 17 einschlägigen Institutionen zusammen rund 3.700 Forscher tätig – knapp ein Drittel weniger als in Berlin / Brandenburg und nur ein Bruchteil der Beschäftigten des Silicon Valley.

Etwas zu niedrig angesetzt dürfte im Vergleich zum Silicon Valley die Zahl der Wissenschaftler an den Hochschulen sein. Für Deutschland sind lediglich die Professoren-Stellen gezählt, wissenschaftliche Mitarbeiter bleiben ausgeklammert. Dies ist auch bei den Statistiken aus dem Valley der Fall. Dort ist der Begriff der „Faculty“ aber etwas weiter gefasst und bezieht etwa auch „Lecturer“ und komplett von der Lehre freigestellte Forscher ein.

8.2.2.3 Berlin / Brandenburg

Die Region Berlin / Bandenburg hat mit vier Universitäten und über 30 Forschungsinstituten der Hochtechnologie die mit Abstand größte Zahl an Forschungseinrichtungen. Aus dem High-Tech-Bereich sind allein sechs Max-Planck-Institute, neun Fraunhofer-Institute und zehn Institute der Leibniz-Gemeinschaft in und um die Hauptstadt angesiedelt. Kaum eines von ihnen beschäftigt aber mehr als 160 Forscher (vgl. **Tabelle 4**). Insgesamt sind an den relevanten Hochschulen und Forschungsinstituten der Region gerade einmal 5.500 Professoren und Wissenschaftler tätig – im Silicon Valley sind an nur zwölf Institutionen knapp vier Mal so viele Wissenschaftler beschäftigt.

Tabelle 4: Wissenschaftler an Universitäten und für die Hochtechnologie bedeutenden öffentlichen Forschungseinrichtungen in Berlin / Brandenburg

Name	Zahl der Mitarbeiter	Professoren und Wissenschaftler
Universitäten[785 786]		
FU Berlin		643
TU Berlin		423
HU Berlin		634
U Potsdam		203

[785] Professorenstellen im Rechnungsjahr 2001, vgl. Statistisches Bundesamt, Finanzstatistische Kennzahlen für den Hochschulbereich auf Basis der Hochschulfinanzstatistik. Universitäten einschl. med. Einrichtungen.
[786] Als hauptberufliches wissenschaftliches und künstlerisches Personal auf Vollzeitäquivalent gerechnet, ergeben sich für das Jahr 2000 folgende Mitarbeiterzahlen: FU Berlin: 3.169 (ohne Geisteswissenschaften: 2.103), HU Berlin: 4.484 (3.344), TU Berlin: 2.402 (2.030), U Potsdam: 1.008 (499). Diese sind jedoch noch weniger als die Professoren-Stellen mit den Faculty-Zahlen aus den USA vergleichbar.

Max-Planck-Institute[787]**:**		
Fritz-Haber-Institut der MPG, Berlin	273	158
MPI für molekulare Genetik, Berlin	218	153
MPI für Infektionsbiologie, Berlin	177	72
MPI für Gravitationsphysik, Golm	109	222
MPI für Kolloid- und Grenzflächenforschung, Potsdam	135	107
MPI für molekulare Pflanzenphysiologie, Golm	162	121
Fraunhofer-Institute		
F-I für Biomedizinische Technik IBMT	135	93
F-I für Nachrichtentechnik, Heinrich-Hertz-Institut HHI	275	189
F-I für Offene Kommunikationssysteme FOKUS	148	119
F-I für Produktionsanlagen und Konstruktionstechnik IPK	114	90
F-I für Rechnerarchitektur und Softwaretechnik FIRST	97	88
F-I für Software- und Systemtechnik ISST	119	89
F-I für Zuverlässigkeit und Mikrointegration IZM	167	95
F-I für Angewandte Polymerforschung IAP in Potsdam	118	68
F-I für Zuverlässigkeit und Mikrointegration IZM Außenstelle für Polymermaterialien und Composite in Teltow		
Leibniz-Gemeinschaft[788]	Summe: 1.461	619[789]
FMP – Forschungsinstitut für Molekulare Pharmakologie, Berlin	191	
MBI - Max-Born-Institut für Nichtlineare Optik und Kurzzeitspektroskopie, Berlin	177	
FCH – Fachinformationszentrum Chemie, Berlin	88	
FBH - Ferdinand-Braun-Institut für Höchstfrequenztechnik, Berlin	140	
PDI - Paul-Drude-Institut für Festkörperelektronik, Berlin	85	
IKZ - Institut für Kristallzüchtung, Berlin	84	
BESSY - Berliner Elektronenspeicherring-Gesellschaft für Synchrotronstrahlung m.b.H.	182	
DIfE - Deutsches Institut für Ernährungsforschung Potsdam-Rehbrücke	247	
AIP – Astrophysikalisches Institut Potsdam	120	
PIK - Potsdam-Institut für Klimafolgenforschung, Potsdam	147	
Helmholtz-Gemeinschaft		
Hahn-Meitner-Institut Berlin (HMI)[790]	760	Rd. 300
Max-Delbrück-Centrum für Molekulare Medizin Berlin-Buch (MDC)[791]	rd. 750	Rd. 300
GeoForschungsZentrum Potsdam (GFZ)[792]	620	310
Andere außeruniversitäre Forschungsinstitute		
Robert Koch Institut Berlin (RKI)[793]	rd. 770	Rd. 300
Institut für Zukunftsstudien und Technologiebewertung (IZT)[794]	Ca. 30	
Konrad-Zuse-Zentrum für Informationstechnik Berlin[795]	180	120
Total		**rund 5.500**

Quellen: Statistisches Bundesamt, MPG, FhG, Leibniz-Gemeinschaft, Helmholtz-Gemeinschaft, einzelne Institute.

[787] Stand: Ende 2001, 1. Spalte: Zahl der offiziellen Mitarbeiter am Institut, 2. Spalte: Zahl der Wissenschaftler, Nachwuchs- und Gastwissenschaftler. Diese Summe kann aufgrund der für die Region aus Spillover-Aspekten bedeutenden Gastwissenschaftler, größer als die absolute Zahl der Mitarbeiter sein, vgl. MPG 2002.

[788] Alle Mitarbeiter-Zahlen zum 31.12.02, vgl. o.V. 2003.

[789] Eigene Schätzung. Da für die einzelnen Institute keine Wissenschaftler-Zahlen ausgewiesen wurden, wurde die Zahl der Beschäftigten in der Region mit dem Faktor 0,4247 multipliziert, der sich ergibt, wenn man die Gesamtzahl Wissenschaftler im Jahr 2002 (5.254) durch alle Beschäftigten (12.400) teilt. Vgl. o.V. 2003. S. 21.

[790] Vgl. www.hmi.de im April 2004, Zahl der Mitarbeiter auf Vollzeitbasis, darunter 40 % Naturwissenschaftler.

[791] Vgl. www.mdc-berlin.de im April 2004, k.A. zum Anteil der Wissenschaftler, rd. 300 ergibt sich auf eigener Schätzung mit Basis 40 Prozent wie bei HMI.

[792] Vgl. www.gfz-potsdam.de im April 2004, Zahl der Mitarbeiter im Jahr 2002.

[793] Vgl. www.rki.de/UEBER/RKI/RKI_F_DE.PDF im April 2004.

[794] Vgl. www.izt.de im April 2004, auf der Liste der festen Mitarbeiter finden sich 27 Namen.

[795] Vgl. telefonische Angaben des ZIB, Tel: 030/ 84185-0.

8.2.3 Finanzmittel

Kern der folgenden Abschnitte sollen Daten über die FuE-Ausgaben von Universitäten und öffentlichen Forschungseinrichtungen sein. Diese Statistik hat zwei entscheidende Vorteile. Sie ist erstens sehr aussagekräftig, sind es doch Forschung und Entwicklung, welche die in der Theorie beschriebenen Wissens-Spillovers (vgl. **Kapitel 3.5**) besonders voran treiben und damit eine Reihe von positiven Rückkopplungseffekten (vgl. **Kapitel 3.6**) begründen können. Und zweitens lässt sich die Statistik so zusammen stellen, dass auf die drei Untersuchungsregionen zugeschnittene, untereinander vergleichbare Datensätze entstehen.

Solche vergleichbaren Daten lassen sich allerdings lediglich für die FuE-Ausgaben der Regionen insgesamt, nicht aber speziell für die FuE-Ausgaben im High-Tech-Bereich, aufstellen. In für die Hochtechnologie relevante Fächer fließt jedoch, wie nationale Statistiken belegen[796], in der Regel der Löwenanteil der FuE-Mittel. So dürften in den Aufstellungen der folgenden Abschnitte die Ausgaben etwa für die Geisteswissenschaften nur einen minimalen Anteil haben.

Ergänzt werden sollen die absoluten Zahlen der FuE-Ausgaben an den verschiedenen Universitäten und Forschungseinrichtungen der Region um einzelne, beispielhafte Kennzahlen, etwa die Höhe der Mittel je Student oder die Zahl der Studenten je Lehrkraft.

8.2.3.1 Silicon Valley

Die acht bedeutendsten Universitäten und vier nationalen Forschungslaboratorien im Silicon Valley gaben im Jahr 2001 nach Zahlen der National Science Foundation (NSF) zusammen fast 3,2 Mrd. Dollar für Forschung und Entwicklung aus (vgl. **Tabelle 5**). Damit floss in dieser Region mehr als doppelt so viel Geld in die universitäre und öffentliche FuE wie in München und es standen fast 90 Prozent mehr Mittel zur Verfügung als an allen Forschungsstätten in der Region Berlin zusammen.

---

[796] So gingen von allen FuE-Augaben deutscher Hochschulen des Jahres 1999 zusammen fast 80 Prozent in die Naturwissenschaften, Ingenieurwissenschaften, Medizin und Agrarwissenschaften. Lediglich 20 Prozent flossen an Projekte der Geistes- und Sozialwissenschaften. Vgl. BMBF 2002, S. 353. Über alle US-Universitäten und Colleges gerechnet, lag der Anteil der FuE Mittel für Sozialwissenschaften und Psychologie an den gesamten FuE-Ausgaben lediglich bei 6,2 Prozent. 92,2 Prozent gingen an die Bereiche Engineering, Physical Sciences, Environmental Sciences, Math & Computer Sciences und Life Sciences. Vgl. NSF, Survey of Research and Development Expenditures at Universities and Coilleges, Fiscal Year 2001, Tab. B-31.

Tabelle 5: FuE-Ausgaben der Universitäten und nationalen Forschungsstätten im Silicon Valley im Jahr 2001

Name der Einrichtung	Ausgaben in 1.000 Dollar
Universitäten[797]	
Stanford University	482.906
U CA Berkeley	446.273
U CA San Francisco	524.975
U CA Santa Cruz	64.253
San Jose State University	22.709
San Francisco State University[798]	5.223
Santa Clara University	2.723
University of San Francisco[799]	700
National Laboratories[800]	
Lawrence Berkeley Nat. Lab at U CA	408.487
Lawrence Livermore Nat. Lab at U CA	1.090.875
Sandia Nat. Lab in California	k.A.
Stanford Linear Accelerator Center	145.979
Total	**3.195.103**

Quelle: NSF.

Größter Einzelposten bei den FuE-Ausgaben im Valley war das Lawrence Livermore National Laboratory, das allein fast 1,1 Mrd. Dollar der regionalen FuE-Mittel auf sich bündelte. Das der University of California angegliederte Institut in Livermore ist mit seinem Budget und den über 7.000 Mitarbeitern eines der größten Forschungslaboratorien der Welt. Es ist spezialisiert auf die Gebiete nationale Sicherheit, Energie, Umwelt und Biomedizin mit einem Schwerpunkt auf Nuklearwaffen.[801] Es verfügt über eine Reihe von Einrichtungen, die auch der Privatwirtschaft offen stehen, von verschiedenen Großcomputer-Zentren über moderne Lasertechnik bis hin zu Testlaboren für Sprengsätze, experimentelle Astrophysik oder Multimedia-Programme.

Nummer 2 bei den FuE-Ausgaben der Region war die University of California in San Francisco, die bei ihrer FuE bemerkenswerterweise einen ganz klaren Schwerpunkt legt. 97 Prozent der Mittel[802] fließen in die Erforschung der Biotechnologie. Bei der Nummer 3 auf der Liste, der Stanford University, gingen im Jahr 2001 57 Prozent der FuE-Mittel in die Life

[797] Ausgaben FuE Unis 2001 vgl. NSF, Survey of Academic Research and Development Expenditures: Fiscal Year 2001, Tab. B-31.
[798] Geschätzt.
[799] Geschätzt.
[800] Vgl. Liste der Labs: www.federallabs.org, Zahlen: NSF, Survey of Academic Research and Development Expenditures: Fiscal Year 2001, Tab. 9.
[801] Vgl. www.llnl.gov im April 2004.
[802] Im Jahr 2001 waren es 509,61 Mio. Dollar. Vgl. NSF, Survey of Academic Research and Development Expenditures: Fiscal Year 2001, Tab. B-31.

Sciences, 23 Prozent in die Ingenieurwissenschaften und elf Prozent in die Erforschung der Physik.[803]

Der Blick auf die Finanzausstattung verfestigt den Eindruck aus **Kapitel 8.2.2**, dass die Forschung und Entwicklung im Silicon Valley stärker als in den deutschen Untersuchungsregionen auf einige wenige Institute konzentriert ist. Ob dies auch dem politischen Willen entspricht und mit der Bündelung der öffentlichen Fördergelder einher geht, wird in **Kapitel 9.1** näher untersucht.

Ins Auge sticht, neben den Mitteln für FuE, auch die absolute Höhe der gesamten Finanzausstattung von amerikanischen Spitzenuniversitäten. Aufgrund einer Reihe von Sonderfaktoren (deren Behandlung im Detail den Rahmen dieser Arbeit sprengen würde) – etwa große Stiftungsvermögen[804] oder hohe Einnahmen aus laufenden Spenden[805] und Studiengebühren[806] - stehen einzelnen Hochschulen bei weitem mehr Mittel zur Verfügung als in Deutschland. So hatte die Stanford University ohne die ihr angegliederten Krankenhäuser im Jahr 2003 operative Ausgaben von rund 2,3 Mrd. Dollar.[807] Bei 14.454 ausgewiesenen Studenten kamen damit auf jeden Studenten Ausgaben in Höhe von rund 160.000 Dollar. Pro Faculty-Member beliefen sich die Ausgaben auf 1,32 Mio. Dollar. Die University of California Berkeley gab im Haushaltsjahr 2000/2001 immerhin noch laufende Mittel in Höhe von rund 1,32 Mrd. Dollar aus.[808] Pro Student waren das mehr als 42.000 Dollar, pro Mitglied der „regular teaching faculty“[809] rund 1,052 Mio. Dollar.

Zum Vergleich: Rechnet man Personalausgaben und laufende Ausgaben zusammen[810], kam die Universität München ohne die Hochschulkliniken auf knapp 7.600 Euro je Student, die TU München immerhin auf gut 18.000 Euro. Jeder Professor an der Universität München hatte rund 86.000 Euro Drittmittel zur Verfügung, an der TU München waren es rund 268.000

[803] Vgl. NSF, Survey of Academic Research and Development Expenditures: Fiscal Year 2001, Tab. B-31.
[804] Stanford z.B. hatte im Jahr 2003 ein Stiftungsvermögen (endowment) von 8,6 Mrd. Dollar und erwirtschaftete daraus einen Ertrag von 391 Mio. Dollar, vgl. Stanford University 2004a, S. 21.
[805] Im Jahr 2003 bekam Stanford insgesamt 486,1 Mio. Dollar von fast 69.000 Spendern. Vgl. Stanford University 2004b, S. 51.
[806] Im Jahr 2003 betrug das Student Income 318 Mio. Dollar, vgl. Stanford University 2004a, S. 20.
[807] 60 Prozent davon gingen als „salaries and benefits“ an die Mitarbeiter, vgl. Stanford University 2004a, S. 21.
[808] Total Current Fund Expenditures: 1,315 Mrd. Dollar. Vgl. www.berkeley.edu im April 2004.
[809] Full time und part time: 1.251, Zahl vgl. **Kapitel 8.2.2.1**.
[810] Was auf der Einnahmenseite den laufenden Grundmitteln, den Drittmittel und den Verwaltungseinnahmen entspricht.

Euro. Die Einnahmen aus Drittmitteln und laufenden Grundmitteln beliefen sich, je Professor gerechnet, immerhin auf 483.000 bzw. 803.000 Euro.[811]

8.2.3.2 München

In Deutschland sind die FuE-Ausgaben der öffentlichen Forschungsinstitute aus unerklärlichen Gründen immer noch ein gut gehütetes Geheimnis. Auch auf mehrfache Anfrage waren von der Fraunhofer-Gesellschaft und der Max-Planck-Gesellschaft keine auf ihre einzelnen Institute aufgeschlüsselten Finanzzahlen zu erhalten.[812] Glücklicherweise gibt aber das Statistische Bundesamt aggregierte Zahlen über die FuE-Ausgaben heraus, die sich im Fall München komplett und im Fall Berlin in großen Teilen mit den Untersuchungsregionen dieser Arbeit decken (vgl. **Tabelle 6**).

Tabelle 6: FuE Ausgaben von öffentlichen Forschungseinrichtungen und Hochschulen in der Region München im Jahr 2001

Art der Einrichtung	Ausgaben in 1.000 Euro
a.u. Forschungseinrichtungen	685.550
Hochschulen	693.994
Total	**1.378.544**

Quelle: Statistisches Bundesamt, FuE-Ausgaben der wissenschaftlichen Einrichtungen des öffentlichen Sektors und der Hochschulen nach Raumordnungsregionen im Jahr 2001.

Diese Zahlen sind jedoch weder für einzelne Hochschulen, noch für einzelne Forschungsinstitute aufgeschlüsselt. Diejenigen Institute, die nicht dem Bereich der Hochtechnologie zuzuordnen sind – in München etwa das MPI für Sozialrecht, das MPI für Psychiatrie, das Institut für Zeitgeschichte, das Deutsche Museum oder das Institut für Wirtschaftsforschung (ifo) – lassen sich also nicht herausrechnen. Dies dürfte die Vergleichbarkeit mit den Zahlen aus dem Valley allerdings nicht zu sehr beeinträchtigen. Denn erstens haben nicht-technische Fächer und Institute erfahrungsgemäß nur einen kleinen Anteil an den FuE-Ausgaben,[813] und zweitens sind auch in die Zahlen von den forschenden Hochschulen aus dem Silicon Valley sämtliche Lehrstühle eingeflossen.

In der Region München halten sich die FuE-Ausgaben von außeruniversitären, öffentlichen Forschungseinrichtungen und Hochschulen in etwa die Waage – sie machen jeweils rund 690

[811] Vgl. Statistisches Bundesamt, Basisdaten für die Berechnung monetärer hochschulstatistischer Kennzahlen für einzelne Hochschulen, Rechnungsjahr 2001.
[812] Die Institute geben in ihren Jahresberichten lediglich aggregierte Zahlen für die Summe ihrer Institute heraus. Vgl. MPG 2003; Fraunhofer-Gesellschaft 2003.

Mio. Euro aus. Zusammen beliefen sich die öffentlichen FuE-Ausgaben in der Region im Jahr 2001 auf knapp 1,4 Mrd. Euro und lagen damit im Vergleich zum Silicon Valley (3,2 Mrd. Dollar) und Berlin / Brandenburg (1,7 Mrd. Euro) auf dem 3. Platz.

Was die Finanzausstattung einzelner Hochschulen im Verhältnis zur Zahl der Studenten und Professoren betrifft, so schneiden die Universitäten in den beiden deutschen Regionen, wie bereits erwähnt (vgl. **Kapitel 8.2.3.1**), deutlich schlechter ab als im Silicon Valley. Die Technische Universität in München steht, aufgrund ihrer alleinigen Ausrichtung auf die vergleichsweise teuren technischen Fächer, mit rund 18.500 Euro an Drittmitteln und laufenden Grundmitteln je Student noch deutlich besser da als die Universität München und die drei großen Berliner Hochschulen[814]. Sie fällt jedoch weit hinter die Top-Universitäten im Valley zurück.[815]

Die Verteilung von öffentlichen Fördergeldern an deutsche Hochschulen wird in **Kapitel 9.1** näher beleuchtet.

8.2.3.3 Berlin / Brandenburg

Da für die FuE-Ausgaben der öffentlichen Forschungseinrichtungen keine für den EVR abgegrenzten Statistiken existieren, hat sich die Autorin für diesen Abschnitt einer Behelfskonstruktion bedient. Neben der Raumordnungsregion Berlin wird die Raumordnungsregion Havelland-Fläming der Untersuchungsregion zugeschlagen. Diese beinhaltet die Landkreise Havelland, Brandenburg an der Havel, Potsdam, Potsdam Mittelmark und Teltow Fläming.[816] So sind sowohl die Universität Potsdam, als auch die darum angesiedelten Forschungsinstitute erfasst.

Nicht zum High-Tech-Bereich gehörig, aber dennoch in der Statistik des Bundesamtes enthalten, sind etwa das MPI für Bildungsforschung und das MPI für Wissenschaftsgeschichte, das Deutsche Institut für Wirtschaftsforschung und das Wissenschaftszentrum Berlin für Sozialforschung. Ihr Anteil an den Mitteln für FuE dürfte jedoch im Vergleich zu den investitionsintensiven Technologie-Bereichen relativ gering sein.

---

[813] vgl. **Kapitel 8.2.3 Einleitung**.
[814] Von denen die zweitplatzierte TU Berlin lediglich 10.600 Euro pro Student aufbringen konnte. Vgl. Statistisches Bundesamt, Basisdaten für die Berechnung monetärer hochschulstatistischer Kennzahlen für einzelne Hochschulen, Rechnungsjahr 2001.
[815] Stanford hatte im Jahr 2003 pro Student operative Ausgaben von rund 160.000 Dollar. Vgl. **Kapitel 8.2.3.1**
[816] Vgl. **Abbildung 7**.

Tabelle 7: FuE Ausgaben von öffentlichen Forschungseinrichtungen und Hochschulen in der Region Berlin[817] im Jahr 2001

Art der Einrichtung	Ausgaben In 1.000 Euro
a.u. Forschungseinrichtungen Berlin	830.071
Hochschulen Berlin	623.651
a.u. Forschungseinrichtungen Havelland-Fläming	196.959
Hochschulen Havelland-Fläming	55.870
Total	**1.706.551**

Quelle: Statistisches Bundesamt, FuE-Ausgaben der wissenschaftlichen Einrichtungen des öffentlichen Sektors und der Hochschulen nach Raumordnungsregionen im Jahr 2001.

Nimmt man allein Berlin, so fällt auf, dass die Hochschulen der Stadt in der Summe etwas schlechter mit FuE-Mitteln ausgestattet waren als in München, die Forschungseinrichtungen allerdings deutlich besser. Sie gaben im Jahr 2001 rund 140 Mio. Euro mehr für FuE aus als die Münchner Institute.

Nimmt man die Hochschulen in Potsdam und die Forschungseinrichtungen der Umgebung dazu, so kommt die Region Berlin / Brandenburg an den öffentlichen Forschungseinrichtungen und Hochschulen auf FuE-Ausgaben von über 1,7 Mrd. Euro und liegt damit um knapp 24 Prozent höher als die Region München, aber immer noch deutlich unter dem Silicon Valley (3,2 Mrd. Dollar). Dabei haben die öffentlichen Forschungseinrichtungen mit rund 60 Prozent den Löwenanteil der FuE-Ausgaben, auf die Hochschulen entfielen lediglich 40 Prozent (vgl. **Tabelle 7**).

Gemessen an den Finanzmitteln je Student stehen die Hochschulen der Region Berlin spürbar schlechter dar, als die Universitäten in München. An der Universität Potsdam, der Freien Universität Berlin und der Humboldt-Universität belief sich die Summe der Drittmittel und laufenden Grundmittel je eingeschriebenem Studenten im Jahr 2001 auf 6.700 respektive 7.000 und 7.100 Euro und lag damit deutlich unter den 7.600 Euro an der Universität München. Auch die Technische Universität Berlin fiel mit rund 10.700 Euro je Student klar hinter der TU München mit 18.100 Euro zurück.

[817] Da es für die FuE-Ausgaben keine Statistiken für den EVR gibt, wurde folgende Näherung gewählt. Die Raumordnungsregion 30, die das gesamte Stadtgebiet Berlin umfasst, und die Raumordnungsregion 29 – Havelland-Fläming mit den Landkreisen Havelland, Brandenburg an der Havel, Potsdam, Potsdam Mittelmark und Teltow Fläming. Zur Orientierung vgl. **Abbildung 7, Kapitel 7.1.3**. Hierin sind etwa die Universität Potsdam mit dem Biotechnologie-Campus Potsdam-Hermannswerder und die MPI in Golm bei Potsdam enthalten.

Bei den Mitteln je Professor ergeben sich für die Region Berlin dagegen vorteilhaftere Relationen. An der HU konnte jeder Professor im Durchschnitt fast genau so viele (84.700 Euro) an der FU (95.400 Euro) deutlich mehr Drittmittel einwerben als an der Universität München (86.100 Euro). Die TU Berlin (154.700 Euro) fiel hinter der TU München (267.500 Euro) allerdings klar zurück. Rechnet man laufende Grundmittel und Drittmittel zusammen auf die Anzahl der Professoren herunter, liegen die Berliner FU (521.000 Euro) und HU (511.900 Euro) beide vor der Universität München (483.000 Euro); die TU Berlin (727.000 Euro) liegt allerdings noch immer hinter der TU München (802.500 Euro).[818]

8.2.4 Spezielle Gründerförderung

Um die Qualität der Gründerförderung an den Hochschulen der verschiedenen Untersuchungsregionen in Ansätzen zu erfassen, sollen in den kommenden Abschnitten für ausgewählte Universitäten jeweils die folgenden vier Fragen beantwortet werden: Gibt es spezielle Lehrstühle für Entrepreneurship? Wie viel Lehrpersonal ist mit dem Thema Gründungen befasst? Gibt es an der Universität eine zentrale Anlaufstelle für potenzielle Gründer? Und: Wie gut ist diese in der Universität und in der Region vernetzt?

Während sich die ersten drei Fragen mit ja oder nein beantworten lassen, bzw. – im Falle des Lehrpersonals – quantifizierbar sind, bleibt die Antwort auf Frage vier zu einem gewissen Grade subjektiv. Die Autorin beschreibt die reale und virtuelle Vernetzung der Gründerzentren und bewertet diese in Schulnoten von sehr gut bis ungenügend.

Theoretisch quantifizierbar wären dagegen die Ergebnisse der Gründerförderung: Hier böten sich die Zahl der Ausgründungen, sowie - als Indikatoren für den Erfolg der Spin-offs – Mitarbeiter- und Umsatzzahlen an. In der Praxis sind diese Daten jedoch so nicht verfügbar. Die Universitäten geben meist nur eine Reihe von „Vorzeigebeispielen“ für auf ihrem Campus angestoßene Startups, führen aber über die Gesamtzahl der Gründungen nicht genau Buch[819] und halten deren Entwicklung über die Jahre nicht nach. Ähnliches gilt für die deutschen Forschungsinstitute, die meist nur allgemeine, nicht regional zuordenbare Zahlen über Spin-offs vorhalten.

---

[818] Alle Zahlen vgl. Statistisches Bundesamt, Basisdaten für die Berechnung monetärer hochschulstatistischer Kennzahlen für einzelne Hochschulen, Rechnungsjahr 2001.

[819] Dies dürfte, will man neben den Verwertungs-Spin-offs (Nutzung neuer wissenschaftlicher Ergebnisse und Patente aus einer öffentlichen Forschungseinrichtung) auch die Kompetenz-Spin-offs (Nutzung angeeigneter besonderer Fähigkeiten) erfassen, ohnehin schwierig sein.

8.2.4.1 Silicon Valley

Während der erste Gründungslehrstuhl in Deutschland erst im Jahre 1998 eingerichtet wurde, reichen die Wurzeln der Unternehmerausbildung in den USA bis in die 1960er Jahre zurück.[820] Eine entscheidende Weichenstellung war der Bayh-Dole Act im Jahr 1980, der es Universitäten erlaubte, aus staatlichen Mitteln hervorgegangene Innovationen selbst zu verwerten. Universitäten dürfen nun Patente und Lizenzen halten und sie werden ermutigt, diese in Kooperationen mit vorzugsweise kleinen Firmen einzubringen.[821]

Nachdem bereits Jahrzehnte lang Entrepreneurship-Lehrstühle existierten, wurden an den Universitäten Berkeley und Stanford in den 1990er Jahren eigene Zentren für Entrepreneurship gegründet. In diesen Zentren laufen sowohl die Ausbildung als auch die konkrete Beratung von potenziellen Gründern zusammen.

Das Lester Center of Entrepreneurship & Innovation an der University of California, Berkeley, wurde im Jahr 1991 aus Stiftungsmitteln gegründet und wird heute von einer Reihe von Sponsoren gefördert. Im Wintersemester 2003/2004 waren insgesamt 20 Dozenten und Professoren mit der spezifischen Ausbildung von potenziellen Gründern betraut.[822] Das Zentrum organisiert monatliche Netzwerk-Treffen (Berkeley Entrepreneurs Forum) für Gründer, Investoren und Berater, vermittelt Stipendien und Praktika und veranstaltet regelmäßig Job-Börsen. Es schreibt zwei eigene Business-Plan-Wettbewerbe[823] aus und unterstützt die Studenten bei der Teilnahme an weiteren nationalen und internationalen Wettbewerben. Darüber hinaus wird ein reges Alumni-Netzwerk gefördert (vgl. **Kapitel 8.6**), das nicht zuletzt als Stellen-Pool dient.

Das Center for Entrepreneurial Studies (CES) an der Universität Stanford wurde im Jahr 1996 gegründet und dient seitdem als Schnittstelle für Gründer-Forschung, Lehre und Praxis. Im Wintersemester 2003/2004 lehrten zwölf Dozenten und Professoren spezielle Fächer rund um

---

[820] An der European Business School in Oestrich-Winkel, vgl. Schmude / Uebelacker 2002, S. 1, 40.

[821] Vgl. Cornell Research Foundation auf www.crf.cornell.edu/bayh-dole.html im Mai 2004 und Mimura 2004.

[822] Gezählt wurden alle Lehrkräfte die Kurse anbieten, die entweder das Wort Entrepreneurship direkt im Namen tragen oder sich offensichtlich speziell mit der Gründerproblematik befassen. Die Skala reicht vom ausgewiesenen „Entrepreneurship"-Kurs über „Entrepreneurship in Biotechnology" bis hin zu „Marketing for High Tech Entrepreneurs" und „New Venture Finance". Gezählt wurden 17 Professoren und Dozenten im MBA-Programm und drei für Undergraduate Students. Vgl. http://entrepreneurship.berkeley.edu/faculty.asp im Mai 2004.

[823] Berkeley Business Plan Competition und Global Social Venture Competition, vgl. http://entrepreneurship.berkeley.edu/buscomps.asp im Mai 2004.

das Thema Entrepreneurship.[824] Auch das CES vermittelt Praktika und veranstaltet reale sowie virtuelle Job-Börsen.[825] Für registrierte Nutzer wird zudem eine virtuelle „Entrepreneur Ressource Database" gepflegt, die Gründer mit Investoren, Mentoren und Dienstleistern vernetzt. Alle für Gründer relevanten Aktivitäten werden durch das sogenannte Stanford Entrepreneurship Network (SEN) koordiniert. Kern des Netzwerks, das u.a. regelmäßige Gründer-Treffen organisiert, ist dessen Web-Site[826], die aktuelle Links rund um das Thema Entrepreneurship in Stanford enthält, darunter etwa zum Stanford Technology Ventures Program an der School of Engineering, zum GSB Entrepreneurs Club, zu aktuellen Forschungsprojekten oder zum Office of Technology Licensing (OTL). Das OTL wiederum hält auf seiner Web-Site[827] u.a. eine Liste von Informationen für Erfinder und Innovatoren an der Universität bereit, von Tipps für die Patentanmeldung über Checklisten zur Bewertung der Erfindung, bis hin zu Downloads offizieller Formulare.

Tabelle 8: Gründerförderung an ausgewählten Universitäten im Silicon Valley

Universität	Lehrstühle für Entrepreneurship	Zahl der Dozenten und Professoren	Zentrale Anlaufstelle für Gründer	Vernetzung
Berkeley	Ja	20	Ja Lester Center for Entrepreneurship	Sehr gut
Stanford	Ja	12	Ja (CES) Center for Entrepreneurial Studies	Sehr gut

Quelle: Information der Universitäten, eigene Bewertung.

Leider weisen weder Berkeley noch Stanford separate Budgetdaten für ihre Gründungszentren aus. Die Zahlen waren auch auf Nachfrage nicht einsehbar, so dass ein Vergleich der finanziellen Ausstattung der Entrepreneurship-Aktivitäten an dieser Stelle nicht möglich ist.

Auf eine recht dünne Datenbasis muss sich die Betrachtung der durch die Universitäten angeregten Unternehmensgründungen stützen. So nennt die UC Berkeley lediglich die vage Zahl von „mehr als 60" Startups[828], die jedes Jahr aus Technologie-Lizenzen der Universität

[824] Die insgesamt 19 angebotenen Kurse reichten vom „Social Entrepreneurship" über „Startup Globalization Strategies" bis hin zu „Entrepreneurial Finance" und „Venture Capital". Vgl. www.gsb.stanford.edu/ces/teaching/faculty.html im Mai 2004.
[825] Vgl. GSB Jobboard unter www.gsb.stanford.edu/cmc .
[826] Vgl. http://www.stanford.edu/group/eship/programs/ .
[827] http://otl.stanford.edu/inventors/resources.html#documents im Mai 2004.
[828] an etwa einem Fünftel davon hält die Universität Anteile, vgl. Mimura 2004, Folie 23.

hervorgehen und verweist auf einige herausragende Beispiele.[829] Firmen, die von Studenten oder Alumni ohne Einbringung von Lizenzen oder Patenten der Universität gegründet wurden, sind statistisch nicht erfasst.

Stanford wiederum veröffentlicht keine Überblickszahlen über Lizenz-Startups und verweist auf die Web-Seiten des OTL und der Wellspring Database. Darin findet sich lediglich die vage Information, dass in den vergangenen Jahrzehnten über 1.200 „Vollzeit"-Firmen von „Mitgliedern der Stanford-Gemeinschaft" gegründet worden sein, darunter so bekannte Unternehmen wie Hewlett-Packard, Cisco Systems und Yahoo.[830] Unter den umsatzstärksten 150 Firmen des Silicon Valleys des Jahres 2001, hätten 37 eine Verbindung[831] nach Stanford gehabt und zusammen 45 Prozent des Umsatzes der Top-150 generiert.[832]

Diesen Informationen lastet eine Beliebigkeit an. Sie halten wissenschaftlichen Kriterien nicht Stand, geben jedoch zumindest einen vagen Eindruck vom Gründungsgeschehen an den beiden Universitäten.

Einen Eindruck von Spin-offs aus den National Labs liefert folgende Zahl: Von 1992 bis 2002 sind aus dem Lawrence Livermore National Lab 24 selbständige Firmen entstanden, die direkt auf einer von dem Labor lizenzierten Technologie fußen.[833] Diese Zahl dürfte die Realität jedoch weit unterbewerten, da lediglich Lizenzgründungen gezählt wurden, nicht aber solche, die von ehemaligen Mitarbeitern mit ihrem im Labor erworbenen, jedoch nicht speziell lizenzierten Know-how, getätigt wurden.

8.2.4.2 München

Die Universität München hat keinen eigenen Lehrstuhl, der sich speziell mit dem Thema Entrepreneurship befasst. Im Wintersemester 2003/2004 wurden jedoch an den Fakultäten für Betriebswirtschaft und Psychologie drei entrepreneurshiprelevante Lehrveranstaltungen

---

[829] Darunter Anfang der 90er Jahre die Chiron Corporation, heute eine der größten Biotechnologiefirmen der Welt. Vgl. Mimura 2004, Folien 6, 23 und 44. Statistisch genau erfasst sind dagegen die Lizenzeinnahmen der Universität, die sich in Berkeley für das Rechnungsjahr 2001/2002 (zum 30. Juni) auf 8,06 Mio. Dollar beliefen. Vgl. Mimura 2004, Folie 37.

[830] Vgl. www.stanford.edu/group/wellspring/ im Mai 2004.

[831] „Affiliation".

[832] Vgl. http://www.stanford.edu/group/wellspring/economic.html Die Liste der großen 150 wird von dem Internet-Arm der San Jose Mercury News, SiliconValley.com, veröffentlicht (siehe auch **Kapitel 8.3**), Vgl. http://www.siliconvalley.com/mld/siliconvalley/business/special_packages/silicon_valley_150/3067391.htm im Mai 2004.

[833] Vgl. Lawrence Livermore National Lab (Hrsg.) 2002, S. 21. Seit Anfang der 60er Jahre bis 2002 wurden insgesamt 54 Spin-offs gezählt.

angeboten[834], in die insgesamt sechs Dozenten involviert waren. Im Jahr 1997 richtete die Universität München ein Gründerbüro als zentrale Anlaufstelle für Entrepreneure an der Universität ein. Zwei hauptamtliche Mitarbeiter beraten seitdem potenzielle Gründer, veranstalten Seminare und Informationsrunden und bemühen sich um die Vermittlung von Kontakten zu Beratern und Investoren. Eine übersichtliche Web-Site[835] vernetzt das Angebot mit anderen zentralen Stellen an der Universität (z.B. mit der Kontaktstelle für Forschungs- und Technologietransfer, der Erfinderberatung oder der Forschungsdatenbank) und in der Region (z.B. mit dem Münchener Business Plan Wettbewerb, dem Gründerzentrum für neue Medien oder den verschiedenen Förderprogrammen der Landesregierung).

Die Technische Universität (TU) München hat seit dem Jahr 2000 einen KfW-Stiftungslehrstuhl für Entrepreneurial Finance, geleitet von Prof. Dr. Dr. Ann-Kristin Achleitner. Im Sommersemester 2004 wurden von insgesamt sieben Dozenten und Lehrbeauftragen sechs verschiedene Kurse zu Entrepreneurship-Themen[836] angeboten.[837] Als zentrale Anlaufstelle für Gründer an der TU München dient seit Februar 2002 die Unternehmertum GmbH in Garching (ein Spin-off der TU). Sie fördert mit vier hauptamtlichen und sieben studentischen Mitarbeitern[838], die Verflechtung des unternehmerischen Netzwerks an der TU München. Angeboten werden u.a. zusätzliche Seminare, eine Jobvermittlung und Gründerberatung sowie das Coaching von Projekten und Startups. Eine zentrale Web-Seite[839] stellt das Angebot übersichtlich dar und gibt u.a. einen Überblick über wichtige Dienstleister und Partner für Gründer an der Universität und in der Region, darunter der TUM Business Club e.V. von MBA-Studenten an der TU München, die Patentberatung der Landesregierung Bayernpatent oder die Inkubatoren Innovations- und Gründerzentrum Biotechnologie IZB und Garchinger Technologie- und Gründerzentrum (gate). Eine übersichtliche Link-Liste pflegt auch der Lehrstuhl für Entrepreneurial Finance.[840]

[834] „Gründungsmanagement“, „I-Plan – von der Idee zum Geschäftskonzept“ an der betriebswirtschaftlichen und „Entrepreneurship und Intrapreneurship“ an der psychologischen Fakultät, vgl. http://www2.uni-muenchen.de/kft/index.htm im Juni 2004.
[835] http://www2.uni-muenchen.de/kft/gruenderbuero im Juni 2004.
[836] „Geschäftsmodell, Vertrieb und Finanzen – Businessplan –Aufbauseminar“, „Seminar: Psychological Barriers of Private Equity Investments in Family Firms“, „Entrepreneurship & Law 2“, „OMV Seminar on Creativity, Technology and Innovation“, „Venture Valuation“ und „Entrepreneurship & Finance“.
[837] Vgl. www.ef.wi.tum.de .
[838] Vgl. http://www.unternehmertum.de/gmbh/team_3.html im Juni 2004.
[839] www.unternehmertum.de im Juni 2004.
[840] http://www.ef.wi.tum.de/Links/links.html im Juni 2004.

Tabelle 9: Gründerförderung an den Universitäten in München

Universität	Lehrstühle für Entrepreneurship	Zahl der Dozenten und Professoren	Zentrale Anlaufstelle für Gründer	Vernetzung
U München	Nein	6	Ja Gründerbüro	Gut
TU München	Ja	7	Ja Unternehmertum GmbH Garching	Sehr gut

Quelle: Informationen der Universitäten, eigene Bewertung.

Mit besonderen Personalkostenzuschüssen fördert das Land Bayern zudem seit 1998 speziell Gründer an Universitäten. Unter dem Namen **Flügge**[841] finanziert das Wissenschaftsministerium für bis zu zwei Jahre parallel zur Konzeptionsphase einer Existenzgründung eine Halbtagsstelle an einer Hochschule. An den Hochschulen in München wurden bis zum Sommer 2004 über dieses Programm 46 Stellen für zusammen 33 Gründungsprojekte gefördert.[842] Ab Januar 2005 hat die Bundesregierung im Rahmen ihrer Innovationsoffensive ein ähnliches Programm aufgelegt.

Eine weitere Besonderheit in Bayern ist die Bayerische Hochschul-Patentinitiative **BayernPatent**. Im Auftrag des Bayerischen Staatsministeriums für Wissenschaft, Forschung und Kunst (und seit 2002 kofinanziert BMBF) fördert die Initiative seit dem Jahr 2000 die Patentierung von Forschungsergebnissen der bayerischen Hochschulen. Zehn sogenannte Erfinderberater an den Universitäten[843] helfen den Wissenschaftlern von der Bewertung ihrer Erfindung über die Finanzierung der Patentierungskosten bis hin zur professionellen Lizenzvergabe.[844]

Über die Zahl der Ausgründungen aus den Universitäten existiert auch in München nur eine äußerste dünne Datenbasis. Die Universität München veröffentlicht eine Liste mit Spin-offs aus Forschungsinstituten, auf der sich für die Jahre 1997 bis 2003 insgesamt 49 Unternehmen finden.[845] Es wird jedoch ausdrücklich darauf hingewiesen, dass diese Liste keinesfalls vollständig sein kann. So sind die Ausgründungen aus der Forschung nicht vollständig und die allgemeinen Gründungen von Studenten und Absolventen nur in Einzelfällen registriert. Auch die TU München führt keine offizielle Liste über ihre Spin-offs. In einer Umfrage der

841 Vgl. www.fluegge-bayern.de im Juli 2004.
842 Vgl. Telefonat mit Herrn Zinser von Fluegge an der LMU am 9.6.04. Seit einem Jahr wurden aufgrund von Sparanstrengungen der Landesregierung zunächst keine neuen Förderungen gestartet.
843 Stand: Juli 2004, www.pst.fhg.de/bayernpatent/erfinderberater/index.html am 29.7.04.
844 Vgl. http://www.pst.fhg.de/bayernpatent/index.htm im Juli 2004.

Unternehmertum GmbH, einer Ausgründung der Uni zur Förderung von Gründern, wurden jedoch im April 2004 insgesamt 77 ehemalige Studenten und Mitarbeiter befragt, die zusammen 48 Firmen gegründet haben.[846]

Dürftig sind auch die Daten zu den Ausgründungen aus deutschen Forschungsinstituten. Die Fraunhofer-Gesellschaft verweist nach Anfrage auf eine Web-Site[847], auf der Ende März 2004 von den für diese Arbeit relevanten Instituten (vgl. **Kapitel 8.2.2**) eine Ausgründung aus der Region München und vier Spin-offs der Region Berlin vorgestellt werden. Die MPG zählt in ihrer Statistik[848] der für Spin-offs zuständigen Garching Innovation GmbH von 1990 bis 2003 deutschlandweit insgesamt 65 Ausgründungen, die nicht regional zugeordnet werden.[849] Die Helmholtz Gemeinschaft verschickt auf Anfrage eine Hochglanz-Broschüre, in denen Vorzeige-Spin-offs dargestellt sind, darunter zwei aus Berlin.[850]

8.2.4.3 Berlin / Brandenburg

An der Humboldt Universität (HU) Berlin existiert seit dem Jahr 2000 ein Institut für Entrepreneurship und Innovationsmanagement, das von Prof. Dr. Christian Schade geleitet und aus Stiftungsmitteln der SAP AG finanziert wird. Im Sommersemester 2004 wurden von ihm und zwei Gastprofessoren der Haniel Stiftung zusammen fünf Vorlesungen zum Themenbereich Entrepreneurship angeboten.[851] Eine zentrale Anlaufstelle für Gründer an der Universität befand sich im Frühjahr 2004 noch im Aufbau.[852]

An der Freien Universität (FU) Berlin gibt es keinen Entrepreneurship-Lehrstuhl. Prof. Günter Faltin aus dem Fachbereich Erziehungswissenschaften / Psychologie bietet jedoch eine „Einführungsveranstaltung Entrepreneurship“ sowie ein „Labor für Entrepreneurship“ an.[853]

---

845 Vgl. http://www2.uni-muenchen.de/kft/Dateien/body-Dateien/spin-off.htm

846 Vgl. Gründerumfrage TU München, Created: 31.03.04, zur Verfügung gestellt von Dr. Bernward Jopen, Unternehmertum GmbH.

847 http://www.venturecommunity.fraunhofer.de im Juli 2004.

848 Vgl. Giegold / Mohr 2004, Präsentation: Zwischen Forschung und Industrie.

849 Für die Region München hat BioM 14 Firmen zusammen gestellt, die aus den MPIs in Martinsried hervorgegangen sind. Vgl. BioM 2003, Folie 37.

850 Die Zahl der Ausgründungen insgesamt wird in einer Grafik für die Jahre 1995 bis 2000 dargestellt. Sie belief sich in diesem Zeitraum auf rund 170 Firmen, die jedoch nicht nach einzelnen Instituten unterteilt sind. Vgl. Helmholtz Gemeinschaft 2001, S. 0.

851 Darunter „Entrepreneurial Decision Making“, „Opportunity Identification in New Ventures“ und „Entrepreneurship and the Origins of Firms“. Vgl. http://enim.wiwi.hu-berlin.de/ im März 2004.

852 Telefonat mit Jessika Werth im Sekretariat am 25.3.04. Im Sommer war unter der Domain www.last-tuesday.org bereits ein Anfang gemacht. Das „interdisziplinäre Gründerforum für Studierende an der Humboldt-Universität“ lädt zu monatlichen Treffen und will erste, informelle Anlaufstelle für Gründungsinteressierte sein.

853 Vgl. Vorlesungsverzeichnis für das Sommersemester 2004. http://www.fu-berlin.de/vorlesungsverzeichnis/ss04/002001001001001001.html .

Als Anlaufstelle für Gründer dient Bernd Wirth in der Forschungsabteilung, der auf einer halben Stelle beschäftigt ist. Als seine Hauptaufgabe bezeichnet er es, „Gründungsbeflissene an die richtigen Ansprechpartner in der Stadt weiterzuleiten“.[854] Zudem bietet die Universität Gründern an, ihre Räume für ein Jahr umsonst zu nutzen. Ein Internet-Angebot mit einem Netzwerk und Links für Gründer gibt es nicht.[855]

Auch an der Technischen Universität (TU) Berlin gibt es keinen eigenen Lehrstuhl für Entrepreneurship-Themen. Prof. Dr. Hans Georg Gemünden vom Fachgebiet Innovationsmanagement bietet jedoch einzelne für Gründer relevante Vorlesungen an.[856] Als Anlaufstelle für potenzielle Gründer fungiert ein „Mitarbeiter für Gründungsangelegenheiten“ in der zentralen Universitätsverwaltung, Fachbereich Kooperation / Patente / Lizenzen. Ein Internet-Angebot für Entrepreneure existiert nicht.

Tabelle 10: Gründerförderung an den Berliner Universitäten

Universität	Lehrstühle für Entrepreneurship	Zahl der Dozenten und Professoren	Zentrale Anlaufstelle für Gründer	Vernetzung
HU Berlin	Ja	3	Im Aufbau	Bisher: Ungenügend
FU Berlin	Nein	0	Ja Eine halbe Stelle für Beratungsgespräche	Mangelhaft
TU Berlin	Nein	1	Ja Ein Mitarbeiter für Gründungs-Angelegenheiten	Ungenügend

Quelle: Informationen der Universitäten, eigene Bewertung.

Als Ausgründungen aus der Universität hat die FU für die Jahre 1997 bis 2003 insgesamt 49 Unternehmen erfasst, wobei die Dunkelziffer groß sein dürfte. HU und TU halten keine Zahlen bereit.

---

[854] Telefonat vom 10.3.04. Tel: 030/ 83873600, vgl. auch www.fu-berlin.de/forschung/service/entrepreneur.html.
[855] Dessen Pflege wäre nach Aussage von Herrn Wirth zu viel Aufwand. Zudem bestehe durch eine Im-Kreis-Verlinkung der relevanten Stellen die Gefahr des „Aufblähens“.
[856] Im Sommersemester 2004 z.B. die Vorlesung „Management of Innovation“, vgl. http://www.tim.tu-berlin.de .

8.3 Große Unternehmen

Die Auswahl der „großen Unternehmen" in den drei Untersuchungsregionen soll in den folgenden Abschnitten allein nach einem Kriterium getroffen werden: der Zahl ihrer Mitarbeiter in der jeweiligen Region. Die in klassische Definitionen von Großunternehmen[857] stets einfließenden Faktoren Umsatz und Bilanzsumme bleiben aus zwei Gründen ausgeklammert. Erstens lassen sie sich bei national oder gar international agierenden Unternehmen mit multiplen Standorten nicht auf einzelne Regionen herunterbrechen. Und zweitens sagen hohe Umsätze und Bilanzsummen wenig über der Strahlkraft auf Innovationen und Gründergeschehen in einem Cluster aus.

Anders steht es mit der Zahl der Mitarbeiter in der Region. In High-Tech-Unternehmen sind in der Regel hochqualifizierte Angestellte beschäftigt, von denen Wissens-Spillovers ausgehen können. Zudem ergeben sich besonders viele Aufträge für firmennahe Dienstleister und Zulieferer in der Region, wenn auch vor Ort gearbeitet wird. Und nicht zuletzt kann ein Großunternehmen nur dann als potenzieller Ausweicharbeitgeber (vgl. **Kapitel 2.3.2.3**) Magnet für Spitzenkräfte in der Region sein, wenn er dort auch Menschen beschäftigt.

Bei der Aufstellung der High-Tech-Arbeitgeber in den drei Untersuchungsregionen stellen sich allerdings große Datenprobleme. Offizielle Listen, die eine Orientierung geben könnten, existieren entweder überhaupt nicht oder sind unvollständig. In den USA gibt zudem eine Reihe von Firmen auch auf direkte Nachfrage keine Auskunft über die Zahl der Beschäftigten vor Ort. Die Aufstellungen der folgenden Abschnitte können deshalb nur einen groben Eindruck von der Dichte der Großunternehmen in dem jeweiligen Cluster geben, erheben jedoch keinen Anspruch auf Vollständigkeit.

8.3.1 Silicon Valley

Im Silicon Valley sind deutlich mehr Großunternehmen der High-Tech-Industrie angesiedelt als in den beiden anderen Untersuchungsregionen. Zu den größten Arbeitgebern des Tals zählen IBM mit fast 12.000 sowie Cisco Systems und Sun mit jeweils rund 10.000 Mitarbeitern vor Ort. Ebenfalls einige Tausend Mitarbeiter dürften zudem die Firmen Apple, Intel und Oracle in der Region beschäftigen. Diese Unternehmen veröffentlichen jedoch auch

---

[857] Vgl. etwa §267 HGB. Große Kapitalgesellschaften werden hier anhand von Bilanzsumme, Umsatz und Mitarbeiterzahl (über 250) definiert.

auf Nachfrage keine Mitarbeiter-Zahlen für einzelne Standorte. Als eine Begründung wurde die Angst vor Terroranschlägen genannt.[858]

Tabelle 11: Große High-Tech-Arbeitgeber im Silicon Valley

Firma	Branche	Mitarbeiter in der Region
IBM[1)]	Computer, Speicherdisks	11.900
Cisco Systems[1)]	Netzwerkausrüstung	10.300
Sun[3)]		Ca. 10.000
Agilent Technologies[1)]	Computer, Elektronik	7.100
Seagate Technology[1)]	Speicherdisks	2.200
Novellus Systems[1)]	Halbleiterausrüstungen	2.000
Cadence Design[1)]	Electronic Design Software	2.000
Adobe Systems[1)]	Software	2.000
Flextronics International[1)]	Fiberoptics	2.000
KLA Tencor Instruments[1)]	Halbleiter-Ausrüstungen	1.900
Sanmina-SCI[1)]	Electronics Manufacture	1.800
Xilinx[1)]	Halbleiter	1.500
Alterna[1)]	Halbleiter	1.200
EBay[1)]	Internet-Dienstleistungen	900
Hewlett Packard Company[2)]	Electronics	>1.000
Roche Bioscience[2)]	Biotechnologie	>1.000
Maxtor[3)]	Hard Disk Drives	2.000
Intel[3)]	Intel USA: 45.000 Headquaters: Santa Clara	k.A. für Regionen
Apple[3)]		k.A. für Regionen
Oracle[3)]		k.A. für Regionen

Quellen: [1)]City of San Jose 2002; [2)]Palo Alto Chamber of Commerce, November 2002; [3)]eigene Befragung, Frühjahr 2004.

Für die Aufstellung in **Tabelle 11** konnten die gängigen Listen von großen High-Tech-Unternehmen der Region nur als Orientierung dienen. Diese enthalten entweder nur die Zahlen der Mitarbeiter weltweit[859], oder sie stützen sich auf Umsatzzahlen.[860] Hilfreicher waren dagegen Listen der Stadt San Jose und der Handelskammer von Palo Alto, die um eigene Befragungen ergänzt wurden.

8.3.2 München

Der mit Abstand größte High-Tech-Arbeitgeber in der Region München ist die Siemens AG. Die Firma, die nach dem Zweiten Weltkrieg ihren Hauptsitz von Berlin nach München verlegte (vgl. **Kapitel 7.5.1.2**), beschäftigt in München rund 30.000 größtenteils hochqualifizierte Arbeitnehmer – doppelt so viele wie im Zweitsitz Berlin. An Nummer zwei

[858] Wie ein Mitarbeiter, der nicht genannt werden wollte, auf Nachfrage am Telefon erklärte.
[859] Vgl. San Francisco Chronicle 2001, http://www.sfgate.com/cgi-bin/document.cgi?type=businesspage&file=/business/pages/chronicle500/2001/charts/12employer100.DTL
[860] Vgl. The Silicon Valley 150, silliconvalley.com 2002, http://www.siliconvalley.com/mld/siliconvalley/business/special_packages/silicon_valley_150/3067391.htm

der Liste der größten High-Tech Arbeitgeber der Region steht ein ehemaliges Siemens Spin-off – Infineon Technologies mit rund 6.500 Mitarbeitern[861]; es folgen die Luft- und Raumfahrtkonzerne EADS und MTU mit rund 6.000 bzw. rund 5.200 Mitarbeitern. Herausragender Biotech-Arbeitgeber in der Region ist die Firma Roche Diagnostic. Das Werk in Pensberg ist mit 3.500 Mitarbeitern und einer Fläche von 310.000 Quadratmetern eines der größten Biotech-Zentren in Europa.[862]

Tabelle 12: Große High-Tech-Arbeitgeber in der Region München

Firma	Branche	Mitarbeiter in der Region
Siemens AG	Elektroindustrie	30.000
Infineon Technologies AG	Halbleiter	6.500
EADS Deutschland	Luftfahrtindustrie	6.000
MTU Aero Engines GmbH	Luft- und Raumfahrtindustrie	5.200
Roche Diagnostic Biotechnologie-Werk Penzberg	Biotechnologie	3.500
Microsoft GmbH	Software	1.600
Epcos AG	Elektronik	1.500
Osram GmbH	Elektroindustrie	1.000
Süd-Chemie AG[863]	Chemie	940
Ingram Micro Distribution GmbH	Computer, Peripherie	600
Wacker Chemie	Chemie	500
CompuNet Computer AG&Co oHG	Computertechnik	445
Intel GmbH	IT	280
Baxter Deutschland GmbH	Biotechnologie	220

Quelle: Eigene Befragung 2004, orientiert an Schmacke 2003 und der Biocom-Datenbank[864].

Die Liste in **Tabelle 12** kann einen Eindruck von bedeutenden Arbeitgebern im High-Tech-Bereich vermitteln, erhebt jedoch keinen Anspruch auf Vollständigkeit. Weder die IHK München, noch öffentliche Stellen pflegen eine solche Liste. Die obige Aufstellung basiert auf einer bayernweiten Auswertung der losen Blattsammlung von Ernst Schmacke, „Die großen 500“, sortiert nach Zahl der Beschäftigten im Jahr 2002.[865] Die dort genannten Unternehmen aus dem Bereich der Hochtechnologie wurden einzeln nach der Zahl ihrer Mitarbeiter in der Region München befragt. Ergänzt wurde die Liste um Daten aus der privaten Datenbank für Biotechnologie-Firmen Biocom.

---

[861] Die Bedeutung von Siemens und Infineon als Motor für technologische Neuerungen wird durch die Statistik von Patentanmeldungen unterstrichen. Unter den 30 größten Patentanmeldern im Jahr 2002 – bewertet nach den veröffentlichten Patentanmeldungen mit Wirkung in der Bundesrepublik Deutschland – stand Siemens mit 3.828 Anmeldungen auf dem ersten Platz. Infineon belegte (nach der Robert Bosch GmbH mit 3.205) mit 1.882 Patenten den dritten Platz. Vgl. Deutsches Patent- und Markenamt, ST ZV A2, 1. April 2003.

[862] Auskunft von Dr. Johannes Ritter, Leitung Kommunikation Penzberg, Roche Diagnostics GmbH am 31.8.04.

[863] An den Standorten München (120), Heufeld (220) sowie Moosberg und Gammelsdorf (600).

[864] Vgl. Biocom 2003.

[865] Vgl. Schmacke 2003.

Die Bedeutung der Siemens AG für den Standort München kann dabei, wie bereits in **Kapitel 7.5.1.2** erwähnt, gar nicht unterschätzt werden. So fand Stenke heraus, dass zwei Drittel der umliegenden Mittelstandsunternehmen innovationsrelevante Kontakte zu dem Konzern pflegen.[866] Wichtig für die Innovationskraft der Region dürfte aber auch die Präsenz anderer Großkonzerne sein, die nicht direkt dem Segment der Hochtechnologie zuzurechnen sind. So betreibt der Autokonzern BMW ein modernes KFZ-Forschungs- und Ingenieurzentrum im Münchner Norden. Der Maschinenbauer MAN mit 7.000 Mitarbeitern vor Ort hat ebenso seinen Hauptsitz in der Stadt wie der Telekommunikationskonzern O2 mit 1.600 Mitarbeitern[867] und der Allianz-Konzern mit rund 12.000 Mitarbeitern[868] in der Region.

8.3.3 Berlin / Brandenburg

Auch in Berlin ist die Siemens AG der mit Abstand größte High-Tech Arbeitgeber. In Firmensparten wie Kommunikations-Netzwerke, Automation and Drives oder Power Distribution sind zusammen immerhin noch über 15.000 Mitarbeiter tätig. An Nummer zwei steht der Pharmakonzern Schering mit rund 6.000 Mitarbeitern in der Region, der aufgrund seines starken FuE-Engagements u.a. in Teilen der Biotechnologie, zum High-Tech-Bereich gerechnet werden kann. Ähnliches gilt für die Berlin-Chemie AG, die sich mit 2.900 Mitarbeitern in der Region ebenfalls auf die forschende Arzneimittelherstellung spezialisiert hat.

Tabelle 13: Große High-Tech Arbeitgeber in Berlin / Brandenburg

Firma	Branche	Mitarbeiter in der Region
Siemens AG	Elektroindustrie	15.400
Schering AG	Pharma	6.000
Berlin-Chemie AG	Pharma	2.900
Osram GmbH	Elektroindustrie	2.200
IBM Deutschland GmbH	Computer	1.200
Samsung SDI Germany GmbH	Elektronik, Farbbildröhren	1.100
PSI AG[1)]	Software	650

Quelle: IHK Berlin, „Die 50 größten Arbeitgeber der Berliner Wirtschaft“, Stand: Nov. 2003 und eigene Befragung[1)], Frühjahr 2004.

Auffällig in Berlin / Brandenburg ist, dass die Region nur sehr wenige große High-Tech Arbeitgeber vorweisen kann. Auch bei der noch jungen Biotechnologie fehlt ein kräftiger Mittelbau. Während die privaten Biocom Datenbank für das Jahr 2003 in München immerhin

[866] Vgl. Stenke 2002, S. 219.
[867] Ohne die zugehörigen Firmen-Shops, vgl. Auskunft der Unternehmenskommunikation im April 2004.
[868] Inklv. der Dresdner Bank, eigene Befragung April 2004.

sieben reine Biotech-Firmen[869] mit mehr als 100 Beschäftigten ausweist, ist es in der gesamten Region Berlin / Brandenburg – neben Schering – lediglich eine weitere Firma.[870]

Auf der Liste der größten Arbeitgeber der Berliner Wirtschaft finden sich dagegen viele innovationsschwache Unternehmen mit behördenähnlichen Strukturen. So stehen auf den Plätzen 1, 3 und 4 die Deutsche Bahn AG mit 19.600, die Berliner Verkehrsbetriebe mit 13.400 und die Bankgesellschaft Berlin AG mit 12.900 Beschäftigten.[871] Es folgen Unternehmen wie die Deutsche Post, die Deutsche Telekom, Karstadt und auf Platz 10 mit 6.600 Beschäftigten die Berliner Stadtreinigungsbetriebe BSR.

8.4 Risikokapital

Was die Ausstattung der drei Untersuchungsregionen mit Risikokapital betrifft, so wird in den folgenden Abschnitten auf die Statistiken der nationalen Branchenverbände zurück gegriffen. Diese bergen zwar, etwa bezüglich der internationalen Vergleichbarkeit sowie der Abgrenzung einzelner Regionen, handfeste Probleme, die in den betreffenden Abschnitten gesondert erläutert werden. Die National Venture Capital Association (NVA) gemeinsam mit Thomson Venture Economics und Pricewaterhouse Coopers (PwC) in den USA und der Bundesverband Deutscher Kapitalbeteiligungsgesellschaften (BVK) in Deutschland, liefern jedoch die einzig umfassenden Zahlen über den jeweiligen Markt für Risikokapital.

Als Risikokapital oder Venture Capital (VC) wird in den folgenden Abschnitten der gesamte Bereich des Private Equity für aufstrebende Firmen in den unterschiedlichen Finanzierungsphasen[872], vom Seed- über das Startup- bis hin zum Expansionskapital, verstanden (vgl. auch Definition in **Kapitel 2.3.2.4**). Der Bereich der Buy-Outs bleibt ausgeklammert. Betrachtet werden die VC-Investitionen, die pro Jahr in die jeweilige Region geflossen sind. Zum Vergleich der Cluster werden nachrangig zudem die Zahl der mit VC unterstützten Firmen sowie die Zahl der in der jeweiligen Region ansässigen VC-Gesellschaften heran gezogen.

8.4.1 Silicon Valley

Für die USA erstellt die Unternehmensberatung Pricewaterhouse Coopers (PwC) gemeinsam mit Thomson Venture Economics und der National Venture Capital Association (NVA) in

---

[869] Die Biocom-Definition der reinen Biotech-Firmen ist in **Kapitel 7.4.2** näher erläutert.
[870] Die Epigenomics AG mit 140 Mitarbeitern, vgl. Biocom AG 2003.
[871] Vgl. IHK Berlin 2003, Die 50 größten Arbeitgeber der Berliner Wirtschaft. Auf Platz 2 steht die Siemens AG.

ihrem MoneyTree Survey seit Jahren eine umfassende und regional gut abgegrenzte Statistik. Danach sind die VC-Investitionen im Silicon Valley in den Jahren 1995 bis 2000 rasant von 1,9 auf 34,3 Mrd. Dollar pro Jahr gestiegen: In den darauf folgenden Krisenjahren der New Economy gingen sie wieder deutlich zurück, auf 5,9 Mrd. Dollar im Jahr 2003 (vgl. **Abbildung 28**).

Im Vergleich zu Deutschland hat der VC-Markt in den USA in den Boom- sowie den Schrumpfungsjahren eine überragende Größe (vgl. **Kapitel 8.4.2** und **8.4.3**). So flossen im Jahr 2003 im Silicon Valley rund 40 Mal so viel Risikokapital wie im gesamten Bundesland Bayern. In den USA insgesamt waren es 18,2 Mrd. Dollar und damit etwa 25 Mal so viel wie in ganz Deutschland mit 708 Mio. Euro.[873]

Diese Zahlen sind sicherlich in ihrer Grundaussage valide; sie Überzeichnen die Größe des VC-Marktes in den USA allerdings. Einbezogen wird nämlich nicht nur das Geld, das von professionellen VCs[874] an aufstrebende Firmen fließt, sondern das Kapital einer gesamten Finanzierungsrunde, auch wenn an einer solchen Runde neben Profi-VCs auch z.B. Business Angels, andere Firmen oder Regierungsstellen beteiligt sind.[875] In der deutschen Statistik des BVK dagegen ist nur Risikokapital erfasst, das direkt von einem der BVK-Mitglieder kommt.[876]

Die klare größenmäßige Überlegenheit des VC-Marktes im Silicon Valley bestätigt sich aber auch bei dem Blick auf zwei andere Kennzahlen: Die Anzahl der geschlossenen VC-Deals (vgl. **Abbildung 29**) und die absolute Zahl der VC Firmen in der Region. So wurden selbst im Krisenjahr 2003 noch 761 VC-Verträge mit aufstrebenden Firmen im Silicon Valley unterzeichnet (im Boomjahr 2000 waren es noch 2.220 gewesen). Damit wurden fast fünf Mal so viele Firmen gefördert wie im gesamten Bundesland Bayern (157) und 19 Mal so viele wie

---

[872] Die Phasen werden in den Statistiken der NVA und des BVK jeweils unterschiedlich abgegrenzt.
[873] Vgl. PwC Moneytree 2003 und BVK 2003.
[874] Dazu werden auch die VC-Arme von Firmen, öffentlichen Institutionen, Investmentbanken u.a. gerechnet, deren Hauptaufgabe Finanzinvestitionen sind.
[875] Vgl. PwC 2003, General Definition. www.pwcmoneytree.com .
[876] Eine zweite statistische Unschärfe, auf die der BVK (Telefonat mit Attila Dahmann, Assistent der Geschäftsführung am 5.4.04) hinweist, lässt sich beim Blick auf die Methode des MoneyTree Surveys nicht untermauern. Nach BVK-Einschätzung sind die US-Zahlen auch deshalb überzeichnet, weil sog. „Meilensteinzahlungen“ mit gerechnet würden, Mittel, die von den VCs noch an das Erreichen bestimmter Ziele geknüpft sind und u.U. nie wirklich fließen werden. Diese werden jedoch in der MoneyTree-Methodik (vgl. PwC 2003, Specific Methology), die das Augenmerk klar auf den „cash received by the company“ legt, implizit ausgeschlossen.

in Berlin (40). Auch die Zahl der im Silicon Valley ansässigen VC Firmen lag mit 138 deutlich über den Vergleichswerten in München (36) und Berlin / Brandenburg (18).

Abbildung 28: VC-Investitionen im Silicon Valley in den Jahren 1995 bis 2003 in Mio. Dollar

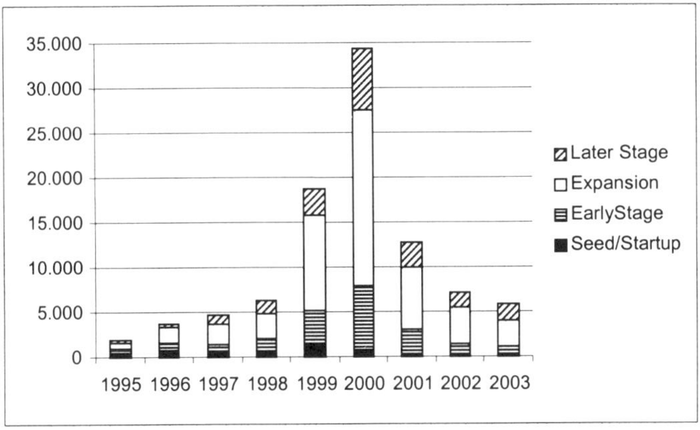

Quelle: PwC Moneytree Survey 2003.

Abbildung 29: Zahl der VC-Deals im Silicon Valley in den Jahren 1995 bis 2003

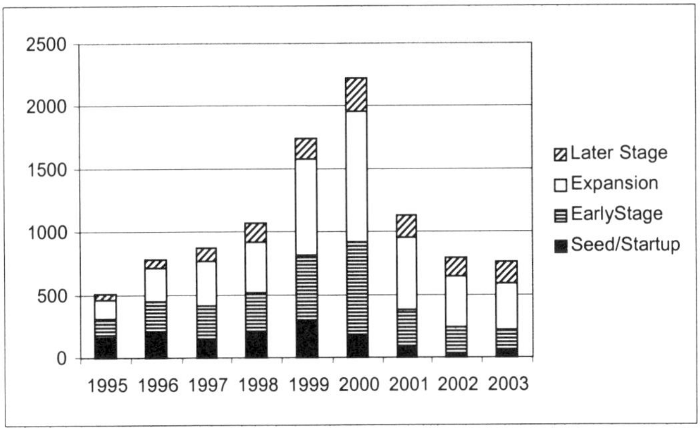

Quelle: PwC Moneytree Survey 2003.

8.4.2 München

Der BVK, die einzig aussagekräftige Quelle für die Höhe von VC-Investitionen in Deutschland[877], weist nach Regionen abgegrenzte Zahlen zu Risikokapital-Investitionen bedauerlicherweise erst ab dem Jahr 2003 aus. Erst ab diesem Zeitpunkt werden statt aggregierter Investitionen der Mitgliedsunternehmen einzelne Deals erfasst, die sich regional zuordnen lassen.[878] Dabei sind als Regionen nur die einzelnen Bundesländer abgegrenzt, für die es wiederum keine Unterteilung der VC-Investitionen nach Finanzierungsphasen gibt. Statt der Region München lassen sich daher lediglich die VC-Investitionen für das gesamte Bundesland Bayern betrachten.

Aus dieser äußerst dünnen Datenbasis ergibt sich folgendes Bild: Im Jahr 2003 flossen mit 140 Mio. Euro ein Viertel der in Deutschland getätigten Risikokapital-Investitionen in das Bundesland Bayern.[879] Damit wurden insgesamt 157 aufstrebende Unternehmen unterstützt, die zu einem großen Teil rund um die Landeshauptstadt München angesiedelt sein dürften. Das waren knapp vier Mal so viele Unternehmen, die zusammen fast drei Mal so viel Kapital bekamen wie die VC-finanzierten Firmen im Bundesland Berlin.

Die Bedeutung speziell der Region München als ein Zentrum für Risikokapital in Deutschland wird zudem durch die Zahl der VC-Firmen unterstrichen, die dort angesiedelt sind. Von insgesamt 187 Mitgliedern des BVK[880] im Frühjahr 2004 hatten 36 ihren Sitz in München, darunter so große Gesellschaften wie Allianz Capital Partners, Atlas Venture, Siemens Venture Capital GmbH oder Wellington Partners. Zum Vergleich: In Berlin und Potsdam hatten 18 BVK Mitglieder ihren Sitz.

Abbildung 30, deren Daten leider weder für die Region München, noch für Bayern verfügbar sind, macht deutlich, dass die Venture Capital Branche in Deutschland einen ähnlichen Zyklus durchlaufen hat, wie in den USA und kondensiert im Silicon Valley. Seit Mitte der 90er Jahre stieg die Investitionssumme rasant an, erreichte ihre Pike mit über 3,7 Mrd. Euro

---

[877] Die Statistiken der European Venture Capital Association (EVCA), die ebenfalls Zahlen für Deutschland ausweisen, werden vom BVK gespeist. Die ZEW-Gründungspanels geben lediglich Auskunft über eine absolute Zahl der VC-finanzierten Unternehmen, nicht aber über die Höhe des geflossenen Risikokapitals. Vgl. Engel 2002.

[878] Vgl. Telefonat mit Attila Dahmann, Assistent der Geschäftsführung des BVK am 5.4.04.

[879] Vgl. BVK 2003, S. 6.

[880] Darunter eine Reihe von Sparkassen-VC-Gesellschaften und Beteiligungsgesellschaften der Bundesländer, was eine Streuung der Mitgliederstruktur in die Breite bewirkt. Mitglieder nach PLZ, vgl. www.bvk-ev.de im April 2004.

im Jahr 2000, um dann bis zum Jahr 2003 wieder deutlich auf knapp 708 Mio. Euro abzufallen.

Abbildung 30: VC-Investitionen in Deutschland in den Jahren 1996 bis 2003 in Mio. Euro

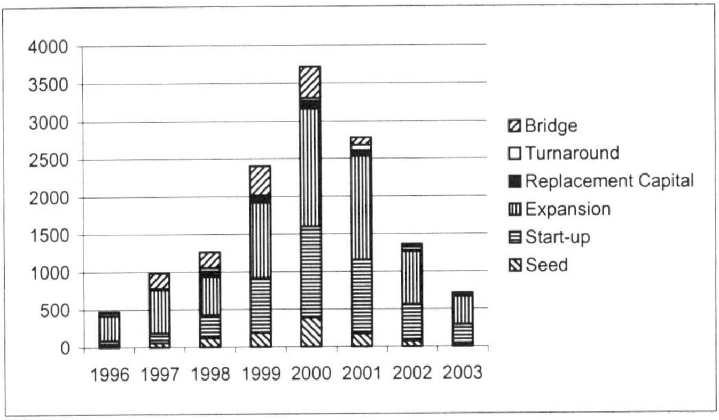

Quelle: BVK 2003.

8.4.3 Berlin / Brandenburg

Die Region Berlin / Brandenburg spielt nach den Zahlen des BVK auf dem deutschen Risikokapitalmarkt durchaus eine größere Rolle. Nach Berlin flossen im Jahr 2003 immerhin über 49 Mio. Euro oder kanpp 9 Prozent aller VC-Investitionen in Deutschland. Damit steht der Stadtstaat nach den Flächenländern Bayern, Baden-Württemberg und Nordrhein-Westfalen auf dem vierten Platz. Gefördert wurden 40 aufstrebende Unternehmen. Weitere neun Firmen wurden mit knapp acht Mio. Euro von BVK-Mitgliedern im Land Brandenburg gefördert.[881]

Eine Studie des ZEW, die auf Daten des ZEW-Gründungspanals zurück greift, unterstreicht die Bedeutung Berlins als Risikokapital-Zentrum. Danach wurden in den Jahren 1996 bis 2000 insgesamt 120 Unternehmen in der Hauptstadt mit VC finanziert. Damit lag Berlin unter den deutschen Landkreisen und Städten klar auf Platz 1, vor München mit 100 Firmen. Rechnet man die Stadt Potsdam und die Landkreise Potsdam-Mittelmark und Oberhavel dazu, kommt die Region Berlin / Brandenburg in der ZEW-Studie auf 159 VC-finanzierte

[881] Vgl. BVK 2003, Statistik 2003, Venture Capital 2003 in Zahlen, S. 6.

Unternehmen. Sie fällt damit nur knapp hinter München und Umgebung mit der Stadt München, dem Landkreis München sowie den Landkreisen Starnberg, Freising und Fürstenfeldbruck zurück, in der für die Jahre 1996 bis 2000 insgesamt 172 VC-finanzierte Firmen gezählt wurden.[882]

Im Vergleich zum Silicon Valley sind dies allerdings nur marginale Zahlen. Dort wurden in den Jahren 1996 bis 2000 nach Daten von PwC Moneytree insgesamt 6.692 Deals durch Risikokapital gefördert.[883] Dies entspricht zwar nicht exakt der Zahl der geförderten Firmen, weil einzelne Unternehmen mit unterschiedlichen Finanzierungsrunden in die Statistik eingegangen sein können. Es zeigt aber zumindest eine Größenrelation auf.

8.5 Weiche Faktoren

Weiche Standortfaktoren sind per Definition (vgl. **Kapitel 2.3.2.6**) schwer messbar. Sie enthalten ein starkes subjektives Element, weil in der Regel Fakten durch persönliche Einschätzungen der Akteure überlagert werden.[884] In den folgenden Abschnitten soll denn auch nicht der fragwürdige Versuch einer wissenschaftlichen Objektivierung unternommen werden. Statt dessen sollen für die jeweiligen Regionen einzelne, bedeutende weiche Faktoren aufgezeigt werden. Dabei wird die von Grabow / Henkel / Hollbach-Grömig vorgeschlagene Unterteilung in weiche personenbezogene und weiche unternehmensbezogene Faktoren gewählt.[885]

8.5.1 Silicon Valley

Als personenbezogene weiche Faktoren, die die Standortqualität des Silicon Valley entscheidend aufwerten, werden von Unternehmern und Beschäftigten immer wieder zwei Aspekte genannt: das gute Wetter und der hohe Freizeitwert.[886] 300 Sonnentage im Jahr und kilometerlange Strände sind Magneten für die Region. Sie wiegen negative Faktoren wie hohe Immobilienpreise und Staus in den Augen vieler High-Tech Beschäftigter mehr als auf.

Von weniger allgemeiner Natur und speziell bedeutend für den Erfolg von immer neuen Entrepreneuren im Tal sind zwei Arten von unternehmensbezogenen weichen Standortfaktoren, die sich mit den Schlagworten Mentalität der Bevölkerung und

[882] Vgl. Engel 2002, S. 19.
[883] Vgl. PwC 2003. www.pwcmoneytree.com .
[884] Vgl. Grabow / Henckel / Hollbach-Grömig 1995, S. 64.
[885] Vgl. **Kapitel 2.3.2.6** und Grabow / Henckel / Hollbach-Grömig 1995, S. 67.
[886] Vgl. etwa Thümmler / Schmied 2000, S. 128.

Firmenkultur überschreiben lassen. Beide Aspekte wurden von Saxenian eindrücklich beschrieben.[887] In der Region habe sich eine „technische Kultur" (technical culture)[888] mit weniger formalen sozialen Beziehungen entwickelt, die „Experimente" fördere. Eine dezentralisierte Gesellschaftsstruktur, in der alles im Fluss sei („a decentralized and fluid environment")[889] beschleunige die Verbreitung von technischem Wissen. Unternehmerische Risikofreude sei als Wert in der Bevölkerung akzeptiert, ein Scheitern werde nicht gebrandmarkt.[890]

Die Firmenkultur, die seit Jahrzehnten großen Anteil am Erfolg des Silicon Valley hat, beschreibt Saxenian als „dezentrale Organisationsstruktur" (decentralized organizational structure).[891] Offene Hierarchien, in denen Teamwork und Querdenkertum, statt Status und Abgrenzung groß geschrieben würden, seien durchlässig für Ideen aller Mitarbeiter. Innovationen würden zudem durch eine spezielle Kooperationskultur von Firmen untereinander gefördert. So seien Vereinbarungen über den Austausch von Technologien sowie Joint Ventures in der Region üblich gewesen, lange bevor sie von High-Tech-Firmen rund um die Welt übernommen worden seien.[892]

8.5.2 München

München kann ebenso wie das Silicon Valley mit einem Mix von positiven weichen personenbezogenen und unternehmensbezogenen Standortfaktoren aufwarten. Zu den personenbezogenen Faktoren gehört vor allem der hohe Freizeitwert der Region. Durch das Kulturangebot in der Stadt sowie die Nähe zu Seen, den Alpen[893], Österreich und Italien genießt die Region, trotz hoher Wohnpreise, seit Jahrzehnten ein hervorragendes Image als Wohnort. So stand München nach einer Befragung des ifo-Instituts unter 1.000 Managern im Jahr 1994 mit deutlichem Abstand an der Spitze der Liste der präferierten Wohnsitze.[894]

Auf der Habenseite kann die Stadt zudem zwei weiche unternehmensbezogene Faktoren verbuchen: die politische Stabilität und das „anerkannt unternehmerfreundliche Klima"[895].

---

[887] Vgl. Saxenian 1994, S. 29ff.
[888] Saxenian 1994, S. 30.
[889] Saxenian 1994, S. 37.
[890] Vgl. Saxenian 1994, S. 38.
[891] Vgl. etwa Saxenian 1994, S. 51.
[892] Vgl. Saxenian 1994, S. 45.
[893] Die Alpennähe könnte für den passionierten Bergwanderer und Skiläufer Ernst von Siemens ein wesentlicher Grund für die Verlagerung des Siemens-Hauptsitzes in die Stadt gewesen sein. Vgl. **Kapitel 7.5.1.2**.
[894] Vgl. Ifo-Institut 1994, S. 20-24.
[895] Vgl. Sternberg 1998, S. 538.

Als Glücksfall für das Unternehmertum in der Region beschreibt der Unternehmensberater Roland Berger die „politische Verlässlichkeit der Regierungen im Freistaat".[896] Seit Jahrzehnten zögen Opposition, Wirtschaft und Gewerkschaften, Wissenschaften und Kultur in wichtigen Sachfragen an einem Strang. Die besondere Unternehmerfreundlichkeit der Bevölkerung wird im Regional Entrepreneurship Monitor (REM) der Universitäten Köln und München untermauert. Darin schneidet München unter den zehn deutschen Untersuchungsregionen bei den grünungsbezogenen Werten und Normen mit Abstand am besten ab. Gefragt, ob Selbständigkeit, Autonomie, Individualität und Eigeninitiative von der Bevölkerung hoch angesehen würden und ob der Unternehmerstatus als erstrebenswerte berufliche Tätigkeit angesehen werde, erreichte die Region den unangefochten 1. Platz.[897]

8.5.3 Berlin / Brandenburg

Als Pluspunkt bei den weichen Standortfaktoren kann die Region Berlin / Brandenburg vor allem personenbezogene Faktoren verbuchen. Das breite Kulturangebot der Hauptstadt macht Berlin speziell für junge und kreative Arbeitskräfte attraktiv.[898] Dabei spielt neben einzelnen kulturellen Höhepunkten wie den Berliner Philharmonikern oder herausragenden Museen der Stiftung Preußischer Kulturbesitz vor allem die sogenannte „Szene" mit Ateliers, Clubs, Probestudios und Experimentierbühnen eine Rolle. Den Freizeitwert der Region steigert eine Vielzahl von Seen rund um die Stadt. Wohnraum ist im Vergleich zu anderen Großstädten besonders günstig zu haben.

Weniger gut ist es um die unternehmensbezogenen Faktoren bestellt. Das Image der Region als Wirtschaftsstandort ist schlecht. In einer repräsentativen Umfrage der Unternehmensberatung Cap Gemini Ernst & Young unter 5.000 Geschäftsführern mittelständischer Unternehmen erreicht das Land Berlin bei der Attraktivität und Unternehmerfreundlichkeit des Standorts lediglich den 13. Platz.[899] Schlechter schneiden nur Mecklenburg-Vorpommern, Brandenburg und Sachsen-Anhalt ab. Bayern dagegen wird von den Mittelständlern als attraktivstes Bundesland bewertet.

Beispielhaft für die schlechte Stimmung der Wirtschaft in der Hauptstadt ist ein Satz in der Erklärung des Hauptgeschäftsführers der IHK Berlin, Jan Eder, zur Jahrespressekonferenz

---

[896] Vgl. Berger, 2001.
[897] Vgl. Bergmann / Jaspen / Tamásy 2002, S. 30. Berlin wurde im REM leider nicht untersucht.
[898] Zur Anziehungskraft des Kulturangebots speziell für Mitarbeiter im wachsenden Dienstleistungsbereich siehe etwa IHK Berlin / DIW 2002.
[899] Vgl. Cap Gemini Ernst & Young 2002, S. 7.

2004: „Das Lebensgefühl der Stadt erhebt den Anspruch, in der Champions League gegen die anderen Metropolen Europas anzutreten, in der Realität steht man im Abstiegskampf“[900].

8.6 Netzwerke

Wie in den **Kapiteln 3.3** und **3.4** theoretisch untermauert, macht vor allem die Interaktion der Teilnehmer die Stärke eines Clusters aus. Ein zentraler Koordinationsmechanismus für den Austausch von Wissen und Ideen in einer Region sind verschiedenste Formen von Netzwerken. Ein Innovations-Cluster ohne regionale Netzwerke, die auf persönlichen Beziehungen und dem Vertrauen der einzelnen Akteure untereinander basieren, ist nicht denkbar.

So verfügen die einzelnen Untersuchungsregionen denn auch über eine Vielzahl von Netzwerken, die die gesamte Bandbreite von möglichen Typen – mit und ohne Projekt, formelle und informelle Treffs, offene und geschlossene Runden, staatliche und private Organisatoren etc. (vgl. **Kapitel 2.3.2.7**) – widerspiegeln. Besonders im Silicon Valley ist die Variation mit einem Schwerpunkt auf den informellen Treffs so groß, dass sich in dieser Arbeit unmöglich jedes einzelne Netzwerk der Region erfassen ließe. In den folgenden Abschnitten sollen daher einzelne, herausragende Beispiele aufgezeigt und der Grad der Netzwerkaktivität der jeweiligen Region eingeschätzt werden.

8.6.1 Silicon Valley

Das Silicon Valley ist ein Netzwerk-Knotenpunkt par excellence. Es gibt Clubs, Stammtische und Get-Togethers für jedes Spezialgebiet, für alle nur denkbaren gemeinsamen Interessen.[901] Daraus ist eine besondere Kultur der Kooperation[902] (vgl. **Kapitel 8.5.1**), ein stetes „Sharing of Ideas“[903] entstanden. „Das typisch deutsche Abschotten gibt es nicht. (...) Sogar Konkurrenten praktizieren „Sharing“ – nicht von Märkten und Gewinnen, aber von Informationen, deren Austausch beiden Seiten nützt.“[904]

Ein wichtiger Ausgangspunkt für das regionale Gründernetzwerk sind die Universitäten vor Ort. So pflegen die Business Schools von Berkeley und Stanford eigene Entrepreneur-Netzwerke – **Berkeley Entrepreneurs Forum** und **Stanford Entrepreneurship**

---

900 IHK Berlin (Hrsg.), Jahrespressekonferenz 2004 , www.berlin.ihk.de .
901 Vgl. Saxenian 1994, S. 34.
902 Vgl. Saxenian 1994, S. 32.
903 Vgl. Müller-Scholz 2000, S. 113.
904 Müller-Scholz 2000, S. 113.

Network[905] - die u.a. regelmäßige Gründertreffen organisieren (vgl. **Kapitel 8.2.4.1**). Darüber hinaus existieren äußerst rege Alumni-Netzwerke, die u.a. regelmäßige Treffen veranstalten und Datenbanken mit den Adressen und z.T. auch den Karrierewünschen von ehemaligen Studenten verwalten. Solche Adresslisten sind für eine Reihe von Gründern nach eigener Aussage tatsächlich ein wichtiger Stellen-Pool.[906] Getragen werden die Alumni-Netzwerke vor allem durch ehrenamtliches Engagement der Ehemaligen. Die Universitäten selbst unterhalten dafür keinen großen Verwaltungsapparat, sondern geben den verschiedenen Clubs lediglich einige Hilfestellungen. So bietet Stanford jährliche Workshops für die Leiter der regionalen Clubs an, zahlt pro Jahr die Vortrags-Reisen je eines Professors in die 25 größten Alumni-Clubs auf der Welt und stellt den Clubs Online-Hilfen und Daten für die Adress-Verwaltung zur Verfügung.[907]

Ein Paradebeispiel für die Selbstorganisation von verschiedensten gesellschaftlichen Gruppen ist das „**Joint Venture: Silicon Valley Network**". Das Konsortium wurde im Jahr 1992 von Unternehmern, Regierungen, Arbeitgeber-Organisationen, Gewerkschaften, Stiftungen und Individuen gegründet, um gemeinsam Probleme in der Region – etwa in den Bereichen Umwelt und Soziales oder lokale Infrastruktur – anzugehen.[908] Im Jahr 1993 wurde als Spin-off der Inkubator **TEN** – The Entreprise Network of Silicon Valley – gegründet (vgl. **Kapitel 9.2.2.1**).[909] Bis heute hat die Non-Profit-Organisation in San Jose eigenen Angaben zufolge über 60 erfolgreiche High-Tech-Firmen hervorgebracht darunter bekannte Namen wie eBay oder iPrint.

Ein weiters Beispiel für ein offenes, gruppenübergreifendes Netzwerk ist der „**Churchill Club**".[910] In dem Club sind rund 5.000 Mitglieder aus den Bereichen Wirtschaft und Technologie organisiert, die regelmäßig hochkarätig besetzte Vorträge und Essen veranstalten.

Speziell an junge Hightech-Gründer richtet sich die **Silicon Valley Association of Startup Entrepreneurs** (SVASE).[911] Die Gruppe mit 650 festen Mitgliedern organisiert rund zehn

---

905 Vgl.: http://entrepreneurship.berkley.edu und www.gsb.stanford.edu/ces/ im Juli 2004.
906 Vgl. Michler 2000e.
907 Informationen von Marie Earl, Director of Alumni Relations Stanford, im Frühjahr 2004.
908 Bis heute verfasst das Netzwerk u.a. eine Reihe von Studien und Empfehlungen zur wirtschaftlichen und sozialen Entwicklung der Region, vgl. Literaturverzeichnis.
909 Vgl. www.ten-net.org
910 Vgl. www.churchillclub.org
911 Vgl. www.svase.org

Netzwerktreffen im Monat, vom großen Vortrag mit Abendessen, zu dessen Einleitung ausgewählte Teams in wenigen Minuten ihre Geschäftsidee vorstellen dürfen, über einen „VC Frühstücksclub", bis hin zu Mentoren-Treffen. Wer bereits erste Erfolge als Entrepreneur vorzuweisen hat, kann auch Mitglied der **Young Entrepreneurs´ Organization** (YEO) werden, die im Silicon Valley einen aktiven Netzwerkarm mit 60 Mitgliedern unterhält.[912]

An 70 bis 100 Firmenchefs und –vorstände der Region sowie potenzielle Investoren richtet sich das im Herbst 1999 gegründete **International Business Development Network** (IBDNetwork).[913] Ziel ist es, den Entscheidern durch regen persönlichen Austausch Hilfestellung in strategischen Entscheidungen etwa zu neuen Produkten und Märkten zu geben.

Ein Beispiel für ein äußerst exklusives, geschlossenes Netzwerk ist das „**Band of Angels**".[914] Die rund 100 von Gründer Hans Severiens seit 1994 persönlich ausgewählten Mitglieder der Gruppe sind sehr vermögende Business-Angels. Die einst selbst erfolgreichen Entrepreneure und Manager helfen heute jungen Gründern mit Ratschlägen, Beziehungen und Finanzspritzen auf die Beine. Auf den monatlichen Treffen des Clubs dürfen jeweils drei ausgesuchte Teams ihre Gründungsidee vorstellen und um Unterstützung einzelner „Angels" werben.

Die Liste ließe sich, etwa um diverse „Happy Hour"-Gruppen oder spezielle Emigranten-Netzwerke[915], noch lange fortschreiben. Die obige Auswahl dürfte jedoch einen Eindruck von der Netzwerkintensität und –begeisterung im Tal geben.

8.6.2 München

Orientiert am Beispiel USA ist auch in der deutschen High-Tech-Industrie in den vergangenen Jahren die Begeisterung für das „Networking" gewachsen. So sind in der Region München eine ganze Reihe von formellen und informellen Treffs entstanden, die hier aufgrund ihrer Vielzahl ebenfalls nur beispielhaft abgebildet werden können.

---

912 Vgl. www.yeo.org

913 Vgl. www.ibdnetzwork.com

914 Vgl. www.bandangels.com . Hintergrundinformationen kommen aus einem persönlichen Gespräch mit Hans Severiens in Palo Alto im Frühjahr 2001.

915 Eines der einflussreichsten in der Region ist das Netzwerk der indischen Comunity „The indus Entrepreneurs (Tie)", vgl. www.tie.org .

Ein wichtiger Knotenpunkt für regionale Gründernetzwerke sind auch in München die Universitäten. Eine besondere Rolle spielt die Technische Universität München mit ihrem Spin-off **Unternehmertum GmbH in Garching** als zentrale Anlaufstelle für Gründer (vgl. **Kapitel 8.2.4.2**). Auf der Web-Site wird ebenso wie auf der Site der Gründerbüros der Universität München auf die wichtigsten Gründernetze der Region verwiesen. Auch bei der Vernetzung der Alumni, die in Deutschland im Vergleich zu den USA noch in den Kinderschuhen steckt[916], ist die TU sehr engagiert. Neben der zentralen Universitätsverwaltung, die eine **Alumni-Datenbank** aufbaut und regelmäßig zu Jahrgangstreffen lädt, haben einzelne Fakultäten eigene Clubs ins Leben gerufen. So veranstalten etwa die ehemaligen MBA-Studenten mit ihrem **Business-Alumni-Club** Golfturniere, ein Sommerfest sowie einen monatlichen Stammtisch in einem Münchner Brauhaus.[917] Die BWL-Fakultät an der Universität München arbeitet seit 2003 am Aufbau eines Alumni-Netzwerks.[918]

Eine zentrale Rolle im Gründernetz der Region spielt das **Munich Network**[919] - ein gemeinnütziger Verein mit Mitgliedern aus Industrie, VC, Banken, Beratungsfirmen, wissenschaftlichen Forschungseinrichtungen u.a.. Das Netzwerk hat sich seit 1996[920] der Förderung von Technologie-Gründungen in der Region verschrieben. Es veranstaltet regelmäßig Konferenzen und Seminare für Entrepreneure und ist u.a. an der Organisation des Münchner Business Plan Wettbewerbs beteiligt.

Auf breit gefächerte Informationen zu Gründerthemen setzen auch das von der IHK und dem Referat Arbeit und Wirtschaft der Stadt München gemeinsam betriebenen **Münchner Existenzgründungsbüro** MEB[921] und die **Kooperation Hochsprung**[922], das Hochschulprogramm für Unternehmensgründungen an Bayerischen Hochschulen. Das Existenzgründungsbüro MEB organisiert unter anderem Gründermessen; Hochsprung bietet jedes Semester eine Reihe von Vorträgen an.

---

916 Vgl. Spiewak 2001.
917 www.business-alumni-club.de
918 www.alumni.bwl.uni-muenchen.de/
919 www.munichnetwork.com
920 Als Fortführung des 1984 gegründeten Förderkreises Neue Technologien.
921 www.meb-muenchen.de
922 www.hoch-sprung.de

Speziell an Gründer der Biotechnologie richtet sich die von der Landesregierung unterstützte Service-, Beratungs- und Finanzierungsgesellschaft **BioM**.[923] Sie bietet regelmäßige Seminare für Entrepreneure an und vermittelt Kontakte zwischen Unternehmen, Wissenschaft und Politik.

Einen besonderen Schwerpunkt auf das informelle Netzwerk legt der **Förderkreis IT- und Medien-Wirtschaft München e.V.** (FIWM).[924] Seit dem Jahr 2000 organisiert der Verein, der sich als Sprachrohr der Internet-Wirtschaft in der Region versteht, einen regelmäßigen Online-Stammtisch sowie Sommerfeste, Golfturniere und Fußball-Cups.

Ein weiteres Beispiel für ein institutionalisiertes informelles Treffen ist der gemeinsame **Gründerstammtisch** der Unternehmerinitiative Munich Network, des Münchner Business Plan Wettbewerbs (MBPW), des Bundes Junger Unternehmer und der Wirtschaftsjunioren München. Die Gruppe hat jedes Jahr einen Stammplatz auf dem Münchner Oktoberfest gemietet.

Beispiele für spezielle Netzwerke von Kapitalgebern sind das **Münchner Business Angels Network** und die von der Firma CatCap organisierte **Venture Lounge**.[925] Beide veranstalten Treffen, auf denen ausgewählte Entrepreneure ihre Gründungsideen präsentieren dürfen.

Der Vorsitzende des FIWM, Joachim Graf, fasst die Situation in der Region München so zusammen: „Wir haben in der IT die kritische Masse erreicht, damit ‚Networking' funktionieren kann."[926] Nur wenn in einer Branche ein „Know-How-Kern" entstanden sei, und Tausende von Kleinstprojekten[927] vergeben würden, sei der Nährboden für starke Netzwerke gelegt. „In Berlin fehlt ein solcher Know-how-Kern."[928]

8.6.3 Berlin / Brandenburg

Tatsächlich fällt auf, dass in der Hauptstadtregion weniger dichte Netzwerke für Gründer der IT existieren als in München und dem Silicon Valley. Vor allem von Wirtschaftsunternehmen selbst initiierte und privatwirtschaftlich organisierte Treffs fehlen in diesem Bereich fast ganz. Eine Reihe von Lobby- und Netzwerkclubs von Internet-Gründern - etwa der Silicon City

---

[923] www.bio-m.de
[924] www.fiwm.de
[925] www.venture-lounge.de
[926] Telefonat mit Joachim Graf am 4.5.04, Tel: 089 / 57 83 87-0.
[927] Etwa die Aktualisierung von Teilen einer Firmen-Web-Seite für 5.000 Euro.
[928] Telefonat mit Joachim Graf am 4.5.04, Tel: 089 / 57 83 87-0.

Club (SCC)[929], das European Net Economy Forum (Enef)[930] oder die Berliner Dependence des internationalen Netzwerk-Clubs First Tuesday – haben die Dot.com Krise nicht überlebt.

Ein starker Fokus in der Region liegt dagegen auf staatlichen, von öffentlichen Stellen angestoßenen und organisierten Netzwerken. Im Zentrum steht dabei der Versuch, den Dialog der vielen unterschiedlichen öffentlichen Forschungseinrichtungen (vgl. **Kapitel 8.2.2.3**) untereinander sowie mit der Wirtschaft vor Ort zu beleben.

Die Universitäten spielen als Netzwerkknotenpunkt für Gründer allerdings eine untergeordnete Rolle. Zwar wird das **Existenz-Gründer-Institut Berlin e.V.** aus öffentlichen Mitteln finanziert, das, wie es in der Selbstbeschreibung heißt, „das Thema Existenzgründungen an die Hochschulen und die Forschungsinstitute tragen" soll.[931] Auf dem im Auftrag der Senatsverwaltung für Arbeit, Wirtschaft und Frauen erstellten „Online-Kalender für gründungsrelevante Veranstaltungen" an den Hochschulen der Region und am Institut selbst fand sich im Frühjahr 2004 jedoch für die kommenden Wochen lediglich ein einziger Vortrag.[932] Die Humboldt Universität, deren Internet-Angebot für Gründer sich im Frühjahr 2004 gerade im Aufbau befand, organisiert an jedem letzten Dienstag im Monat unter dem Namen „**Last Tuesday**" ein informelles Treffen für Gründungsinteressierte.[933]

Aktiv in der Netzwerkarbeit ist die vom Senat finanzierte[934] aber unabhängig agierende Technologiestiftung Berlin (TSB). Sie hat sich zum Ziel gesetzt „Wissenschaft und kleine und mittelständische Unternehmen für innovative Projekte" zusammen zu führen und zu „moderieren".[935] Dazu hat sie u.a. das Netzwerk für optische Technologien **Optec-Berlin-Brandenburg**[936], das **XML-City-Berlin Netz** für neue Entwicklungen im Datenaustausch über das Internet[937] und ein „Anwendungszentrum" für Verkehrstelematik[938] initiiert, die eine Reihe von Unternehmen und wissenschaftlichen Forschungseinrichtungen regelmäßig zu

---

929 1999 in Berlin gegründet und in den folgenden Monaten mit Dot.com Parties, Gründerdinners, Powerbreakfasts etc. in der Stadt aktiv.

930 Der Lobbyverband für die Netz-Wirtschaft wurde Ende 2001 aufgelöst. Die verbliebenen Mitglieder schlossen sich dem Verband Bitkom an.

931 Vgl. www.existenzgruender-institut.de

932 Aktiv ist dagegen ein vom Institut initiierter VC-Club der sich alle zwei Monate trifft.

933 www.last-tuesday.org

934 Das Stammkapital der Stiftung beträgt 32 Mio. Euro. „Der Löwenanteil" davon sind Donationen des Landes Berlin, das in den 90er Jahren in eine Initiative von privaten Firmen eingestiegen ist. Telefonat Frau Nippel, TSB Öffentlichkeitsarbeit, 7.4.04, Tel: 030/46302502.

935 www.technologiestiftung-berlin.de

936 www.optecbb.de

937 www.xmlcity-berlin.de

938 www.azvt.de

Treffen einladen. Ebenfalls eine Initiative der TSB ist das Netzwerk **BioTop**, das sich als „zentrale Anlauf- und Koordinationsstelle für alle Belange der Biotechnologie in (der) Hauptstadtregion" sieht.[939] Biotop gibt potenziellen Gründern Hilfestellung, vermittelt Experten und lädt die Biotech-Comunity der Region regelmäßig zu Vorträgen, Seminaren und Netzwerktreffen.

Ebenfalls auf Initiative der Politik geht der **Business Angels Club Berlin** zurück, der im Herbst 1998 von der Investitionsbank Berlin (IBB) ins Leben gerufen wurde.[940] Ziel ist es, auf regelmäßigen Treffen junge Gründer mit potenziellen privaten Geldgebern zusammen zu bringen.

Als privatwirtschaftliche Organisation, die in der Hauptstadtregion besonders aktiv ist, sei noch der Bundesverband Informationswirtschaft, Telekommunikation und neue Medien e.V., **Bitkom**, erwähnt.[941] Er ist als Interessenvertretung der Branche zwar bundesweit aktiv, hat aber aufgrund seiner Zentrale in der Hauptstadt einen Schwerpunkt in Berlin. Förderlich für ein Netzwerk unter IT-Gründern der Region dürfte besonders der Arbeitskreis Entrepreneurship sein, der regelmäßige „Roundtable-Gespräche" veranstaltet.

---

[939] www.bitop.de
[940] www.business-angels-berlin.de
[941] www.bitkom.org

9. Die Rolle des Staates im Wettbewerb um Gründer

In **Kapitel 8** wurde die Qualität von ausgewählten Standortfaktoren für Gründer in den drei Untersuchungsregionen verglichen. In den folgenden Abschnitten soll nun untersucht werden, wie stark sich die öffentlichen Hand bei der Förderung von Gründern und somit bei der Verbesserung einzelner Standortfaktoren – etwa der Qualität von Universitäten und Forschungseinrichtungen, der Verfügbarkeit von Risikokapital oder der Intensität von regionalen Netzwerken – engagiert hat.

Der Schwerpunkt der folgenden Untersuchung soll auf der direkten Förderung von Gründern liegen. Zum öffentlichen Engagement in der Beratung und Netzwerkbildung (**Kapitel 9.2.1**), im Aufbau spezieller Infrastruktur (**Kapitel 9.2.2**) und in der Kapitalausstattung von Gründern (**Kapitel 9.2.3**) lassen sich trotz statistischer Schwierigkeiten Zahlen und Fakten generieren, die einen Vergleich der Regionen ermöglichen.

Was die indirekte Förderung von Gründern betrifft, so soll speziell die staatliche Unterstützung von Forschung an Universitäten beleuchtet werden (**Kapitel 9.1**). Hier lassen sich vergleichbare Statistiken aufstellen. Die im Theorieteil (vgl. **Kapitel 4.2.3**) beschriebene indirekte Gründerförderung über das Setzen eines flexiblen Wettbewerbsrahmens muss dagegen ausgeklammert bleiben. Die Anforderung an funktionierende und evolutionsfähige Märkte für Arbeit, Betriebsstätten und Land sind zu komplex, als dass sie sich in einem Unterkapitel behandeln und vergleichbar machen ließen. Sie könnten Thema einer eigenständigen wissenschaftlichen Untersuchung sein.

Zwischen direkter und indirekter Gründerförderung wird in den folgenden Abschnitten gemäß der in **Kapitel 4.2.2** erarbeiteten Definition unterschieden. Danach spricht die direkte Gründerförderung potenzielle und tatsächliche Gründer unmittelbar an und versucht, gezielt Gründungsmotive zu generieren. Die indirekte Förderung dagegen zielt – etwa über die hier untersuchte Unterstützung von Forschung und Lehre (vgl. **Kapitel 4.2.3.3**) – darauf ab, gründungsfreundliche Rahmenbedingungen zu schaffen.

9.1 Indirekte Förderung von Gründern über Hilfen für die Forschung

Wie in **Kapitel 4.2.3.3** dargelegt, kann die Förderung von Forschung und Lehre Teil einer evolutorisch-ordnungskonformen Wirtschaftspolitik sein. Sie kann, wenn sie dem Entdeckungsprozess selbst möglichst freien Raum lässt, die Gründeraktivität in einer Region über zwei Hebel beleben. Erstens können sich von den Forschungsstätten zu den Gründern Wissens-Spillovers über neue Produkte oder Marktchancen ergeben (vgl. **Kapitel 3.4.1.1**). Und zweitens profitieren Gründer von einem größeren Angebot an gut ausgebildeten Arbeitskräften in der Region (vgl. **Kapitel 3.4.1.2**).

In den folgenden Abschnitten sollen als Anhaltspunkt für die Förderintensität der Forschung die öffentlichen Zuschüsse zur Forschung und Entwicklung an ausgewählten Hochschulen der drei Untersuchungsregionen verglichen werden. Der Vergleich muss sich auf ausgewählte Hochschulen beschränken, weil die einzelnen Forschungsinstitute in Deutschland keine Daten über die empfangenen Fördermittel veröffentlichen.[942] Anhand von Auswertungen der Hochschulfinanzstatistik lassen sich dagegen operable Zahlen für einzelne deutsche Universitäten generieren.

9.1.2.1 Silicon Valley

In den **Kapiteln 8.2.2** und **8.2.3.1** wurde bereits dargelegt, dass die Forschung und Entwicklung im Silicon Valley, anders als in Deutschland, stark auf einige wenige Institute konzentriert ist. **Tabelle 14** zeigt nun, dass dies klar dem politischen Willen entspricht, weil auch die öffentlichen Fördermittel für FuE auf die Top-Universitäten gebündelt sind.

Diese Bündelung wird sowohl anhand von absoluten als auch von relativen Zahlen deutlich. So unterstützte der Bund die Forschung und Entwicklung an der Stanford University im Jahr 2001 mit über 384 Mio. Dollar, an der UC Berkeley immerhin noch mit rund 208 Mio. Dollar, während er den Universitäten San Francisco und Santa Clara lediglich 625.000 bzw. 400.000 Dollar zukommen ließ. Pro Student gerechnet[943] wurde Stanford mit 20.727 Dollar, Berkeley mit 6.653 Dollar bedacht; die Santa Clara Univeristy kam auf 85, die University of San Francisco gerade einmal auf 51 Dollar. Gemessen an der Zahl der Fakultätsmitglieder[944] ergibt sich eine ähnliche Relation: 218.000 Dollar für Stanford, 65.600 für Berkeley und lediglich 855 für die University of San Francisco und 621 die Santa Clara University.

---

[942] Vgl. **Kapitel 8.2.3.2**.
[943] Zahl der eingeschriebenen Studenten im Jahr 2001 vgl. **Kapitel 8.1.1**.
[944] Zahl der Fakultätsmitglieder vgl. **Kapitel 8.2.2.1**.

Tabelle 14: Staatliche Förderung von FuE an Universitäten und nationalen Forschungsstätten im Silicon Valley im Jahr 2001 in 1.000 Dollar

Name der Einrichtung	Förderung vom Bund	Förderung von Bundesstaat und Counties	Summe
Universitäten[945]			
Stanford University	384.468	5.433	**389.901**
U CA Berkeley	208.080	29.824	**237.904**
U CA San Francisco	277.489	21.902	**299.391**
U CA Santa Cruz	29.201	k.A.	29.201
San José State University	14.301	3.747	**18.048**
San Francisco State University[946]	4.561	k.A.	4.561
Santa Clara University	625	k.A.	625
University of San Francisco[947]	400	k.A.	400
Total Universitäten	**919.125**	**60.906**	**980.663**
Nachrichtlich: National Laboratories[948]			
Lawrence Berkeley Nat. Lab at U CA[949]	337.757		337.757
Lawrence Livermore Nat. Lab at U CA[950]	1.049.675		1.049.675
Sandia Nat. Lab in California	k.A.		
Stanford Linear Accelerator Center	145.979		145.979
Total	**2.452.536**	**60.906**	**2.513.442**

Quelle: NSF.

Insgesamt wurde die FuE an den acht wichtigsten Hochschulen im Silicon Valley im Jahr 2001 vom Bund mit rund 919 Mio. Dollar gefördert. Dazu kamen mindestens 60,9 Mio. Dollar Fördermittel vom Bundesstaat Kalifornien und den jeweiligen Counties, wobei diese Zahl nach Angaben der NSF nicht vollständig ist, weil die Gebietskörperschaften ihre Fördermittel i.d.R. nicht zentral melden. Allein mit den Zuschüssen vom Bund lag die Förderung von FuE an den Universitäten im Silicon Valley jedoch bereits um ein Vielfaches über den beiden deutschen Vergleichsregionen. So erhielt die Stanford Universität allein von der US-Bundesregierung etwa viermal so viel Geld für FuE wie die am besten ausgestattete Universität der deutschen Untersuchungsregionen, die TU München, von allen Stellen der öffentlichen Hand zusammen (vgl. **Tabelle 15**).

Nachrichtlich sei an dieser Stelle noch die Ausstattung der Forschungsinstitute erwähnt, für die in den deutschen Regionen keine Vergleichszahlen vorliegen. Die vier National Laboratories im Silicon Valley erhielten vom Bund im Jahr 2001 FuE-Mittel in Höhe von

[945] Quelle für Ausgaben FuE Unis 2001: NSF 2002, Tab. B-31.
[946] geschätzt
[947] geschätzt
[948] Quelle: www.federallabs.org .
[949] Vgl. NSF 2002, Tab. 9.
[950] Vgl. NSF 2002, Tab. 9.

1,533 Mrd. Dollar.[951] Das waren rund 50 Prozent mehr als die acht wichtigsten Universitäten der Region zusammen, wobei der Löwenanteil von fast 1,1 Mrd. Dollar auf das Lawrence Livermore National Laboratory entfiel.

9.1.2.2 München

Es fällt zunächst auf, dass die absoluten Förderbeträge für FuE an den einzelnen Hochschulen der beiden deutschen Untersuchungsregionen deutlich hinter denjenigen im Silicon Valley zurückfallen. Mit Abstand am besten ausgestattet wurde die Technische Universität München. Rechnet man die Klinik der TU mit ein, lag die Fördersumme mit knapp 99 Mio. Euro weit vor den anderen Hochschulen in München und Berlin / Brandenburg. Dies war aber immer noch nur ein Bruchteil der Fördermittel, die Stanford, die U CA San Francisco oder Berkeley verbuchen konnten.

Bei den relativen Zahlen jedoch reicht die TU München in etwa an die Top-Universitäten des Valley heran. Pro Student[952] bekam die TU München FuE-Fördermittel in Höhe von rund 5.900 Euro – immerhin fast sechs mal so viel wie die Universität München mit knapp rund 980 Euro und annähernd so viel wie die University of California Berkeley mit 6.700 Dollar. Pro Professor[953] lag die FuE-Förderung – die jeweilige Universitätsklinik eingerechnet – bei über 191.000 Euro und damit in etwa gleichauf mit Stanford (218.000 Dollar) und deutlich vor Berkeley (65.000 Dollar). Deutlich weniger gut stand auch hier die Universität München mit FuE-Fördermitteln von knapp 59.000 Euro je Professor dar (siehe **Tabelle 15**).

In diese Berechnung ist jedoch ein Sonderposten eingegangen, der spezieller Erwähnung bedarf. Die „Zuschüsse zu den Investitionen aus dem öffentlichen Bereich", die nach Einschätzung eines Fachmanns für die Hochschulfinanzstatistik im Statistischen Bundesamt in die Summe der staatlichen FuE-Förderung mit eingerechnet werden sollten, waren im Fall der TU München mit über 20 Mio. Euro im Jahr 2001 außerordentlich hoch. Hier schlugen einmalige Baumaßnahmen zu Buche. Die mit 30 Mio. und 38 Mio. Euro ebenfalls außerordentlich hohen Drittmittel von der DFG bzw. vom Bund gingen nach Einschätzung von TU-Mitarbeitern dagegen nicht auf Sondereffekte (die Forschungsreaktoren in Garching

[951] Der Anteil der Bundesmittel an den gesamten FuE-Ausgaben lag beim Stanford Linear Accelerator bei 100 %, bei Larence Livermore 96 % und bei Lawrence Berkeley bei 83 %. Vgl.: www.federallabs.org.
[952] Zahl der Studenten im WS 2000 rund 15.500. Quelle: BMBF 2002, S. 253. Als Basis für diese Kennzahl wurden ausschließliche die FuE-Fördermittel für die jeweilige Universität (ohne das Klinikum) gewählt.
[953] Vgl. **Kapitel 8.2.2.2**.

etwa fallen in der Drittmittelstatistik kaum ins Gewicht), sondern auf das große Engagement der Universität in der FuE zurück.[954]

Tabelle 15: Staatliche Förderung[955] von FuE an ausgewählten Hochschulen in München im Jahr 2001 in 1.000 Euro

Name der Einrichtung	Drittmittel von der DFG	Drittmittel vom Bund	Drittmittel von den Ländern	Drittmittel vom sonst. öfftl. Bereich	Zuschüsse zu Investitionen aus dem öfftl. Bereich	Summe
Universitäten						
U München Klinikum	8.744	7.119	1.191	0	0	**17.054**
U München	26.560	13.405	0	0	1.219	**41.215**
TU München Klinikum	3.201	2.568	989	0	0	**6.758**
TU München	30.018	38.379	0	3.033	20.258	**91.800**

Quelle: Statistisches Bundesamt, Hochschulfinanzstatistik 2001, Aufstellung von Einnahmen und Drittmitteln nach einzelnen Hochschulen.[956]

Bemerkenswert ist, dass bei der in **Tabellen 15** und **16** aufgeführten FuE-Förderung ein deutliches Wettbewerbselement Einzug in die deutsche Hochschullandschaft erhält. Während die laufenden Grundmittel von Bund und Ländern für die Universitäten zu einem Großteil nach den Studentenzahlen bemessen werden,[957] wird ein Teil der hier aufgelisteten FuE-Drittmittel im Wettbewerb vergeben. Dies gilt u.a. für die Mittel der Deutschen Forschungsgemeinschaft (DFG), die – finanziert zu 60 Prozent vom Bund und zu 40 Prozent vom jeweiligen Bundesland[958] – ausgewählte Projekte mit Fördergeldern unterstützt.

Im Wettbewerb um diese Projektförderung der DFG schnitten in beiden großen Münchner Hochschulen in der Vergangenheit besonders gut ab. Im bundesweiten Förderranking der DFG-Bewilligungen für die Jahre 1999 bis 2001 belegten die Universität München (mit knapp 117 Mio. Euro) und die TU München (mit über 116 Mio. Euro) nach der TH Aachen die Plätze 2 und 3.[959]

[954] Vgl. Telefonate mit Dr. Michael Klimke, Wissenschaftlicher Referent im Präsidialbüro der TU München (Tel: 089/28925207) am 5.8.2004.
[955] Als Annäherung für die staatliche FuE-Förderung an Hochschulen wurden die Drittmittel aus dem öffentlichen Bereich, die sämtlich in FuE-Vorhaben fließen, sowie – aus der Einnahmenrechnung – die „Zuschüsse für Investitionen aus dem öffentlichen Bereich" einbezogen. Diese Abgrenzung ist auch nach Meinung des zuständigen Mitarbeiters für die Hochschulfinanzstatistik beim Statistischen Bundesamt, Wolfgang Göbel, sinnvoll.
[956] Ein besonderer Dank gebührt Herrn Goebel für seine Erklärungen und Sonderauswertungen.
[957] Vgl. **Kapitel 8.2.1.2**.
[958] Vgl. www.dfg.de/dfg_im_profil/zahlen_und_fakten/mittelverwendung/#herkunft im Juli 2004.
[959] Vgl. DFG 2003, S. 166f.

9.1.2.3 Berlin / Brandenburg

Die einzelnen Universitäten in Berlin / Brandenburg fielen im Wettbewerb um FuE-Fördermittel deutlich hinter die beiden Top-Hochschulen Münchens zurück. Die Freie Universität Berlin bekam im Jahr 2001 mit rund 53 Mio. Euro etwa halb so viel staatliche FuE-Fördermittel wie die TU München. Knapp dahinter lag die Humboldt Universität Berlin mit rund 51 Mio. Euro Förderung, wobei der Löwenanteil (über 27 Mio. Euro) an das Klinikum, die Charité, floss. Die TU konnte immerhin noch rund 43 Mio. Euro Fördergelder verbuchen, die Universität Potsdam rund 13 Mio. Euro.

Gemeinsam erhielten die vier Universitäten mit ihren rund 118.000 Studenten[960] in der Region rund 160 Mio. Euro FuE-Förderung – etwa genau so viel wie die zwei Universitäten in München mit ihren nur 58.000 Studenten. Pro Student waren es – jeweils ohne die Klinik-Mittel - an der HU rund 700, an der FU rund 930 und an der TU immerhin rund 1.500 Euro. Pro Professor[961] lag die FuE-Förderung – die jeweilige Universitätsklinik eingerechnet – bei 102.000 Euro an der Technischen, 82.000 Euro an der Freien und 81.000 an der Humboldt Universität.

Tabelle 16: Staatliche Förderung[962] von FuE an ausgewählten Hochschulen in Berlin / Brandenburg im Jahr 2001 in 1.000 Euro

Name der Einrichtung	Drittmittel von der DFG	Drittmittel vom Bund	Drittmittel von den Ländern	Drittmittel vom sonst. öfftl. Bereich	Zuschüsse zu Investitionen aus dem öfftl. Bereich	Summe
Universitäten						
Humboldt U Klinikum Charité	12.906	13.961	202	0	0	**27.069**
Humboldt U Berlin	13.393	7.308	882	2.113	549	**24.245**
Freie U Klinikum B. Franklin	7.748	6.080	0	0	0	**13.828**
Freie U Berlin	19.625	13.264	2.584	0	3.440	**38.913**
Technische U Berlin	24.304	14.846	1.208	1.461	1.156	**43.069**
U Potsdam	5.729	4.839	79	1.898	0	**12.545**

Quelle: Statistisches Bundesamt, Hochschulfinanzstatistik 2001, Aufstellung von Einnahmen und Drittmitteln nach einzelnen Hochschulen.

Betrachtet man ausschließlich die im bundesweiten Wettbewerb um die besten Forschungsprojekte vergebenen DFG-Fördermittel, ergibt sich ebenfalls ein Gefälle zwischen München und Berlin. Die FU, die HU und die TU Berlin erhielten im Jahr 2001 – Kliniken

[960] Quelle: BMBF 2002, S. 253.

[961] Vgl. **Kapitel 8.2.2.2.**

[962] Als Annäherung für die staatliche FuE-Förderung an Hochschulen wurden die Drittmittel aus dem öffentlichen Bereich, die sämtlich in FuE-Vorhaben fließen, sowie – aus der Einnahmenrechnung – die „Zuschüsse für Investitionen aus dem öffentlichen Bereich" einbezogen.

inklusive – 27 Mio. Euro, 26 Mio. Euro bzw. 24 Mio. Euro Fördermittel. Die Universität München bekam 35 Mio. und die TU München 33 Mio. Euro. Pro Student waren das 650 Euro an der FU, 750 Euro an der HU und 840 Euro an der TU, verglichen mit 830 Euro an der Universität und 2.130 Euro an der Technischen Universität München. Im bundesweiten Förderranking der DFG-Bewilligungen für die Jahre 1999 bis 2001 belegte die HU (90 Mio. Euro) den 9., die FU (77 Mio. Euro) den 13. und die TU Berlin (68 Mio. Euro) den 20. Platz.[963]

9.2 Direkte Förderung von Gründern

Die Crux der folgenden Abschnitte hat Dr. Martin Meschenmoser aus der Abteilung Fördercontrolling bei der Investitionsbank Berlin (IBB) in wenigen Worten beschrieben: „Transparenz im Bereich der öffentlichen Förderung ist nicht gegeben." Und, so fügte er im Gespräch[964] hinzu, sie werde von den meisten Beteiligten auch gar nicht angestrebt.[965]

In der Tat ist die direkte Förderung für Gründer in Hunderte von Einzelmaßnahmen mit verschiedenen Förderintensitäten verpackt. Mal stellt die öffentliche Hand vergünstigte Immobilien zur Verfügung, mal ist sie als Gesellschafterin an einer Beratungsstelle beteiligt, mal veranstaltet sie selbst einen Businessplan-Wettbewerb, mal vergibt sie zinsgünstige Darlehen, mal bürgt sie für mögliche Verluste usw. Ein Subventionsbarwert aus all diesen Maßnahmen, der einen direkten monetären Vergleich des Staatsengagements in den verschiedenen Untersuchungsregionen ermöglichen würde, lässt sich kaum ermitteln.[966] Der Versuch, der den Rahmen dieser Arbeit bei weitem sprengen würde, wird denn auch nicht gemacht.

Statt dessen bemüht sich die Autorin, einen Überblick über einzelne Maßnahmen aus den Bereichen Beratung (**Kapitel 9.2.1**), Angebot spezieller Infrastruktur (**Kapitel 9.2.2**) und Kapitalhilfen (**Kapitel 9.2.3**) zu geben, in denen die öffentliche Hand als Gründungsförderin aktiv ist. Der Vergleich der drei Untersuchungsregionen kann allerdings aufgrund mangelnder Daten nur in den seltensten Fällen anhand von monetären Kriterien erfolgen.

[963] Vgl. DFG 2003, S. 166f.
[964] Telefonat vom 7.6.2004.
[965] Ein entscheidender Grund hierfür dürfte im „Eigeninteresse von Politikern" liegen, das im **Kapitel 4.3.2** des Kapitels zu „Gefahren von direkten Staatseingriffen in den Wettbewerb der Regionen" beschrieben wurde. Wäre die öffentliche Förderung transparent, würden Erfolge und Misserfolge besser nachgehalten, dann wäre auch der Erfolg und v.a. Misserfolg einzelner Politiker klarer ersichtlich. Sie müssten um ihr Mandat fürchten.
[966] Der Versuch ist nach Aussage von Meschenmoser (Telefonat vom 7.6.04) auch von der öffentlichen Hand noch nicht gemacht worden, wäre er doch nicht nur extrem aufwendig, sondern aufgrund der verschiedenen

9.2.1 Der Staat als Ratgeber und Netzwerker

In den folgenden Abschnitten soll an einzelnen Beispielen aufgezeigt werden, wie stark sich die öffentliche Hand in den drei Untersuchungsregionen bei der Beratung von Gründern engagiert. Es fällt auf, dass es in den deutschen Regionen viele staatlich finanzierte Beratungsstellen gibt, die vor allem damit beschäftigt sind, potenziellen Gründern einen Weg durch den staatlichen Förderdschungel zu bahnen. Zudem wird über Breitenprogramme der Gang von Gründern und KMU zu privaten Beratern gefördert.

Im Silicon Valley dagegen setzt die öffentliche Hand stärker auf die Förderung von einzelnen Beratungsstellen, wobei sie fast immer mit privaten Sponsoren kooperiert. Allein aus öffentlichen Mitteln werden lediglich Stellen bezahlt, die speziell Benachteiligte und Minderheiten beraten.

Eine Reihe von Beispielen für staatlich unterstützte Netzwerke für Gründer wurde bereits in **Kapitel 8.6** gegeben. In den folgenden Abschnitten sollen zusätzlich öffentlich geförderte Businessplan-Wettbewerbe erwähnt werden. Sie befinden sich an der Schnittstelle von Beratung, Netzwerk und direkter Gründerförderung, weil sie Teilnehmern eine intensive Beratung und den Zugang zu ihrem Netzwerk anbieten und die Gewinner mit direkten Fördermitteln ausstatten.

9.2.1.1 Silicon Valley

Für Gründer im Silicon Valley gibt es einige Beratungsstellen, die von der öffentlichen Hand finanziell unterstützt werden. Hier sollen fünf Anlaufstellen vorgestellt werden, die für Gründer im High-Tech-Bereich interessant sein könnten. Es fällt auf, dass, anders als bei einer Reihe von deutschen Beratungsstellen, die öffentliche Hand oft nur Kofinanzier ist. Meist beteiligen sich auch private Sponsoren mit Geld oder freiwilliger Arbeitsleistung an den Projekten.

Als erste, bemerkenswerte Einrichtung sei hier das **Silicon Valley Score Chapter** erwähnt. Die Organisation Counselors to America´s Small Businesses (Score) berät seit 1964 mit mehreren Tausend Freiwilligen Gründer und KMU in den USA. Im Silicon-Valley-Ableger von Score sind über 65 freiwillige Berater, darunter eine Reihe von Spezialisten aus dem

---

Gewichtungen, die etwa für die Eintrittswahrscheinlichkeit einer Bürgschaft etc. gewählt werden müssten, auch leicht anfechtbar.

High-Tech-Bereich, aktiv. Sie bieten umsonst Seminare und Coaching-Gespräche an. Unterstützt wird Score von der Small Business Administration (SBA) der US-Regierung, baut aber vor allem auf die unentgeltliche Leistung der Freiwilligen.[967]

Als speziellen Service unterhält die SBA gemeinsam mit Score bundesweit sogenannte **Business Information Center** (BIC). In San Jose steht, gesponsert von der Bank of America, eine Business-Bibliothek mit Standardliteratur, Informationsbroschüren, Zeitschriften und Computerprogrammen zu Gründerthemen. Die Benutzung ist kostenlos.[968]

Mit fest angestellten Beratern, die ihre Dienste für Gründer und KMU ebenfalls umsonst anbieten, arbeitet das **Small Business Development Center** (SBDC) of Silicon Valley.[969] Finanziert wird das Center von der SBA, der Trade and Commerce Agency des Staates Kalifornien und dem West Valley-Mission Community College District[970] - also ausschließlich von der öffentlichen Hand. Angeboten werden Seminare und Workshops sowie individuelle Beratung in vielen Bereichen, von Management und Finanzierung bis hin zur Erlangung von Fördergeldern für Forschung und Entwicklung. Ein Schwerpunkt der Arbeit liegt, wie bei vielen mit öffentlichen Mitteln finanzierten Projekten in den USA, auf der Förderung von Frauen und ethnischen Minderheiten.

Workshops und Seminare für Entrepreneure zum Selbstkostenpreis bietet das **San Jose Entrepreneur Center** an. Organisiert ist das Center, das eine übersichtliche Web-Site mit dem Angebot für Gründer in der Region unterhält,[971] als Public-Private-Partnership von der SBA, Cisco Systems und der City of San Jose. In die Bildungsarbeit sind zusätzlich Sponsoren, etwa IBM für die Computerausstattung, eingebunden.

Speziell an KMU aus der Software-Branche richtet sich das **Software Development Forum** in San Jose.[972] Das Forum, gegründet im Jahr 1983, ist Netzwerk, Bildungseinrichtung und Beratungsstelle zugleich. Finanziert wird es aus den Beiträgen der über 2.300 Mitglieder sowie aus Spenden von Unternehmen und Mitteln der Redevelopment Agency of the City of

---

[967] Vgl. www.svscore.org im Juni 2004. Angaben zur Höhe der Subventionen aus öffentlicher Hand werden nicht gemacht.
[968] Vgl. www.svscore.org/businessInformationCenter.htm im Juni 2004.
[969] Vgl. www.siliconvalley-sbdc.org im Juni 2004.
[970] Community Colleges in den USA sind weiterführende Schulen bzw. Ausbildungsstätten, die 2-jährige Ausbildungsgänge nach der Highschool anbieten und i.d.R. von den Kommunen bzw. Bundesstaaten finanziert werden.
[971] Vgl. www.ecenteronline.org im Juni 2004.

San Jose. Das Forum organisiert 20 bis 30 Veranstaltungen im Monat, darunter Netzwerktreffen und Podiumsdiskussionen. Darüber hinaus werden gegen eine Kostenbeteiligung regelmäßig Seminare zum Thema High-Tech-Gründungen angeboten. In Kooperation mit Score (s.o.) können Gründer und Unternehmer in Einzelgesprächen mit Experten Rat suchen.

Einen Businessplan-Wettbewerb, der speziell auf die Region Silicon Valley zugeschnitten ist und aus öffentlichen Mitteln gefördert wird, gibt es im Unterschied zu den beiden deutschen Untersuchungsregionen nicht. Stattdessen veranstalten einzelne Universitäten Wettbewerbe, die meist nur eigenen Studenten und Alumni offen stehen.[973] Diese werden i.d.R. aus Spenden von Sponsoren und Alumni finanziert und von der jeweiligen Universität v.a. administrativ unterstützt. Beispiele hierfür sind die **UC Berkeley Business Plan Competition** (erstmals veranstaltet im Jahr 1999), der Wettbewerb **E-Challange** von Stanford und die noch junge **Silicon Valley Business Plan Competition** der San Jose State University (erstmals im Jahr 2002/2003)[974]. Informationen über die Zahl der Teilnehmer und der entstandenen Firmen geben Berkeley und Stanford auch auf Anfrage bedauerlicherweise nicht.[975]

9.2.1.2 München

Einen guten Überblick über die Breite des Angebots von Gründerberatungen gibt das Gründerportal des Bayerischen Staatsministerium für Wirtschaft, Infrastruktur, Verkehr und Technologie, www.startup-in-bayern.de. Allein für die Stadt München finden sich darauf **14 Anlaufstellen für Gründer**, die Rat suchen, darunter einzelne Gründerzentren (vgl. **Kapitel 9.2.2.2**) , Gründerbüros an den Hochschulen (vgl. **Kapitel 9.1.2.2**) sowie Beratungsstellen an den Industrie- und Handels- sowie Handwerkskammern und beim Arbeitsamt. Daneben beraten die Wirtschaftsabteilungen der Landes- und Kommunalregierungen sowie die LfA Förderbank Bayern über Förderprogramme vom Land, vom Bund und von der EU. Speziell zum Thema verschiedene Förderprogramme der öffentlichen Hand beraten auch Existenzgründer-Stellen bei der KfW-Mittelstandsbank und der tbg, die v.a. die zahlreichen Programme der eigenen Häuser im Blick haben.

---

[972] Vgl. www.sdforum.org im Juni 2004.

[973] Eine Ausnahme ist der University of San Francisco International Business Plan Competition, der Absolventen aller Universitäten weltweit offen steht und vom US-Bildungsministerium gefördert wird.

[974] Nach Angaben der Veranstalter nahmen acht Teams teil. Zwei Firmen wurden tatsächlich gegründet, eine war im Juni 2004 noch am Leben. Auskunft von Prof. Michael E. Solt per E-Mail im Juni 2004.

[975] Das gleiche gilt für den im Jahr 2000 erstmals von der Privatfirma Palo Alto Software veranstalteten Wettbewerb Palo Alto Software Business Planing Competition.

Eine breite Förderung von privaten Unternehmensberatungen begründen zwei Programme des Bundes, die auch von Existenzgründern bzw. Beratern in München und Berlin / Brandenburg in Anspruch genommen werden können: **Die Förderung von Existenzgründungs- und Unternehmensberatungen** und die **Förderung von Informations- und Schulungsveranstaltungen für Existenzgründer** u.a..[976] Beim ersten Programm erstattet der Bund dem Rat suchenden Gründer 50 Prozent der Nettorechnung vom Unternehmensberater (maximal jedoch 1.500 Euro) zurück. Beim Zweiten werden die Veranstalter von Seminaren gefördert, mit maximal 1.350 Euro. Problematisch ist, dass ohne jede Qualitätskontrolle der Beraterleistungen gefördert wird und sich, wie es ein Mitarbeiter einer Landesförderbank formulierte, „vor allem Scharlatane auf dem Beratungsmarkt tummeln“. Die Stiftung Warentest hat im Auftrag des Bundesministeriums für Bildung und Forschung getestet und herausgefunden, dass fast alle Existenzgründungsberatungen „große Lücken“ aufweisen.[977]

Speziell an Gründer im Bundesland Bayern richtet sich seit 1998 ein **Coachingprogramm des Freistaates**.[978] Statt lediglich in der Existenzgründungsphase können Firmen bis zu drei Jahre nach ihrer Gründung gefördert werden. Sie haben die Wahl zwischen einer Reihe von vorselektierten Beratungsorganisationen und bekommen maximal 80 Prozent der Beratungshonorare (bei Einzel- bis zu 614 Euro, bei Gruppencoachings bis zu 900 Euro pro Tag) erstattet.

München und Berlin-Brandenburg konnten als erste Regionen in Deutschland von Businessplan-Wettbewerben profitieren.[979] Im Jahr 1996 führte die Unternehmensberatung McKinsey den **Münchner Business-Plan-Wettbewerb** (MBPW) ein, der seither von einer Reihe von Unternehmen und Verbänden aber auch vom Staat Bayern, seiner Förderbank LfA und der KfW finanziell unterstützt wird.[980] Bis Juni 2003 sind nach Angaben der Organisatoren rund 330 Gründungsunternehmen mit rund 2.800 neuen Arbeitsplätzen aus dem Wettbewerb hervorgegangen. Zudem hat die „breite Öffentlichkeitswirkung des Wettbewerbs“ nach Ansicht des Bayerischen Staatsministeriums für Wirtschaft, Verkehr und Technologie „wesentlich zur Verbesserung des Gründerklimas in Bayern beigetragen“[981]. Der MBPW bietet allen Teilnehmern fachliche Beratung zur Unternehmensgründung sowie den

[976] Vgl. www.bafa.de im Juni 2004.
[977] Vgl. Stiftung Warentest (Hrsg.) 2003.
[978] Vgl. www.startup-in-bayern.de/Coaching/coaching.html im Juni 2004.
[979] Vgl. Harms / Schmengler 2003, S. 9.
[980] Vgl. Liste der Sponsoren auf der Web-Site www.mbpw.de im Juni 2004. Über die genaue Höhe der erhaltenen Fördermittel geben die Organisatoren keine Auskunft.
[981] Stmwvt, Mai 2003, S. 15.

Zutritt zu einem Netzwerk von potenziellen Finanziers und Fachleuten – vom Patentanwalt bis zum Steuerberater – in der Region. Die Gewinner bekommen zudem Siegesprämien für ihren Unternehmensstart.

9.2.1.3 Berlin / Brandenburg

Auch in Berlin / Brandenburg gibt es eine ganze Reihe von Beratungsstellen für Gründer, darunter einzelne Gründerzentren (vgl. **Kapitel 9.2.2.2**), Gründerbüros an den Hochschulen (vgl. **Kapitel 9.1.2.2**), Beratungsstellen an den Industrie- und Handels- sowie Handwerkskammern und ein Existenzgründertelefon der Senatsverwaltung[982].[983] Viele Stellen u.a. bei der KfW Mittelstandsbank, der tbg oder der Investitionsbank Berlin (IBB) befassen sich besonders mit der Beratung bei der Beantragung von Fördermitteln.

Neben den Bundeszuschüssen für Gründerberatungen und Schulungen (vgl. **Kapitel 9.2.1.2**) profitiert Berlin seit dem 1.7.2003 von einem **Pilotprojekt** der KfW-Mittelstandsbank zum **Gründer-Coaching**. Hier zahlt die Kfw 50 Prozent (West) bzw. 65 Prozent (Ost) der Honorare für ausgewählte Coaches, die Gründer aller Bereiche etwa in Fragen der Finanzierung und Organisation beraten.[984]

Speziell an Gründer in der Hochtechnologie richtet sich das **Technologie Coaching Center** TCC, das gemeinsam vom Land Berlin und vom Europäischen Fonds für Regionale Entwicklung (EFRE) finanziert wird. Es bietet Hightech-Gründern Hilfestellung etwa beim Verfassen eines Business- oder Finanzplans ober beim Abstecken der Unternehmensstrategie. Seit seiner Gründung im Juli 1997 bis Dezember 2003 hat das Zentrum nach eigenen Angaben mit über 3200 Beratertagen in Coaching-Gesprächen und Seminaren Entrepreneure unterstützt.[985] Für den Gründer sind jeweils die ersten beiden Beratertage bei den vom TTC ausgewählten Coaches kostenlos. Vom 3. bis zum 6. Tag zahlt er 125 Euro je Tag, ab dem 8. Tag 250 Euro und ab dem 15. Tag 375 Euro.

Ebenfalls an Existenzgründer im Bereich neuer Technologien richten sich **Zuschüsse zur Beratung und Qualifizierung** vom IBB Zukunftsfonds. Gründer u.a. in den Bereichen IKT

---

[982] Tel. 030/9013-8115, wobei sich das Telefon nach Auskunft einer Mitarbeiterin v.a. an Gründer im Einzelhandel und gewerblichen Bereich, nicht aber an spezialisierte High-Tech-Entrepreneure richtet.
[983] Vgl. IBB 2004, S. 112-116.
[984] Vgl. Stichwort Gründercoaching auf www.kfw-mittelstandsbank.de im Juni 2004. Das Pilotprojekt wurde bis zum 31.8.04 verlängert. Ob es bundesweit eingeführt werden würde, war im Sommer 2004 noch nicht entschieden.

und Biotechnologie können sich Beratungen und Seminare mit bis zu 5.000 Euro vom Land bezuschussen lassen. Hier wird wie[986] bei den Beratungszuschüssen des Bundes (vgl. **Kapitel 9.2.1.2**) der Gründer selbst gefördert und kann seine Berater und Anbieter von Gründerseminaren frei wählen. Es stellt sich daher auch hier das Problem der Qualitätskontrolle.

Zudem hat die **IBB** einen **Pool von eigenen Branchenexperten und Beratern**, die innovativen Existenzgründern in Fragen bei der Festlegung von Unternehmensstrategien, der Suche nach Fördermöglichkeiten und der Vermittlung von Kontakten zu Partnern in Wirtschaft und Forschung behilflich sind. Das so genannte „Team Innovationsberatung" steht kostenlos für Beratungsgespräche zur Verfügung.[987]

Ein weiteres Förderprogramm zahlt bis zu 63 **Coaching-Stunden** vorrangig für Gründer, die sich aus der Arbeitslosigkeit heraus bereits mit Hilfe von Bundesfördermitteln selbständig gemacht haben.[988] Hier dürften High-Tech-Gründer jedoch die absolute Minderheit stellen.

Der **Businessplan Wettbewerb Berlin / Brandenburg** wendet sich mit einer sehr breiten Marketing-Kampagne an potenzielle Gründungsinteressierte in der Region. Per Direktmails an Studenten (allein im Jahr 2002 wurden eigenen Angaben zufolge rund 36.000 E-Mails verschickt), verteilte Handzettel und Werbespots im Radio versuchen die Organisatoren, die Investitionsbanken der Länder Berlin und Brandenburg sowie die Vereinigung der Unternehmensverbände beider Länder, möglichst viele Teilnehmer zu mobilisieren.[989] Von 1996 bis 2002 haben nach Angaben der Organisatoren insgesamt 1.679 Teams Businesspläne eingereicht. 445 Unternehmen seien tatsächlich gegründet worden und hätten rund 1.800 Arbeitsplätze in der Region geschaffen. Der BPW Berlin Brandenburg bietet den Teilnehmern Beratung zur Unternehmensgründung in Seminaren und Einzelgesprächen mit Coaches sowie eine Reihe von Veranstaltungen zum Aufbau eines Netzwerks. Den Gewinnern winken Siegesprämien von bis zu 15.000 Euro. Diese Prämien werden neben einer Reihe von Veranstaltungen für die Teilnehmer von Sponsoren finanziert. Die Kosten für die Infrastruktur des Wettbewerbs – sieben festangestellte Mitarbeiter, ein Ladenbüro im

[985] Vgl. www.tcc-berlin.de im Mai 2004. Über die Summe der Fördermittel gibt das TCC auch auf Nachfrage keine Auskunft.
[986] Vgl. IBB 2004, S. 109.
[987] Vgl. www.investitionsbank.de im Mai 2004.
[988] Kofinanziert von Senat und Europäischem Sozialfonds (ESF), organisiert von der Gesellschaft für soziale Unternehmensberatung. Vgl. IBB 2004, S. 104.
[989] Vgl. Businessplan-Wettbewerb Berlin-Brandenburg, Anlage zum Abschlussbericht BPW 2003.

Gebäude der IBB, Porto, Drucker, Telefonanlage etc. – tragen die Organisatoren, allen voran die IBB.[990]

Als große Beratungs- und Netzwerk-Veranstaltung, die aus öffentlichen Mitteln kofinanziert wird, soll zudem noch die **Messe „Deutsche Gründer- und Unternehmertage"** in Berlin aufgeführt werden.[991] Die Messe, die Gründungsinteressierten Kontakte und Beratung bieten will, wurde erstmals im Jahr 1985 in West-Berlin gehalten und wird seit 1998 als Private-Public-Partnership geführt. Veranstalter ist neben den Ländern Berlin und Brandenburg die Private MA Messe- und Ausstellungsgesellschaft Lübeck mbH. Als Aussteller präsentieren sich vor allem öffentliche Stellen – Wirtschaftsfördergesellschaften, Arbeitsämter, Weiterbildungsinstitutionen, Technologie- und Gründerzentren, öffentliche Förderbanken und Ministerien – daneben Berufsverbände, Unternehmensberatungen, Steuerprüfungsgesellschaften und Versicherer. Das Seminarprogramm zur Messe – im Jahr 2004 erstmals gestaltet vom Businessplan Wettbewerb Berlin / Brandenburg – wird von den Wirtschaftsministerien Berlins und Brandenburgs bezahlt.[992]

9.2.2 Der Staat als Anbieter spezieller Infrastruktur

Im Folgenden soll der Blick auf sogenannte Inkubatoren oder Gründerzentren gerichtet werden, die einen wichtigen Teil der speziellen Infrastruktur für High-Tech-Gründer ausmachen. Solche Inkubatoren, zu deutsch: Brutkästen, schaffen eine Atmosphäre, in der junge Firmen besonders gut gedeihen sollen. In der Regel bieten sie den Gründern Büroraum gekoppelt mit einer Reihe von Dienstleistungen an – etwa die Nutzung von gemeinsamen Sekretariaten, Laboren oder Konferenzräumen, die Beratung durch Coaches und Mentoren oder den Zugang zu einem speziellen Netzwerk.

Die öffentliche Hand kann solche Gründerzentren auf unterschiedlichste Weise fördern.[993] Sie kann direkte oder indirekte Zuschüsse zu den Investitionskosten geben, etwa Immobilien umsonst oder zu Vorzugspreisen zur Verfügung stellen. Sie kann Zuschüsse zu den Personalkosten des Zentrums gewähren oder selbst das Management stellen. Sie kann für das Geschäft bürgen oder sich vertraglich verpflichten, Anlaufdefizite zu übernehmen. Die Berechnung eines Subventionsbarwertes wäre schon aufgrund dieser Vielfalt äußerst

---

[990] Auskunft von Herrn Kühl vom BPW, Tel. 030/212 521 21 am 17.6.04.
[991] Vgl. www.degut.de im Juni 2004.
[992] Auskünfte Geschäftsführer der Degut Hr. Langrock, Tel. 030/306 710 20 am 16.6.04.
[993] Die verschiedenen Förderarten legte Ansgar Keller, Leiter des Existenzgründerzentrums „Technische Dienstleistungen"an der FHTW Berlin, am 8.6.04 in einem Telefonat (030/50192283) dar.

kompliziert. In der Praxis ist sie, weil viele Zentren keine Zahlen über die erhaltenen Fördermittel veröffentlichen, oft sogar unmöglich.

In dieser Arbeit wird versucht, die Bedeutung der Inkubatoren für die jeweilige Untersuchungsregion an anderen Kriterien festzumachen und zu vergleichen. Dazu zählt u.a. das Gründungsdatum des jeweiligen Inkubators und die Zahl der Firmen die das Zentrum seither genutzt haben. Um einen Eindruck vom Engagements der öffentlichen Hand zu gewinnen, sind zudem die Beteiligungsstrukturen der einzelnen Inkubatoren und, wenn möglich, die Art der erhaltenen Förderung, aufgeführt.

9.2.2.1 Silicon Valley

Es fällt auf, dass es im Silicon Valley, trotz der Größe der Region, deutlich weniger öffentlich geförderte High-Tech-Gründerzentren gibt als in den beiden deutschen Untersuchungsregionen. Wie aus Listen der Branchenorganisationen von Inkubatoren hervorgeht[994], wird die Mehrzahl der Gründerzentren in der Region von Privatfirmen zur Erwirtschaftung von Profit geführt. Darunter fallen etwa die Brutkästen von Techfarm, Venture Frogs oder Softbank.[995] Interessant ist auch, dass einige ausländische Staaten Inkubatoren im Silicon Valley betreiben, um Landsleuten den Sprung auf den amerikanischen Markt zu erleichtern. Südkorea ist mit dem I Park Venture Campus und dem Korean Software Incubator seit 1998 gleich zwei Mal in San Jose vertreten; die Schottische Regierung sponsert, ebenfalls seit 1998, das Scottish Technology Center in San Jose.

Der Staat fördert dagegen häufig solche Projekte, die auf dem freien Markt weniger gute Erfolgschancen hätten. Dazu zählen z.B. ein Inkubator für Gründerinnen in San Francisco (Women´s Technology Cluster[996]) und das Renaissance Entrepreneurship Center, das bevorzugt sozial schwache Gründer von ethnischen Minderheiten beherbergt[997]. In San Jose unterstützt, initiiert von der Kulturverwaltung der Stadt, ein Arts Incubator[998] junge Künstlergruppen beim Aufbau ihres Geschäfts.

---

[994] Vgl. etwa das „Incubator Dircectory" unter www.pacificincubation.org und eine Liste der Inkubatoren im Tal unter www.ecenteronline.org/incubators.htm beide im Juni 2004.
[995] Vgl. dazu die Firmen-Web-Sites www.techfarm.com , www.venturefrogs.com und www.softbank.com .
[996] Vgl. www.womenstechcluster.org im Juni 2004.
[997] Vgl. www.rencenter.org im Juni 2004.
[998] Vgl. www.sanjosearts.com im Juni 2004.

Speziell auf High-Tech-Firmen sind vier öffentlich geförderte Gründerzentren im Silicon Valley[999] ausgerichtet, die in **Tabelle 17** mit den wichtigsten Eckdaten zusammengestellt sind. Das älteste unter ihnen ist das **Software Technology Center** in San Jose. Es beherbergt seit 1993 Gründerfirmen und hat nach eigenen Angaben über 60 bis heute erfolgreiche High-Tech-Unternehmen hervorgebracht, darunter so bekannte Namen wie Ebay oder iprint.[1000] Der Betreiber TEN (The Enterprise Network) ist einer Ableger der Non-Profit-Organisation Joint Venture Silicon Valley Network (vgl. auch **Kapitel 8.6.1**), die von 28 Städten und Kommunen der Region, Arbeitgeber- und Arbeitnehmerorganisationen, Stiftungen und weit über 100 Firmen finanziell unterstützt wird. Eine interessante Verbindung gibt es zur NASA. Seit 1996 hilft TEN der US-Raumfahrtbehörde bei der Kommerzialisierung ihrer Technologien und beherbergt u.a. NASA-Spin-offs in seinem Inkubator. Im Sommer 2004 hat TEN den zweiten Inkubator in San Jose, das Sobarto Center for Innovation, eröffnet.

In Kooperation und mit finanzieller Unterstützung des Lawrence Berkeley National Laboratory, der California State University at Hayward und dem US-Energieministerium arbeitet der auf die Entwicklung von Umwelt- und Biotechnologien spezialisierte Inkubator **Alameda Center for Environmental Technologies** (ACET). Er hat seinen Sitz in ehemaligen Testlabors für Material und Treibstoffe der Navy.[1001] Über die Höhe der Subventionen gibt das Zentrum allerdings auch auf Nachfrage keine Auskunft. Der Web-Site ist zu entnehmen, dass bisher etwa 18 Gründerfirmen die Hilfe von ACET in Anspruch genommen haben.

Die Stadt San Jose ist gemeinsam mit ihrer Redevelopment Agency seit Mitte der 90er Jahre an zwei expliziten Gründerzentren beteiligt[1002], jeweils zusammen mit einer Reihe von Privatfirmen. Das **Environmental Business Cluster** ist erneut auf Firmen der Umwelttechnologien spezialisiert. Im **San Jose Software Business Cluster** (SBC) finden Software-Gründer günstigen Büroraum samt Dienstleistungen von der Rezeptionistin über die gemeinsame Kaffeeküche bis hin zu Beratung durch Fachleute.

---

[999] In der engeren Regionenabgrenzung vgl. **Kapitel 7.1.1**.
[1000] Vgl. www.tensv.org im Juni 2004.
[1001] Vgl. www.greenstart.org/acet/ .
[1002] Ein dritter sogenannter Inkubator, an dem Stadt und Redevelopment Agency beteiligt sind, ist der International Business Incubator (IBI). Dieser richtet sich allerdings nicht an Gründer, sondern an ausländische Firmen, die in den US-Markt einsteigen wollen. Ihnen bietet das IBI günstig Büroraum und zugehörige Dienstleistungen sowie spezielle Beratung und Seminare etwa zu Recht, Steuern und Buchführung in den USA. Seit Gründung im Jahr 1996 haben rund 90 Firmen diese Hilfe in Anspruch genommen. Derzeit werden 18 Firmen (plus 10 virtuell) im IBI betreut. Beteiligt sind neben der öffentlichen Hand, die nach Angaben von IBI-

Tabelle 17: Öffentlich geförderte High-Tech-Gründerzentren im Silicon Valley [1003]

Name	Schwerpunkt-themen	Gesellschafter	Gründung	Geförderte Firmen seit Gründung	Zahl der Firmen aktuell	Summe Mitarbei-ter aktuell
The Enterprise Network (TEN): Software Technology Center und Sobarto Center for Innovation	IKT, Bio- und Nannotechnologie	Joint Venture Silicon Valley Network [1)], Kooperationspartner: NASA	1993 erweitert: 2004	rd. 300 [2)]	23 + 4 virtuell	k.A.
Alameda Center for Environmental Technologies (ACET) [3)]	Umwelt- und Bio-technologie	Affiliation with Lawrence Berkeley National Laboratory, California State University at Hayward and the Oakland office of the Department of Energy	Mitte der 90er Jahre	18	8 + 1 virtuell	k.A.
San Jose Software Business Cluster (SBC)	Software	City of San Jose, San Jose Redevelopment Agency, sowie eine Reihe von Privatfirmen[4)]	1997	67	11	k.A.
Environmental Business Cluster, San Jose	Umwelttechnologie	San Jose State University, San Jose Redevelopment Agency, City of San Jose sowie 10 Privatfirmen und 4 Stiftungen	1997	49	17	k.A.
Total				**rd. 430**	**59 + 5 virtuell**	

[1)] TEN betreibt zwei Inkubatoren in San Jose, das Software Technology Center (seit 1993) und das Sobarto Center for Innovation (seit Sommer 2004), die von Joint Venture, Sponsorenfirmen und der NASA finanziert werden. Nach einem Kooperationsvertrag mit der NASA unterstützt TEN seit 1996 das Ames Technology Commercialization Center (ATCC) dabei, NASA-Technologien zu kommerzialisieren, vgl. www.tensv.org im Juni 2004.
[2)] Diese Zahl ist auf der Web-Site genannt. Auch heißt es, es seien bisher über 60 erfolgreiche Firmen aus TEN hervorgegangen, was einer Erfolgsquote von etwa 25 Prozent entspräche, vgl. www.tensv.org im Juni 2004.
[3)] Über die Informationen auf der Web-Site (www.greenstart.org) hinaus waren auch auf mehrfache Nachfrage per E-Mail und Telefon keine weiteren Auskünfte zu erlangen (acet@greenstart.com, Tel.: 001/510 749 3977).
[4)] Vgl. www.sjsbc.org im Juni 2004, als Partner werden u.a. genannt: Microsoft, Hewlett Packard.

Quelle: eigene Recherche.

Insgesamt haben seit Anfang der 90er Jahre rund 430 Firmen die Dienste von einem öffentlich geförderten Zentrum für High-Tech-Gründer im Silicon Valley in Anspruch genommen. Derzeit befinden sich noch 59 Firmen in einem der vier Inkubatoren. Das sind deutlich weniger als in München (rund 200) und in Berlin/Brandenburg (über 600 Firmen). Diese Zahl und die schlichte Zahl der öffentlich geförderten Zentren – vier im Valley, sieben in Müchen und 15 in Berlin / Brandenburg – legt den Schluss nahe, dass der Staat im Silicon Valley weniger stark in das Aufpäppeln von Startups engagiert ist. Offenbar verlässt man sich

Geschäftsführerin Barbara Harley rund zwei Drittel der Miete für das Zentrum finanziert, 17 Privatfirmen und eine Stiftung. Vgl. E-Mail von Barbara Harley am 16.6.04.

[1003] Als Grundlage für die Auswahl dienten Listen von Inkubatoren des Branchenverbands Pacific Incubation und des von der Stadt San Jose und der SBA geförderten Center for Entrepreneurial Development im Juni 2004. Berücksichtigt wurden nur jene Zentren, die in das Silicon Valley nach der engeren Regionen-Abgrenzung in **Kapitel 7.1.1** fallen.

hier mehr auf die Initiative von Privaten, die auch in die Finanzierung von drei öffentlichen Inkubatoren eingebunden sind. Ein direkter Vergleich des monetären Engagements der öffentlichen Hand in die Gründerförderung über Inkubatoren ist allerdings aufgrund fehlender Daten leider nicht möglich.

9.2.2.2 München

München hat, genau wie Berlin, schon vor über 20 Jahren mit der Förderung von High-Tech-Gründerzentren begonnen. Im Jahr 1983 wurde das **Münchner Technologiezentrum** (MTZ) eröffnet, das allein seit seinem Umzug 1993[1004] fast 190 junge Technologieunternehmen beherbergt hat. Das MTZ ist fast ausschließlich eine Veranstaltung der öffentlichen Hand. Die Stadt München hält 90 Prozent an der Betriebsgesellschaft, die Industrie und Handels- und die Handwerkskammer teilen sich die restlichen Anteile.

Komplett in öffentlicher Hand ist das **Innovations- und Gründerzentrum Biotechnologie** (IZB) mit Sitz in Martinsried und Weihenstephan (siehe **Tabelle 18**). Das IZB mit seiner Promotions- und Servicegesellschaft BioM hat inzwischen internationale Bekanntheit erlangt und wird häufig als Motor für den Erfolg des Biotech-Standortes München gewertet.[1005] BioM sieht sich als „erste Anlaufstelle für Biotechnologie-Unternehmen und Firmengründer mit Informations- und Beratungsbedarf“ in der Region München. Die Gesellschaft organisiert Seminare, Beratungen und Netzwerktreffen, unterhält aber auch einen eigenen VC-Arm, der in Biotechfirmen in der Seed- und Startup-Phase investiert.[1006] In den Biotech-Parks Martinsried und Weihenstephan haben derzeit 31 Firmen mit zusammen rund 375 Mitarbeitern ihren Sitz. Die Bayerische Staatsregierung hat den Bau der beiden Inkubatoren mit insgesamt 36,5 Mio. Euro[1007] aus Mitteln der High-Tech-Offensive Bayern gefördert. Insgesamt belief sich das Investitionsvolumen auf knapp 50 Mio. Euro.

Ebenfalls überwiegend in öffentlicher Hand sind das **Gründerzentrum für Neue Medien** (GZM) in Unterföhring, der **Inkubator des Anwendungszentrums Satellitennavigation** in Weßling und das **Garchinger Technologie- und Gründerzentrum** mit seinem **Software-Campus** nahe der TU München. Allein in den Software-Campus hat die Bayerische

[1004] Zahlen für den davor liegenden Zeitraum sind nach Angaben der Betreiber leider nicht mehr verfügbar.
[1005] Vgl. Michler 2000d.
[1006] Vgl. www.bio-m.de im Juni 2004.
[1007] 18 Mio. Euro für den Bauabschnitt Martinsried Ost (Investitionsvolumen: 24 Mio. Euro), 9,5 Mio. Euro für die Westerweiterung (Investitionsvolumen: 15 Mio. Euro) und Bau des IZB in Weihenstephan 9 Mio. Euro. Vgl. IZB-Broschüre „Das Tor zur Biotechnologie“, kein Erscheinungsdatum.

Staatsregierung im Rahmen ihrer High-Tech-Offensive Bayern mit insgesamt 36 Mio. DM (rund 18,5 Mio. Euro) unterstützt.[1008]

Eine andere Form der öffentlichen Förderung findet sich beim **Zentrum für Energie und Kommunikation**, Brunnthal-Nord (Startpoint), das zu 100 Prozent der privaten IVG Immobilien AG gehört. Hier kam das Bayerische Staatsministerium für Wirtschaft, Verkehr und Technologie von 1999 bis 2002 im Rahmen der vereinbarten Fehlbedarfsfinanzierung für Verluste von insgesamt 8,9 Mio. DM (4,5 Mio. Euro) auf.[1009] Heute ist das Zentrum nicht mehr nur auf Gründer spezialisiert, die nach zwei bis drei Jahren ausziehen müssen. „Von typischen mit VC finanzierten Gründern" gibt es laut IVG-Geschäftsführer Prell „fast keine Nachfrage mehr".

Insgesamt waren in den sieben High-Tech-Gründerzentren in der Region München im Juni 2004 rund 200 Firmen ansässig. Sie beschäftigten zusammen rund 1.800 Mitarbeiter. Seit der Gründung des ersten der sieben Zentren Anfang der 80er Jahre wurden in der Region rund 380 Firmen in Technologie- und Gründerzentren gefördert. Das ist weniger als ein Drittel der geförderten Firmen der Region Berlin / Brandenburg, die sich über die vergangenen Jahre immer stärker in Inkubatoren engagiert hat (vgl. **Kapitel 9.2.2.3**).

Angesichts der oben zusammen getragenen Zahlen über vergebene Fördermittel – allein 36,5 Mio. Euro für das IZB, 18,5 Mio. für den Software Campus und 4,5 Mio. für Startpoint (Summe: 59,5 Mio. Euro) – mutet folgende Aussage des Bayerischen Wirtschaftsministeriums als Untertreibung an: Seit 1984 habe der Freistatt insgesamt rund 100 Mio. Euro zur Förderung seiner 19 technologieorientierten Gründerzentren zur Verfügung gestellt, heißt es in einer Broschüre (Stand: Mai 2003).[1010] Tatsächlich dürfte die Fördersumme entweder weit höher liegen oder extrem stark auf die sieben Zentren in der Region München konzentriert worden sein. Dies lässt sich allerdings nicht überprüfen, da das Ministerium keine auf die Region München zugeschnittenen Förderzahlen bekannt gibt. Solche Zahlen, so sagte eine Mitarbeiterin, die nicht genannt werden wollte, würden nur zu Unmut anderer Regionen führen, die der Regierung „München-Zentralismus" vorwerfen.

[1008] Vgl. www.software-offensive-bayern.de/C/000243.xml im Juni 2004.
[1009] Quelle: IVG Geschäftsführer: Hr. Prell Tel. 089/4160853 am 14.6.04.
[1010] Vgl. Stmwvt (Hrsg.) 2003, S. 14.

Tabelle 18: Öffentlich geförderte High-Tech-Gründerzentren in der Region München

Name	Schwerpunkt-themen	Gesellschafter	Gründung	Geförderte Firmen seit Gründung	Zahl der Firmen aktuell	Summe der Mitarbeiter aktuell
Münchner Technologiezentrum (MTZ)	neue Technologien aller Art	Stadt München (90 %), IHK und HWK (je 5 %)[1)]	1983	Seit Umzug 1993: 186	54	ca. 450
Innovations- und Gründerzentrum Biotechnologie (IZB) Martinsried	Biotechnologie	Bayern (76%), Gemeinde Planegg, LK München, Stadt Freising, LK Freising (je 6 %) [2)]	1995	32	24	325
StartPoint – Zentrum für Energie und Kommunikation, Brunnthal-Nord	Energie, Kommunikation	100% Privat: IVG Immobilien AG[3)]	1999	ca. 55	Ca. 30	400-500
Gründerzentrum für Neue Medien (GZM), Unterföhring	Neue Medien	Bayern (rd. 25 Prozent), Gemeinde Unterföhring, LK München (zusammen rd. 25 Prozent), restliche Anteile auf zehn Firmen verteilt [4)]	Eröffnung: April 2000	ca. 30	20	120-150
Inkubator des Anwendungszentrums Satellitennavigation, Weßling	Satellitennavigation	Bayern, Deutsches Zentrum für Luft- und Raumfahrt	Ende 2001	k.A.	19	k.A.
Innovations- und Gründerzentrum Biotechnologie (IZB) Weihenstephan	Biotechnologie	Wie IZB Martinsried	März 2002	8	7	50
Garchinger Technologie- und Gründerzentrum	Mechatronik, Software, IKT	Landeshauptstadt München, IHK und Handwerkskammer München und Oberbayern [5)]	Einzug des Software Campus: Januar 2003	47	42	ca. 230
Total				**ca. 380**	**ca. 200**	**ca. 1800**

[1)] Als Gesellschafter der Münchner Technologiezentrum Betriebsgesellschaft mbH.
[2)] Als Gesellschafter der IZB-Fördergesellschaft.
[3)] Ab 2001 hielten Bayern, die Kreissparkasse München-Starnberg, der Landkreis München, und die Beratungsgesellschaft Experconsult je 5% an der Betreibergesellschaft, die die IVG im Jahr 2003 zurückkaufte. Quelle: IVG Geschäftsführer: Hr. Prell Tel. 089/4160853 am 14.6.04.
[4)] Als Gesellschafter der Gründerzentrum für Neue Medien GmbH.
[5)] Als Gesellschafter der Garchinger Technologie- und Gründerzentrum GmbH.

Quellen: Webseiten und direkte Auskünfte der einzelnen Gründerzentren.

9.2.2.3 Berlin / Brandenburg

Bei der Zahl der öffentlich geförderten Gründerzentren und der Zahl der davon profitierenden Firmen steht Berlin/Brandenburg an der einsamen Spitze der drei Untersuchungsregionen. Seit 1983 sind in der Hauptstadtregion mit meist massiver Förderung 15 High-Tech-Inkubatoren entstanden. Diese beherbergten im Sommer 2004 zusammen 615 Firmen mit über 4.300 Mitarbeitern. Das waren mehr als dreimal so viele Firmen wie in öffentlich geförderten Inkubatoren in München und über zehnmal so viele wie in den Zentren im Silicon Valley.

Tabelle 19: Öffentlich geförderte High-Tech-Gründerzentren in der Region Berlin / Brandenburg [1011]

Name	Schwerpunkt-themen	Gesellschafter	Gründung	Geförderte Firmen seit Gründung	Zahl der Firmen aktuell	Summe Mitarbei-ter aktuell
Berlin				**ca. 1.030**	**496**	**ca. 3.350**
Berliner Innovations- und Gründerzentrum (BIG), Wedding	Umwelt-, Medizin- und Automatisierungstechnik, IKT	Land Berlin, IHK, HWK, Vereinig. d. Unternehmerverbände, Deutsche Industriebank AG [1)]	1983	>200	36	185
Technologie- und Gründerzentrum (TGZ) Wuhlheide	Werkstoff-, u. Medizintechnik, Biotechnologie u.a.	Privat betrieben und verwaltet; Grund und Immobilien Eigentum des Landes Berlin [2)]	1990	210	125	685
Innovations- und Gründer Zentrum Berlin-Adlershof (IGZ)	Mikroelektronik, Informatik, Lasertechnik u.a.	Land Berlin, IHK, HWK, Vereinig. d. Unternehmerverbände, Deutsche Industriebank AG [1)]	1991	>150	76	550
Innovations- und Gründerzentrum Focus Mediport, Berlin Steglitz	Bio- und Medizintechnik	100% Privat: Itag GmbH[3)]	1995	ca. 36	23	ca. 500
Phönix Gründerzentrum Am Borsigturm, Berlin Reinickendorf	Verkehrstechnik, IKT, Multimedia, Umwelttechnik	100% Privat: RSE Projektmanagement AG[4)]	Eröffnung 1997	115	64	ca. 330
Existenzgründerzentrum „Technische Dienstleistungen"an der FHTW Berlin	Unternehmensnahe Dienstleistungen, Informatik, Internetdienste	FH für Technik und Wirtschaft Berlin (FHTW) [5)]	1997	Ca. 100	41	ca. 150
Internationales Gründerzentrum (OWZ) Berlin-Adlershof	International ausgerichtete Firmen, v.a. nach Osteuropa	Land Berlin, IHK, HWK, Vereinig. d. Unternehmerverbände, Deutsche Industriebank AG [1)]	1997	>60	38	96
Technologie- und Gründerzentrum Spreeknie (TGS), Berlin Treptow-Köpenick	IKT, Umwelt-, Solar-, Automatisierungs- und Lasertechnik	Land Berlin [6)]	1997	Ca. 110	54	> 300
Innovations- und Gründerzentrum (IGZ) Campus Berlin-Buch	Biotechnologie, Biomedizin, Gentechnik, Bioinformatik u.a.	Land Berlin, Bund und Schering AG (20 %) BBB Management GmbH Campus Buch [7)]	1998	48	39	ca. 550
EVR				**Ca. 300**	**119**	**ca. 970**
Technologiezentrum Teltow	Technologie und Dienstleister allg.	Landkreis Potsdam Mittelmark [8)]	1990	146	24	rd. 100
Technologiezentrum Verkehrstechnik GmbH Hennigsdorf	Verkehrstechnik	Stadt Hennigsdorf 50%, Landkreis Oberhavel 50% [9)]	1995	k.A.	26	147
Biotechcampus Potsdam	Biotechnologie	Investitionsbank des Landes Brandenburg [10)]	1997 Erweiterung 2002	13	10	rd. 170
Biotechnologiezentrum Hennigsdorf	Rote Biotechnologie	Stadt Hennigsdorf 51%, Brahms AG 49% [11)]	Eröffnung 1999	13 (2 insolvent)	11	379
Technologie- und Gründerzentrum Wildau	Technologieorientierte, innovative Gründer	LK Dahme-Spreewald, Gemeinde Wildau, Stadt Königswusterhausen [12)]	Eröffnung 2000	rd. 30	16	106
Potsdamer Centrum für Technologie PCT	Technologie und DL	Landeshauptstadt Potsdam 100 % [13)]	2000	60	32	Ca. 70
Total				**ca. 1.330**	**615**	**ca. 4.320**

Quellen: Telefonate mit Mitarbeitern sowie Web-Seiten der Gründungszentren im Juni 2004.

[1011] Aus Grundlage für die Auswahl diente die Liste der Technologieorientierten Gründerzentren (TGZ) in Berlin von der Senatsverwaltung für Wirtschaft, Arbeit und Frauen (vgl. Info-Heft Existenzgründung, Stand: 16.3.2004) sowie die Liste des Vereins Technologie- und Gründerzentren im Land Brandenburg e.V. auf www.tgbev.de Ende Juni 2004.

[1)] Der Inkubator wird von der Innovations-Zentrum Berlin Management GmbH (IZBM) betrieben. Die IZBM ist eine 100prozentige Tochter der Wirtschaftsförderung Berlin International GmbH, die wiederum folgende Gesellschafterstruktur hat: IBB (37,5 %), IHK, HWK und Vereinigung der Unternehmerverbände (je 17,5 %), IKB Deutsche Industriebank AG (10 %) – wobei die Bank zu 38 % der KfW, zu 11 % der Stiftung Industrieforschung und zu 51 % institutionellen und privaten Aktionären gehört.
[2)] Der Bezirk Köpenik Treptow hat nach der Wende den Betrieb des Parks der IMG Innovationspark Wuhleide Management GmbH übertragen und Grund und ehemalige DDR-Immobilien zur Verfügung gestellt.
[3)] Die Firma Immobilien-Treuhand und Vermögensanlage GmbH (Itag) ist zu 100% in Privatbesitz. In den ersten Jahren nach der Gründung wurden nach Angaben des Unternehmens „eine Reihe von Fördergeldern" für das Projekt vom Senat gezahlt.
[4)] Für den Bau von Phönix hat der Senat Berlin Fördermittel als Zuschüsse vergeben und die Auflage gemacht, dass die Anlage bis zum Jahr 2009 als Gründerzentrum betrieben werden muss.
[5)] Die FHTW ist eine Körperschaft öffentlichen Rechts, die das Gründerzentrum jedoch nicht aus Hochschulmitteln finanzieren darf, sondern das operative Geschäft aus Mieteinnahmen etc. bewältigt. Sanierung und Ausbau des Gebäudes in den Jahren 1997-2000 wurden vom Land Berlin und aus Mitteln der EU finanziert.
[6)] Land und Gebäude gehören der Berliner Landesentwicklungsgesellschaft. Die Betreibergesellschaft TGS GmbH ist eine 100-prozentige Tochter.
[7)] Betrieben wird der Inkubator von der BBB Management GmbH Campus Berlin Buch, die folgende Gesellschafterstruktur hat: Das Max Dellbrück Zentrum für Mollekulare Medizin MDZ (eine Stiftung öffentlichen Rechts die von Bund und Land Berlin finanziert wird) 60%, das Forschungsinstitut für mollekulare Pharmakologie FMP (getragen vom Forschungsverbund Berlin e.V., der dem Land gehört) 20% und die Schering AG 20%.
[8)] Als Gesellschafterin der Technologiezentrum Teltow GmbH, die das laufende Geschäft (Immobilienverwaltung und Personal) aus den laufenden Einnahmen finanzieren muss. Die Immobilie wurde z.T. aus GA Mitteln finanziert, zudem übernahm das Land eine Ausfallbürgschaft. Auskunft: Udo Rettweiler, Projektmanager, 28.6.04, Tel: 03328/430200.
[9)] Der Bau des Zentrums wurde aus GA-Mitteln finanziert.
[10)] Als Betreiberin der Biotech Campus Potsdam GmbH. Bau und Sanierung der Gebäude wurde über GA-Mittel finanziert. Das Personal wird bis heute von der ILB bezahlt. Vgl. www.biotechcampus.de und Gespräch mit Geschäftsführer Marco Fredersdorf (Tel: 0331/6601169) am 28.6.04.
[11)] Die Brahms AG ist ein privates Diagnostika- und Pharmaunternehmen. Der Bau des Zentrums wurde mit ca. 20 Mio. Euro aus GA-Mitteln bezuschusst. Auskunft: www.biotech-hinnigsdorf.de und Telefonat mit Projektmanagerin Ina Helbig am 28.6.04.
[12)] Als Gesellschafter der Technologie- und Gründerzentrum GmbH, gegründet 1994. Die Gebäude für das TGZ wurden mit Mitteln der EU, vom Land und der Kommune um- bzw. neu gebaut. Vgl. www.tgz-wildau.de Ende Juni 2004.
[13)] Als Gesellschafterin der Technologie- und Gewerbezentren Potsdam GmbH. Der Bau des Zentrums wurde aus EU-Mitteln kofinanziert. Vgl www.pct-potsdam.de und Telefonat mit Daniela Woite, Facility Managerin (Tel: 0331/620 02 00) am 28.6.04.

In elf der 15 in **Tabelle 19** zusammengestellten High-Tech-Inkubatoren sind bis heute (fast[1012]) ausschließlich staatliche Stellen engagiert. An lediglich zwei Zentren sind im Rahmen eines Public-Private-Partnership namhafte Firmen aus der jeweiligen Branche beteiligt (die Schering AG am IGZ in Berlin Buch und die Brahms AG am Biotechnologiezentrum Hennigsdorf), zwei Zentren werden von privaten Betreiberfirmen geführt.

Augenfällig ist auch in Berlin/Brandenburg die Vielschichtigkeit der staatlichen Förderung. Der Bau einer ganzen Reihe von Zentren (darunter das Technologiezentrum Verkehrstechnik GmbH Hennigsdorf, der Biotechcampus Potsdam und das Biotechnologiezentrum Hennigsdorf) wurde aus Mitteln der Gemeinschaftsaufgabe zur Verbesserung der regionalen Wirtschaftsstruktur (GA) finanziert. Die GA, die Investitionsanreize zur Schaffung von Arbeitsplätzen in den strukturschwachen Regionen v.a. Ostdeutschlands setzen soll[1013], wird vom Bund und dem jeweiligen Bundesland finanziert und häufig um Fördermittel aus dem

---

[1012] Am BIG, am IGZ und am OWZ hält die Deutsche Industriebank je 10 %, die aber auch zu 49 % in staatlichem Besitz ist.

Europäischen Fonds für regionale Entwicklung (EFRE) ergänzt. Allein für den Bau des Biotechnologiezentrums Hennigsdorf sind rund 20 Mio. Euro aus GA-Mitteln geflossen.

Für das Technologie- und Gründerzentrum (TGZ) Wuhlheide hat der Bezirk Köpenik / Treptow den Grund und die Immobilie aus DDR-Zeiten umsonst zur Verfügung gestellt und den Betrieb des Zentrums einer privaten Gesellschaft übertragen. Beim TGZ Spreeknie gehören Land und Gebäude bis heute der Berliner Landesentwicklungsgesellschaft, und auch die Betreiberfirma ist eine 100-prozentige Tochter.

Ein Beispiel für die Bezuschussung von Personalkosten ist der Biotechcampus Potsdam. Die Angestellten des Inkubators werden bis heute von der Investitionsbank des Landes Brandenburg (ILB) bezahlt. Im Fall des TGZ Teltow hat die öffentliche Hand über GA-Mittel nicht nur einen großen Teil des Baus finanziert, sondern über Ausfallbürgschaften auch Großteile des Betriebsrisikos übernommen.

Berlin / Brandenburg hat auffällig früh mit der breiten Förderung von Inkubatoren begonnen. In Westberlin entstand genau wie in München bereits im Jahr 1983 das erste Innovations- und Gründerzentrum für Hochtechnologie. Gleich nach der Wende folgten die Zentren in Wuhlheide (1990), Teltow (1990) und Adlershof (1991). Mitte der 90er Jahre dann entstanden die ersten Gründerzentren für Biotechnologie - Focus Mediport (1995) und Biotechcampus Potsdam (1997) - sowie eine Reihe anderer Zentren. Damit sind die Inkubatoren in Berlin / Brandenburg in der Mehrzahl um einige Jahre jünger als in München, wo vier von sieben Zentren erst nach der Jahrtausendwende eröffnet wurden.

Und die Förderung von immer neuen Zentren in der Region geht weiter. Für das IGZ in Adlershof ist gerade der GA-Zuschuss für einen Erweiterungsbau genehmigt worden. Zudem soll in Potsdam Golm zwischen Max-Planck-Institut und Fraunhofer Institut ein neuer Biotechnologie-Inkubator entstehen. Die Eröffnung ist für das Jahr 2006 geplant, worüber der Geschäftsführer des Biotech Campus Potsdam, Marco Fredersdorf, nur den Kopf schütteln kann. „Mit immer neuen Fördermitteln immer neue Zentren zu eröffnen macht keinen Sinn", sagte er im Gespräch.[1014] Aufgrund der allgemeinen Wirtschaftsflaute seien bestehende Zentren derzeit gar nicht richtig ausgelastet.

[1013] Vgl. Bundesamt für Ausfuhrkontrolle www.bafa.de/1/de/aufgaben/wirtschaft.htm im Juni 2004.
[1014] Telefonat vom 28.6.04 (Tel: 0331/660 11 69).

9.2.3 Der Staat als Kapitalgeber

In diesem letzten Abschnitt soll nun aufgezeigt werden, wie stark sich der Staat in den einzelnen Untersuchungsregionen als Finanzier von jungen High-Tech-Unternehmen engagiert. Im Fokus der Betrachtung stehen Programme, mit denen die öffentliche Hand die Kapitalausstattung von Gründern direkt beeinflusst. Dies geschieht häufig über zinsgünstige Darlehen, aber auch Beteiligungen zu Sonderkonditionen, Zuschüsse und Bürgschaften spielen als Förderinstrumente eine Rolle.

Die Statistiken der fördernden Institutionen (Ministerien, Landesbanken, Fördergesellschaften etc.) weisen jedoch bedauerlicherweise große Mängel auf. Nur in den seltensten Fällen lässt sich nachvollziehen, wie viel Geld erstens an Gründer, zweitens speziell aus der High-Tech-Branche und drittens in eine klar abgegrenzten Region geflossen ist. So können die folgenden Abschnitte lediglich einen Eindruck von der Vielzahl der Programme und der mit ihnen bewegten Mittel geben. Der Vergleich der Regionen anhand von absoluten Fördersummen für High-Tech-Gründer ist leider nicht möglich. Auch kann die Auflistung der einzelnen Programme in den Regionen nur etwas Licht in den Förderdschungel werfen. Sie erhebt angesichts der unübersichtlichen Vielfalt der Förderprogramme der verschiedenen Gebietskörperschaften jedoch keinen Anspruch auf Vollständigkeit.

9.2.3.1 Silicon Valley

Der wichtigste Geldgeber für Existenzgründer und Mittelständler in den USA ist die Small Business Administration (SBA). Die Agentur der Bundesregierung engagiert sich u.a. in der Beratung (vgl. **Kapitel 9.2.1.1**) und Finanzierung von jungen Firmen. Für Existenzgründer sind drei Gruppen von Programmen interessant: Die Business Loan Programs, die Investment Programs und die Bonding Programs.

Bei den Business Loans bekommen Gründer oder Mittelständler von Privatbanken oder kommunalen Entwicklungsorganisationen zinsgünstige Darlehen, die über Garantien der SBA abgesichert werden. Die Darlehenskonditionen werden dabei zwischen dem Unternehmen und dem Kreditanbieter von Fall zu Fall verhandelt. Die SBA legt jedoch – nach den jeweiligen politischen Vorgaben der Regierung – Mindeststandards fest. So durfte der vereinbarte Zinssatz im Sommer 2004 bei vielen Programmen um maximal 2,75 Prozentpunkte über dem aktuellen Leitzins liegen.[1015]

[1015] Vgl. www.sbaonline.sba.gov/financing/basics/sbarole.html im Juli 2004.

Für High-Tech-Gründer im Valley spielen v.a. die **7(a) Loan Guaranty** und ihre Unterprogramme eine zentrale Rolle. Die 7(a) ist das größte und flexibelste Business-Loan-Programm der SBA und richtet sich an Gründer und existierende KMU. Unterstützt wird eine ganze Reihe von Geschäftsvorhaben vom Kauf von Immobilien und Maschinen bis hin zur Finanzierung von Betriebsmitteln. Die Darlehenssumme beträgt höchstens 2 Mio. Dollar, wobei die SBA Garantien für maximal 1,5 Mio. Dollar übernimmt. Die geforderte Zinsprämie beträgt zwischen 2,25 und 4,75 (bei lang laufenden Darlehen von weniger als 25.000 Dollar) Prozent.[1016]

Speziell auf Erweiterungs- und Modernisierungsinvestitionen von Wachstumsunternehmen zielt der **504 Loan** ab. Hier werden, ausgewählt nach politischen Zielen wie der Schaffung von Arbeitsplätzen in der Region, zinsgünstige Darlehen vergeben. Die von der SBA besicherte Darlehenssumme beträgt maximal 1,3 Mio. Dollar. Der Zinssatz variiert je nach Sicherheiten.[1017]

Tabelle 20: Über die SBA abgesicherte Darlehen in für High-Tech-Gründer relevanten Programmen im Silicon Valley im Jahr 2003

Programm / County	Anzahl	Darlehens-volumen SBA	Darlehens-volumen insg.
7(a) Santa Clara	454	51.678.054	73.637.650
7(a) San Mateo	180	32.576.921	46.108.200
7(a) Alameda	488	62.840.802	87.672.812
7(a) Santa Cruz	76	11.955.727	16.984.150
Total 7(a)	**1.198**	**159.051.504**	**224.402.812**
504 Santa Clara	58	40.222.000	40.222.000
504 San Mateo	26	14.373.000	14.373.000
504 Alameda	77	45.038.000	45.038.000
504 Santa Cruz	4	2.529.000	2.529.000
Total 504	**165**	**102.162.000**	**102.162.000**
Summe	**1.363**	**261.213.504**	**326.564.812**

Quelle: SBA, auf Anfrage.

Insgesamt wurden über die beiden für High-Tech-Gründer besonders relevanten Loan-Programme im Jahr 2003 von der SBA besicherte Darlehen in Höhe von über 261 Mio. Dollar vergeben (vgl. **Tabelle 20**). Zum Vergleich: in München flossen über für High-Tech-Gründer relevante Programme von DtA und KfW rund 97 Mio. Euro in Berlin rund 47 Mio. Euro.[1018] Damit steht das Silicon Valley bei den aus Bundesmitteln unterstützten Darlehen absolut und relativ weit an der Spitze der drei Untersuchungsregionen. Pro Erwerbstätigem belief sich die

[1016] Vgl. www.sba.gov/financing/sbaloan/7a.html am 26.7.04.
[1017] Vgl. www.sba.gov/financing/sbaloan/cdc504.html am 26.7.04.

Summe der geförderten Darlehen auf rund 216 Dollar[1019]; in München waren es lediglich 50 Euro und in Berlin / Brandenburg rund 66 Euro[1020]. Für die Darlehensprogramme in allen drei Regionen allerdings gilt, dass nur ein Bruchteil der Mittel an die hier untersuchten High-Tech-Gründer geflossen ist. So richtet sich beispielweise das 7(a)-Programm sowohl an Gründer als auch an bestehende Unternehmen und umfasst Firmen aller Branchen. Ein genauerer Zuschnitt auf den Untersuchungsgegenstand dieser Arbeit ist anhand der von der SBA zur Verfügung gestellten Daten leider nicht möglich.

Eine trennschärfere Abgrenzung gibt es dagegen bei den Investment Programs der SBA. Über lizenzierte aber private Beteiligungsfirmen, so genannte **Small Business Investment Companies (SBICs)**, wird jungen und aufstrebenden Firmen Risikokapital zur Verfügung gestellt. Die SBICs bringen teils eigenes Kapital ein, teils von der Regierung zu Vorzugskonditionen geliehenes Geld. Im Fiskaljahr 2003[1021] beteiligten sich SBIC-Lizenzfirmen in den vier Counties des Silicon Valley mit insgesamt 159,6 Mio. Dollar an 367 Firmen. 277 davon waren High-Tech-Firmen und bekamen zusammen 128,7 Mio. Dollar. 25 Firmen fielen exakt in den Fokus dieser Arbeit: Sie waren junge High-Tech-Firmen, weniger als zwei Jahre alt. Sie bekamen zusammen rund 12,2 Mio. Dollar Beteiligungskapital.[1022] Im Fiskaljahr 2002 hatte die Zahl der Beteiligungen an jungen High-Tech-Firmen noch bei 84 mit einer Investitionssumme von 81,5 Mio. Dollar gelegen.[1023]

Die Höhe des zumindest teilweise öffentlich geförderten Beteiligungskapitals im Valley dürfte im Jahr 2003 annähernd mit demjenigen in den beiden deutschen Untersuchungsregionen vergleichbar sein.[1024] Im Jahr 2002, in dem SBIC Firmen noch Beteiligungen in Höhe von über 81 Mio. Dollar an High-Tech-Startups in der Region eingingen, dürfte das Silicon Valley jedoch weit an der Spitze der drei Untersuchungsregionen gelegen haben.

[1018] Vgl. **Kapitel 9.2.3.2** und **9.2.3.3**.

[1019] Basis: 1,212 Mio. Erwerbstätige im Silicon Valley im Jahr 2001, Quelle: US-Census Bureau.

[1020] Basis: 940.000 Erwerbstätige in der Stadt München, 1,455 Mio. in Berlin im Jahr 2002, Quelle: Statistische Landesämter.

[1021] 1. Oktober 2002 bis 30. September 2003.

[1022] Quelle der Beteiligungssummen: SBA, Investment Devision, auf Anfrage, E-Mail vom 29.7.04 john.wilmeth@sba.gov .

[1023] Im Fiskaljahr 2002 gingen SBIC-Lizenzfirmen 501 Beteiligungen zu insgesamt 361,8 Mio. Dollar im Silicon Valley ein. 407 davon waren High-Tech-Firmen, die zusammen 262,5 Mio. Dollar bekamen.

[1024] Rechnet man die tbg- und die BayBG-Beteiligungen in München zusammen, kommt man auf einen Wert von rund 4,5 Mio. Euro, dazu müsste ein Teil des insgesamt 100 Mio. Euro schweren Portfolios der Bayern Kapital gezählt werden (vgl. **Kapitel 9.2.3.2**). In Berlin machten die Beteiligungen von tbg (5,4 Mio. Euro), IBB Beteiligungsgesellschaft (3,1 Mio. Euro im Jahr 2002) und Innovationsfonds (1,3 Mio. Euro) zusammen rund 10 Mio. Euro aus (vgl. **Kapitel 9.2.3.3**).

Neben den oben beschriebenen Loans und SBIC-Beteiligungen vergibt die SBA drittens so genannte Surety Bonds, eine Art Bürgschaften, über die sie die Mitarbeit von jungen und kleinen Firmen an Projekten der öffentlichen Hand ermöglicht.[1025] Bei vielen von staatlichen Stellen ausgeschriebenen Bau- und Dienstleistungsprojekten sind solche Sicherheiten, die etablierte Firmen am Kapitalmarkt beschaffen, Voraussetzung, um mitbieten zu können. Im Berichtsjahr 2002 / 2003[1026] vergab das SBA-District-Büro in San Francisco über das sogenannte **Surety Bond Guarantee Program (SBG)** 56 Bid Bonds und besicherte dadurch ein Vertragsvolumen von 16,339 Mio. Dollar. Hinzu kamen 44 Final Bonds mit einem Vertragsvolumen von 9,581 Mio. Dollar.[1027] Weitere sieben Bid Bonds mit einem Vertragsvolumen von 1,818 Mio. Dollar wurden über das **Preferred Surety Bond (PSB)** Programm vergeben, das sich an besonders kleine Firmen richtet.[1028] Hier wurden zwei Final Bonds mit einem Volumen von zusammen 324.000 Dollar vergeben.[1029] Von den hier beschriebenen SBG und PSB Mitteln dürften in erster Linie Baufirmen u.U. aber auch der eine oder andere High-Tech-Dienstleister profitiert haben.

Zusätzlich zu den oben beschriebenen SBA-Programmen können zwei Darlehens-Angebote der Regionalregierung für High-Tech-Gründer im Valley interessant sein. Beim **Revolving Loan Fund (RLF)** vergibt das San Jose Office of Economic Development Darlehen von bis zu 40.000 Dollar an Firmen in der Region für Betriebsmittel, Ausrüstungsinvestitionen u.a. Von Juli 2002 bis Juni 2003 wurden an 16 Firmen Darlehen von zusammen rund 464.000 Dollar gewährt. Drei dieser Firmen waren ausgewiesene High-Tech-Startups und bekamen zusammen 104.000 Dollar.[1030] Eigene Darlehen in Höhe von bis zu 350.000 Dollar und Garantien für Darlehen von kommerziellen Verleihern werden über den **Development Enhancement Special Fund (DESF)** vergeben. Hiervon konnten im selben Zeitraum 22 Firmen profitieren. Diese nahmen zusammen direkte Darlehen in Höhe von 750.000 Dollar und Darlehens-Garantien über 624.000 Dollar in Anspruch.[1031] Den Namen der Firmen nach zu urteilen, dürften maximal sieben Geförderte zum High-Tech-Sektor gezählt werden.[1032] Bemerkenswert ist, dass die Verwaltung auf Anfrage eine Excel-Tabelle mit den Namen der

---

[1025] Vgl. www.sba.gov/opc/pubs/fs21.pdf im Juli 2004.
[1026] Vom 1. Oktober bis zum 30. September.
[1027] Quelle: SBA auf Anfrage, Fax vom 7.7.04.
[1028] Vgl. www.sba.gov/financing/bonds/role.html im Juli 2004.
[1029] Vgl. SBA-Fax vom 7.7.04.
[1030] Vgl. Aufstellung des San Jose Development Office im E-Mail vom 15.7.04.
[1031] Vgl. Aufstellung des San Jose Development Office.
[1032] Bei den anderen Firmen handelt es sich offenbar um Juweliere, Restaurants, Mode-Einzelhändler etc. Das San Jose Development Office wies die High-Tech-Startups hier leider nicht gesondert aus.

einzelnen Firmen und den jeweiligen Fördersummen verschickte. In Deutschland sind Einzelzuwendungen noch immer ein gut gehütetes Geheimnis.

Nicht unerwähnt bleiben soll an dieser Stelle die **Sonderwirtschaftszone** rund um die Innenstadt von San Jose.[1033] Um die, wie in vielen amerikanischen Großstädten, etwas herunter gekommene Down-Town-Area zu beleben, lockt die Stadt Firmen mit erheblichen Steueranreizen.[1034] So bekommen Unternehmen, die sich in dem 18 Quadratmeilen großen Gebiet ansiedeln, einen Teil ihrer Ausgaben für Maschinen und Ausrüstungen (bis zu 14,25 Prozent) als Gutschrift auf die State Income Tax angerechnet. Die Lohnkosten von Beschäftigten lassen sich bis zu 50 Prozent (im ersten Jahr) von der Steuerschuld abziehen und Arbeitnehmer erhalten eine Gutschrift von bis zu 5 Prozent auf ihre persönliche Einkommensteuer. Für Startups besonders attraktiv dürfte die Möglichkeit sein, allfällige Verluste vorzutragen und bis zu 15 Jahre lang zu 100 Prozent von der Steuerschuld abzuziehen. In Deutschland ist den Kommunen, die lediglich die Hoheit über wenige Steuerarten wie die Gewerbesteuer haben, die Einrichtung solcher Sonderwirtschaftszonen bisher nicht möglich.[1035]

9.2.3.2 München

An dieser Stelle sollen zunächst einzelne Förderprogramme der DtA und der KfW erwähnt[1036] werden, die für High-Tech-Gründer interessant sind. Dies ist ein schwieriges Unterfangen, da die beiden Förderbanken im Juli 2002 verschmolzen wurden und der Bund sich seitdem bemüht, seine Förderstruktur zu vereinfachen.[1037] Es wurden einzelne Programme zusammengeführt, andere umbenannt und Neue aufgelegt[1038], was die Praxis nach Aussage verschiedener KfW-Mitarbeiter leider zunächst eher verkompliziert hat. Maßgeblich für die **Tabellen 21** und **22** sollen jene Programme sein, zu denen die KfW freundlicherweise

---

[1033] Dies ist die einzige Sonderwirtschaftszone im Silicon Valley. In den USA gibt es eine Vielzahl solcher Zonen, allein fast 40 in Kalifornien. Die California Association of Enterprise Zones nennt 39 im Bundesstaat, vgl. www.caez.org/ im Juli 2004.

[1034] Vgl. www.sjeconomy.com/ez/index.asp im Juli 2004.

[1035] Es wird aber immer wieder die Einrichtung von Sonderwirtschaftszonen speziell in Ostdeutschland diskutiert. Vgl. etwa Lammers, K., 2004; sowie die in verschiedenen Zeitungen nachgezeichnete Debatte von Politikern im Sommerloch 2004.

[1036] Eine detaillierte Beschreibung der Inhalte wäre in dieser Arbeit wenig zielführend und würde den Rahmen sprengen. Hier sei auf die Web-Site der KfW und auf die dort zu bestellenden Broschüren verwiesen, vgl. www.kfw-mittelstandsbank.de .

[1037] Vgl. Aussagen von Andreas Mayer von der Infoline am 30.6.04.

[1038] Im Jahr 2003 wurden z.B. das KfW-Mittelstandprogramm und das DtA-Existenzgründungsprogramm zum Unternehmerkredit zusammen geführt. Seit 2004 sind das ERP-Eigenkapitalhilfeprogramm und das Programm Kapital für Arbeit in der „Familie“ Unternehmerkapital mit seinen Rubriken für Gründung, für Wachstum und für Arbeit und Investitionen aufgegangen.

Vergleichszahlen von Berlin und München für das Jahr 2003 zur Verfügung gestellt hat. In allen Programmen sind DtA und KfW Darlehensgeber.

Im Rahmen des **ERP-Existenzgründerprogramms** gewährte die DtA Gründern zinsgünstige Darlehen von bis zu 500.000 Euro im Jahr. Im **ERP-Eigenkapitalhilfe-Programm** wurden solche Darlehen ohne Sicherheiten und für zehn Jahre tilgungsfrei gewährt.

An Kleinstgründungen richten sich die Instrumente **Startgeld** und **Mikro-Darlehn**. Hier bekommen Gründer und KMU mit maximal zehn (Mikro-Darlehen) bzw. 100 (Startgeld) Beschäftigten ein zinsgünstiges Darlehen von maximal 25.000 (Mikro-Darlehen) bzw. 50.000 (Startgeld) Euro. Von diesen Fördermöglichkeiten dürften nach Aussage von KfW-Mitarbeitern Gründer auf dem Gebiet der Hochtechnologie nur in relativ wenigern Fällen (beispielsweise wenig kapitalintensive IT-Dienstleister) Gebrauch machen.

Ebenfalls mit zinsverbilligten Darlehn operierten die **DtA-Existenzgründungsprogramme**, die inzwischen mit dem **KfW-Mittelstandsprogramm** zum **Unternehmerkredit** verschmolzen wurden. Der Kredit, über den in beiden deutschen Untersuchungsregionen der Löwenanteil in den **Tabellen 21** und **22** aufgelisteten Darlehen vergeben wurde, richtet sich allerdings nicht ausschließlich an Existenzgründer der Hochtechnologie. Er wird kleineren Unternehmen (bis 500 Mio. Euro Jahresumsatz) und Freiberuflern aller Branchen zur Finanzierung von Investitionen und Betriebsmitteln gewährt. Sie erhalten ein zinsgünstiges, banküblich abzusicherndes Darlehen in Höhe von maximal 5 Mio. Euro.

Über das **ERP-Beteiligungsprogramm** können sich Kapitalbeteiligungsgesellschaften ihre Beteiligung an kleinen und mittleren Unternehmen finanzieren lassen. Sie erhalten von der KfW ein Refinanzierungsdarlehen in Höhe von bis zu 85 Prozent (Ostdeutschland) bzw. 75 Prozent (alte Bundesländer) des Beteiligungsbetrages von maximal einer Million (Ost) bzw. 500.000 Euro (West).[1039] Speziell auf Beteiligungen an kleinen Technologiefirmen zielt das **KfW/BMWA-Technologie-Beteiligungsprogramm**. Gefördert werden Kapitalbeteiligungsgesellschaften, Kreditinstitute, Unternehmen und Privatpersonen, die sich an kleinen High-Tech-Unternehmen beteiligen. Sie erhalten ein so genanntes Refinanzierungsdarlehen in Höhe

---

[1039] Vgl. IBB 2004, S. 36.

von bis zu 50 Prozent des eingesetzten Beteiligungskapitals, maximal jedoch 1,4 Mio. Euro.[1040]

Tabelle 21: DtA / KfW-Darlehn über für High-Tech-Gründer relevante Programme in der Stadt München im Jahr 2003

Programm-Name	Anzahl	Darlehns-volumen	Investitions-summe
ERP-Existenzgründung	k.A.	383.000	749.160
ERP-Eigenkapitalhilfe	k.A.	1.207.000	4.274.240
Startgeld	k.A.	327.300	274.850
Mikro-Darlehen	10	222.000	262.000
Unternehmerkredit[1)]	441	43.688.570	91.677.660
ERP-Beteiligung	k.A.	1.594.500	2.126.000
KfW/BMWA-Technologie-Beteiligung	-	-	-
Total		**47.422.370**	**99.363.910**

Quelle: KfW, Zusammenstellung auf Anfrage.

[1)] Im September 2003 wurden die Programme DtA-Existenzgründung, DtA-Existenzgründung Betriebsmittel und KfW-Mittelstand zum Unternehmerkredit verschmolzen. In der Tabelle sind unter der Zeile Unternehmerkredit die Vergaben aller vier Programmnamen addiert.

Insgesamt vergaben DtA und KfW über ihre für High-Tech-Gründer besonders relevanten Programme in der Stadt München im Jahr 2003 ein Darlehensvolumen von 47,4 Mio. Euro, womit sie eine Investitionssumme von 99,4 Mio. Euro anschoben (vgl. **Tabelle 21**). Diese Mittel sind jedoch nur zu einem Bruchteil an die in dieser Arbeit untersuchten Existenzgründer in der Hochtechnologie geflossen. Einige Programme richten sich an Existenzgründer allgemein (ERP-Existenzgründung, DtA-Existenzgründung). Andere sind zwar auf High-Tech-Firmen, nicht jedoch allein auf Existenzgründer zugeschnitten (KfW / BMWA-Technologie-Beteiligungsprogramm). Das umfangreichste Programm, der Unternehmerkredit, schließlich richtet sich weder speziell an Gründer, noch allein ein High-Tech-Firmen, sondern an KMU allgemein (genau wie das ERP-Beteiligungsprogramm). Ein besserer Zuschnitt der Zahlen auf den Untersuchungsgegenstand ist jedoch anhand der von der KfW zur Verfügung gestellten Daten leider nicht möglich.

Speziell auf Technologieunternehmen – von der Gründungsphase bis zum Börsengang – ist die Arbeit der Technologie-Beteiligungs-Gesellschaft (tbg) ausgerichtet. Im Auftrag des Bundes beteiligt sich die tbg i.d.R. über stille Beteiligungen an jungen High-Tech-Unternehmen. Zusammen mit anderen Investoren, häufig VC-Gesellschaften, sorgt sie so für

[1040] Vgl. IBB 2004, S. 54.

eine angemessene Eigenkapitalausstattung, bringt aber auch Management-Erfahrung ein. Für Gründer in der Region München waren speziell drei tbg-Programme interessant.[1041]

Über das **BTU-Frühphasen-Programm** werden junge innovative Unternehmen, die häufig als Ausgründungen aus Hochschulen und Forschungseinrichtungen entstehen, in der Frühphase unterstützt. In eigenkapitalähnlicher Form (als Genussrechtskapital) stellt die tbg bis zu 150.000 Euro zur Verfügung, um Start-Kosten wie die Erstellung eines Businessplans oder den Aufbau der Firmenstruktur zu finanzieren. Voraussetzung ist, dass das junge Unternehmen von einem anderen Investor mit Branchenkenntnis unterstützt wird. Sachliche oder persönliche Sicherheiten werden nicht verlangt.

Das **BTU 2000 Programm** richtet sich an junge Technologieunternehmen, die höchstens fünf Jahre alt sind und bis zu 7 Mio. Euro im Jahr umsetzen. Hier beteiligt sich die tbg für maximal zehn Jahre mit bis zu 1,5 Mio. Euro. Anders als bei der BTU-Frühphase hat das Unternehmen eine Bearbeitungsgebühr von 2% des Beteiligungsbetrages und ein jährliches Beteiligungsentgelt von 8% sowie gewinnabhängige Zulagen zu entrichten.

Ergänzend zu den BTU-Programmen können junge Unternehmen Innovationen von der Gründungsphase bis zum Börsengang über das **ERP-Programm**, Nachfolger des auslaufenden **Technologie-Beteiligungs-Programms**, finanzieren. Hier stockt die tbg, parallel zu einem Lead-Investor, ihre Beteiligungen für maximal zehn Jahre auf bis zu 2,5 Mio. Euro auf. Für das Unternehmen wird eine Bearbeitungsgebühr von einmalig 2% sowie ein jährliches Beteiligungsentgelt von 9,5% plus gewinnabhängige Zulage fällig.

Tabelle 22: tbg-Beteiligungsprogramme an jungen High-Tech-Firmen in der Region Müchen (PLZ 80-82 und 85) im Jahr 2003

Programm-Name	Anzahl Beteiligungen	Anzahl Unternehmen	Volumen Zusagen
BTU Frühphase	4	4	600.000
BTU 2000	2	2	450.000
ERP	1	1	500.000
Total	**7**	**7**	**1.550.000**

Quelle: tbg, Zusammenstellung auf Anfrage.

Insgesamt beteiligte sich die tbg im Jahr 2003 über die drei beschriebenen Programme an sieben jungen Technologieunternehmen in der Region München (vgl. **Tabelle 22**). Sie sagte

[1041] Vgl. www.kfw-mittelstandsbank.de/mportal/tbg/Finanzierung/ im Juli 2004.

diesen Firmen ein Beteiligungskapital von zusammen 1,55 Mio. Euro zu. Damit war das Engagement der tbg in der Region München deutlich kleiner als in Berlin / Brandenburg (vgl. **Kapitel 9.2.3.3**).

Neben den oben beschriebenen Programmen von KfW, DtA und tbg konnten High-Tech-Gründer in der Region München Fördermittel vom Land in Anspruch nehmen. Hauptinstrument der Mittelstands- und Existenzgründungsförderung in Bayern ist das **Bayerische Mittelstandskreditprogramm (MKP)**.[1042] Über das Programm erhalten Mittelständler und Gründer Darlehen von bis zu 310.000 Euro zu deutlich vergünstigten Zinssätzen.[1043] Diese können durch ein **Ergänzungsdarlehen der LfA** auf bis zu 1,5 Mio. Euro aufgestockt werden. Zudem bietet die LfA Haftungsfreistellungen und Ausfallbürgschaften an, um das Ausfallrisiko bei der auszahlenden Privatbank zu reduzieren.[1044] Im Jahr 2003 wurden über das MKP und die LfA-Ergänzungsdarlehen in der Region München[1045] Darlehen von knapp 51 Mio. Euro zugesagt.[1046] Das war mehr Geld als über alle oben beschriebenen Programme von KfW, DtA und tbg zusammen. Mit rund 28,6 Mio. Euro aus MKP und LfA-Ergänzung wurden insgesamt 445 Investitionsvorhaben speziell von Gründern finanziert.[1047] Hauptanteil der Geförderten (rund 50%) hatte das Handwerk, gefolgt vom Handel (25%).[1048] Der Anteil der High-Tech-Gründer ist in der Statistik der Landesregierung leider nicht erfasst. Er dürfte nach Einschätzung der LfA jedoch „verschwindend gering" sein.[1049]

Speziell an innovative Technologie-Gründer richtet sich dagegen seit 1996 das **Bayerische Programm zur Förderung technologieorientierter Unternehmensgründungen (BayTOU)** der Staatsregierung. Verteilt werden Zuschüsse von bis zu 25.000 Euro zu risikoreichen Entwicklungsvorhaben, die im Zusammenhang mit einer Unternehmensgründung stehen.

1042 Vgl. Stmwvt 2000, S. 93.

1043 Die vielen verschiedenen Sätze im Einzelnen sind zu finden unter www.lfa.de/foerderprogramm/Darlehen/MKP.htm .

1044 Im Jahr 2003 wurde bei rund der Hälfte der an Gründer vergebenen Darlehen eine Risikoübernahme vereinbart. Diese wurde fast immer in Form einer Haftungsfreistellung festgeschrieben, bei der 70 Prozent des Ausfallrisikos übernommen wird. Bürgschaften, die bis zu 80% des Risikos abdecken können, wurden in weniger als 2% der Fälle übernommen. Quelle: Helmut Schwarzmayer, LfA Abteilung Produktgestaltung und Marketing, Telefonat (089/21252329) vom 14.7.04.

1045 Nach Regionen-Definition in **Kapitel 7.1.2**.

1046 Vgl. Aufstellung des Bayerischen Staatsministeriums für Wirtschaft auf Anfrage. 2003: 50,963 Mio. Euro Zusagen für 731 Investitionsvorhaben. 2002: 66,678 Mio. Euro für 788 Vorhaben.

1047 Im Jahr 37,7 Mio. Euro für 478 Investitionsvorhaben.

1048 Etwa die Hälfte der MKP-Mittel geht i.d.R. an Handwerker. Es folgt der Handel mit rund 25%, vgl. Stmwvt 2000, S. 93.

1049 Vgl. Telefonat mit Helmut Schwarzmayer, Abteilung Produktgestaltung und Marketing bei der LfA Bayern, Tel: 089/21252329, am 14.7.04.

Zudem werden Berater v.a. in den Technologie- und Gründerzentren (vgl. **Kapitel 9.2.2.2**) vermittelt. Von 1996 bis Ende 2002 wurden über BayTou rund 180 Vorhaben mit Zuschüssen in Höhe von rund 17 Mio. Euro gefördert.[1050] Auch auf mehrfache Nachfrage wollte die Staatsregierung keine Zahlen für einzelne Jahre zur Verfügung stellen.[1051] Auch für die Region München waren keine Daten erhältlich. Offenbar arbeitet das Wirtschaftsministerium mit veralteter Software, über die man keinen Regionenfilter laufen lassen kann. Stattdessen müssten Hunderte von Anträgen per Hand durchgesehen werden.[1052]

Günstiges Beteiligungskapital für kleine Existenzgründer allgemein stellt die Bayerische Beteiligungsgesellschaft (BayBG) über ihr Programm **Beteiligungskapital für Existenzgründer** zur Verfügung. Es werden stille Beteiligungen in Höhe von 20.000 bis 125.000 Euro an Unternehmen in der Gründungsphase mit Sitz in Bayern eingegangen. Dafür zahlt die Firma ein verbilligtes Entgelt von durchschnittlich 7,7 Prozent (gerechnet über zehn Jahre). Im Jahr 2003 wurden über das Programm bayernweit 32 Beteiligungen im Gesamtwert von rund 2,9 Mio. Euro finanziert.[1053] Zahlen für die Region München werden auch hier leider nicht veröffentlicht.

Des Weiteren geht die BayBG, bei der neben eine Reihe von privaten Banken auch die LfA Bayern Gesellschafter ist,[1054] Beteiligungen von bis zu fünf Mio. Euro an mittelständischen Unternehmen ein. Diese werden jedoch nicht über spezielle Konditionen mit öffentlichen Mitteln gefördert.[1055] Ebenfalls ohne direkte Fördermittel muss die 100-prozentige LfA-Tochter **Bayern Kapital Risikokapitalbeteiligungs GmbH** auskommen. Sie wurde zwar ursprünglich aus Privatisierungserlösen der Staatsregierung finanziert, legt ihr Geld jedoch wie eine private VC-Gesellschaft nach wirtschaftlichen Kriterien an. Im Mai 2003 hielt die Bayern Kapital ein Portfolio von 110 Firmenbeteiligungen mit einem Gesamtvolumen von rund 100 Mio. Euro.[1056] Aufgrund von Kooperationen mit dem jeweiligen Leadinvestor und der tbg wurden dadurch VC-Investitionen von ca. 300 Mio. Euro generiert.

[1050] Vgl. Stmwvt 2003, S. 14.

[1051] Um „solche Sonderanfragen" zu bearbeiten, habe man nicht die nötige Kapazität, hieß es zuletzt im Telefonat mit dem Leiter der Innovationsberatungsstelle Südbayern, Dr. Weißhaupt, am 28.7.04 (Tel: 089/2162-2783).

[1052] Diese Einschätzung stammt von einem Mitarbeiter der Regierung von Oberbayern. Gespräch vom 6.7.04.

[1053] Im Jahr 2002 waren es 26 Beteiligungen zu zusammen 2,4 Mio. Euro, im Jahr 2001 37 Beteiligungen zu 2,6 Mio. Euro. Vgl. Telefonat mit Herrn Dr. Horras von der Bayerischen Beteiligungsgesellschaft (Tel. 089/21982630) am am 13.7.04.

[1054] Vgl. www.baybg.de im Juli 2004.

[1055] Vgl. Gespräch mit Dr. Horras am 13.7.04.

Die Übernahme öffentlicher Bürgschaften spielt, anders als in Berlin, für High-Tech-Gründer in München mit der verschwindenden Ausnahme der Absicherung von MKP-Darlehen keine Rolle.[1057]

Im Ergebnis ist die vom Land angebotene direkte Kapitalförderung für High-Tech-Gründer in der Region München übersichtlich. Der größte Anteil der Mittel für diese Gruppe wird über die Programme **BayTou** des Bayerischen Staatsministeriums für Wirtschaft und **Beteiligungskapital für Existenzgründer** der BayBG vergeben. Als nach wirtschaftlichen Kriterien operierende VC-Gesellschaft spielt zudem **Bayern Kapital** eine zentrale Rolle.[1058]

9.2.3.3 Berlin / Brandenburg

Neben den bereits in **Kapitel 9.2.3.2** beschriebenen Programmen **ERP-Existenzgründung**, **ERP-Eigenkapitalhilfe**, **Startgeld**, **Mikro-Darlehen**, **Unternehmerkredit**, **ERP-Beteiligung** und **KfW / BMWA-Technologie-Beteiligung** sind für High-Tech-Gründer in der Region Berlin/Brandenburg noch drei weitere Programme von DtA und KfW interessant: Die **ERP-Regionalförderung**, das **ERP-Innovationsprogramm** und der **KfW-Beteiligungsfonds**. Alle drei Programme sind speziell auf die GA-Fördergebiete ausgerichtet, zu denen Berlin und sein Umland gehören. Die ERP-Regionalförderung, die in **Tabelle 23** mit einem Darlehensvolumen von 7,5 Mio. Euro den zweitgrößten Posten ausmacht, bietet KMU besonders zinsgünstige Darlehen von i.d.R. maximal 500.000 Euro. Innovationsprogramm und Beteiligungsfonds fördern speziell innovative FuE-Vorhaben – einerseits über ein zinsgünstiges Darlehen von bis zu 5 Mio. Euro, andererseits über ein Refinanzierungsdarlehen für das Beteiligungskapital Dritter.[1059] Auch für diese Programme gilt, dass nur ein Bruchteil der Mittel an die in dieser Arbeit untersuchten High-Tech-Gründer geflossen ist.

Insgesamt vergaben DtA und KfW über ihre für High-Tech-Gründer besonders relevanten Programme allein in Berlin im Jahr 2003 ein Darlehensvolumen von 96,6 Mio. Euro (vgl. **Tabelle 23**). Das war mehr als doppelt so viel wie in der Stadt München. Auch in Relation zur Zahl der Erwerbstätigen gesetzt lag die Fördersumme in Berlin deutlich höher als in

---

[1056] Vgl. Stmwvt 2003, S. 14.
[1057] Vgl. Gespräch mit Helmut Scharzmayer von der LfA am 14.7.04 und **Fußnote 1044**.
[1058] Diese Einschätzung bestätigt der Leiter der Innovationsberatungsstelle Südbayern, Dr. Weißhaupt, im Telefonat vom 28.7.04 (Tel. 089/2162-2783).
[1059] Vgl. IBB 2004, S. 35 u. 53 und www.kfw-mittelstandsbank.de im Juni 2004.

München. Je Erwerbstätigem wurden in der Hauptstadt rund 66 Euro Förderdarlehen vergeben; in München waren es lediglich 50 Euro.[1060]

Tabelle 23: DtA / KfW-Darlehn über für High-Tech-Gründer relevante Programme in Berlin[1061] im Jahr 2003

Programm-Name	Anzahl	Darlehns-volumen	Investitions-summe
ERP-Existenzgründung	47	6.166.700	6.102.050
ERP-Eigenkapitalhilfe	73	6.211.600	21.290.130
Startgeld	183	6.132.800	7.062.790
Mikro-Darlehen	102	1.928.240	2.394.700
Unternehmerkredit	427	61.393.500	78.467.250
ERP-Beteiligung	k.A.	875.650	1.167.500
KfW/BMA-Technologie-Beteiligung	k.A.	934.400	1.700.000
ERP-Regionalförderung Ost	39	7.501.400	12.267.490
ERP-Innovationsprogramm Ost	k.A.	3.406.420	5.322.680
KfW-Beteiligungsfonds Ost	k.A.	2.010.580	250.000
Total		**96.561.290**	**136.024.590**

Quelle: KfW, Zusammenstellung auf Anfrage.

Die tbg hat junge High-Tech-Firmen in Berlin neben den bereits in **Kapitel 9.2.3.2** beschriebenen Programmen **BTU Frühphase, BTU 2000** und **ERP** als Nachfolger des auslaufenden **Technologie-Beteiligungsprogramms** massiv über das Programm **Futour 2000** gefördert. Das Futour-Programm unterstützt speziell technologieorientierte Unternehmensgründungen in den neuen Bundesländern und Ost-Berlin. High-Tech-Gründer und Firmen, die maximal ein Jahr alt sind, können ohne Sicherheiten zu stellen bis zu 690.000 Euro erhalten. Diese werden als Beteiligungskapital und – eine Besonderheit des Programms – als nicht rückzahlbare Zuschüsse eingebracht.[1062]

Tabelle 24: tbg-Beteiligungsprogramme an jungen High-Tech-Firmen in der Region Berlin / Brandenburg (PLZ 10-14) im Jahr 2003

Programm-Name	Anzahl Beteiligungen	Anzahl Unternehmen	Volumen Zusagen
Futour 2000	12	12	4.174.838
BTU Frühphase	2	2	300.000
BTU 2000	3	3	635.000
ERP	1	1	300.000
Technologie-Beteiligungs-Programm	2	2	13.292
Total	**20**	**20**	**5.423.130**

Quelle: tbg, Zusammenstellung auf Anfrage.

[1060] Basis: 940.000 Erwerbstätige in der Stadt München, 1,455 Mio. in Berlin im Jahr 2002, Quelle: Statistische Landesämter.
[1061] Die Zahlen für den EVR im Land Brandenburg konnte die KfW leider nicht separat ausweisen.
[1062] Vgl. Programmbeschreibung auf www.kfw-mittelstandsbank.de/mportal/tbg/Finanzierung/ im Juli 2004.

Im Jahr 2003 sagte die tbg jungen High-Tech-Firmen in Berlin / Brandenburg mehr als 5,4 Mio. Euro an Beteiligungen und Zuschüssen zu (vgl. **Tabelle 24**). Mehr als drei Viertel des Geldes flossen über das speziell auf die Neuen Bundesländer ausgerichtete Futour-2000-Programm.

Zu den Fördermitteln von KfW und tbg kommen noch die Programme vom Land Berlin hinzu.[1063] Auch bei diesen Förderprogrammen stellt sich das Problem der Abgrenzung. Wie viele Mittel tatsächlich erstens an Gründer und zweitens speziell an solche aus der High-Tech-Branche geflossen sind, lässt sich anhand der öffentlichen Zahlen leider nicht nachvollziehen.

Den Löwenanteil an der Wirtschaftsförderung des Senats machten die **GA-Mittel** aus. Im Rahmen der Gemeinschaftsaufgabe Verbesserung der regionalen Wirtschaftsstruktur wurden im Jahr 2003 Zuschüsse zu Investitionsvorhaben der gewerblichen Wirtschaft von insgesamt 86,6 Mio. Euro bewilligt.[1064] Dies schob bei den betroffenen 243 Vorhaben ein Investitionsvolumen von rund 825 Mio. Euro an.[1065] Ziel der GA ist es, wettbewerbsfähige und qualifizierte Dauerarbeitsplätze in der Förder-Region zu schaffen. Ein Fokus liegt dabei auf Existenzgründern und Projekten, die sich an solche richten (so wurden etwa eine Reihe von Inkubatoren in Berlin / Brandenburg mit GA-Mitteln gefördert, vgl. **Kapitel 9.2.2.3**). Gewährt werden direkte Zuschüsse zu Investitionen in Wirtschaftsgüter des Anlagevermögens, die in besonderen Fällen bis zu 35 Prozent der Anschaffungskosten betragen können.[1066]

Ein zweites, wesentlich kleineres aber speziell auf Technologiefirmen ausgerichtetes Landes-Förderprogramm ist der **Zukunftsfonds der IBB**. Über den Fonds werden seit 1997 Gründer und KMU aus dem Technologiebereich unterstützt. Gewährt werden Zuschüsse zu Beratungs- und Qualifizierungsmaßnahmen (vgl. **Kapitel 9.2.1.3**) sowie zinsverbilligte Darlehen. Zudem fördert die **IBB Beteiligungsgesellschaft mbH** innovative Unternehmen mit Mitteln des Zukunftsfonds durch offene und stille Beteiligungen. Im Jahr 2002 (Zahlen für 2003 lagen im Sommer 2004 noch nicht vor) wurden im Rahmen des Zukunftsfonds insgesamt 128 Bewilligungen erteilt. 500.000 Euro flossen über Zuschüsse, 400.000 über zinsgünstige

[1063] Die Programme des Landes Brandenburg sind mit ihren Statistiken nicht speziell für den EVR abgegrenzt. Sie müssen hier ausgeklammert bleiben.
[1064] Aufgrund einer bis Juli 2002 andauernden **Haushaltssperre** wurden deutlich weniger Mittel genehmigt als 2001, wo allein über die GA 130,8 Mio. Euro flossen.
[1065] Vgl. Zusammenstellung des Senats vom 2.6.04 auf Anfrage.
[1066] Vgl. www.ilb.de/rd/foerderung/seite_foerderung_gewerblwirtsch_foerderprogramme_ga_g.html , im Juli 04.

Darlehen und es wurden Beteiligungen in Höhe von 3,1 Mio. Euro (plus 1,4 Mio. Euro für weitere Finanzierungsrunden) bewilligt.[1067]

Ebenfalls auf technologieorientierte KMU und Gründer zielt der **Innovationsfonds des Landes Berlin** ab. Die Fördermittel werden über den Fonds i.d.R. als eine auf fünf Jahre befristete stille Beteiligung zur Verfügung gestellt. Der Zinssatz betrug im Jahr 2003 3% fest plus einer gewinnabhängigen Komponente von maximal 5%.[1068] Über den Innovationsfonds wurden im Jahr 2002 allerdings nur vier Projekte mit Darlehen und Beteiligungen von 1,3 Mio. Euro gefördert, was ein Investitionsvolumen von 19,6 Mio. Euro anschob.

Ausgeklammert bleiben sollen hier die Existenzgründungsdarlehen nach dem Arbeitsmarktpolitischen Rahmenprogramm (ARP). Sie richten sich speziell an Arbeitslose und Sozialhilfeempfänger, von denen die wenigsten ein High-Tech-Unternehmen gründen dürften.

Wichtige Bausteine im Wirtschaftsförder-Baukasten des Landes Berlin, die auch Existenzgründern der Hochtechnologie zugute kommen, sind dagegen die Bürgschaften und Beteiligungen der **Bürgschaftsbank zu Berlin-Brandenburg (BBB)** GmbH. Die BBB bürgt für Unternehmer bei Banken und Sparkassen für 80 Prozent der benötigten Kreditsumme, maximal jedoch 1 Mio. Euro. Diese Bürgschaft wiederum wird u.a. mit Mitteln vom Land und vom Bund abgesichert. Daneben übernimmt die BBB Garantien für Beteiligungen an jungen Unternehmen, die **die Mittelständische Beteiligungsgesellschaft Berlin-Brandenburg (MBG)** GmbH eingeht. Im Jahr 2003 vergab die BBB allein für Vorhaben von Existenzgründern in Berlin[1069] Bürgschaften und Garantien in Höhe von 8,025 Mio. Euro.[1070] Die MBG hielt im Jahr 2003 in Berlin 49 Unternehmensbeteiligungen im Gesamtwert von 23,676 Mio. Euro. Im Geschäftsjahr 2003 ging sie allerdings in der Stadt nur eine neue Beteiligung für 250.000 Euro ein.[1071]

Da sich kaum nachvollziehen lässt, wie viel Fördergeld aus den verschiedenen Programmen tatsächlich bei Existenzgründern der Hochtechnologie angekommen ist, ist eine inoffizielle

---

[1067] Vgl. Senatsverwaltung für Wirtschaft, Arbeit und Frauen, Schreiben vom 4.6.04.
[1068] Vgl. Senatsverwaltung für Wirtschaft, Arbeit und Frauen, Schreiben vom 4.6.04.
[1069] Die Arbeit der BBB ist trotz „Brandenburg" im Namen auf das Land Berlin beschränkt.
[1070] Im Jahr 2002 waren es noch 13,828 Mio. Euro gewesen. Vgl. BBB 2004, S. 36. Und Telefonat mit der BBB-Prokuristin Sylvia Weber am 5.7.04.
[1071] Vgl. MBG 2004, S. 15 u. 19.

Schätzung von Dr. Michael Knies vom Referat für die gewerbliche Förderung, Existenzgründer und Bürgschaften in der Senatsverwaltung für Wirtschaft besonders wertvoll.[1072] Diese bezieht sich auf das Jahr 2002, in dem vom Land Berlin rund 120 Mio. Euro für Wirtschaftsförderung ausgegeben wurden. Der Großteil davon, rund 90 Mio. Euro, wurden im Rahmen der GA vergeben. Von diesen GA-Mitteln flossen nach Schätzung von Dr. Knies etwa 20 Prozent an Unternehmensgründer und rund die Hälfte an Unternehmen der „New Economy" – macht rund 10 Mio. Euro für Gründer aus dem Bereich der New Economy. Die restlichen 30 Mio. Euro entfielen zum Großteil auf den Bereich der Technologieförderung. Nach Ansicht von Dr. Knies ging davon maximal die Hälfte, sprich 15 Mio. Euro an Gründer. Zusammengezählt dürften High-Tech-Gründer vom Land Berlin also mit rund 25 Mio. Euro zusätzlich gefördert worden sein.

Im Ergebnis lässt sich festhalten, dass es in Berlin viel mehr Programme zur Förderung von Unternehmensgründungen gibt als in München. Dies liegt zum einen an der Sonderstellung Berlins als Fördergebiet der Gemeinschaftsaufgabe zur Verbesserung der regionalen Wirtschaftsstruktur (GA). Gleichzeitig ist das Land Berlin gleich mit einer Reihe von Förderprogrammen aktiv. Wie viele Mittel von KfW, DtA, tbg und dem Land mit seinen Bürgschaftsbanken, Beteiligungsgesellschaften und Spezialfonds tatsächlich speziell an Gründer der Hochtechnologie geflossen sind, lässt sich nicht genau beziffern. Es dürfte jedoch ein Vielfaches mehr als in der Region München gewesen sein.[1073]

Im Vergleich zum Silicon Valley fällt auf, dass dort die Zahl der Förderprogramme deutlich übersichtlicher ist als in Deutschland. Die durch sie bewegten Mittel dagegen liegen bei weitem höher als in den beiden deutschen Untersuchungsregionen.

[1072] Vgl. Telefonat mit Dr. Knies Anfg. Juni 2004.

[1073] Allein das Dralehensvolumen von KfW und DtA lag in Berlin im Jahr 2003 etwa doppelt so hoch wie in München (vgl. **Tabellen 23** und **21**). Die tbg-Beteiligungen machten mehr als das Dreifache aus (vgl. **Tabellen 22** und **24**).

10. Zusammenfassung der Ergebnisse und Fazit

Abbildung 31 stellt die Ergebnisse der empirischen Untersuchung im Überblick dar. Aufgelistet sind insgesamt 17 Kriterien, die aus den voran gehenden **Kapiteln 7** bis **9** generiert wurden. Sie spiegeln die Qualität der jeweiligen Untersuchungsregion als Standort für High-Tech-Gründer wider. Als Bewertungsskala wurden die Noten sehr gut (++), gut (+), ausreichend (+/-), mangelhaft (-) und ungenügend (--) gewählt. Die folgenden Abschnitte liefern für jede Region eine zusammenfassende Erläuterung der Bewertung. Dabei sollen die eingangs (**Abschnitt 6.1**) formulierten drei Forschungsfragen beantwortet werden. Handelt es sich um eine erfolgreiche Gründerregion? Welche Faktoren haben den Erfolg bzw. Misserfolg ausgemacht? Und welche Rolle haben politische Entscheidungen dabei gespielt?

Abbildung 31: Die Ergebnisse der empirischen Untersuchung im Überblick

Kriterium	Kapitel im Text	Silicon Valley	München	Berlin / Brandenburg
Wirtschaftswachstum	7.2	+ +	+	- -
Zahl der Gründer insg.	7.3	+ +	+ / -	- -
Gründer IKT	7.4	+ +	+	-
Gründer Biotech	7.4	+ +	+	+
Mutationsfähigkeit	7.5.2	+ +	+	- -
Qualifiziertes Personal	8.1	+ +	+	+
Forschungsstätten	8.2.2	+ +	+ / -	+
Finanzmittel der Hochschulen	8.2.3	+ +	+	+
Spezielle Gründerförderung der Hochschulen	8.2.4	+ +	+	-
Große Unternehmen	8.3	+ +	+	-
Risikokapital	8.4	+ +	+	+
Weiche Faktoren	8.5	+ +	+	-
Netzwerke	8.6	+ +	+	-
Förderung von Forschung und Lehre	9.1	+ +	+	+
Der Staat als Ratgeber und Netzwerker	9.2.1	+ / -	+ / -	+ +
Der Staat als Anbieter spezieller Infrastruktur	9.2.2	+ / -	+ +	+ +
Der Staat als Kapitalgeber	9.2.3	+ +	+	+
Gesamtbewertung		+ +	+	-

Quelle: Eigene Darstellung.

10.1 Silicon Valley

Das Silicon Valley schneidet unter den drei betrachteten Regionen mit Abstand am besten ab. Die empirische Untersuchung hat gezeigt, dass das Tal in der Tat ein sehr guter Standort für Unternehmensgründer der Hochtechnologie ist. Die Region hat, begründet durch historische Zufälle, Acts of Entrepreneurship und positive Rückkopplungen schon früh den Pfad zum High-Tech-Cluster eingeschlagen. Hervorragende, finanziell stark ausgestattete Universitäten sind zum Nukleus für die Gründeraktivität geworden.

Konkret zeichnet sich die **Wirtschaft** im Silicon Valley seit Jahrzehnten durch ein weit überdurchschnittliches **Wachstum** aus. Überdurchschnittlich hoch war auch die **Zahl der Gründer insgesamt** und besonders die Zahl der **Gründer in der IKT und Biotechnologie**. Auf eine spezielle **Mutationsfähigkeit** der Region lassen sowohl die vielen Gründungen und Einstellungen im Aufschwung, als auch die vielen Pleiten und Entlassungen in der Krise der New Economy schließen. Der Eindruck besonderen Wandlungsfähigkeit wird durch eine Reihe von Indizien für einen raschen Strukturwandel bestätigt.

Bestnoten bekommt das Tal auch für all jene Standortfaktoren, die für High-Tech-Gründer von besonderer Relevanz sind (siehe **Kapitel 8**). Die Region kann, aufgrund einer hohen Zahl von Absolventen von Top-Universitäten und eines überdurchschnittlich hohen Ausbildungsstandes der Bevölkerung insgesamt, mit **qualifiziertem Personal** aufwarten. Ein besonderer Pluspunkt ist zudem die hohe Qualität von Forschung und Lehre. So sind die **Forschungsstätten** im Silicon Valley sowohl mit Personal als auch mit **Finanzmitteln** deutlich besser ausgestattet als die Vergleichsinstitute in Deutschland.

Auffällig ist, dass die amerikanische Forschungslandschaft aufgrund ihrer Struktur eine besondere Anpassungsfähigkeit an sich verändernde Bedürfnisse der Wirtschaft aufweist. Die Tatsache, dass wichtige Forschungsinstitute direkt einzelnen Spitzen-Universitäten angegliedert sind, ermöglicht ein besonderes Zusammenspiel von Forschung und Lehre. Ein steter Wettbewerb um Professoren, Studenten und Fördermittel gewährleistet, zusammen mit offenen Lehrplänen, die nötige Flexibilität. Diese zeigt sich auch an dem Gewicht, das die Top-Hochschulen des Silicon Valley schon seit Anfang der 90er Jahre auf die **spezielle Gründerförderung** legen. So sind an den Universitäten Stanford und Berkeley Institute mit bis zu 20 Professoren mit der Gründerausbildung beschäftigt, es werden eigene Business-Plan-Wettbewerbe ausgeschrieben und Gründer-Netzwerke gepflegt.

Auch bei den Standortfaktoren **große Unternehmen** und **Risikokapital** ist das Silicon Valley den beiden deutschen Untersuchungsregionen deutlich überlegen. Ein weiteres Plus für die Region sind die **weichen Standortfaktoren**. Hier kann das Valley besonders mit für Neuerungen und Kooperationen offenen Firmenkulturen und einer technik- und gründerfreundlichen Bevölkerung punkten.

Verstärkt werden alle bis hier her genannten positiven Standortfaktoren durch die Interaktion von Wissenschaftlern, Gründern, Kapitalgebern etc. in dichten regionalen **Netzwerken.** Im Silicon Valley, dem Netzwerk-Knotenpunkt par excellence, ist über die vergangenen Jahrzehnte eine besondere Kultur der Kooperation, ein stetes „Sharing of Ideas" entstanden.

Interessant ist schließlich die zuletzt untersuchte Rolle des Staates (**siehe Kapitel 9**). Es fällt auf, dass die **Fördermittel für Forschung und Lehre** auf einige wenige Top-Institute gebündelt sind. Diese erhalten ein Vielfaches des Geldes von Top-Universitäten in Deutschland. Mit großen finanziellen Summen engagiert sich speziell die US-Bundesregierung auch als **direkter Kapitalgeber** für junge Firmen. Immer in Kooperation mit privaten Instituten, die selbst ins Risiko gehen, wird die gesamte Klaviatur der finanziellen Förderung, von günstigen Darlehen, über öffentlich gefördertes Beteiligungskapital bis hin zu Bürgschaften gespielt. Dazu kommen spezielle Förderprogramme der Region, wobei die Sonderwirtschaftszone in San Jose ins Auge sticht. Hier lockt die Stadt, was nach deutschen Gesetzen in diesem Umfang unmöglich wäre, Unternehmen mit erheblichen Steueranreizen. Im Vergleich zu Deutschland wird vom Staat als Kapitalgeber deutlich mehr Geld bewegt; die Zahl der unterschiedlichen Programme aber ist deutlich übersichtlicher.

Als **Ratgeber und Netzwerker** und als **Anbieter spezieller Infrastruktur** für junge High-Tech-Unternehmen hält sich die öffentliche Hand im Silicon Valley dagegen zurück. Anders als in Deutschland ist der Staat bei den meisten Beratungsstellen nur Kofinanzier und setzt stark auf das Engagement von Sponsoren und Freiwilligen. Ähnliches gilt für die insgesamt nur vier High-Tech-Gründerzentren mit öffentlicher Beteiligung in der Region. Wo sich Non-Profit-Organisationen oder auf Profit ausgerichtete Privatfirmen engagieren wollen, überlässt der Staat ihnen gerne das Feld.

Im Ergebnis lässt sich das Silicon Valley als erfolgreiches Gründungscluster für Firmen der Hochtechnologie bezeichnen. Getragen wird der Erfolg von einer ganzen Reihe besonders günstiger Standortfaktoren. Ein Dreh- und Angelpunkt ist die herausragende Rolle einiger Top-Universitäten. Diese haben, von Privaten und der öffentlichen Hand reichlich mit Finanzmitteln ausgestattet, die Gründungsaktivität in der Region durch gezielte Netzwerkbildung und Förderung von Entrepreneurship aber auch durch ihren Pool von Wissen und gut ausgebildeten Arbeitskräften beflügelt. Über die Ausstattung der

Universitäten hinaus dürfte die staatliche Gründerförderung lediglich eine marginale, die ohnehin eingeschlagene Entwicklung der Region flankierende Rolle gespielt haben.

Auch für künftige Veränderungen scheint das Tal gut gerüstet zu sein. Flexible Formen der Selbstorganisation, durchlässige Grenzen zwischen Forschung und Firmen und eine für Wandel und Entrepreneurship offene Kultur lassen vermuten, dass die Region dem Idealtypus des mutierenden Innovations-Clusters nahe kommt. Ein solches Cluster müsste in der Lage sein, auch im neuen Jahrtausend neue Technologie-Generationen hervorzubringen und deren Marktentwicklung mit findigen Entrepreneuren anzuführen.

10.2 München

Auf Platz zwei der Untersuchungsregionen – deutlich vor Berlin / Brandenburg – liegt München, das insgesamt als guter Standort für High-Tech-Gründer bezeichnet werden kann. Durch historische Zufälle, speziell den Zuzug von Siemens und die geballte Vergabe von öffentlichen Forschungsmitteln durch den damaligen Verteidigungsminister Franz Joseph Strauss, schlug München nach dem Zweiten Weltkrieg den Pfad zur Technologiemetropole ein. Es entstand ein fruchtbarer Boden für Gründer.

Die Region wurde zu einer der reichsten Deutschlands, wobei sie auch in den 90er Jahren – speziell in der Boom-Zeit der New Economy – noch ein überdurchschnittlich hohes **Wirtschaftswachstum** verzeichnen konnte. Die **Zahl der Gründer insgesamt** lag nur leicht über dem deutschen Durchschnitt; die **Gründer in der IKT und Biotechnologie** aber konzentrierten sich deutlich in der Region. In den vergangenen Jahrzehnten hat München mit der Entwicklung aus der industriellen Rückständigkeit zur Technologiemetropole und zum Magneten für High-Tech-Gründer bereits einige **Mutationsfähigkeit** unter Beweis gestellt.

Gute Noten bekommt die Region für eine Reihe von Standortfaktoren, die für High-Tech-Gründer von besonderer Relevanz sind. Unternehmer und Experten loben die Verfügbarkeit von **qualifiziertem Personal**. In der Region sind eine Reihe von Top-**Forschungsstätten** im High-Tech-Bereich angesiedelt, die was die Ausstattung mit Personal und mit **Finanzmitteln** betrifft, jedoch etwas hinter den Instituten in Berlin zurück fallen.

Wenig flexibel für sich verändernde Bedürfnisse der Wirtschaft zeigt sich die deutsche Forschungslandschaft insgesamt (vgl. **Abschnitt 8.2.1.2**). Dennoch haben die beiden großen

Münchner Universitäten seit Ende der 90er Jahre – unterstützt von Programmen des Freistaates Bayern – besonderes Gewicht auf die **Gründerförderung** gelegt. So sind an den Universitäten Entrepreneurship-Zentren mit guter Vernetzung in der Region entstanden.

Auch bei den Standortfaktoren **große Unternehmen** und **Risikokapital** ist München der Region Berlin / Brandenburg überlegen. Ein weiteres Plus für die Region sind die **weichen Standortfaktoren**. Neben dem hohen Freizeitwert kann München mit unternehmerfreundlichem Klima und politischer Verlässlichkeit der Regierungen im Freistaat punkten.

Verstärkt werden die oben beschriebenen positiven Standortfaktoren auch in München durch regionale **Netzwerke**. Neben den Universitäten fördert eine Reihe von öffentlichen und privaten Initiativen den steten Austausch von Wissen und Ideen auf formellen und informellen Treffs für Gründer, Investoren, Berater und Ideengeber.

Bei der zuletzt untersuchten Rolle des Staates fällt auf, dass sich die öffentliche Hand in den beiden deutschen Untersuchungsregionen mit weniger finanziellen Mitteln engagiert, aber deutlich stärker auch in operative Abläufe eingreift als im Silicon Valley. Bei den **Fördermitteln für Forschung und Lehre**, die im Wettbewerb der Hochschulen vergeben werden, schneiden die Universitäten in München besser ab als in Berlin / Brandenburg. V.a. die Technische Universität München konnte viele Mittel akquirieren, bleibt aber immer noch deutlich hinter den Hochschulen im Valley zurück.

Geradezu unübersichtlich ist das Engagement des **Staates als Ratgeber und Netzwerker** in den beiden deutschen Untersuchungsregionen. Vom Bund werden sowohl Beratungsleistungen für Unternehmensgründer als auch Unternehmensberater selbst breit subventioniert, was zu erheblichen Mitnahmeeffekten führen dürfte. Zudem gibt es eine Reihe von Anlaufstellen, die allein versuchen, potenziellen Gründern den Weg durch den staatlichen Förderdschungel zu bahnen. Die Länder ergänzen dies durch eigene Coaching-Programme, Beratungszentren und Beratungs-Zuschüsse, wobei München bei der Zahl der Programme noch von Berlin / Brandenburg übertroffen wird.

Allein Sache der Länder und Regionen dagegen ist die Förderung von High-Tech-Gründerzentren. Bei diesem **Angebot spezieller Infrastruktur** hat sich die öffentliche Hand in der Region München schon früh und speziell bei den überregional bekannten Biotechnologie-Zentren Martinsried und Weihenstephan wohl auch erfolgreich engagiert.

Besonders unübersichtlich ist schließlich das Engagement des **Staates als Kapitalgeber**. Hier sind sogar in der Förderung des Bundes unterschiedliche Akteure aktiv, deren Programme z.T. (noch) nicht aufeinander abgestimmt sind. Hinzu kommen Förderprogramme der Länder. Diese sind in Bayern zwar klarer strukturiert als in Berlin und Brandenburg; genaue Förderzahlen für High-Tech-Gründer in der Region München lassen sich dennoch nicht generieren. In der Summe dürfte die direkte Förderung in München um einiges hinter derjenigen in Berlin / Brandenburg zurückfallen und vom Silicon Valley um ein Vielfaches übertroffen werden.

Im Ergebnis lässt sich feststellen, dass München zu einem Hauptmagneten für High-Tech-Gründer in Deutschland geworden ist. Zu einem wichtigen Knotenpunkt für das lokale Gründernetzwerk entwickeln sich auch hier die Universitäten. Zentrales Plus für den Standort ist zudem die Präsenz von großen Unternehmen – speziell dem Forschungsriesen Siemens. Der Staat hat neben der Ausstattung der Universitäten durch einzelne Förder-Highlights wie den Bau der Biotech-Zentren in Martinsried und Weihenstephan zur Stärke der Region beigetragen. Die breite Gründerförderung durch Kapitalhilfen dürfte dagegen auch hier lediglich eine flankierende Rolle gespielt haben.

10.3 Berlin / Brandenburg

Berlin / Brandenburg liegt als Standort für High-Tech-Gründer abgeschlagen auf dem letzten Platz der drei Untersuchungsregionen. Ein spezielles historisches Ereignis – die Teilung der Stadt – hat für die Region eine Negativ-Entwicklung begründet, die sich auch durch massive staatliche Förderung nicht kompensieren ließ. Bis heute verharrt die einstige Technologie-Metropole auf dem Gebiet der High-Tech-Gründungen in einem Lock-in der privatwirtschaftlichen Inaktivität. Einziger Lichtblick ist ein zarter Aufschwung im jungen und vom wirtschaftlichen Gewicht noch kleinen Zweig der Biotechnologie.

Im vergangenen Jahrzehnt konnte die Hauptstadtregion beim **Wirtschaftswachstum** und der **Zahl der Gründer insgesamt** zwar vom Vereinigungs-Boom profitieren. Bereits Mitte der 90er Jahre ging der Wirtschaft allerdings der Atem aus. Der New-Economy-Boom beflügelte die Region nur wenig. Die **Zahl der IKT-Gründer** blieb stark hinter anderen Zentren zurück. Erste Anzeichen für eine mögliche Cluster-Bildung gibt es lediglich bei **Gründern der**

Biotechnologie, wobei das Wachstum der jungen Firmen noch deutlich niedriger liegt als in der Region München. Hinweise, dass es sich bei Berlin / Brandenburg um ein idealtypisches **mutierendes Innovations-Cluster** handeln könnte, gibt es bisher nicht.

Bei der Bewertung der für High-Tech-Gründer besonders relevanten Standortfaktoren ist das Bild zwei geteilt. Faktoren, die im Einflussbereich staatlicher Förderung liegen, bekommen recht gute Noten. Ist dagegen Eigeninitiative von Privaten gefragt, schneidet die Region nur mäßig ab. Gut ist angesichts hoher Studentenzahlen und einer überdurchschnittlich gut ausgebildeten Bevölkerung die Verfügbarkeit von **qualifiziertem Personal**. Auffallend hoch ist in der Region zudem die Zahl der öffentlichen **Forschungsstätten** im High-Tech-Bereich, die im Vergleich zu München auch besonders gut mit Personal und **Finanzmitteln** ausgestattet sind. Allerdings stellt sich angesichts von über 30 außeruniversitären High-Tech-Forschungsinstituten mit jeweils recht wenigen Forschern die Frage, ob die öffentlichen FuE-Aktivitäten nicht besser schlagkräftig gebündelt würden.

Wie wenig flexibel die öffentlich geförderte Forschung und Lehre für sich verändernde Bedürfnisse von Wirtschaft und Gesellschaft ist, zeigt sich am Beispiel der **Gründerförderung** der Berliner Universitäten. Bis zum Sommer 2004 war es den drei großen Universitäten nicht gelungen, ein eigenes Netzwerk für Entrepreneure aufzubauen, dass diesen Namen auch verdient.

Beim Standortfaktor **große Unternehmen** schneidet Berlin, nicht zuletzt wegen des einschneidenden Umzugs von Siemens nach München im Jahr 1948, deutlich schlechter ab als die bayerische Landeshauptstadt. Recht gut kann sich Berlin dagegen beim Faktor **Risikokapital** behaupten, wo die Region was die Zahl der VC-finanzierten Firmen betraf in den Jahren 1996 bis 2000 beinahe mit dem besonders starken Münchner Cluster aufschloß.

Weniger gut ist es dagegen um die **weichen Standortfaktoren** bestellt. Ein attraktives Kulturangebot wird durch das schlechte Image der Stadt als Wirtschaftsstandort überschattet. Ein Defizit hat die Hauptstadtregion auch bei den regionalen **Netzwerken** für High-Tech-Gründer. Von der Privatwirtschaft selbst organisierte Treffs sind gegenüber einer Reihe von der Politik angestoßenen Foren die Ausnahme.

Es fällt auf, dass sich die öffentliche Hand in Berlin so intensiv wie in keiner anderen Region müht, das Fehlen privatwirtschaftlicher Initiative im Gründerbereich zu kompensieren. Bei den **Fördermitteln für Forschung und Lehre** allerdings, die zum großen Teil nach Wettbewerbskriterien vergeben werden, fallen die Universitäten der Region hinter München zurück. Anders steht es beim Engagement des **Staates als Ratgeber und Netzwerker**. Neben die Stellen vom Bund treten in Berlin / Brandenburg zusätzliche Fördermittel für Beratungen, spezielle Coaching-Center und Beraterpools sowie eine öffentlich geförderte Gründermesse.

Ungeschlagen ist die Region auch beim öffentlichen **Angebot spezieller Infrastruktur**. Mit massiver Förderung sind in den vergangen zwei Jahrzehnten 15 High-Tech-Inkubatoren entstanden. Und obwohl diese teilweise noch mangelhaft ausgelastet sind, sind schon neue im Bau. Hier drängt sich der Verdacht des politischen Aktivismus auf, lassen sich doch bei den Gründerzentren mit relativ wenigen Mitteln öffentlichkeitswirksame Ergebnisse erzielen.

Im Vergleich zu München überragend ist in Berlin / Brandenburg zudem das Engagement des **Staates als Kapitalgeber**. Aufgrund spezieller Programme zum Aufbau Ost erhält die Region von KfW und DtA mehr als doppelt so viele für Gründer interessante Darlehen wie München. Das Volumen der tbg-Beteiligungen liegt sogar mehr als dreimal so hoch. Hinzu kommt eine für Gründer ebenso unübersichtliche Landesförderung. In der Summe, die sich aufgrund von mangelnden offiziellen Statistiken nicht genau beziffern lässt, dürfte die direkte Förderung, die tatsächlich an High-Tech-Gründer fließt, jedoch noch um ein Vielfaches vom Silicon Valley übertroffen werden.

Zusammenfassend lässt sich festhalten, dass die Region Berlin den Bruch von Weltkrieg und Teilung bis heute nicht überwunden hat. Noch immer fehlen der Wirtschaft Gründergeist und Innovationskraft. Aufgrund massiver Förderung ist Berlin / Brandenburg zwar ein führendes Zentrum von Hochschulen und öffentlichen Forschungsstätten, es gibt viele Inkubatoren und ein breites Angebot an öffentlicher Beratung und Finanzspritzen für Gründer. Die Region hängt aber am Tropf des Staates. Der Funke sprang kaum auf die Privatwirtschaft über, und die in der Theorie beschriebenen positiven Rückkopplungseffekte und kumulativen Prozesse eines High-Tech-Clusters blieben bisher weitgehend aus.

10.4 Fazit

Fügt man die Ergebnisse des Theorieteils mit denjenigen der empirischen Untersuchung zusammen, so fällt auf, das sich das logische Muster der Theorie in großen Teilen bestätigt. In der Tat scheinen die Faktoren, die die Entwicklung einer High-Tech-Gründerregion bestimmen, nur zu einem kleinen Teil im Einflussbereich der aktuellen Politik zu liegen. Vielmehr können historische Zufälle, Acts of Entrepreneurship und über Jahre günstige Angebots- und Nachfragebedingungen Pfade begründen. Die Entwicklung auf diesen Pfaden kann, verstärkt durch Formen der Selbstorganisation wie speziell der Netzwerkbildung, starke Eigendynamik erlangen.

So kam besonders im Silicon Valley, in Teilen aber auch in der Region München, ein sich selbst verstärkender Konzentrationsprozess von High-Tech-Gründern in Gang. In Berlin dagegen blieben aufgrund schlechter Ausgangsbedingungen positive Rückkopplungen aus. Die Wirtschaft scheint in einem Lock-in zu verharren, der sich bisher trotz großen politischen Engagements nicht aufbrechen ließ.

Das Gewicht der staatlichen Gründerförderung ist im Zusammenspiel der unterschiedlichen Standortfaktoren offenbar relativ gering. Direkte Hilfen für Gründer über Beratungsstellen, Inkubatoren und Kapitalspritzen können die Dynamik der Privatwirtschaft flankieren, nicht aber selbst auslösen. Sie bergen zudem in besonderem Maße die Gefahren von direkten Staatseingriffen - von Wissensmängeln über das Eigeninteresse der Politiker bis hin zu Rent-seeking und Mitnahmeeffekten.

Einen vermutlich positiven Einfluss auf die Entwicklung einer Region hat dagegen die langfristige Unterstützung von Forschung und Lehre sowie die Gründerförderung an Spitzenuniversitäten und -forschungsinstituten. In den beiden erfolgreichen High-Tech-Clustern Silicon Valley und München sind die Hochschulen mit ihrer Forschung, ihrer Entrepreneurship-Ausbildung und ihren Netzwerken zu einem Kern der Gründerdynamik geworden. In Berlin gibt es zumindest Bemühungen in diese Richtung.

III. Empfehlungen

Das eingangs formulierte Ziel dieser Arbeit war es, heraus zu finden, ob und wie die deutsche Politik die Entstehung von Gründer-Clustern in Zukunftstechnologien fördern kann. Anders gefragt: Was muss geschehen, damit in Deutschland international konkurrenzfähige High-Tech-Cluster entstehen bzw. gedeihen? Um diese Frage zu beantworten, wurden zunächst theoretische Überlegungen zur Rolle von innovativen Gründern für den wirtschaftlichen Wandel (**Kapitel 1**), zu den wichtigsten Faktoren im internationalen Standortwettbewerb um diese Gründer (**Kapitel 2**), zur Bedeutung von regionaler Ballung (**Kapitel 3**) und schließlich zu den Aufgaben des Staates im Wettbewerb um Gründer (**Kapitel 4**) angestellt. Die Schlussfolgerungen aus der Theorie (**Kapitel 5**) wurden anschließend an den drei Beispielregionen überprüft (**Kapitel 6**). Es wurden die Entwicklung (**Kapitel 7**), ausgewählte Standortfaktoren (**Kapitel 8**) und das Engagement des Staates (**Kapitel 9**) in der jeweiligen Region verglichen und bewertet (**Kapitel 10**).

Nun sollen aus der theoretisch volkswirtschaftlichen Analyse einerseits und der konkreten Betrachtung der drei Praxisbeispiele andererseits Handlungsempfehlungen an die Politik abgeleitet werden. Dazu geht die Autorin in den folgenden Absätzen vom Allgemeinen ins Konkrete. Zunächst werden zwei grundsätzliche Erkenntnisse formuliert, die die Politik mit Blick auf High-Tech-Cluster in Deutschland zu beachten hat. Danach werden fünf Forderungen an eine erfolgreiche Standortpolitik von Bund und Ländern aufgestellt. Und schließlich werden konkrete Politikoptionen für München und Berlin aufgezeigt.

Die erste grundlegende Erkenntnis lautet, dass regionale Cluster, speziell die Ballung von Gründern der Hochtechnologie an einem Ort, grundsätzlich zu begrüßen sind. Solche Cluster entwickeln, angetrieben von Wissens-Spillovers auf formalen und informalen Kanälen und verstärkt durch positive Rückkopplungen, eine besondere Dynamik und können Motor für ein kräftiges Wirtschaftswachstum sein. Die Konsequenz aus dieser Erkenntnis für die Politik ist, dass sie Ungleichentwicklungen von Regionen akzeptieren und bejahen muss. Die logische Kehrseite von Konzentration auf einzelne Cluster heißt Rückständigkeit anderer Regionen. Ist eine Branche in einer Region besonders stark, muss sie in anderen Gegenden notwendigerweise besonders schwach vertreten sein. Für die Hochtechnologie in Deutschland bedeutet dies: Im internationalen Standortwettbewerb um erfolgreiche Gründer werden sich nur einige wenige Regionen durchsetzten. Aufgrund der Größe des Landes und der

Gründerdynamik erscheint es komplett unrealistisch, etwa in jedem Bundesland ein High-Tech-Gründercluster etablieren zu wollen.

Die zweite Erkenntnis heißt, dass sich High-Tech-Cluster auf Pfaden entwickeln. Einmalige Ereignisse wie Zufälle oder Acts of Entrepreneurship können entscheidende Weichen stellen. Gemeinsam mit den vorherrschenden Angebots- und Nachfragebedingungen zeichnen sie die Entwicklung einer Region vor. Rückkopplungen und kumulative Prozesse sorgen für eine ganz eigene Dynamik. Für die Politik bedeutet das: Ihr möglicher Einfluss ist erheblich reduziert. Auf kurzfristige Erfolge ausgerichtete Eingriffe in den Wirtschaftsablauf bergen gleich eine Reihe von Gefahren – von grundsätzlichen Wissensmängeln der Politiker über bewusste Fehlentscheidungen aus Eigeninteresse bis hin zu unbeabsichtigten Fehlsteuerungen gut gemeinter Förderungen (Stichworte: Negativauslese, Mitnahmeeffekte etc.). Folglich sollte sich die Politik darauf konzentrieren, die Rahmenbedingungen so zu gestalten, dass auf lange Sicht eine möglichst positive Entwicklung von aufstrebenden Regionen möglich wird.

Wie eine solche Flankierung von der Politik aussehen könnte, wird aus den folgenden fünf Forderungen deutlich.

Erstens muss die Politik in Deutschland den Strukturwandel stärker als bisher zulassen und begrüßen. Aus den Pleiten einzelner Firmen und dem Verschwinden veralteter Industrien erwächst auf längere Sicht eine große schöpferische Kraft. Es werden Menschen und Mittel für neue, zukunftsträchtige Projekte freigesetzt. Wer, wie im Paradebeispiel des Ruhrgebiets Zechen und Stahlbetriebe oder wie im Fall Berlin eine überbordende Bürokratie, künstlich am Leben erhält, bindet auf lange Sicht wertvolle Kapazitäten. Gut ausgebildete Arbeitskräfte sitzen auf unproduktiven Stellen fest und Nachwuchs wird in der Erwartung auf einen Job in die falsche Richtung gelenkt. Mutationsfähige Cluster aber, die in dieser Arbeit als Idealtypus vorgestellt wurden, können, wie das Wort Mutation schon sagt, nur entstehen, wenn Wandel herrscht. Und zum Wandel gehören nicht nur Gründungen und Wachstum, sondern auf der Kehrseite auch Pleiten und Entlassungen. Die Politik muss ein solches Scheitern stärker als bisher akzeptieren statt es zu beklagen, sie muss Neugierde auf Veränderungen wecken und mithelfen, dass auch in Deutschland eine „Kultur der zweiten Chance“ entsteht.

Zweitens sollte die Politik in der Forschung und der Ausbildung stärker als bisher auf Elite-Institute setzen – die Diskussion darüber ist ja bereits in vollem Gange. Wenn die öffentliche

Hand ihre Fördermittel für die Forschung auf Spitzenkräfte bündelt, steigen die Chancen auf verwertbare Ergebnisse aus denen kräftige Spin-offs in der Region entstehen können. Das Beispiel Silicon Valley hat gezeigt, dass gerade die Spitzenuniversitäten zum Nukleus eines erfolgreichen Clusters von High-Tech-Gründern werden können.

Daraus ergibt sich drittens die Forderung, auch in Deutschland die unterschiedlichen Forschungsinstitute den Universitäten anzugliedern. Das Beispiel Berlin mit seinen herausragend vielen unterschiedlichen Instituten zeigt, dass von der Masse allein nicht unbedingt die erhofften Impulse für die Wirtschaft der Region ausgehen. Wahrscheinlich ist dagegen, dass die institutionellen Grenzen Abschottung und Eigenbrödlertum fördern, anstatt über Kooperationen und offene Diskussionen die erhofften Wissens-Spillovers zu generieren. Im Silicon Valley dagegen sind unter der Federführung der Spitzenuniversitäten schlagkräftige Forschungseinheiten entstanden, die offen sind für die interdisziplinäre Kooperation und für den Austausch mit der Wirtschaft.

Eine vierte Forderung betrifft die Gründerförderung in Deutschland insgesamt. Diese sollte grundlegend überarbeitet und vereinfacht werden. Auf den verschiedenen föderalen Ebenen ist eine absurde Struktur mit einer unübersichtlichen Vielzahl von Programmen entstanden, die sich häufig überschneiden, teils sogar komplett doppeln. An ihnen ist gleich eine ganze Liste von grundlegenden Gefahren direkter Staatseingriffe zu besichtigen. So haben sich Politiker, z.B. durch die Einrichtung von verschiedensten Beratungsstellen und Gründerzentren sowie die Auflage immer neuer Gründerförderprogramme, vor allem eine Bühne zur eigenen Profilierung geschaffen. Der Erfolg der einzelnen Projekte ist de facto nicht zu messen; effektive Kontrollmechanismen wurden oft sogar bewusst vernachlässigt. Zudem muss die schiere Vielzahl der Programme dazu führen, dass potenzielle Gründer einen Teil ihrer Energien auf dem Marsch durch den Förderdschungel vergeuden, anstatt sie in die Entwicklung ihrer Geschäftsidee zu investieren. Auch die Gefahr der Negativauslese, wonach in öffentlichen Förderprogrammen eher gute Selbstdarstellung als gute Ideen prämiert werden, liegt auf der Hand. Hinzu kommt, dass all die verschiedenen Förderprogramme nur in den seltensten Fällen tatsächlich ausschlaggebend für die Gründung eines neuen Unternehmens sein dürften. Meist werden sie als willkommenes Zubrot mitgenommen.

Neben die Forderung nach einer grundlegenden Vereinfachung der Förderstruktur tritt, speziell was das Engagement des Staates als Ratgeber, Netzwerker und Anbieter spezieller

Infrastruktur betrifft, eine fünfte Forderung: diejenige nach verstärkter Kooperation mit privaten Sponsoren und Freiwilligen. Das Beispiel Silicon Valley zeigt, dass solche Beratungsstellen, Netzwerke und Gründerzentren besonders erfolgreich sind, in denen sich Private engagieren. Auch in Deutschland sollten sich die staatlichen Stellen stärker um die Einbindung von freiwilligen Helfern aber auch gewinnorientierten Unternehmen in die Gründerförderung bemühen. Netzwerke lassen sich nicht staatlich verordnen; sie werden erst durch persönliches Engagement mit Leben gefüllt. Auch Beratungsangebote ließen sich durch die Einbindung von Freiwilligen – etwa erfahrenen Managern im Ruhestand – beflügeln. Bei der Planung von neuen Technologie- und Gründerzentren schließlich könnte die Investitionsbereitschaft von Privaten eine Kontrolle für Politiker sein. Finden sich keine privaten Mitfinanziers, die bereit sind auch mit eigenem Geld ins Risiko zu gehen, gibt es für das Vorhaben offensichtlich keinen Markt und der Staat sollte sein Engagement noch einmal überdenken.

Aus der Untersuchung in dieser Arbeit lassen sich, über die Forderungen an die deutsche Politik insgesamt hinaus, einige konkrete Empfehlungen an die beiden deutschen Untersuchungsregionen ableiten.

München hat aufgrund einer ganzen Reihe positiver Standortfaktoren einen hoffnungsvollen Pfad als Magnet für High-Tech-Gründer eingeschlagen. Die Politik hat diese Entwicklung vor allem durch zwei Schwerpunkte gut flankiert. Erstens hat sie das Erstarken einzelner Top-Universitäten – speziell der TU München – ermöglicht. Die Hochschulen sind gut für den Wettbewerb um Forschungsgelder gerüstet und haben früh auf die besondere Förderung von Unternehmensgründern gesetzt. Zweitens hat die Politik durch gezielte Förderung Leuchttürme wie die Biotechnologie-Zentren in Martinsried und Weihenstephan geschaffen, von denen Impulse für die gesamte Region ausgehen. Über diese Highlights hinaus dürften allerdings auch in München viele Förderaktivitäten von Bund, Land und Kommunen ins Leere gelaufen sein. Speziell die vielen Programme zur Unterstützung von Gründern durch Kapitalhilfen gehören angesichts von Gefahren wie dem Rent-seeking, einer Negativauslese und breiten Mitnahmeeffekten auf den Prüfstand.

In der Region Berlin / Brandenburg ist es trotz massiver Förderung nicht gelungen, ein prosperierendes High-Tech-Cluster zu etablieren. Dies ist einerseits durch ungünstige Standortfaktoren bedingt, die nicht im direkten Einflussbereich der Politik liegen.

Andererseits hat aber auch die Politik Fehler gemacht. Eine neue Weichenstellung ist vor allem in zwei Bereichen zu empfehlen. Erstens gilt es, die Hochschulen und Forschungsinstitute in der Region besser aufzustellen. Hier ist neben der oben empfohlenen Angliederung der Forschungsinstitute an die Universitäten auch an die Zusammenlegung einzelner Fachbereiche der verschiedenen Hochschulen zu denken. Ziel muss es sein, im Wettbewerb um Spitzen-Wissenschaftler und Studenten sowie um Forschungsmittel leistungsfähigere Einheiten zu schaffen. Zweitens sollte die Politik ihre Förderung stärker auf einzelne „Center of Excellence“ bündeln. Sowohl bei den Hochschulen und Forschungsinstituten als auch bei den Technologie- und Gründerzentren produziert die bisher praktizierte Förderung mit der Gießkanne nur Mittelmaß. Zudem bleiben viele Förderprojekte eine rein staatliche Veranstaltung, ohne die gewünschte Aktivität in der Privatwirtschaft anzustoßen.

Anhang 1

OECD-Definition der IKT

In 1998, OECD member countries agreed to define the ICT sector as a combination of manufacturing and services industries that capture, transmit and display data and information electronically. This definition, based on an international standard classification of activities (ISIC Rev. 3), was considered to be a first step towards obtaining some initial measurements of ICT sector core indicators.

The principles underlying the definition are the following:

For *manufacturing* industries, the products of a candidate industry:
• Must be intended to fulfil the function of information processing and communication including transmission and display.
• Must use electronic processing to detect, measure and/or record physical phenomena or control a physical process.

For *services* industries, the products of a candidate industry:
• Must be intended to enable the function of information processing and communication by electronic means.

The ISIC Rev. 3 classes included in the definition are:

Manufacturing: 3000 – Office, accounting and computing machinery; 3130 – Insulated wire and cable; 3210 – Electronic valves and tubes and other electronic components; 3220 – Television and radio transmitters and apparatus for line telephony and line telegraphy; 3230 – Television and radio receivers, sound or video recording or reproducing apparatus and associated goods; 3312 – Instruments and appliances for measuring, checking, testing, navigating and other purposes, except industrial process equipment; 3313 – Industrial process equipment.

Services: 5150 – Wholesaling of machinery, equipment and supplies (if possible only the wholesaling of ICT goods should be included); 7123 – Renting of office machinery and equipment (including computers); 6420 – Telecommunications; 72 – Computer and related activities.

The OECD's 1998 activity-based definition of ICT was reviewed in April 2002. It was decided that, although this definition gives only a first approximation of the ICT sector, it should not be changed at this stage; rather ist implementation should be improved with the help of more detailed national classifications. This decision is subject to reconsideration at a later date and in the context of the major revision of ISIC to be undertaken in 2007. The only minor modification to the OECD ICT sector definition is to take into account the split of ISIC 5150 (Wholesaling of machinery, equipment and supplies) that was introduced in the ISIC Rev. 3.1 of 2002, *i.e.* class 5151, "Wholesale of computers, computer peripheral equipment and software", and class 5152, "Wholesale of electronic and telecommunication parts and equipment".

Quelle: OECD, 2000, Measuring the information economy 2002, Paris, S. 81.

Anhang 2

Absolutes Wachstum des Bruttoinlandsprodukts in der Region München (Region 14) in den Jahren 1991 bis 2001

Jahr	**1991**	**1992**	**1993**	**1994**	**1995**	**1996**	**1997**	**1998**	**1999**	**2000**	**2001**
BIP in Mio. EUR zu Markt-preisen	72.272	77.539	79.031	82.382	86.001	88.963	91.485	96.202	100.201	107.047	111.652
Deflator	112,40	108,01	104,44	101,94	100,00	98,77	98,18	97,20	96,57	97,21	95,82
BIP in Mio. EUR absolut	81.236	83.751	82.543	83.982	86.001	87.870	89.821	93.506	96.763	104.055	106.983
Wachstum		3,10	-1,44	1,74	2,40	2,17	2,22	4,10	3,48	7,54	2,81

Quelle: Bayerisches Landesamt für Statistik und Datenverarbeitung,
BIP-Delator für gesamt Bayern, Deflationierung zu Preisen des Jahres 1995.

Anhang 3

Grunddaten: Zahl der Einwohner und Erwerbstätigen in den drei Regionen im Jahr 2001

Region	Einwohner 2001	Erwerbstätige 2001
Berlin	3.388.434	1.556.200
München (Region 14)	2.465.833	1.529.193
Silicon Valley	2.300.000	1.211.732

Quellen: Landesamt für Statistik Berlin, Bayerisches Landesamt für Statistik und Datenverarbeitung, Joint Venture Index 2003 für die Einwohner Silicon Valley.

Die Erwerbstätigen im Silicon Valley sind wie folgst berechnet: Das US-Census Bureau gibt für Santa Clara County an: Population 2001: 1.668.309, Labour Force Census 2000: 878.932. Das ist eine Quote von 52,684 Prozent. Mit dieser wurde die Einwohnerzahl 2,3 Mio multipliziert.

Anhang 4
ZEW-Gründerpannel: IKT-Gründungen in den Regionen Berlin und München in den Jahren 1990 bis 2001

Region	Jahr	all	vg	udl	kdl	Bau	hand	vp	kredv	ikthw	iktsw	sikt	ikthv	iktges
1	1990	24988	1660	4010	5760	3511	7237	1775	1001	105	178	389	490	1162
1	1991	21902	1296	3201	5596	2865	6603	1284	1026	65	139	303	324	831
1	1992	18514	969	3331	4735	2602	5140	935	788	47	118	328	266	759
1	1993	17658	877	3187	4865	2613	4708	821	557	58	146	285	320	809
1	1994	17402	822	2921	4846	3123	4408	797	458	61	172	260	272	765
1	1995	16503	672	2935	4640	3078	4045	729	387	49	167	247	306	769
1	1996	16763	699	2951	4655	3296	4034	724	389	51	162	261	403	877
1	1997	17707	691	3038	5240	3488	4158	675	397	57	183	268	415	923
1	1998	19124	712	3278	6376	3432	4187	715	410	69	183	221	461	934
1	1999	18390	580	3418	6249	3126	3802	669	519	53	273	295	406	1027
1	2000	17323	590	3318	6361	2597	3306	632	506	58	352	314	433	1157
1	2001	16350	463	2937	7059	2073	2871	532	393	46	255	241	435	977
Sum		222624	10031	38525	66382	35804	54499	10288	6831	719	2328	3412	4531	10990
Mittel		18552	836	3210	5532	2984	4542	857	569	60	194	284	378	916
2	1990	10512	776	2765	2510	849	2803	515	287	73	233	233	370	909
2	1991	9866	730	2555	2228	902	2636	556	249	74	198	266	410	948
2	1992	9917	679	2600	2400	968	2481	518	264	56	207	261	361	885
2	1993	9881	633	2593	2389	892	2707	411	252	60	239	273	423	995
2	1994	9870	632	2691	2293	817	2699	469	257	59	296	350	438	1143
2	1995	9960	539	3042	2373	908	2475	412	203	86	292	312	488	1178
2	1996	9541	504	2659	2227	830	2680	393	242	66	291	238	631	1226
2	1997	9786	527	2747	2347	749	2687	468	242	88	293	218	651	1250
2	1998	10385	571	2997	2524	832	2661	494	290	76	402	208	590	1276
2	1999	11770	514	3999	2811	848	2602	582	395	80	711	387	619	1797
2	2000	11447	479	4329	2618	826	2288	520	379	71	870	564	619	2124
2	2001	10307	426	3617	2408	728	2289	474	347	50	675	281	516	1522
Sum		123242	7010	36594	29128	10149	31008	5812	3407	839	4707	3591	6116	15253
Mittel		10270	584	3050	2427	846	2584	484	284	70	392	299	510	1271

Dargestellt sind die jährlichen Gründungen insgesamt und differenziert nach sieben Hauptbranchen. Erläuterung der Variablen siehe Folgeseite.

Variablenbeschreibung

Region 1	engerer Verflechtungsraum von Berlin, Abgrenzung siehe Kapitel 7.1.3
Region 2	Region München, Abgrenzung siehe Kapitel 7.1.3
ALL	Alle Branchen
VG	Verarbeitendes Gewerbe
UDL	Unternehmensnahe Dienstleister
KDL	Konsumnahe Dienstleister
BAU	Baugewerbe
HAND	Handel
VP	Verkehr/Postwesen
KREDV	Banken/Versicherungen
IKTHW	IKT (Hardware)
IKTSW	IKT (Software)
sIKT	Sonstige IKT
IKTHV	IKT Handel und Vermietung
IKTGES	IKT gesamt (Summe IKTHW, IKTSW, sIKT und IKTHV)

Quelle: ZEW-Gründungspanel.

Anhang 5

Absolute Zahl der Biotech-KMUs in der Region München in den Jahren 1996 bis 2002

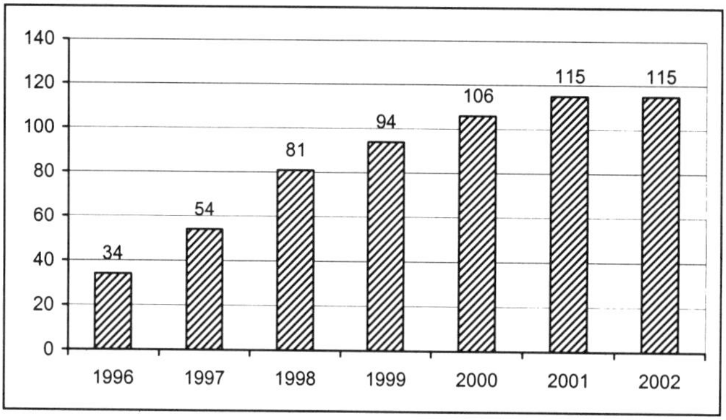

Quelle: BioM.

Beschäftigte in Münchner Biotech-KMUs in den Jahren 1996 bis 2002

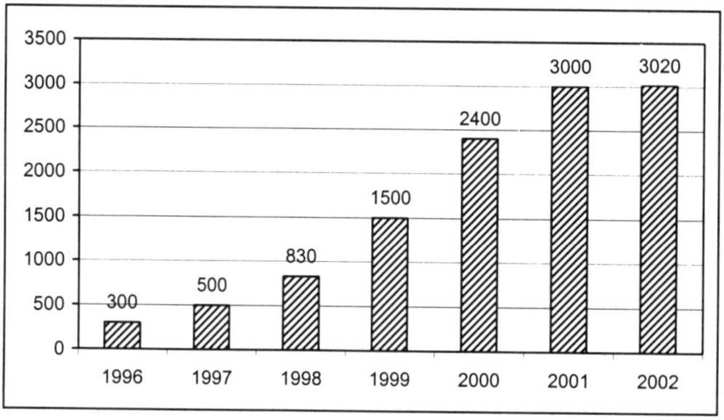

Quelle: BioM.

Anhang 6

Biotech-Unternehmen in Berlin-Brandenburg in den Jahren 1996 bis 2002

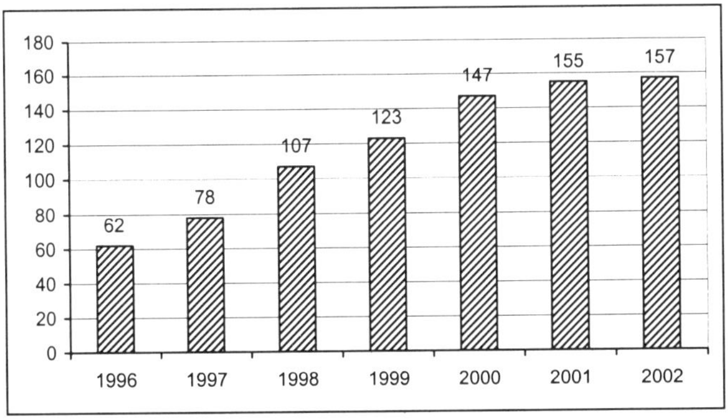

Quelle: Biotop-Datenbank.

Beschäftigte in Biotech-Unternehmen in Berlin-Brandenburg in den Jahren 1996 bis 2002

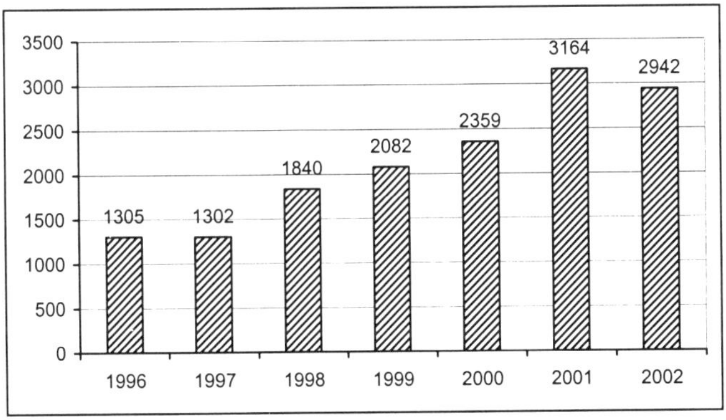

Quelle: Biotop-Datenbank.

Literaturverzeichnis

Ackermann, R., 2001, Pfadabhängigkeit, Institutionen und Regelreform, Tübingen.

Acs Z. J. / D. B. Audretsch, 1990, Innovation and Small Firms, Cambridge/Mass., London.

Acs, Z. J./ D. B. Audretsch, 1994, R & D Spillovers and Recipient Firm Size, Review of Economics and Statistics 100 (2), S. 336-40.

Aghion, P. / P. Howitt, 1998, Endogenous Growth Theory, Cambridge Mass. / London. (3rd Printing 1999).

Akerlof, G. A., 1970, The market for "lemons" - Quality uncertainty and the market mechanism, in: Quarterly Journal of Economics 84 (3), S. 488-500.

Arndt, H., 1994, Lehrbuch der Wirtschaftsentwicklung: die evolutorische Wirtschaftstheorie in ihrer Bedeutung für die Wirtschafts- und Finanzpolitik, 2. überarb. Aufl., Berlin.

Arrow, K., 1962, Economic Welfare and the Allocation of Resources for Invention, in: Nelson (Hrsg.), The Rate and Direction of the Inventive Activity, Princeton.

Arthur, B., 1994, Increasing Returns and Path Dependence in the Economy, Michigan.

ATKearney (Hrsg.), ohne Datum, Biotechnologie in Berlin / Brandenburg, Ziel: Spitzenregion in Europa.

Atkinson, R. D. / Coduri, R., 2002, The 2002 State New Economy Index - Benchmarking Economic Transformation in the States, Progressive Policy Institute (PPI) Technology and New Economy Project (Hrsg.), Washington.

Audretsch, D. B. / M. P. Feldman, 1996a, R&D-Spillovers and the Geography of Innovation and Production, American Economic Review 86 (4), S. 253-273.

Audretsch D. B. / M. P. Feldman, 1996b, Innovative Clusters and the Industry Life Cycle, Review of Industrial Organization 11 (2), S. 253-273.

Audretsch, D. B. / M. P. Feldman, 1999, Innovation in Cities: Science-Based Diversity, Specialization, and Localized Competition, European Economic Review 43, S. 409-429.

Audretsch, D. B. / P. Stephan, 1999, How and why does konowledge spill over in biotechnology?, in: Innovation, industry evolution, and employment, D. Audretsch / A. R. Thurik (Hrsg.), Cambridge / UK.

Audretsch, D. B., 2000, Knowledge, Globalisation, and Regions: An Economist´s Perspective, in: Regions, Globalization, and the Knowledge-Based Economy, J. H. Dunning (Hrsg.), Oxford / New York etc., S. 63-81.

Aydalot, P. / D. Keeble (Hrsg.), 1988, High Technology Industry and Innovative Environments: The European Experience, London.

Backhaus, B. / L. Ninke / A. Over, 2001, Brain Drain – Brain Gain, Eine Untersuchung über internationale Berufskarrieren, von der Gesellschaft für Empirische Studien, Juni 2002, www.stifterverband.de.

Bain & Co.(Hrsg.), 2001, Hightech-Standorte im Weltvergleich – Erfolgskriterien und Herausforderungen für die Zukunft, München.

Bank, M., 2002, Financing New Economy Firms, in: The New Economy and Economic Growth in Europe and the US, D. B. Audretsch / P. J. J. Welfens (Hrsg.), Heidelberg, S. 217-228.

BBB, Bürgschaftsbank zu Berlin-Brandenburg, 2004, Geschäftsbericht 2003, Berlin.

Bea, F. X. / E. Dichtl / M. Schweitzer (Hrsg.), 1997, Allgemeine Betriebswirtschaftslehre, 7. Aufl., Stuttgart, New York.

Beal, B. D. / J. Gimeno, 2001, Geographic Agglomeration, Knowledge Spillovers, and Competitive Evolution, INSEAD-Working Papers 2001/26/SM, Fontainebleau.

Beibst, G. / A. Lautenschläger, 2002, Hochschulwissenschaftler als Unternehmensgründer - Gründungsabsichten und Gründerfähigkeiten von Hochschulwissenschaftlern im internationalen Vergleich, Jena.

Bensel, N. / H. N. Weiler, August 2000, Hochschulen für das 21. Jahrhundert zwischen Staat, Markt und Eigenverantwortung, ein Hochschulpolitisches Memorandum im Rahmen der „Initiative D21“ unter Federführung der DaimlerChrysler Services (Debis) AG, Berlin / Stanford.

Berger u.a., 1991, Produktion von Wehrgütern in der Bundesrepublik Deutschland, Ifo-Studien zur Industriewirtschaft, München.

Berger, R., 2001, „Die New Economy ist nicht tot“, Interview in der „Welt am Sonntag“, 7.10.2001, S. 92.

Bergmann, H. / A. Japsen / C. Tamásy, 2002, Regionaler Entrepreneurship Monitor (REM) – Gründungsaktivitäten und Rahmenbedingungen in zehn deutschen Regionen, Köln / Lüneburg.

Besen, S. M. / G. Saloner, 1989, The Economics of Telecommunications Standards, in: R. W. Crandall / K. Flamm (Hrsg.), Changing the Rules: Technological Change, International Competition, and Regulation in Communication, Washington.

Biocom AG (Hrsg.), 2003, Biotechnologie Jahr- und Adressbuch 2004, Datenbank auf CDRom, Berlin.

Bio M (Hrsg.), 2003, Bio M und die Biotechregion München, Präsentation, München.

BioTop (Hrsg.), 2003, Biotech Report 2002 / 2003, Berlin.

Blinder, A. S., 2000, The Internet and the New Economy, Internet Policy Institute, Jan. 2000, zit. nach Web-Version auf: www.internetpolicy.org.

BMBF 2002, Grund- und Strukturdaten 2001/2002, Berlin.

BMBF 2004, Brain up! Deutschland sucht seine Spitzenuniversitäten, http://deutschland.dasvonmorgen.de/de/1321.php .

Bode, E., 1998, Lokale Wissensdiffusion und regionale Divergenz in Deutschland, Kieler Studien 293, Horst Siebert (Hrsg.), Tübingen.

Bode, E., 2001, Is Regional Innovative Activity Path-dependent? An Empirical Analysis for Germany, Kiel Working Paper No. 1058, Kiel.

Böhm, F., 1980, Freiheit und Ordnung in der Marktwirtschaft, Baden-Baden.

Borts, G. H. / J. L. Stein, 1964, Economic Growth in a Free Market, New York.

Braczyk H.-J. / P. Cooke / M. Heidenreich (Hrsg.), 1998, Regional Innovation Systems, London.

Brenner, T., 2000, The Evolution of Localised Industrial Clusters: Identifying the Process of Self-organisation, Papers on Economics and Evolution Nr. 0011, Jena.

Brenner, T., 2001, Self-organisation. Local Symbiosis and the Emergence of Localised Industrial Clusters, Papers on Economics and Evolution Nr. 0103, Jena.

Brenner, T./ D. Fornahl, 2001, Lokale Industrielle Cluster - Ein evolutionärer Ansatz, in : WiSt Heft 11, Nov. 2001, S. 621-623.

Bröcker, J., 1994, Die Lehren der neuen Wachstumstheorie für die Raumentwicklung und die Regionalpolitik, in: Regionalentwicklung und regionale Arbeitsmarktpolitik, U. Blien / H. Herrmann / M. Koller (Hrsg.), Beiträge zur Arbeitsmarkt- und Berufsforschung, Bd.184., Nürnberg, S. 29-50.

Bryant, K., 2001, Promoting innovation: an overview of the application of evolutionary economics and systems approaches to policy issues, in: Frontiers of Evolutionary Economics - Competition, Self-Organization and Innovation Policy, J. Foster / J.S. Metcalfe (Hrsg.), Cheltenham / UK; Northampton / MA, S. 361-383.

Budzinski, O., 2000, Wirtschaftspolitische Implikationen evolutorischer Ordnungsökonomik - Das Beispiel ordnungskonformer ökologischer Wirtschaftspolitik, Marburg.

Bulmahn, E., 4.9.01, Deutsche Forschungslandschaft im Umbruch - wie sieht die neue Ordnung aus?, Eingangsstatement der Bundesministerin für Bildung und Forschung Edelgard Bulmahn anlässlich der Wissenschafts-Pressekonferenz in Berlin am 04. September 2001.

Bünstorf, G., 2002, Perspektiven des Wandels und Perspektiven Evolutorischer Ökonomik, in: Perspektiven des Wandels- Evolutorische Ökonomik in der Anwendung, M. Lehmann.Waffenschmidt (Hrsg.), Marburg.

Burmeister, K., 1996, Die Vorstellungen Joseph Alois Schumpeters vom dynamischen Unternehmer, in: Unternehmer und technischer Fortschritt, F. Schinzinger (Hrsg.), München.

BVK (Bundesverband Deutscher Kapitalbeteiligungsgesellschaften), 2003, Statistik 2003, Venture Capital 2003 in Zahlen, Berlin.

Cairncross, F., 1997, The death of distance - how the communications revolution will change our lives, Cambridge.

Camagni, R. (Hrsg.), 1991, Innovation Networks: Spatial Perspectives, London.

Cap Gemini Ernst & Young (Hrsg.), 2002, Die Unternehmerfreundlichkeit der Bundesländer im Vergleich, Kurzfassung, September 2002.

Coase, R. H., 1937, The Nature of the Firm, in: Economica 4, S. 386-405.

Cohen, W. / D. Levinthal, 1989, Innovation and Learning: The Two Faces of R&D, Economic Journal 99 (3), S. 569-596.

Commons, J. R., 1931, Institutional Economics, in: American Economic Review 21, S. 648-657.

Dalum, B., 1995, Local and Global Linkages: The Telecommunications Cluster in Northern Denmark, Aalborg.

Daniels, H. von / J. Leker / C. W. Seeliger, 2002, Corporate Venture Capital - der Weg zur erfolgreichen Erschließung neuer Technologien?, in: Perspektiven der Wirtschaftspolitik 2002 3 (3), S. 303-316.

David, P., 1986, Some New Standards for the Economics of Standardization in the Information Age, Paper 79, Stanford.

David, P.A., 2001, Path dependence, ist critics and the quest for "historical economics", in: P. Garrouste / S. Ioannides (Hrsg.), Evolution and path dependence in economic ideas: past and present, Northampton / Massachusetts, S. 15-40.

Denison, E., 1995, Trends in American Economic Growth 1929-1982, Washington D.C.: The Brookings Institution.

Deutsche Bundesbank (Hrsg.), 2001, Exkurs: Probleme internationaler Wachstumsvergleiche – eine ergänzende Betrachtung, Monatsbericht Mai 2001, S. 41-46.

DFG, 2003, Deutsche Forschungsgemeinschaft Förder-Ranking 2003 Institutionen – Regionen – NetzwerkeDFG-Bewilligungen und weitere Basisdaten öffentlich geförderter Forschung, Bonn.

Dichtl, E. / R. Schawilye, 1997, Standort Deutschland: Fakten contra Fiktionen, Mannheim.

Dietl, H., 1993, Institutionen und Zeit, Tübingen.

Dohse, D., 2000, Regionen als Innovationsmotoren: Zur Neuorientierung in der deutschen Technologiepolitik, in: Kieler Diskissionsbeiträge 366, Kiel.

Dunn, M. H., 2002, Die Endogene Wachstumstheorie aus der Perspektive der Evolutorischen Ökonomik, in: Theoretische und empirische Beiträge zur Analyse des wirtschaftlichen Wandels, M. Lehmann-Waffenschmidt (Hrsg.), Berlin.

Dunning, J. H., 2000, Regions, Globalization, and the Knowledge Economy, Oxford / New York etc., S.7-41.

Ebert, W., 1998, Wirtschaftspolitik aus evolutorischer Perspektive - Ein konzeptioneller Beitrag unter Berücksichtigung kommunaler Aufgabenwahrnehmung, Hamburg.

Ebner, A., 2002, Unternehmerfunktion und Innovationssysteme - Ein schumpeterianischer Ansatz, in: Perspektiven des Wandels - Evolutorische Ökonomik in der Anwendung, M. Lehmann-Waffenschmidt (Hrsg.), Berlin, S. 611-663.

Echeverri-Carroll / W. Brennan, 1999, Are Innovation Networks Bounded by Proximity?, in: M.M. Fischer, L. Suarez-Villa, M. Steiner (Hrsg.), Innovation, Networks and Localities, Berlin, Heidelberg, New York, S. 28-49.

Echeverri-Carroll, E., 2001, Knowledge Spillovers in High Technology Agglomerations: Measurement and Modelling, in: Knowledge, Complexity and Innovation Systems, M. Fischer / J. Fröhlich (Hrsg.), Berlin, Heidelberg etc, S.146-161.

Edquist, C., 2001, Innovation Policy in the Systems of Innovation Approach: Some Basic Principles, in: Knowledge, Complexity and Innovation Systems, M. Fischer / J. Fröhlich (Hrsg.), Berlin, Heidelberg etc.

Egeln, J. / S. Gottschalk / C. Rammer / A. Spielkamp, 2003, Spinoff-Gründungen aus der
Eggertsson, T., 1998, Neoinstitutional Economics, in: The New Palgrave Dictionary of Economics and the Law, London.

Ehrmann, T. / E.-M. John, 2002, Beschäftigungs- und Wachstumswirkungen staatlicher Gründungsfinanzierung, in: List Forum für Wirtschafts- und Finanzpolitik, Bd. 28, Heft 4, S. 391-406.

Ellger, C., 1995, Zwischen Hauptstadtboom und Niedergang: Zur Entwicklung Berlins in den 90er Jahren, in: Berliner Geographische Studien, Bd. 40, S. 25-35.

Elschner, C. / R. Schwager, 2003, The Effective Tax Burden on Highly Qualified Employees - An International Comparison, Report prepared for the IBC BAK International Benchmark Club of BAK Basel Economics, Mannheim.

Engel, D. / A. Fier, 2001, Does R & D Infrastructure Attract High-Tech Start-Ups?, in: Knowledge, Complexity and Innovation Systems, M. Fischer / J. Fröhlich (Hrsg.), Berlin, Heidelberg etc.

Engel, D., 2002, Welche Regionen profitieren von Venture Capital-Aktivitäten?, ZEW-Discussion Paper No. 02-37, Mannheim.

Enright, M. J., 1995, Organization and Coordination in Geographically Concentrated Industries, in: Coordination and Information, R. L. Naomi / D.M.G. Raff (Hrsg.), S. 103-146, Chicago.

Enright, M. J., 2001, Regional Clusters: What we know and what we should know, internes Papier für IfW-Workshop.

Ernst & Young (Hrsg.), 2002, Neue Chancen - Deutscher Biotechnologiereport 2002, Mannheim.

Eucken, W., 1963, Grundsätze der Wirtschaftspolitik, Reinbek, Taschenbuchausgabe.

Eucken, W., 1990, Grundätze der Wirtschaftspolitik, 6. Auflage, Tübingen.

Fallgatter, M. J., 2001, Standortwahl: Unternehmerische Handlungsfelder, Standortfaktoren und Standortverbünde, in: Gründungsmanagement, L. T. Koch, C. Zacharias (Hrsg.), München, S. 219-231.

Fernau, A., 1997, Standortwahl als Komponente der Wettbewerbsfähigkeit, Wiesbaden.

Fischer, M.M., 1999, The Innovation Process and Network Activities of Manufacturing Firms, in: M.M. Fischer, L. Suarez-Villa, M. Steiner (Hrsg.), Innovation, Networks and Localities, Berlin, Heidelberg, New York, S.11-27.

Fraunhofer Gesellschaft (Hrsg.), 2003, Jahresbericht 2002, München.

Freeman, C., 1986, The Economics of Industrial Innovation, Cambridge / MA.

Freeman, C., 1987, Technology Policy and Economic Performance: Lessons from Japan, London.

Fritsch, M. / R. Lukas, 2001, Innovation, cooperation, and the region, in: Innovation, industry evolution, and employment, D. B. Audretsch / A.R. Thurik (Hrsg.), Cambridge, S. 157-181

Fritsch, M. / T. Wein / H.-J. Ewers, 1993, Marktversagen und Wirtschaftspolitik, München.

Fritsch, M., 1999, Innovation, Kooperation und Region - Elemente vernetzten Wirtschaftens, in: Unternehmensgründung und Dezentralität, D. Bögenhold (Hrsg.), Opladen, Wiesbaden, S. 159-172.

Fujita, M. / J.-F. Thisse, 2002, Economics of Agglomeration - Eities, Industrial Location, and Regional Growth, Cambridge / UK.

Gabler Wirtschaftslexikon, 1988, 12. Aufl., Taschenbuch, Wiesbaden.

Gäfgen, G., 1990, Steuerungswirkungen von Institutionen: Theoretische Grundlagen und wirtschaftspolitische Konsequenzen, in: Theorie der Wirtschaftspolitik, Schulenburg, M. Graf von / Sinn, H.-W. (Hrsg.), Tübingen.

Galbraith, J. K., 1956, American Capitalism: The Concept of Countervailing Power,Revised Edition, Boston.

Galbraith, J. K., 1957, The New Industrial State, Boston.

Giersch, H., 1963, Das ökonomische Grundproblem der Regionalpolitik, in: Harald Jürgensen et al. (Hrsg.), Jahrbuch für Sozialwissenschaft, Bd. 14.

Giersch, H., 1996, Economic Morality as a Competetive Asset, in: A. Hamlin / H. Giersch / A. Norton, Markets, Morals and Community, St. Leonards, Australia: Center for Independent Studies Occasional Paper 59.

Glaeser E. / D. Maré, 1994, Cities and Skills, Working Paper 4728, NBER.

Göbel, E., 2002, Neue Institutionenökonomik. Konzeption und betriebswirtschaftliche Anwendungen, Stuttgart.

Goddard, J., 1978, The Location of Non-manufacturing Activities Within Manufacturing Industries, F. Hamilton (Hrsg.), Contemporary Industrialization, London.

Goldstein G. / T. Gronberg, 1984, Economies of Scale and Economies of Agglomeration, Journal of Urban Economics, 16, S. 91-104.

Grabher, G., 1993, The weakness of strong ties: the lock-in of regional development in the Ruhr area, S. 275.

Grabow, B./ D. Henckel / B. Hollbach-Grömig, 1995, Weiche Standortfaktoren, Köln.

Greenhut, M. L., 1993, Location Theory, in: Encyclopedia of Economics, 2. Aufl., D. Greenwald (Hrsg.), McGraw Hill, S. 647-651.

Grossman, G. M. / E. Helpman, 1991, Innovation and Growth in the Global Economy, Cambridge.

Guinet, J., 2001, Boosting Innovation: The Cluster Approach, OECD (Hrsg), internes Papier für IfW-Workshop.

Güllmann, P., 2000, Die Rolle des Staates bei der Mobilisierung von (privatem) Risikokapital im Seed- und Start-up-Segment: am Beispiel von Deutschland, Großbritannien und den Niederlanden, Lohmar, Köln.

Güllner, P. S., 2000, Netzwerke als Ordnungsprinzip – Eine institutionenökonomische Analyse von Unternehmensnetzwerken in Taiwan, Freiburg / Schweiz.

Haas School of Business 2003, Facts & Figures 2003 / 2004, Berkeley / CA.

Hamm, W., 1987, Staatliche Starthilfen für die Gründung innovativer Unternehmen, in: Beiträge zur Wirtschaftspolitik, Bd. 47, E. Tuchtfeld (Hrsg.), Bern, Stuttgart.

Harms, R. / K. Schmengler, 2003, Businessplanwettbewerbe in Deutschland – eine explorative Analyse, Forschungsbericht des Gründerseminars Nr. 10, Wuppertal.

Hayek, F. A. von, 1945, The Use of Knowledge in Society, in: American Economic Review, Vol 35, S. 519 ff. Dt: F. A. von Hayek, 1952, Die Verwertung des Wissens in der Gesellschaft, in: Individualismus und Wirtschaftlich Ordnung, Erlenbach-Zürich, S. 103ff.

Hayek, F. A.. von, 1970, Die Irrtümer des Konstruktivismus, Salzburg.

Hayek, F. A. von, 1974, Die Anmaßung von Wissen, Rede zur Verleihung des Nobelpreises vom 11.12.1974, in: Die Anmaßung von Wissen - Neue Freiburger Studien, Wolfgang Kerber (Hrsg.), Tübingen 1996.

Hayek, F. A. von, 1988, The fatal conceit: The errors of socialism, Chicago.

Heidinger, M., 1996, Mitnahmeeffekt, in: Wirtschaft und Studium, H. 2, Feb. 1996, S. 77-79.

Helmholtz Gemeinschaft (Hrsg.), 2001, spin-off – Unternehmensgründungen aus der Helmholtz-Gemeinschaft, Bonn.

Henzler, H., 1993, Würdigung der Debatte um den Wirtschaftsstandort Deutschland, in: ZfB 63. Jg., H. 1, S. 5-21.

Hesse, G., 1987, Innovationen und Restriktionen - Zum Ansatz der Theorie der langfristigen wirtschaftlichen Entwicklung, in: Beiträge zur Wirtschaftspolitik, Bd. 47, E. Tuchtfeldt (Hrsg.), Bern, Stuttgart, S. 195-226.

Hilpert, M., 2001, Regionaldarwinismus - Evolution von High-Tech-Regionen, in: Zeitschrift für Wirtschaftsgeographie, Jg. 45 (2001), Heft 2, S. 73-84.

Hirschman, A. O., 1959, The Strategy of Economic Development, New Haven / Conn.

Hirschman, A. O., 1970, Exit, Voice, and Loyality, Cambridge.

Hodgson, G. M., 1993, Institutional Economics: Surveying the „Old" and the „New", in: Metroeconomica Nr. 44 (1), Feb., S. 1-28.

Hoover, E. M., 1936, Location Theory and the Shoe and Leather Industries, Cambridge / MA.

Howells, J., 1999, Regional systems of innovation, in: Innovation Policy in a Global Economy, D. Archiburgi, J. Howells, J. Michie (Ed.), Cambridge, UK, S. 67-93.

IBB, Investitionsbank Berlin, 2004, Förderfibel 2004 / 2005 , Ratgeber für Unternehmen und Existenzgründungen, Berlin.

Ifo-Insitut (Hrsg.), 1994, Die Attraktivität europäischer Regionen als Wohnsitz und Produktionsstätte, Ifo Schnelldienst, S. 20-24.

IHK Berlin / DIW (Hrsg.), 2002, Kulturgutachten, Studie Mai 2002.

IMD (Hrsg.), 2001, International Insitute for Management Development, The World Competitiveness Yearbook 2001, Lausanne.

IMD (Hrsg.), 2003, International Insitute for Management Development, The World Competitiveness Yearbook 2003, Lausanne.

Jacobson, D., 1998, Founding Fathers, in: Stanford Magazine July / August 1998, Palo Alto. Aus dem Web: www.netvalley.com/svhistory.html

Jaffe A. / M. Trajtenberg / R. Henderson, 1993, Geographic Localization of Knowledge Spillovers as Evidenced by Patent Citations, Quarterly Journal of Economics 63, S. 577-598.

Johnson, B., 1992, Institutional Learning, in: B.-Å. Lundvall (Hrsg.), National Systems of Innovation, London, S. 23-44.

Johansson, B., 2002, How can Regional Policies Influence the Location Advantages of a Region?, in: Regional Policies and Comparative Advantage, B. Johansson / Ch. Karlsson / R. R. Stough (Hrsg.), Cheltenham / UK, Northamton / MA, S. 503-514.

Joint Venture: Silicon Valley Network, Inc. (Hrsg.), 2000, Joint Venture´s internet cluster analysis 2000, San José.

Joint Venture: Silicon Valley Network, Inc. (Hrsg.), 2003, Joint Venture´s 2003 index of silicon valley - measuring progress towards the goals of silicon valley 2010, San José.

Jost, P. (Hrsg.), 2001, Die Prinzipal-Agenten-Theorie in der Betriebswirtschaftslehre, Stuttgart.

Kahmann, M., 2000, Schöpferische Zerstörung und Gründungsdynamik im marktwirtschaftlichen Entwicklungsprozess: ein internationaler, empirischer Vergleich, Berlin.

Kamien, M. I. / N. L. Schwartz, 1975, Market Structure and Innovation: A Survey, The Journal of Economic Literature 13, March 1975, S. 1-37.

Karlsson, C. / A. Manduchi, 2001, Knowledge Spillovers in a Spatial Context - A Critical Review and Assessment, in: Knowledge, Complexity and Innovation Systems, M. Fischer / J. Fröhlich (Hrsg.), Berlin, Heidelberg etc.

Karlsson, C. / R. Stough, 2002, Introduction: Regional Policy Evaluation in the New Economic Geography, in: Regional Policies and Comparative Advantage, B. Johansson / C. Karlsson / R. Stough, Cheltenham / UK, Northampton / MA, S. 1-21.

Kerber, W., 1991, Zur Entstehung von Wissen: Grundsätzliche Bemerkungen zu Möglichkeiten und Grenzen staatlicher Förderung der Wissensproduktion aus der Sicht der Theorie evolutionärer Marktprozesse, in: Marktwirtschaft und Innovation, P. Oberender / M. E. Streit (Hrsg.), Baden-Baden, S. 9-52.

Kerber, W., 1997, Wettbewerb als Hypothesentest: Eine evolutorische Konzeption wissenschaffenden Wettbewerbs, in: Karl von Delhaes / Ulrich Fehl (Hrsg.), Dimensionen des Wettbewerbs – Seine Rolle in der Entstehung und Ausgestaltung von Wirtschftsordnungen, Stutgart.

Keuschnigg, C. / S. B. Nielson, 2000, Tax Policy, Venture Capital and Entrepreneurship, National Bureua of Economic Research Working Paper 7976, Cambridge / MA, Okt. 2000.

Kirchhoff, B. A., 1994, Entrepreneurship and Dynamic Capitalism - The Economics of Business Firm Formation and Growth, Praeger Studies in American Industry, Westport /Connecticut.

Kirsch, G., 1993, Neue Politische Ökonomie, 3. Aufl., Düsseldorf.

Kleinewefers, H., 1988, Grundzüge einer verallgemeinerten Wirtschaftsordnungstheorie, Tübingen.

Kleinewefers, H., 1991, Theorie der Wirtschaftspolitik I: Einführung und Überblick, Univeristé de Fribourg / CH.

Kling, M., 2001, Vom Spreedorf zur Dienstleistungsmetropole - Ein wirtschaftshistorischer Reigen der deutschen Hauptstadt von der Gründung bis zur Gegenwart, in: Berlin: Stadtexkursionen, G.C. Falk / D. Lehmann (Hrsg.), Gotha / Stuttgart, S. 50-79.

Koch, L. T. / W. Kuhn / S. P. Saßmannshausen, 2001a, Ziele der Gründungsförderung, Gründerfernstudium, Lehrbrief der Fernuniversität Hagen, Hagen.

Koch, L. T. / Kuhn, W. / Saßmannshausen, S. P., 2001b, Instrumente der Gründungsförderung, Gründerfernstudium, Lehrbrief der Fernuniversität Hagen, Hagen.

Koch, L. T., 1996, Evolutorische Wirtschaftspolitik - Eine elementare Analyse mit entwicklungspolitischen Beispielen, Tübingen.

Koch, L. T., 1996b, „Rationale" Erwartungen in der Wirtschaftspolitik, in: Jahrbuch für Wirtschaftswissenschaften 47, S. 27-39.

Koch, L. T., 1998, Kognitive Determinanten der Problementstehung und -behandlung im wirtschaftspolitischen Prozess, in: Zeitschrift für Wirtschafts- und Sozialwissenschaften 118, S. 597-622.

Kondratieff, N., 1926, Die langen Wellen der Konjunktur, in: Archiv für Sozialwissenschaften und Sozialpolitik, Bd. 56, 1926, S. 573-609.

Krieger-Boden, C., 2000, Globalization, Integration and Regional Specialization, Kiel Working Paper Nr. 1009, Kiel.

Krueger, A., 1974, The political economy of the rent seeking society, in: American Economic Review 64, S. 291-303.

Krugman, P., 1991, Geography and trade, 7th printing 1997, Cambridge / Mass.

Krugman, P., 1996, The Self-organizing Economy, Cambridge.

Krummacher, M. u.a., 1985, Regionalentwicklung zwischen Technologieboom und Resteverwertung – die Beispiele Ruhrgebiet und München, Bochum.

Kubon-Gilke, G., 1997, Verhaltensbindung und die Evolution ökonomischer Institutionen, Marburg.

Lammers, Konrad, 2004, Sonderwirtschaftszone Deutschland, in: HWWA Wirtschaftsdienst 4/2004, S. 204.

Lagendijk, A. / J. Cornford, 2000, Regional Institutions and Knowledge – Tracking New Forms of Regional Development Policy, in: Geoforum 31, S. 209-218.

Landeshauptstadt München (Hrsg.) 2003, München – die Biotechnologie-Region Deutschlands – auf dem Weg an die Spitze Europas, München.

Larédo, P. / P. Mustar (Hrsg.), 2001, Research and Innovation Policies in the New Global Economy, Northamton / Mass.

Lawrence Livermore National Lab (Hrsg.), July 2002, Industrial Partnering Report, Livermore / CA.

Leupolt, B., 1998, Berlin und Berliner Umland, in: Wirtschaftsgeographie Deutschlands, E. Kulke (Hrsg.), Gotha / Stuttgart, S. 345-379.

Link, A. / J. Rees, 1990, Firm Size, University Based Research and the Returns to R and D, Small Business Economics, 2, S. 25-31.

Lipsey, R. G. / C. Bekar / K. Carlaw, 1998, What Requires Explanation, in: General Purpose Technologies and Economic Growth, E. Helpman (Hrsg.), Cambridge Mass.

Lipsey, R. G., 1999, Sources of Continued Long-run Economic Dynamism in the 21st Century, in: The Future of the Global Economy - Towards a Long Boom?, OECD (Hrsg.), Paris.

Loudon, A., 1998, The history of Silicon Valley, www.netvalley.com/archives/mirrors/ london_svhistory.htm

Lucas, R. E., 1988, On the Mechanics of Economic Development, Journal of Monetary Economics, Vol. 22, July 1988, S. 3-42.

Lundvall, B.-Å., 1988, Innovation as an Interactive Process: User-Producer Relations, G. Dosi / Freeman / Nelson / Silverberg / Soete (Hrsg.), Technical Change and Economic Theory, London.

Lundvall, B.-Å. (Hrsg.), 1992, National Systems of Innovation: Towards a Theory of Innovation and Interactive Learning, London.

Lundvall, B.-Å. / B. Johnson, 1994, The Learning Economy, Journal of Industry Studies, 1, S. 23-42.

Mackun, P., ohne Datum, Silicon Valley and Route 128: Two Faces of the American Technopolis, www.netvalley.com /archives/mirrors/sv&128.html

Maier, G., 2001, History, Spatial Structure, and Regional Growth: Lessons for Policy Making, in: Theories of Endogenous Regional Growth - Lessons for Regional Policies, B. Johansson, C. Karlsson, R. Stough (Hrsg.), Berlin / Heidelberg, S. 111-134

Maier, J. / W. Weber, 1997, Local networks and cooperative interrelations : new strategies for regional policies to develop innovative milieus?, in: Inner- und transurbane Netzwerke als Ansatzpunkt für kreative Milieus, J. Maier (Hrsg.), S. 49-56.

Maillat, D. / O. Crevoisier / B. Lecoq, 1994, Innovation Networks and Territorial Dynamics: A Tentative Typology, in: Patterns of a Network Economy, B. Johansson / C. Karlsson / L. Westin (Hrsg.), Berlin etc., S. 33-52.

Manschwetus, U., 1995, Regionalmarketing, Wiesbaden.

Markusen A. / M. Gray, 1999, Clusters and Regional Development in New Jersey, in: J. H. Dunning (Hrsg.), New Jersey in a Globalizing Economy, Newark.

Marshall, A., 1890, Principles of Economics, Vol. I., London / New York.

Marshall, A., 1932, Elements of Economics, Vol. 1: Elements of Economics of Industry, London 3. Aufl., S. 152-153. Erstveröffentlichung: 1892.

Marx, K. / F. Engels, 1968, Werke, Band 23, Das Kapital, Bd. I, Siebenter Abschnitt, S. 640 – 677, Berlin.

MBG Mittelständische Beteiligungsgesellschaft Berlin-Brandenburg (MBG), 2004, Geschäftsbericht 2003, Berlin.

MPG (Hrsg.), Jahresbericht 2003, München.

McIntyre J. R. / R. Narula / L. J. Trevino, 1996, The Role of Export-Processing Zones for Host Countries and Mulitnationals: A Mutually Beneficial Relationship?, International Trade Journal 10, S. 435-466.

Metcalfe, J. S., 2002, Knowledge of growth and the growth of knowledge, in: Journal of Evolutionary Economics (2002) 12, S. 3-15.

Meyer-Krahmer, Frieder (Hrsg.), 1993b, Innovationsökonomie und Technologiepolitik - Forschungsansätze und politische Konsequenzen, Heidelberg.

Michler, I., 2000, Deutsche Business-Angel-Szene in Gefahr, Die Welt, 30.6.2000, S. 12.

Michler, I., 2000b, Im teuren Tal der Träume, Die Welt, 30. 5. 2000, S. 10.

Michler, I., 2000c, Die neue Wirtschaft steckt noch in den Kinderschuhen, Die Welt, 7.10.2000, S. 14.

Michler, I., 2000d, Kampf der Biotech-Standorte ist voll entbrannt, Die Welt, 16.12.2000, S. 12.

Michler, I., 2000e, Farm für Dotcom-Milliardäre, Die Welt, 28.6.2000, S.WW3 (Web-Welt).

Mimura, C., 2004, Biotechnology Technology Transfert, Economic Development, and Entrepreneurisam at UC and UC Berkeley, Präsentation, Berkeley / CA.

Molitor, B., 1992, Wirtschaftspolitik, 3. Aufl., München.

Morgenstern, O., 1972, Therteen Critical Points in Economic Theory. An Interpretation, Journal of Economic Literature, Vol. 10, S. 1163-1189.

MPG (Hrsg.), 2002, Jahrbuch 2002, München / Göttingen.

Müller, J. H., 1977, Ballung, in: Handwörterbuch der Wirtschaftswissenschaft, W. Albers / K. E. Born / E. Dürr etc. (Hrsg.), 1. Bd., Stuttgart / New York /Tübingen / Göttingen / Zürich, S. 454-463.

Müller-Böling, D., 2003, Die Reformuni, Deutschland einig Stillstandland? Nein! Die Hochschulen sind dabei, sich von Grund auf zu erneuern, in: Die Zeit, Nr. 9 / 2003

Müller-Scholz, W. K., 2000, Inside Silicon Valley - Ideen zu Geld machen, Wiesbaden.
Myrdal, G., 1957, Economic Theory and Underdeveloped Regions, London.

Musgrave, R. A., 1966, Finanztheorie, Deutsche Übersetzung von Kullmer, Lore, Tübingen.

Nelson, R. N., 1982, Government and Technical Progress: A Cross-industry Analysis, New York.

Nelson, R. R., 1959, The Simple Economics of Basic Scientific Research, Journal of Political Economics 67, June 1959, S. 297-306.

Nelson, R. R. (Hrsg.), 1993, National Innovation Systems: A Comparative Analysis, New York.

Nelson, R. R., 1995, Recent Evolutionary Theorizing About Economic Change, in: Journal of Economic Literature, Vol. XXXIII (March 1995), S. 48-90.

Nelson, R. R., 2002, Bringing institutions into evolutionary growth theory, in: Journal of Evolutionary Economics (2002) 12, S. 17-28.
Nijkamp, P., 2000, The Cearning Capabilities of Regions: Conceptual Policies and Patterns, in: Knowledge, Innovation and Economic Growth - The Theory and Practice of Learning Regions, F. Boekema / K. Morgan / S. Bakkers / R. Rutten (Hrsg.), Cheltenham / UK, Northamton / MA, S. 38-56.

North, D. C., 1990, Institutions, institutional change and economic performance, Cambridge.

North, D. C., 1991, Institutions, in: Journal of Economic Perspectives, Vol. 5, No. 1, Winter 1991, S. 97-112.

NSF (Hrsg), 2002, Survey of Academic Research and Development Expenditures: Fiscal Year 2001, Arlington/Virginia.

O.V., 1992, Economic Growth; Explaining the mystery, The Economist, 4.1.1992, S. 15 ff.

O.V., 5.2.1996, The three eras at Apple, in: Business Week, www.businessweek.com/ 1996/06/b34615.htm

O.V., 23.6.1997, Leading Lights Among the Labs, in: Business Week, special technology issue.

O.V., 1999, The chemistry of growth, The Economist, 4. März 1999, (aus dem Internet).

O.V., 29.4.2002, Eine Legende tritt ab, in: Die Welt, S. 16.

O.V., 17.6.2002, Silicon Valley Reporter: Drahtlose Revolution, Die Welt, S. 16.

O.V., 2003, Die Leibniz-Gemeinschaft: Jahrbuch 2003, Bonn.

O.V., 28.7.2004, Zukunft der Juniorprofessur offen, in: FAZ.NET.

O´Brian, R., 1992, Global Financial Integration: The End of Geography, London.

OECD 1999, Boosting Innovation: The Cluster Approach. Vortrag der OECD Focus Group on Clusters auf zwei Konferenzen in Amsterdam (10.-11.10.1997) und Wien (4.-5.5.1998), Paris.

OECD 2002, Progress on Biotechnology Statistitcs, 18. July 2002, Text von Web-Site. öffentlichen Forschung in Deutschland, Mannheim.

OECD 2003, OECD Wirtschaftsberichte: Deutschland 2002, Paris.

Park, S. O., Networks and Embeddedness in the Dynamic Types of Industrial Districts, in: Progress in Human Geography 20 (4), S. 476-493.

Pascal A. / J. McCall, 1980, Agglomeration Economies, Search Costs, and Industrial Location, Journal of Urban Economics 8, No. 3, S. 383-388.

Paulsen, T. / M. Fröhlich / D. Lamatsch, 2000, Von Amerika lernen? - Schlüsselbereiche der deutschen Forschungslandschaft im internationalen Vergleich - Eine Studie zur Informations- und Biotechnologie, 2. Aufl., München.

Perroux, F., 1950, Economic Space: Theory and Application, in: Journal of Economics, Vol. 64, S. 90-97.

Phillips, A., 1965, Market Structure, Innovation and Investment, in: Patents and Progress: The Sources and Impact of Advancing Technology, W. Alderson, B. Terpstra, J. Shapiro (Hrsg.), Homewood / Ill., S. 37-58.

Popper, K. R., 1971, Logik der Forschung, Tübingen.

Popper, K. R., 1996, A world of propensities, Bristol.

Porter, M. E., 1998a, Clusters and Competition: New Agendas for Companies, Governments, and Institutions, in: On Competition, M. E. Porter (Hrsg.), Boston, S. 197-287.

Porter, M.E., 1998b, Lokation, Clusters and the New Economics of Competition, Harvard Business Review, November-December 1998, S. 77-90.

Porter, M. E., 1998c, The Competitive Advantage of Nations, in: On Competition, M. E. Porter (Hrsg.), Boston, S. 155-195.

Rabellotti, R., 1997, External Economies and Cooperation in Industrial Districts, Houndmills.

Rauch, J., 1993, Productivity Gains from Geographic Concentration of Human Capital: Evidence from the Cities, Journal of Urban Economics 34, No. 3, S. 380-400.

Rees, J., 2001, Technology and Regional Development: Theory Revisited, in: Theories of Endogenous Regional Growth - Lessons for Regional Policies, B. Johansson, C. Karlsson, R. Stough (Hrsg.), Berlin / Heidelberg, S. 94-110.

Reiß, M., 2000, Unternehmertum in Netzwerken, in: Netzwerk-Unternehmer: Fallstudien netzwerkintegrierter Spin-offs, Ventures, Start-ups und KMU, M. Reiß (Hrsg.), München, S. 3-37.

Rhode, P., 1988, Growth in a high-wage economy: California, 1890-1920, Stanford.

Ricardo, D., 1988 (Erstausg. 1817), The principles of political economy and taxation, Düsseldorf. (Erstausgabe: London).

Richardson, H. W., 1969, Regional Economics: Location Theory, Urban Structure and Regional Change, London.

Richter, R. / Furubotn, E., 1996, Neue Institutionenökonomik, Eine Einführung und kritische Würdigung, Tübingen.

Romer, P. M., 1983, Dynamic Competitive Equilibria with Externalities, Increasing Returns and Unbounded Growth, Chicago.

Romer, P. M., 1986, Increasing Returns and Long-Run Growth, in: Journal of Political Economy, (94)5, S. 1002-1037.

Romer, P. M., 1990, Endogenous Technological Change, Journal of Political Economics, Vol. 98, Supplement No. 5, S. 71-102.

Romer, P. M., 1993, Economic Growth, The Fortune Encyclopedia of Economics, David R. Henderson (Hrsg.), New York.

Romer, P. M., 1994, Beyond Classical and Keynesian Macroeconomic Policy, Policy Options, July-August 1994, zit. nach Ausdruck von Romers Web-Site: www.stanford.edu/~promer/

Romer, P. M., 1999, "Interpreting Macroeconomics", Interview mit B. Snowdon und H. Vanefür das Buch „Conversation with Economists", E. Elgar (Hrsg), zit. nach Romers Web-Page: www.stanford.edu/~promer/

Roos, M., 2002, Ökonomische Agglomerationstheorien - Die Neue Ökonomische Geographie im Kontext, Lohmar.

Rosenberg, N., 2000, Schumpeter and the Endogeneity of Technology - Some American Perspectives, London / New York.

Rosenfeld, S. A., 1996, Does Cooperation Enhance Competitiveness? Assessing the Impacts of Inter-Firm Collaboration, Research Policy, 25, S. 247-263.

Rüstow, A., 1932, Liberale Interventionen, Leipzig. Wieder abgedruckt in: Grundtexte zur Sozialen Marktwirtschaft, Ludwig-Erhard-Stiftung e.V. (Hrsg.), Stuttgart, 1981.

Saxenian, A.L., 1994, Regional advantage: cultrue and competition in Silicon Valley and Route 128, Cambridge Mass. / London.

Saxenian, A.L., 2002, Local and Global Networks of Immigrant Professionals in Silicon Valley, San Francisco.

Schaaf, J., 2000, Die Wurzeln wirtschaftlicher Entwicklung - Eine systemtheoretische Untersuchung zur ökonomischen Evolution, Berlin.

Schätzl, L., 2001, Wirtschaftsgeographie, 8. überarb. Aufl., Paderborn / München / Wien / Zürich.

Scherer, F. M., 1980, Industrial Market Structure and Economic Performance, 2. Aufl., Chicago.

Scherer, F. M., 1988, Testimony before the Subcommittee on Monopolies and Commercial Law, Committee on the Judiciary, U.S. House of Representatives, 24.2.1988.

Scherer, F. M., 1999, New Perspectives on Economic Growth and Technological Innovation, Washington D.C.

Schertler, A., 2000, The Impact of Public Subsidies on Venture Capital Investments in Start-Up Enterprises, in: Kiel Working Paper No. 1018, Kiel.

Schiessel, M., 2002, Genialität auf dem Schlachtfeld, Der Spiegel, 8 / 2002, S. 86.

Schipanski, D., 1998, Structures of the German Research System, in: University in Transition, Research Mission – Interdisciplinarity – Governance, D. Müller-Böling / E. Mayer / A. J. MacLachlan / J. Fedrowitz (Hrsg.), Gütersloh, S. 103-114.

Schlicht, E., 1993, Koordinationskosten und „Social Capital“, in: U. Schlieper / D. Schmidtchen (Hrsg.), Makro, Geld und Institutionen, Tübingen, S. 95-100.

Schmacke, E. (Hrsg.), 2003, Die Großen 500 auf einen Blick, Deutschlands Top-Unternehmen mit Anschriften, Personen und Zahlen, München.

Schmude, J. / S. Uebelacker, 2002, Gründungsausbildung in Deutschland und den USA – Eine Analyse zur Organisation und Ausrichtung von Entrepreneurship-Professuren, Hrsg: DtA, Bonn.

Schnurrenberger, B., 2000, Standortwahl und Standortmarketing: Beeinflussung der Standortwahl internationaler Unternehmen durch professionelles Standortmerketing der Regionen, Berlin.

Schultz, T., 1961, Investment in Human Capital, Presidential address to the American Economic Association, in: American Economic Review, Vol. 51, März 1961, S. 1-17.

Schumpeter, J. A., 1908, Das Wesen und der Hauptinhalt der theoretischen Nationalökonomie, 2. Aufl. Berlin 1970.

Schumpeter, J. A., 1939, Business Cycles: A Theoretical, Historical and Statistical Analysis of the Capitalist Process, Vol. 1, New York.

Schumperter, J. A., 1942, Capitalism, Socialism, and Democracy, New York.

Schumpeter, J. A., 1949, The Communist Manifesto in Sociology and Economics, in: Journal of Political Economy, Vol. 57m No. 3, June 1949, S. 210.

Schumpeter, J. A., 1993, Kapitalismus, Sozialismus und Demokratie, 7. Erw. Auflage, Tübingen, Basel.

Schween, K., 1996, Corporate Venture Capital - Risikokapitalfinanzierung deutscher Industrieunternehmen, Wiesbaden.

Siebert, H., 2000, Einführung in die Volkswirtschaftslehre, 13. Aufl., Stuttgart, Berlin, Köln.

Siebert, H., 2001, Der Kobra-Effekt - Wie man Irrwege der Wirtschaftspolitik vermeidet, Stuttgart / München.

Smith, A., 1838, An inquiry into the nature and causes of the wealth of nations, Edinburgh.

Solow, R. M., 2000, Growth Theory: En Exposition, Oxford / New York usw.

Spiewak, M., 2001, Auch deutsche Universitäten entdecken ihre Absolventen. Nach amerikanischem Vorbild wollen sie die "Alumni" für den Erfolg der Hochschule einspannen, in: Die Zeit 42/2001.

Spiewak, M., 2004, Die SPD möchte deutsche Spitzenuniversitäten schaffen. Was muss sich an unseren Hochschulen ändern? Ein Besuch amerikanischer Eliteschmieden gibt die Antwort: Alles, in: Die Zeit 08.01.2004, Nr.3.

Stanford University (Hrsg.), 2004a, 2003 Annual Report, Palo Alto.

Stanford University (Hrsg.), 2004b, Stanford Facts 2004, Palo Alto.

Statistisches Bundesamt (Hrsg.), 2000, Arbeitspapier IV D 5 / 6 vom 14. Juli 2000.

Statistisches Bundesamt (Hrsg.), 2002, Erläuterungen zur Gewerbeanzeigenstatistik, Fachserie 2, R5, 03/2002.

Statistisches Bundesamt (Hrsg.), 2002b, Hauptberuflich tätiges wissenschaftliches und künstlerisches Personal (Vollzeitäquivalente) nach organisatorischer Zuordnung, Hochschulen, Lehr- und Forschungsbereichen sowie Personalgruppen (Stand: 2000), Sonderauswertung.

Stenke, G., 2002, Großunternehmen in innovativen Milieus - Das Beispiel Siemens / München, Kölner Forschungen zur Wirtschafts- und Sozialgeographie Bd. 54, E.Gläßer / R. Sternberg / G. Voppel (Hrsg.), Köln.

Sternberg, R. / H. Bergmann, 2003, Global Entrepreneurship Monitor (GEM) - Länderbericht Deutschland 2002, Köln.

Sternberg, R., 1998, München und Voralpen, in: Wirtschaftsgeographie Deutschlands, E. Kulke (Hrsg.), Gotha / Stuttgart, S. 523-551.

Stiftung Warentest (Hrsg.), Oktober 2003, Finanztest extra Existenzgründung.

Stmwvt, Bayerisches Staatsministerium für Wirtschaft, Verkehr und Technologie 2000, Mittelstandsbericht 2000, München.

Stmwvt, Bayerisches Staatsministerium für Wirtschaft, Verkehr und Technologie (Hrsg.), 2003, Bayerische Technologiepolitik, München, Stand: Mai 2003.

Störmann, W., 1993, Agglomeration aus Sicht der evolutorischen Ökonomik, Berlin.

Storper, M., 2000, Globalization and Knowledge Flows: An Industrial Geographer's Perspective, in: Regions, Globalization, and the Knowledge-Based Economy, J. H. Dunning (Hrsg.), Oxford / New York etc., S. 42-62.

Stough, R. R., 2001, Endogenous Growth Theory and the Role of Institutions in Regional Economic Development, in: Theories of Endogenous Regional Growth - Lessons for Regional Policies, B. Johansson / Ch. Karlsson / R. R. Stough (Hrsg.), Berlin, Heidelberg etc., S. 17-48.

Streit, M. E., 1982, Theorie der Wirtschaftspolitik, 2. Auflage, Düsseldorf.

Streit, M. E., 1991, Theorie der Wirtschaftspolitik, 4. Aufl., Düsseldorf.

Streit, M. E., 1995, Dimensionen des Wettbewerbs - Systemwandel aus ordnungsökonomischer Sicht, in: Zeitschrift für Wirtschaftspolitik, 44. Jg., S. 113-134.

Struck, J., 1998, Gründungsstatistik als Informationsquelle der Wirtschaftspolitik – Eine empirische Analyse statistischer Quellen mit internationalem Vergleich, Köln / Dortmund.

Struck, J., 2001, Gründungsorientierte Förderprogramme, in: Gründungsmanagement, L. T. Koch, C. Zacharias (Hrsg.), München.

Sylos-Labini, P., 1992, Capitalism, Socialism, and Democracy and Large-Scale Firms, in: Entrepreneurship, Technological Innovation, and Economic Growth - Studies in the Schumpeterian Tradition, F. M. Scherer, M. Perlman (Hrsg.), S. 55-64.

Taylor, M. J., Organisational growth, spatial interaction and location decisionmaking, Regional Studies, 9, S. 213-223.

Teece, D.J., 1987, Profiting from Technological Innovation: Implications for Integration, Collaboration, Licensing, and Public Policy, in: D. J. Teece (Hrsg.), The Competititve Challenge, New York.

Thümmler, A.-M. / M. Schmied, 2000, Wachstumsbranchen in Kalifornien und Bayern, Lohmar / Köln.

Tichy, G., 2001, Regionale Kompetenzzyklen - Zur Bedeutung von Produktlebenszyklus- und Clusteransätzen im regionalen Kontext, in: Zeitschrift für Wirtschaftsgeographie, Jg. 45 (2001), Heft 3-4, S. 181-201.

Tullock, G., 1967, The welfare costs of tariffs, monopolies and theft, in: Western Economic Journal 5, S. 224-232.

Tushman, M. L. / L. Rosenkopf, 1990, On the Organizational Determinants of Technological Evolution Towards a Sociology of Technology, New York.

Utterback, J., 1974, Innovation in Industry and the Diffusion of Technology, Science 183, S. 658-662.

Van de Ven, A. H. / R. Garud, 1989, A Framework for Understanding the Emergence of New Industries, in: Research on Technological Innovation, Management and Policy, Vol. 4, S. 195-225.

Van de Ven, A., 1995, The Development of an Infrastructure for Entrepreneurship, in: Entrepreneurship: perspectives on theory building, I. Bull / H. Thomas / G. Willard (Hrsg.), Oxford, S. 39-66.

Vanberg, V. J., 1996, Korreferat zum Referat von Helmut Leipold, in: Diester Cassel (Hrsg.), Entstehung und Wettbewerb von Systemen, Berlin, S. 117-121.

Vanberg, V., 1997, Systemtransformation, Ordungsevolution und Protektion: Zum Problem der Anpassung von Wirtschaftssystemen an ihre Umwelt, in: Institutionelle Probleme der Systemtransformation, Dieter Cassel (Hrsg.), Berlin, S. 11-41.

Vernon, R., 1966, International Investment and International Trade in the Product Cycle, Quarterly Journal of Economics, 80, S. 190-207.

von Hipple, E., 1988, Sources of Innovation, Oxford.

von Hipple, E., 1994, Sticky Information and the Locus of Problem Solving: Implications for Innovation, Management Science 40, S. 429-439.

von Thünen, J. H., 1875, Der Isolierte Staat in Beziehung auf Landwirtschaftslehre und Nationalökonomie, 3. Aufl., Berlin.

Vowe, G., 1994, Politische Kognition: Umrisse eines kognitionsorientierten Ansatzes für die Analyse politischen Handelns, Politische Vierteljahresschrift 35, S. 423-447.

Weber, A., 1909, Über den Standort der Industrien, 1. Teil, Reine Theorie des Standorts, Tübingen.

Weber, M., 1921, Wirtschaft und Gesellschaft, 5. Aufl. 1972.

Weber, A., 1929, Theory of the Location of Industries, Chicago.

WEF (Hrsg.), 2003, World Economic Forum, The Global Competitiveness Report 2003-2004, Genf.

Williamson, O. E., 1975, Markets and Hierarchies: Analysis and Antitrust Implications. A Studiy in the Economics of Internal Organization, New York.

Williamson, O. E., 1989, Transaction Cost Economics, in: R. Schmalensee / R. D. Willing (Hrsg.), Handboock of Industrial Organization, Amsterdam, New York/North Holland, S. 135-182.

Witt, U., 2001b, The Evolutionary Perspective on Economic Policy Making - Does it Make a Difference?, Papers on Economics and Evolution Nr. 0101, Jena.

Wöhe, G., 1996, Einführung in die allgemeine Betriebswirtschaftslehre, 19. überarb. Aufl., München.

Yamamoto, K., 1997, Standortgeschichte von Großindustrieunternehmen am Beispiel Siemens, in: Berichte zur deutschen Landeskunde Bd. 71, Heft 1, S. 57-76.

Yin, R. K., 2003 Case study research: design and methods, 3. Aufl., Thousand Oaks / London / New Delhi.

Zeppernick, R., 1985, Mehr Staat oder mehr Markt - Die Forderungen nach einer neuen Industrie- und Forschungspolitik, in: Hamburger Jahrbuch für Wirtschaft- und Gesellschaftspolitik, 30. Jg.

ZEW (Hrsg.), März 2003, Die Bereitstellung von Standardauswertungen zum Gründungsgeschehen in Deutschland und Österreich für externe Datennutzer, Mannheim.
Zhang, J., 2003, High-tech start-ups and industry dynamics in Silicon Valley, Public Policy Institute of California (PPIC) (Hrsg.), San Francisco.

Zhang, J., 2003, High-tech start-ups and industry dynamics in Silicon Valley, Public Policy Institute of California (PPIC) (Hrsg.), San Francisco.

Zucker L. / M. Darby / J. Armstrong, 1994, Intellectual Capital and the Firm: The Technology of Geographically Localized Knowledge Spillovers, NBER Working Paper 9496, Camgridge / Mass.